广西审判实务与探索

2024年　第2辑　总第32辑

梁炳扬／主编

GUANGXI JUDICIARY PRACTICE AND STUDIES

法律出版社
LAW PRESS·CHINA
北京

图书在版编目（CIP）数据

广西审判实务与探索. 2024 年. 第 2 辑 ：总第 32 辑 / 梁炳扬主编. -- 北京 ：法律出版社，2025. -- ISBN 978 - 7 - 5197 - 9835 - 2

Ⅰ. D926.22

中国国家版本馆 CIP 数据核字第 2024ET8377 号

广西审判实务与探索(2024 年第 2 辑)(总第 32 辑)
GUANGXI SHENPAN SHIWU YU TANSUO
(2024 NIAN DI - 2 JI)(ZONG DI - 32 JI)

梁炳扬 主编

责任编辑 章 雯 慕雪丹
装帧设计 汪奇峰 臧晓飞

出版发行 法律出版社
编辑统筹 法商出版分社
责任校对 赵明霞
责任印制 胡晓雅
经 销 新华书店

开本 710 毫米 × 1000 毫米 1/16
印张 24.5 **字数** 448 千
版本 2025 年 5 月第 1 版
印次 2025 年 5 月第 1 次印刷
印刷 固安华明印业有限公司

地址：北京市丰台区莲花池西里 7 号(100073)
网址：www.lawpress.com.cn
投稿邮箱：info@lawpress.com.cn
举报盗版邮箱：jbwq@lawpress.com.cn
销售电话：010 - 83938349
客服电话：010 - 83938350
咨询电话：010 - 63939796

书号：ISBN 978 - 7 - 5197 - 9835 - 2　　**定价**：48.00 元

凡购买本社图书，如有印装错误，我社负责退换。电话：010 - 83938349

《广西审判实务与探索》编辑委员会

（2024年第2辑　执行专辑）

卷首语

人民法院依法执行生效判决、裁定和其他法律文书，是维护宪法和法律权威的重要体现，是依靠国家强制力确保法律全面正确实施的重要手段，事关人民群众合法权益的及时实现，事关经济社会发展的诚信基础，事关司法权威和司法公信力的有效提升，事关全面依法治国基本方略的贯彻落实。党的十八大以来，党中央对全面依法治国作出了一系列重大决策部署，中共中央《关于全面推进依法治国若干重大问题的决定》、中共全面依法治国委员会《关于加强综合治理从源头切实解决执行难问题的意见》为执行改革作出了顶层设计，明确提出“切实解决执行难”的目标，并在立法和制度层面提出了具体要求，为执行体制制度改革提供了方向。

近年来，广西各级人民法院认真贯彻落实中央、最高人民法院的决策部署，坚持问题导向，不断巩固“执行难”综合治理格局，全面推进执行信息化、规范化建设，积极探索深化执行体制机制和管理模式改革，持续加强队伍建设，以服务大局为民执行及时回应群众需求，不断向“切实解决执行难”的目标迈进。同时，全区法院执行干警踔厉奋发，围绕执行实践需求，在规则研究、机制创新、制度完善等方面进行积极探索，形成了一批理论与实践相结合的研究成果。为展示广西法院执行实践理念，促进审判与执行互融、互促、互动，进一步提升广西法院执行理论研究水平，本辑围绕制度规范与管理机制和专项问题规则探讨两大主题选编相关理论文章、案例分析、调研报告共25篇，供全体干警交流参考，以期营造良好的成果共享、激励共进、寻求共识的实践研究氛围，推动广西法院执行工作向深、向实发展。

目　录

Contents

理论探讨

【制度规范与管理机制】

案例分析

调研报告

理论探讨

【制度规范与管理机制】

终本案件清理的实证研究与制度检视及构建

刘拥建　钟瑛嫦*

摘要：当前，全国法院系统开展的“终本清仓”活动是推动终本积案实质化解的重要工作，旨在对执行积案“历史包袱”减负释压，将有限的司法资源集中于有财产案件，推动执行工作高质量发展。2008 年最高人民法院在全国开展为期一年多的集中清理执行积案活动，时隔十六年，法院系统再次面临终本积案难题。本质上，清理专项活动具有阶段性特点，缺乏制度化和常态化。如何从阶段性清理转变为制度化“出清”值得进一步思考。本文也将从出清的实证分析角度梳理当前终本制度在运行中存在的不足和问题，辩证看待终本制度的功能和缺漏，提出“终本入库”和“彻底终结”两个阶段基本设想以及设计相应的实体要件和程序要件标准，以期厘清制度构建的方向。

* 刘拥建，广西壮族自治区高级人民法院审判委员会专职委员，二级高级法官。钟瑛嫦，广西壮族自治区高级人民法院执行局综合处副处长，四级高级法官助理，法学博士。

一、终本案件“出清”的类型化实证分析

本文主要以广西部分法院终本案件情况作为分析对象，相关数据反映，终本案件中分布较为集中的有小标的额案件、信用卡纠纷案件、涉房地产案件，从被执行主体和执行内容来看，刑事涉财产执行案件、涉企业案件具有一定特殊性，且占有一定比例，按照从“典型到非典型”“集中到分散”的实践逻辑，以上类型应成为优先考虑“出清”的类别，从研究层面而言，其也是从个类窥探到整体考虑、从实证剖析到制度反思重构的重要切口。

1. 小标的额案件。该类案件主要有案情简单、标的额相对较小（按照调研区域的经济标准，界定在 5 万元以下），当事人以自然人为主，案由主要集中在民间借贷，买卖合同，承担赡养费、抚养费，支付劳动报酬，人身损害赔偿纠纷以及部分罚金案件中。梧州市岑溪法院 2021 年至 2023 年，小标的额终本案件中，借贷纠纷占该院终本总数的 25%。

该类案件终本的主要原因有：一是查找被执行人难。大部分被执行人从户籍上判断虽然属于执行法院管辖范围的本地人，但是实际上长期外出务工且经常更换地址和联系方式，此种情况下，尽管被执行人户籍地所在村委、社区协助调查，也难以及时获得准确信息。二是财产难寻。该类案件被执行人属于自然人的，通过线上查控通常较少发现有财产。被执行人为个体工商户、个人独资企业、有限责任公司的，通常名下已无足额资产清偿债务，对于相关经营者、股东或实际控制人的财产查控面临与一般自然人的财产查找同样困境。三是财产不宜直接处置。对于能够查控到财产的情况，所查封的财产以不动产居多，其价值远大于执行标的额，此种情况下，执行法官为避免双方权益失衡，一般暂缓处置寻求替代解决方案。

从主、客观方面进行分析，小标的额案件所涉案由以民事纠纷为主，自然人履行债务能力不一，有一定履行能力而不主动履行的被执行人通常怀有侥幸逃避心理或不了解相应的法律责任和风险，在居民信息登记平台与执行查控系统未实现互联互通的情况下，形成长期躲避执行的现象。同时，小标的额案件中的人身损害、侵权以及交通事故等案由纠纷具有偶然性，当事人的风险预防意识等方面与其责任后果的承担能力通常呈正相关关系，对判决义务缺少相应履行能力的情况也为多数。

综上分析，小标的额终本案件的清理应当遵循其特点规律以寻求相应的解决路径。处理思路主要为：(1) 小标的案件履行负担相对较小，通过找到被执行人进行教育或分情况采取强制惩戒措施，基本能够达到主动履行的效果，由此可见，解决该类

案件关键步骤之一为查找到被执行人，而线下查控是重要的查找措施。[1] 该问题主要需要解决跨省市查找被执行人问题，当前部分法院通过市一级党委、政府大力支持，实现联动市、县、乡镇三级领导干部、基层或社区组织协助找人，帮助该类终本案件的出清，取得不错的效果。但该做法仍具有局限性，对于当前外出务工人员流动性大的社会形势而言，在一市一区形成的被执行人查找协助不能解决根本难题，需要从制度上建立公民住址、联系方式等相关基本信息与执行查控系统的互联互通和相应管理机制。(2)对于部分经过调查确认被执行人基本不具备劳动能力或者生活非常困难从长期来看已无能力清偿所负债务的，且申请人一方也面临生活困难的，基于标的额相对较小，可以尽可能通过司法救助以及当地各类救济渠道对所涉申请人进行全额救助或较大比例的救助。上述两种处理的结案方式分别为：一是履行完毕后以执行完毕退出终本；二是双方达成和解协议长期履行，案件以终结执行退出终本；三是获得救助后的申请人通过撤回或撤销申请执行，案件以终结执行退出终本。

2. 信用卡纠纷案件。从调查反馈情况来看，该类案件存在被执行人常驻本市的较少、“一人多卡”形成的“一人多案”现象普遍、申请执行主体较为集中，执行案件受理法院相对集中等特点。因被执行人遍布全国各地，查找成本以及难度较大，以长洲区人民法院为例，近三年，长期无法查找到被执行人及其财产的信用卡纠纷案件约占35%。

该类案件终本的主要原因有二：其一，经过网络以及有限的线下查找，较难发现被执行人有财产可供执行，囿于现行执行查控系统对小额电子资产的发现能力不足，未能覆盖新型财产，且被执行人横跨区域范围较大，线下开展查找也较为有限。其二，金融机构的源头防范不足。一是银行机构对于信用卡发放有其债权回收风险评估，即对不良率与回收率的权衡，在金融机构认为其可控分风险范围内，客观上存在一定不良债权，即意味着该类纠纷进入司法执行程序后，无财产可供执行而终本案件有一定数量。二是信用卡纠纷案件的持续增长[2]也反映出银行金融机构对于信用

---

〔1〕 调研中了解到，梧州市苍梧县人民法院通过建立专门的外勤团队开展线下查控，联合基层一线力量，借助乡镇干部、村委干部、网格员等力量协助，尽可能调查被执行人实际财产情况，很大程度上解决了小标的额案件的履行问题。该院在2024年第一季度执行到位率达86.02%，执行完毕率达80.7%。

〔2〕 2018年至2022年全国法院共审结一审信用卡纠纷307.8万件，占银行全部起诉案件约37.3%，占全部金融商事案件的28.2%；2022年审结79.2万件，所占案件比例较2018年增长了77.5%。截至2023年2月底，全国信用卡逾期客户数约2976.64万人，潜在纠纷案件数量巨大。参见最高人民法院《关于完善信用卡监管政策维护金融安全的司法建议书》。

卡申领的审查不够严格，导致大量不具有经济实力或不信任人员超前消费，从源头上造成判后执行阶段的“执行难”“执行不能”。三是虽然银行金融机构自身有相应处理呆账、坏账的程序机制，但是按照惯例，银行金融机构启动核销程序需以司法程序相关裁定作为依据，导致该类案件较难经过非司法程序处理。同时，金融机构追收债权程序性强，内部管理有所限制，较难促成双方就借款利息、分期履行等达成和解。四是银行金融机构现有机制未能有效压实自身自行催收责任。从实践情况来看，客户逾期还款，商业银行主要通过短信和电话方式进行催收，很少采用“面对面”方式与客户协商还款，自行催收流于形式，加之 50% 以上逾期客户变更预留联系方式导致失联，监管部门又限制商业银行自行获取逾期客户其他联系方式，致商业银行不将联系客户自行催收作为工作重点，而轻易转向诉讼清收。[1]

综上分析，信用卡纠纷终本案件的出清应遵循以下规律：其一，进一步优化信用卡呆账、坏账的管控处理机制。建议金融监督管理部门、中国人民银行进一步研究信用卡透支款项呆账核销条件，切实改变实践中简单将司法文书作为核销依据、前端发卡审核环节无责任追究的状况，推动完善信用卡从发卡授信到坏账核销的有效管控机制。其二，加强银行金融机构解纷和自行催收能力。如建议金融监督管理部门支持银行开展失联客户信息修复工作，促推银行与三大电信运营商等建立常态化失联修复机制，尽量避免因未适当修复造成客户失联而导致银行债权落空。同时，健全完善信用惩戒措施，推动修改《征信管理条例》第 16 条的刚性规定，在一定程度上允许信用卡逾期客户通过主动还款修复不良征信，实现最大限度化解纠纷和保障金融债权。[2]

3. 涉企业执行案件。涉企终本案件以被执行人为企业的案件为研究对象。涉企终本案件总量与涉自然人案件数量相地占比小，但该类案件被执行人作为市场主体，其债务清理有相对完善的处理机制，应当依托现有制度，通过优化重组或退出市场推动资源高效分配流动。从近期梳理的同一企业被执行人涉及终本案件超过 100 件的情况来看，终本时间跨度在 2 ~ 8 年，南宁辖区法院共筛查 6703 件，涉及企业 71 家，其中涉房地产企业房屋买卖合同纠纷案件占比较大，部分涉及投资管理公司借款纠纷案件以及少量涉租赁公司租赁合同纠纷案件、生产制造行业企业劳动争议纠纷案件等。从终本后至筛查前的动态情况来看，进入破产程序共 22 家企业所涉案件 1553 件；6 家企业共 51 件案件达成和解协议分期履行终结执行，11 家企业终本后继续履

[1] 参见最高人民法院《关于完善信用卡监管政策维护金融安全的司法建议书》。

[2] 参见最高人民法院《关于完善信用卡监管政策维护金融安全的司法建议书》。

行,225 件案件执行完毕。约 4700 件案件仍处于终本且未进入破产。柳州、梧州辖区案件量相对较小,柳州辖区法院共筛查 2403 件,涉及企业 41 家,其中,进入破产程序共 17 家企业所涉案件 1176 件;11 家企业共 212 件案件达成和解协议分期履行终结执行;2 家企业终本后继续履行,106 件案件执行完毕。约 908 件案件仍处于终本且未进入破产。梧州辖区法院共筛查 753 件,涉及企业 12 家,以本土企业为主。其中,进入破产程序仅 1 家企业所涉案件 5 件;约 748 件案件仍处于终本且未进入破产。

从以上数据来看,涉企终本案件存在以下四个特点:其一,终本时间长,且终本后继续履行或达成和解的案件占比较小。其二,部分终本案件企业主体存在失去经营资格可能性。其三,终本后长期处于停滞状态案件占比较大,转入破产程序比例仍很小。其四,所涉企业主要集中在房地产行业,个别区域基于当地经济发展特点,主要集中在生产制造行业。经过调查了解,涉企终本案件转破产存在的困难有:主观上,企业或当地政府仍未能正确看待破产制度,“谈破色变”现象仍存在,债权人或债务人主动申请破产的案件仍不多。客观上,“无产可破”案件存在破产管理经费支付难问题,涉企终本案件通常经过查控后已无财产可供执行,企业自身无法提供启动破产程序经费,即使进入程序法院亦较难推进选任管理人等工作。

市场主体自身具有自救和发展前景预判能力,产生大量债务后是选择继续经营,还是清产核资退出市场,在经过一定时间后基本有确定结论。由此可见,对于长时间无能力或无财产清偿债务的企业,经过核实相关情况后,应当及时启动破产退出程序。涉企业终本案件的出清应遵循以下三个原则:其一,针对“不愿破”问题,要加强与债权人债务人以及当地政府的沟通,在加强“执破融合”专业团队建设的基础上,通过采取制度阐明、典型案例演绎、解惑答疑等方式缓解、消除各方对破产制度以及债务免责制度的误解,推动涉企案件能够准确适用程序,及时予以救治或清理。其中,对于较为集中的涉房地产案件,既涉及群体性生存居住基本权益,又交织多重风险,遵循依法治国理念,也应当确保在现有法律框架制度内妥善解决,破产制度的运用尤为重要。其二,针对“不能破”问题,即破产程序启动难问题,可以探索由税务部门作为税收债权人启动破产程序〔1〕,推动政府财政支持设立“破产专项经费”或建立公益破产管理人制度提供经费保障。其三,针对动态更新企业状态问题,市场监督

---

〔1〕 调研中了解到,梧州市中级人民法院在推动“执转破”工作中针对债权人与债务人不愿意提起破产申请的情况,主动协调税务、海关等部门作为税收债权人和罚金债权人协助启动破产审查程序,有效扩充破产案件启动渠道。

管理部门能够掌握企业撤销、注销、吊销等状态信息，执行法院应与该部门建立联动，通过移送终本企业名单给该部门核查最新状态，如符合被撤销、注销、吊销营业执照或歇业、终止后既无财产可供执行，又无义务承受人，也没有能够依法追加变更执行主体的，应及时依法终结执行，避免长期滞留终本案件库，造成司法资源浪费。

4. 刑事涉财产执行案件。刑事涉财产执行案件主要是执行法院对生效刑事判决中有关罚金、没收财产、责令退赔、追缴违法所得等内容的执行。从梧州辖区法院数据统计情况来看，罚金共 45011 件，追缴违法所得 286 件，责令退赔 227 件，没收财产 65 件。罚金所占比例远大于其他类型。

从上述四项内容的性质来看，(1)《刑法》第 64 条是有关涉案财物的处理，该条规定，犯罪分子违法所得的一切财物，应当予以追缴或者责令退赔，对被害人的合法财产，应当及时返还，违禁品和供犯罪所用的本人财物，应当予以没收。没收的财物和罚金，一律上缴国库，不得挪用和自行处理。由此可以判断，追缴违法所得、责令退赔属于对涉案财物处理的措施。(2)罚金和没收财产属于附加刑种类中的类型，《刑法》第 53 条规定，对于不能全部缴纳罚金的，人民法院在任何时候发现被执行人有可以执行的财产，应当随时追缴。《刑法》第 59 条规定，没收财产的范围，是指没收犯罪分子个人所有财产的一部分或者全部，没收全部财产的，应当对犯罪分子个人及其扶养的家属保留必需的生活费用。从最高人民法院“对判处没收部分财产”的释义来看，其强调没收部分财产刑适用于在判决时已经查明和认定的被告人合法财产，明确没收的具体财物或者金额确属必要。该释义虽然仅强调“没收部分财产”的情形，但从判决判项内容必须明确具体的基本原则来看，“没收财产”无论是部分还是全部，均应指向在判决时已经查明和认定的被告合法财产，以此作为执行法院的执行对象和范围。

根据上述分析，对于刑事涉财产执行案件终本后的清理应遵循以下原则：其一，财产刑实质上是犯罪分子对国家所负的债务，而国家对犯罪分子享有公法上的债权，该类公法上的债权实现与通过民事强制执行实现私法债权遵从同一原理，因此，对于罚金的执行与民事案件财产执行程序上并无差别。不同的是，被执行人通常已经受到监禁和管控，并且财产刑的履行与主刑减刑假释有所关联，执行法院能够通过释法说理、教育引导的方式督促被执行人或其家属履行义务。同时，从更有利于被执行人重新融入社会的角度，对于服刑期间表现良好，经查控暂无财产且当事人履行能力有限的情形，可以参照终结执行中的“生活困难无力偿还借款，无收入来源，丧失劳动能力”情形，综合考量作出终止执行裁定。其二，对于“没收财产”附加刑，因需以判决时查明的财产为事实依据，而理论上审判中所查明财产应当已同时采取查封、扣押措施，进入强制执行环节不存在“查找不到财产”而终本的情形，因此，即使由于前序侦查、审判过程中未能对所涉财产进行实际查控，案件进入执行阶段，经查找后确无财产的，应当以实际情况作出无财产的判断并终结执行。同理，责令退赔与追缴违法所得作为判决认定犯罪事实的组成内容，对于责令退赔、追缴违法所得均已查清和明确，而该类事实的查明建立在公安侦查、检察院补充侦查、审判过程的补充取证等措施的基础上，理论上在执行环节主要是移送上缴国库，对于该类事项的执行也不可能出现“查无财产”而终本的情形。因此，对于刑事涉财产执行中的“没收财产”“责令退赔”“追缴违法所得”的执行终本案件，应当联合公安、检察等部门出台相关清理机制。

二、从“终本出清”到制度检视

（一）终本制度的产生及发展

终结本次执行程序作为执行结案的方式之一，是因应“执行难”“执行不能”等客观执行障碍以及内部规范管理之需求而产生。“执结率”长期以来作为对执行工作效果的考评指标之一，要求案件应当在必要的执行期限内执行结束，主要保证民事诉讼周期的合理、程序的高效，树立法律的权威。1998 年最高人民法院出台《关于人民法院执行工作若干问题的规定（试行）》，该规定第 107 条、第 108 条增加了有关执行结案的内容，总结了几种结案方式以及执行期限，对于被执行人确无财产可供执行的情形规定采取执行中止[1]的方式予以规范，故而彼时的结案方式并不包括“终结本次执行程序”。而在执行实践中，确实存在按照执行程序要求，履行法定执行手续，采取相应强制措施，案件无法执结的情形，被执行人或者确无财产可供执行，或者暂无履行能力以及受限于查人找物的条件等，此种情形日积月累演变成大量的“执行积案”。为解决积案问题，各地探索清理方式和退出机制，有的法院借鉴我国台湾地区的债权凭证制度，对无财产可供执行案件，经过严格的财产调查程序后，终结案件并向债权人发放债权凭证。[2] 2008 年全国开展积案集中清理活动，经过一年探索，2009 年中央政法委、最高人民法院总结经验并在《关于规范集中清理执行积案结案标准的通知》中推出“终结本次执行程序”这一新的结案方式，并规定 7 种无财产可供执行的具体情形。2014 年最高人民法院颁布《关于执行案件立案、结案若干问题

[1] 1998 年最高人民法院《关于人民法院执行工作若干问题的规定（试行）》第 102 条。

[2] 参见童兆洪、林翔荣：《论债权凭证制度的实施》，载《人民司法》2001 年第 4 期。

的意见》，该意见有关终本的规定大部分吸收了上述 2009 年通知的内容，同时用列举方式明确裁定终本必须完成的调查行为，确保被执行人确无财产可供执行。2015 年修订的最高人民法院《关于适用〈中华人民共和国民事诉讼法〉的解释》第 519 条专门规定了终结本次执行制度，该条规定："经过财产调查未发现可供执行的财产，在申请执行人签字确认或者执行法院组成合议庭审查核实并经院长批准后，可以裁定终结本次执行程序。依照前款规定终结执行后，申请执行人发现被执行人有可供执行财产的，可以再次申请执行，再次申请不受申请执行时效期间的限制。"从民事诉讼法的立法角度，终本程序被定位为一种特殊结案制度，设计特定的程序要求并明确产生的法律后果，强调可再次启动执行程序的特性。

（二）终本制度的辩证看待

终本程序的创设源起于化解积案，经过较长时间的司法实践以及司法解释等规则层面的修补完善，已初步建成相应的制度体系，包括终本案件的结案审批、事后管理、恢复执行制度等。终本结案本质上是针对暂无财产可供执行案件的阶段性暂缓执行，某种程度上从法院高频率地依职权执行转变为有限度地启用执行资源，推动了本该由债权人承担的市场风险向债权人合理回归，为法院无财产可供执行案件逐步退出执行程序提供了合法依据。

然而，终本案件持续快速增长、执恢案件量占比低、当事人对终本案件不满情绪、专门开展大规模专项清理活动等现象反映出终本制度仍存在缺漏，实际运用效果与预期相比仍有差距。

1. 管理上存在疏漏。从专门清理活动的对象和内容来看，排查实际执结但案件状态仍显示为终本的案件成为清理的内容之一，主要原因为部分案件未进行信息关联或信息更新，比如恢复执行案件未与实施案件进行关联，有的案件终本后虽未恢复执行，但当事人已自行履行完毕、达成和解、放弃债权的，在实施案件中未及时作相应处理。这反映出法院系统对于终本案件的办理存在程序失范和管理上的疏忽。

2. 终本程序异化为部分法院达到执结率目标的工具。近年来，法院在执行工作指标考评管理中未能平衡"执结率"与"终本率"的关系，在源头上偏重于"执结率"而主要通过事后评查监督的方式控制终本案件质量，又基于终本结案从程序上仅需本院院长审批，在此程序设计中，执行法院在面临采取执行完毕、终结等方式结案难度相对较大的情况下，容易通过提高终本案件比例来达到执结率目标，进一步导致终本案件库数量呈现出持续增长的态势。

3. 入库条件设计不够周延，实体和程序标准均有待完善。根据本文第一部分"终本出清”的实证分析，长期以来，终本案件库存量大以及持续的增长幅度已经引起各地法院的关注，各地法院也探索多种途径进行逐步清理。从部分法院实践经验来看，“出清”实质上是对终本案件是否确无财产、是否确无履行能力的进一步确认和处理，或建立与其他制度衔接实现退出终本。这反映出两个层面的问题：一方面，执行法院对“无财产可供执行案件终结本次执行程序”的程序标准和实质标准把握不一、不严；另一方面，终本入库条件的设立本身仍过于抽象化，未能针对不同类型执行案件设定相应的门槛条件，程序性要件方面仅限于内部审批，缺乏外部监督，导致在一定程度上流于形式。

4. 终本案件缺乏向彻底终结的转化。无财产可供执行而裁定“终结本次执行程序”的制度设计初衷为，如实反映法院“客观执行不能”，让无法通过执行法院努力加以解决的执行案件暂时退出，该定位也形成终本制度明显的阶段性而非终局性的特点。比如，最高人民法院《关于严格规范终结本次执行程序的规定（试行）》第 9 条第 2 款规定，“终结本次执行程序后的五年内，执行法院应当每六个月通过网络执行查控系统查询一次被执行人的财产，并将查询结果告知申请执行人。符合恢复执行条件的，执行法院应当及时恢复执行”，按照该条款内容，案件终本超过 5 年的情形，法院无须依职权进行财产查控，而同时规定的“申请执行人发现被执行人有可供执行财产的，可以向执行法院申请恢复。申请恢复执行不受申请执行时效期间的限制。执行法院核查属实的，应当恢复执行”表明，即使终本时间超过 5 年，当事人仍有启动恢复执行的权利，该制度设计导致终本案件处于无限期的执行状态而难以终局，案件积压增长势所必然。

5. 终结制度未充分发挥效用，部分案件或者符合终结要件但未予查明即适用终本程序予以代替。前述终本案件清理实践，包括进一步查明确认被执行人是否符合“因生活困难无力偿还借款，无收入来源，又丧失劳动能力”情形并作出‘执行不能”认定进而完成出清的措施，该做法本质上属于对法定终结执行情形中第 5 项[1]内容的适用。比如，被执行人企业法人或其他组织被撤销、注销、吊销且无追加变更执行主体的，被执行人死亡或主体灭失、权利人死亡的，分别属于法定终结执行中的相应情形。该类案件应终结未终结而长期滞留于终本案件库中，一方面反映出执行法院在调查相关事实中未尽职责；另一方面也暴露出终本案件缺乏动态管理，法院与相关

---

〔1〕《民事诉讼法》（2021 年修订）第 264 条第 4 项、最高人民法院《关于执行案件立案、结案若干问题的意见》（法发〔2014〕26 号）第 17 条“有下列情形之一的，可以以‘终结执行’方式结案”第 1 款第 5 项“作为被执行人的公民因生活困难无力偿还借款，无收入来源，又丧失劳动能力的”。

信息部门联动不够,入库后被执行人情况核实尚未形成自动批量报送和反馈。

三、健全完善终本制度的设想

(一)“两个阶段”的设想

回到终本制度的设立宗旨,其本身功能在于在排除其他结案情形下,对于在一定时间期限内执行法院用足用尽方法措施但受限于执行条件与环境,未能发现被执行人有可供执行财产、未能控制被执行人以督促履行的案件,按照资源优化分配原则,应当轮候于新立案件予以执行,即“暂时退出执行”。而暂时性意味着阶段性处理,并不具备终局性意义,从程序完整性的角度来看,应当存设终本后下一个阶段即终局阶段。因此,终本可分为两个阶段:一是入库;二是彻底退出。

第一阶段为对“无财产可供执行”的初次判断,是经过筛查后进入终本库,该阶段需要排除可终结案件、经过联动后可执行完毕案件,以及排除因执行标的、对象特殊而禁止适用终本程序的案件。入库案件有的囿于追查技术、条件和环境不成熟,导致法院对当事人财产情况的确认缺乏相应证据的情形,该类案件应当在终本库中予以标记,在相关客观因素消除或得到一定程度解决后,应当进行重点查控。因此,在该阶段中,法院应保留依职权启动强制执行程序的空间,包括采取自动查控的直接措施和拘留、罚款、作出失信惩戒决定等间接措施。

终局阶段的设计依赖于执行追查时效制度的创设,即法院经过一定时间不间断查找、查寻的情况下,仍未能发现当事人有可供执行财产的,应当终止执行程序,依照相关程序进行审查后作出终结执行的结论。有的观点认为,此类案件大概率被搁置,故即便没有执行追查时效制度,多年积案也不会给司法系统造成沉重负担。积案作为长期较难破解的案件,仍受司法机关管辖,若无追查时效制度,司法机关依法仍有继续关注和查控的义务,由此亦需要配置相应的人力和物力挤占司法资源。同时,追查时效制度还有“导正纪律功能”[1],即督促法院、检察机关等关联部门采取迅速、及时和经济的程序实践,以避免执行程序因追查时效经过而终止,将不能追查视为负面后果,倒逼司法机关及时追查、“执行难”综合治理相关参与主体及时帮助改善执行

---

〔1〕 参见徐万龙:《论刑事追诉时效的本质:一个刑法和刑诉法交叉的视角》,载《中国政法大学学报》2024年第1期。该文中“导正纪律功能”是指“督促警察、检察机关以及法院采取迅速、及时和经济的程序实践,以避免刑事程序因追诉时效经过而无法启动”,该概念转引自 Mitsch, § 78 Verjährungsfrist, MK-StGB, 4. Aufl., 2020, Rn. 4。

条件和环境。

(二)终本彻底终结的可行性论证

从司法资源有限性以及司法经济层面进行考量,刑事追诉时效制度对于执行效率制度设计有一定的启发。德国学者 Mitsch 认为,“在法定准则的统治下和全面和最优真实发现的义务的支配下,时效经过后行为人的不可追诉性意味着司法的减负”。[1] 也有学者准确指出,“现代刑事诉讼应当以正当、迅速解决刑事案件为目的,不仅要求查明案件的事实真相,惩罚犯罪和保障人权,而且要求迅速、及时地执行刑事程序,使案件在合理的时间内得到解决,以实现诉讼的高效化”。[2]

强制执行追查与刑事追诉有相似之处,均表现为通过公权力运用侦查手段查明相关事实,采取相关强制措施,维护公民合法权益。相异之处为,两者所处司法阶段不同,刑事追诉为追究刑事责任,强制执行追查为兑现生效判决确定的利益,按照举重以明轻的原理,刑事实体责任的追究犹可以设计时效终止机制,强制执行终止并非否定当事人实体权益,是在实现债权上退出国家干预,由当事人承担一定的“执行不能”社会风险,故而参照刑事追诉时效制度,在强制执行中设置追查时效,亦具有正当性和合理性。同时,追诉时效制度是诉讼中迅速原则的具体体现,该原则要求在相应诉讼程序中,相关案件应当在合适的期限内被处理和决定。[3] 而肯定迅速原则在一定意义上具有维护社会秩序安定性的价值。

从域外看,亦有相关实践经验可以参考借鉴,如瑞士在《瑞士联邦债务执行与破产法》第 3 章“资产扣押式债务执行”第二节“变价”的最后部分,以第 149 条、第 149 条 a[4]规定了执行无结果证明的签发、效力等内容。按照该规定,执行不能的数额一旦确定,执行事务局就签发执行无结果证明,债务人凭借该证明可以向债务人主张权利,但该证明的有效期限为 20 年,债务人死亡的,这一期限最长延续到继承开始后 1 年。从瑞士的相关规定来看,[5] 出具执行无结果证明后,债权人可以行使的权利包

[1] Mitsch, § 78 Verjährungsfrist, MK – StGB, 4. Aufl., 2020, Rn. 4.

[2] 参见谢佑平、万毅:《法理视野中的刑事诉讼效率和期间:及时性原则研究》,载《法律科学》2003 年第 2 期。

[3] 参见谢佑平、万毅:《法理视野中的刑事诉讼效率和期间:及时性原则研究》,载《法律科学》2003 年第 2 期。

[4] 参见《瑞士联邦债务执行与破产法》,刘汉富译,载最高人民法院执行局办编《强制执行指导与参考》(2003 年第 1 辑),法律出版社 2004 年版,第 399 页。

[5] 参见《瑞士联邦债务执行与破产法》,刘汉富译,载最高人民法院执行局办编《强制执行指导与参考》(2003 年第 1 辑),法律出版社 2004 年版,第 399 页。

括:证明送达后6个月内,可以要求继续执行而无须新的支付令;可以提起确认无效之诉,撤销债务人在一定期限内所实施的无偿交易行为。债务人则可以在任何时候向出具证明的事务局支付款项清偿债务,履行完毕后可以要求撤销在登记册上的登记。在资产变现不足的情况下,债务人要承担相应的不良后果,如禁止担任公职、从事须经特别批准的职业和活动。

四、具体机制的补充

(一)终本结案的实体标准

从目前我国相关法律、司法解释来看,终本的要件包括:用尽措施的要件上,已穷尽财产调查措施,已向被执行人发出执行通知、责令被执行人报告财产,已向被执行人发出限制消费令,并将符合条件的被执行人纳入失信被执行人名单;被执行人下落不明的,已依法予以查找,被执行人或者其他妨害执行的,已依法采取罚款、拘留等强制措施,已依法启动刑事责任追究程序。结果要件上,未发现被执行人有可供执行的财产或者发现的财产不能处置;时间要件上,自执行案件立案之日起已超过3个月。对于“责令被执行人报告财产”“已穷尽财产调查措施”“发现的财产不能处置”等要件,最高人民法院在2016年出台的《关于严格规范终结本次执行程序的规定(试行)》第2~4条进一步予以明确。上述要件标准是针对所有执行案件的一般性规定,但执行案件按照执行内容存在不同种类,在适用结案方式上也存在差别,同时,终本方式作为具有兜底属性的结案程序,在要件审查中应当考虑增加对其他结案可能性的排查。因此,终本要件应注意分类进行设计。

1.明确限制采取终本结案的案件类型。其一,从执行内容所依据的请求权类型看,可划分为金钱给付请求权的执行与非金钱给付请求权的执行两大类型,前者执行对象范围包括当事人一般财产,后者非金钱给付包括种类物、特定物的执行以及行为请求权的执行,终本程序主要适用“无财产可供执行”情形。由此,行为请求权的执行中不可替代履行之类型因无论如何不可能转化为金钱给付之执行,不存在终本的可能。其二,从被执行人主体性质看,以行政机关作为被执行人的行政执行案件中,该类主体依托国家财政保持运行,客观上不存在“无财产”的情况,即便出现变更或灭失,一般也有承继相应债务的主体或相应解决机制,故而应将该类案件排除在终本程序之外。其三,以企业法人组织作为被执行人的民事执行案件,《企业破产法》第2条已明确规定,“企业法人不能清偿到期债务,并且资产不足以清偿全部债务或者明显缺乏清偿能力的,依照本法规定清理债务。企业法人有前款规定的情形,或者有明显丧失清偿能力可能的，可以依照本法规定进行重整”，企业作为被执行人在“无财产可供执行”的情形下，其状态已符合破产程序启动中的“不能清偿到期债务”“资不抵债”“明显丧失清偿能力可能”等实质要件，该类案件应当尽可能畅通与破产程序的衔接，通过破产程序清理债务或进行重整，推动企业资源遵循市场规律实现快速流转。其四，以执行查控之客观事实划定执行范围和对象的，如刑事涉财产执行中有关没收财产、责令退赔、追缴违法所得等判项的执行，该类案件对于犯罪所涉财产已经过前期公安机关、检察机关的侦查，司法审判环节的审查认定，在法院执行阶段不可能产生新的财产事实并重新确定查控范围，依据判决进行查控，理论上应当只有“执行完毕”和“经查控未查找到相应财产”两种结论，此种情况下亦不宜适用终本程序。

2. 对是否符合其他结案方式的有效排查。终本程序作为最后考虑适用的结案程序，其在作出符合适用结论前，应当对有可能通过其他方法措施予以结案的案件进行筛查。比如，终结执行的法定情形主要针对执行过程中执行依据效力、债权人或债务人主体状态、执行标的物的存续状态等方面事实出现的变化而作出终止执行的规定，应当对执行案件相关事实的最新状态进行调查，对适合采取终结执行结案的案件进行排除。又如，针对涉及小标的额民生案件，是否已经充分运用司法救助、执行联动机制向生活困难的申请人提供救助并实现“案结事了”。

(二)终本结案的程序标准

1. 增设外部监督程序。执行案件关系到胜诉当事人切身利益，在执行实施权运行中，我国在执行相关立法中选择职权主义的执行财产调查模式，在应对现代社会的财富存在形式的流动化、隐私化、分散化难题中已投入较大司法资源，相较于当事人主义国家法更具有优势，[1]能够实现更高的兑现率和执行效率。但在人案矛盾短期较难化解、执行环境尚不够完备的背景下，处于执行信息不对称的社会公众仍会感受到法感与常识的背离，亦导致对司法系统产生不信任。因此，强调执行活动中的社会参与，既能够达到外部监督效果，也能够在很大程度上消弭法院与当事人之间的张力。比如，可以借鉴丽水经验，探索引入第三方机构公证，即法院与公证处合作，建立终本程序案件公证团队，经公证团队调查案件情况后出具被执行人财产核实调查报

[1] 在欧洲，执行效率低下已被置于人权的高度。参见赵秀举：《论现代社会的民事执行危机》，载《中外法学》2010 年第 4 期。

告，法院据此裁定适用终本程序。[1] 第三方公证具有独立性和一定权威性，能够加强终本要件事实认定的效力，有助于当事人理解和信服。同时，域外实践中采取的向社会公开公示机制也具有参考价值，该机制是指在案件裁定终本后，法院向社会公开被执行人基本信息、财产调查的过程及结果、无财产可供执行案件的认定标准、无财产可供执行需要承担的法律后果、申请执行人申请恢复执行的方式等。[2] 通过向社会公开公示终本案件相关信息，一方面可以让社会公众对执行案件有较深入的了解，另一方面通过公开方式让社会对被执行人进行监督，及时向法院提供财产线索或隐匿、转移财产行为的相关信息。

2. 终本结案的内部分权审批。终本案件的质量管控除需要从外部予以监督外，更需要从内部加强审查把关。目前法律规定终本结案的审批权限在执行法院内部，在面对执行效率考评时亦难以摆脱“部门利益”牵绊而导致实质审查在一定程度上虚设。当前，执行权限配置和执行机构设置改革仍然是司法体制改革的重点之一，针对执行工作本身所具有的行政属性，实践中部分地方法院已经加强执行实施的“垂直管理”[3]，突出上级执行机构对下级执行机构的调控与管理，通过级级把关，层层落实，提高执行工作质效。遵循这一改革思路，在适用终本结案的审批程序上，应当考虑分层分级审批，避免审批权限集中于执行法院。具体而言，第一层，在执行法院申请终本结案时可以通过系统设定相关条件和要求完成首轮自动审查。第二层，对于符合条件案件，进入上一级法院进行核查审批，执行法院为中级人民法院的，由中级人民法院执行局不同团队进行核查后审批。第三层，针对“发现的财产不能处置”以及其他依职权作出终本裁定的情形，经过中级人民法院核查后由高级人民法院作出审批。

（三）彻底终结的程序设计

1. 彻底终结的实体要件

从外国经验来看，终本案件彻底终结需要同时满足三个条件：一是当事人未申请

---

[1] 参见林珊、吴斌：《浙江丽水：推出执行+公证“终本案件有序退出管理机制”》，载《人民日报》2019年8月24日，第2版。

[2] 参见四川高级人民法院执行局课题组：《无财产可供执行执行案件退出机制研究》，载《中国应用法学》2017年第6期。

[3] 例如，“唐山模式”即取消基层人民法院的执行局，设立跨行政区划的执行分局由中级人民法院统一垂直管理。参见张伟刚、白龙飞：《打造垂直统管跨区执行新模式——河北唐山中院执行体制机制改革调查》，载《人民法院报》2016年6月26日，第1版。目前全国法院均更加重视高级人民法院、中级人民法院对基层人民法院执行实施权的“统一管理、统一指挥、统一协调”即“三统一”管理。

破产;二是首次终本裁定生效之日起满 20 年或 10 年;三是期限届满前 10 日内通过覆盖全国的财产查控系统查询仍未发现被执行人有可供执行的财产。[1]

从以上条件设定的逻辑来看,首先,应当对案件是否符合终结执行的情形进行逐一排查。该阶段的排查与终本案件入库后的定期常规排查是终端与中间端的区别,终本期间的常规排查主要通过将执行实施终本案件与后续恢复执行案件进行关联设置,形成常态化的执行状态更新并完成出清,彻底终结阶段的排查是对是否符合终结情形的相关事实进行审查确认并作出排查结论。其次,追查时效期限的设置。目前,最高人民法院《关于严格终结本次执行程序的规定(试行)》第 9 条第 2 款中有关于"终结本次执行程序后的五年内,执行法院应当每六个月通过网络执行查控系统查询一次被执行人的财产,并将查询结果告知申请执行人"的表述,本款条文设计的逻辑暗含以 5 年作为法院主动行使职权的时间分界,在第二阶段彻底终结的制度设想中,该阶段的法律效果包含法院终止执行即不负有一般性启动强制执行程序的义务,亦不主动行使执行职权,该法律效果与上述条文法律效果有一定程度的相似,延续现有立法制度以 5 年作为追查时效届满期限有一定合理性。最后,启动彻底终结程序前的执行状态为"无财产可供执行"或"已发现的财产不能处置且无其他财产可供执行"。彻底终结前应对案件执行状态做最后调查和确认,只有符合确无财产可供执行,或者即使发现有财产但经过长期穷尽措施后仍不能处置两种情形才能够通过裁定认定彻底终结。因此,启动前一定期限内需要完成线上查控以及有必要的线下查找,对于有财产仍未处置的,需要再组织拍卖、变卖或征求当事人是否同意以物抵债等。

2. 彻底终结的程序要件

程序正义的重要功能是"通过程序的正当化",即通过利害关系者的程序参与、实质性的程序保障以及程序参加结果的展示促进裁判结果的可接受性。[2]

彻底终结关系到当事人申请强制执行请求权利益,终结裁定一经作出即具有终局意义,通过司法审判程序保障当事人权益、增强说服力度尤为必要。彻底终结审查程序可以参照执行审查监督程序设计,审查方式应当采取听证方式,参与主体包括执行法官、申请执行人、被执行人,三方围绕是否符合彻底终结条件相关事实进行举证、

[1] 参见张美欣:《终结本次执行程序案件的彻底终结制度研究》,载《法律适用》2016 年第 4 期。

[2] 参见[日]谷口安平:《程序的正义与诉讼》(增订本),王亚新、刘荣军译,中国政法大学出版社 2002 年版,第 11 - 12 页。

质证，提出相关主张及抗辩，审查法官结合庭审事实作出裁断。一方当事人不服的，可以向上一级法院申请异议、复议，经过复议后相关裁定结论为最终结论。其中，在相关事实认定标准方面，可以以民事证据制度作为基础支撑，遵循“谁主张，谁举证”的原则，充分调动三方举证积极性，明确执行法院对“穷尽执行措施”、申请人对所主张的“尚有财产及可能性”等负有举证责任、被执行人负有如实报告个人财产情况以及提供相应证据证明的义务。参照最高人民法院《关于民事诉讼证据的若干规定》第 85 条第 2 款对高度盖然性标准的规定，执行法官经举证证明已全面采取合理的财产查控而没有发现被执行人有财产可供执行，申请人又不能提供被执行人仍有财产的相关证据，被执行人有无财产可供执行处于不明状态，对此，审查法官应运用高度盖然性的证明标准认定被执行人无财产可供执行，作出彻底终结执行裁定。〔1〕

(四)彻底终结的配套机制

设计执行追查时效是对司法效率价值的追求，但司法正义与公平亦不能出现缺位，经过一定时间后对被执行人的财产不予追查和强制执行的追查时效终止不能成为不诚信者逃避债务的“期待利益”，由此，通过设立不受追查时效限制的情形，以保留对恶意逃避债务者的责任追究程序作为兜底尤为必要。对此，可以参照《刑法》有关不受追诉期限限制的特别规定：“在人民检察院、公安机关、国家安全机关立案侦查或者在人民法院受理案件以后，逃避侦查或者审判的，不受追诉期限的限制。”〔2〕终本彻底终结之后，申请执行人发现被执行人有相关逃避、妨碍执行线索的，可以向法院提出异议，参照我国《民事诉讼法》关于诉讼时效的规定，申请执行人应当自知道或应当知道相关妨碍执行或隐匿财产行为之日起 3 年内提出。经法院核实后被执行人确实存在规避执行行为的，应当追究妨害执行相关法律责任，如私法上要承担债务继续履行以及迟延履行的民事责任，公法上接受罚款、拘留等予以惩戒的法律责任，妨害执行情节严重触犯刑法的，应承担相应刑事责任。同时，追查时效也应予以顺延。〔3〕

---

〔1〕 参见最高人民法院《关于民事诉讼证据的若干规定》第 85 条第 2 款规定：“审判人员应当依照法定程序，全面、客观地审核证据，依据法律的规定，遵循法官职业道德，运用逻辑推理和日常生活经验，对证据有无证明力和证明力大小独立进行判断，并公开判断的理由和结果。”

〔2〕 《刑法》第 88 条第 1 款。

〔3〕 参见辛苗苗：《论终结本次执行程序后续制度》，载《中共青岛市委党校青岛行政学院学报》2020 年第 4 期。

执行和解中被执行人实体权利救济制度的缺失与修正*

唐伟杰　陈　勇**

摘要：当事人关于执行和解争议主要是实体权利纠纷，现行法律和司法解释赋予申请执行人以申请恢复执行或者另行起诉等救济选项，但对被执行人的救济方法着墨不多，导致被执行人陷入实体权利救济路径缺失、救济情形考虑不周全等现实困境。造成这一困境的原因，主要是立法者在权衡执行和解当事人之间的实体权利冲突中，过度强调债权人中心主义与效率价值优先，导致对债务人权利救济安排有失周全。为突破这一困境，在理论上应当确立多元价值衡平理念，强化公平公正等价值维度权重，在具体规则设置上，应当按照审执行分离原则，针对执行和解中的实体争议问题，配置被执行人异议之诉救济路径，并从前置程序、提起异议之诉的事由、审理裁判等方面进行合理构建，依法保障被执行人合法权益。

一、执行和解中被执行人实体权利救济制度的实然缺失

2018年2月，最高人民法院出台《关于执行和解若干问题的规定》（法释〔2018〕3号，2020年12月最高人民法院发布法释〔2020〕21号予以修改）（以下简称《规定》），构建了较为完整的执行和解制度。该项制

---

* 本文获第十一届中国执行论坛论文评选二等奖。

** 唐伟杰，广西壮族自治区高级人民法院执行局执行一庭庭长，三级高级法官。陈勇，广西壮族自治区高级人民法院执行局，四级高级法官助理。

度灵活简便，受到了当事人的欢迎。为了缓解执行难和绩效考评的压力，法院也对在执行程序中适用和解制度持主动拥抱态度，部分法院甚至推出执行和解建议书，在送达执行通知书、财产报告令等法律文书时，一并向被执行人送达。目前，在中国裁判文书网以“执行和解”“执行案由”“裁定书”为关键词进行检索，可检索到 68.8 万多篇司法裁判文书。与执行实践中高和解率相对应，随之而来也产生了新的矛盾和问题。由于当事人达成执行和解协议的私法属性，其并不具有强制力保障，导致完全履行和解协议面临很多的阻碍和不确定性。因履行协议过程中争议频出，当事人很容易再次陷入新的对抗状态。此时，双方如何进行权利救济，成为一个不得不面对的问题。

在保障债权人权益上，《规定》第 9 条针对被执行人不履行执行和解协议，为债权人提供了申请执行原执行依据或对执行和解协议另行起诉的双轨制选择。第 12 条针对法院不予恢复执行的裁定，为债权人提供了异议加复议的程序性救济途径。第 15 条针对执行和解协议履行完毕后，申请执行人因被执行人迟延履行、瑕疵履行遭受损害的情形，为债权人提供了另行起诉的救济权利。第 16 条针对执行和解协议存在效力瑕疵的情形，为债权人提供了先行起诉，待执行和解协议被确认无效或者撤销后，再申请恢复执行的救济路径。第 18 条明确了执行和解协议中适用担保条款的情形，为债权人放心签订执行和解协议免除了后顾之忧，等等。相较之下，对被执行人的权利救济制度明显供给不足，有关表述也不明确，且存在诸多逻辑漏洞。

第一，实体权利救济途径缺乏。《规定》为被执行人主要安排了程序性救济模式。比如，按照《规定》第 12 条、第 17 条的规定，被执行人可以对法院恢复执行或者不予恢复执行的裁定和扣除执行和解协议已履行部分之行为，依据《民事诉讼法》第 225 条（现第 332 条）的规定提出异议。毫无疑问，这种救济模式属于程序性救济途径，其功能主要是纠正违法执行行为。但是执行实践中，被执行人大量基于执行和解协议履行过程中的实体性争议提出异议，如江苏天宇建设集团有限公司与无锡时代盛业房地产开发有限公司建设工程施工合同纠纷执行异议案[（2016）苏 02 执异 26 号]等。此时，单一的程序性救济模式并不能充分满足被执行人救济实体权利义务的司法需求。

第二，考虑实体权利救济的情形不够周全。《规定》第 16 条虽然赋予了被执行人就执行和解协议效力瑕疵另行起诉的救济途径，但对执行和解协议履行过程中其他实体争议并没有作出制度安排，被执行人的诉权没有覆盖其实体权益需要救济的全部情形。比如，执行和解协议虽未履行完毕，但因不可抗力等客观因素影响导致暂时无法履行,而申请执行人以被执行人不履行为由申请恢复执行的情形;被执行人正在积极履行,申请执行人事后反悔的情形;申请执行人申请恢复执行后,被执行人对扣除执行和解协议已经履行部分的内容有争议的情形,等等。根据现行规定,一旦出现上述情形,被执行人将无法通过有效的诉讼途径进行防御对抗,难以维护自身合法权益。

第三,救济权利行使方式不够完备。按照《规定》现行制度安排,若执行和解协议履行完毕后,被执行人突然发现履行协议过程中自身权利受到损害,由于此时已经结案,执行程序归于终结,被执行人无法提起执行行为异议,亦不能通过另行起诉等诉讼途径获得救济。由此可见,此时被执行人处于一个非常被动的地位。

二、执行和解中被执行人实体权利救济困境的成因分析

(一)应对实体权利冲突时,现行执行和解制度缺乏多元价值衡平理念

根据既判力原理,执行依据一旦发生法律效力就终局地确定当事人之间的实体法律关系,此后当事人不得为相异主张来进行争议,法院也不得为矛盾判决来改变前诉结果。[1] 但是,维护判决的权威性和法的安定性,并不排除当事人对民事权益的自由处分,当事人可以通过合意订立执行和解协议,对执行依据所载实体权利义务内容作出处分或变更,即便这种处分或变更突破了执行依据明确的法律关系和主体,甚至与执行依据相矛盾,也为法律所容忍。作为当事人意思自治的民事契约,执行和解协议一经生效,就在事实上改变了执行依据所确定的判决之债。与债的更改不同,当事人订立执行和解协议,对执行依据的权利义务内容进行处分或变更,并不以消灭执行依据为目的,并没有改变执行依据的法律效力。此时,从实体角度观察,申请执行人和被执行人之间真实的权利义务关系已经不再是原执行依据所确定的判决之债,而是执行和解协议确定的协议之债。问题是,由于原执行依据并未丧失执行力,若申请执行人继续申请强制执行原执行依据,势必破坏当事人之间真实的权利义务关系,如此,执行和解协议与执行依据各自所载实体权利义务内容不可避免地发生冲突和偏差。

如前文所述,在《规定》第9条情形下的权利冲突中,申请执行人可以根据实际情况选择恢复执行或另行起诉,得到比较周延的救济保障,但被执行人对此几乎没有招

---

〔1〕 参见贾亚强、姚军强:《民行交叉案件中行政判决对民事诉讼的效力》,载《人民法院报》2010年12月29日,第1版。

架之力，一旦权利受到损害很难获得救济。在同等情形下，只赋予一方当事人救济权利而未赋予另一方救济权利，在逻辑上很难自洽。诚然，迟来的正义非正义，强调债权人中心主义与效率价值优先是确立执行和解制度之首要目标，但执行程序启动及终止，只注重保护权利可能受到损害的申请执行人利益，而对被执行人利益漠然置之，很难评价为具有完整伦理基础的法律程序。正当的执行程序理应对当事人、利害关系人等相关方的利益冲突进行平衡、权衡或调整。因此，在确保执行效率、尽快实现债权人利益的同时，还应当把执行公正作为司法程序追求的重要价值目标。在执行和解程序中实现公平公正的法律价值，除了要关注生效法律文书确定的判决之债的实现，亦要充分关注体现当事人意思自治的协议之债的实现。由于现行执行和解制度缺乏多元价值衡平理念，[1]在当事人之间的权利冲突中"拉偏架"，程序设计上明显倾向于保护申请执行人的利益，导致被执行人利益难以得到有效救济，实为有失偏颇。

（二）回应实体权利救济时，执行审查权配置出现了僭越与错位

在执行权配置模式上，不同国家和地区基于各自的法治文化、传统和改革目标，对执行权运行制度规则进行了各具特色的设计。德国、法国、日本、美国、英国等国家选择由法院和其他社会职能部门共同行使民事强制执行权，意大利、瑞典、中国台湾等国家和地区选择由法院或其他社会职能部门单独行使民事强制执行权。[2] 虽然不同国家和地区的执行权配置模式存在明显差异，但在程序衔接机制上几乎一致遵循"审执分离"原则，即执行权与审判权不能由同一主体享有，执行权的主要功能是高效实现生效法律文书所确定的给付内容，审判权的主要功能是判定相关的民事权利义务实体争议。

从审执分离的角度审视执行和解制度来看，执行权的程序性功能与当事人实体救济的司法需求之间明显存在矛盾。现行法律和司法解释语境下的执行权，其项下权能主要包括执行实施权和执行审查权（执行审查权也称执行裁决权）。其中，执行裁决权属于程序性救济裁判权，主要是针对执行机关的违法执行行为，为当事人设置的救济性规定，用于解决查封、扣押、冻结等执行程序争议事项。如前文所述，执行和解中的争议，主要涉及当事人实体权利义务纷争，受执行权程序性功能的限制，理论

---

〔1〕 参见刘小砚：《效力瑕疵执行和解协议制度的实然缺憾与应然选择——以〈关于执行和解若干问题的规定〉第 16 条为中心》，载《北京理工大学学报（社会科学版）》2020 年第 2 期。

〔2〕 参见肖明明：《大陆法系执行权配置的基本模式》，载《人民法院报》2019 年 6 月 21 日，第 8 版。

上应当配备民事纠纷审判权来处理此类实体争议。但最高人民法院《关于人民法院办理执行异议和复议案件若干问题的规定》(以下简称《执行异议复议规定》)第7条第2款规定,对执行依据生效之后的实体事由,适用《民事诉讼法》第225条(现第332条)交由执行审查权进行判断,并决定是否可以排除执行。由于执行和解协议发生于执行依据生效之后,故《规定》第12条、第17条延续了《执行异议复议规定》第7条第2款之立法逻辑,明确被执行人只能依据《民事诉讼法》第225条(现第332条)规定通过"异议+复议"模式进行救济。问题在于,依靠《民事诉讼法》第225条(现第332条)规定的程序性救济手段,运用执行审查权来裁判执行和解中当事人之间的实体性争议,能否满足被执行人的实体救济需求?答案显然是否定的,由于未经言词辩论等严格的审判程序,执行机构行使审查权后,作出的执行裁定并不拥有既判力。由此可见,在执行和解中《规定》配置的执行审查权,僭越了执行权的作用领域,有违审执分离的基本原则,导致执行权与审判权有交叉错位之嫌疑。

程序公正是实体公正的保障。对执行和解中的实体性争议进行裁判,不宜省略举证质证、法庭辩论等程序环节,不能违背当事人诉讼平等、意思自治等基本原则。虽然在异议复议救济模式中,执行和解的当事人也可以选择合议庭听证等程序来保障各方当事人的程序参与权和意见发表权,[1]但受到执行权自身程序性救济手段的属性限制,配置执行审查权来裁判执行和解实体争议,难以满足实体裁判对程序公正的要求。

三、执行和解中被执行人实体权利救济制度的修正

(一)价值修正上确立衡平理念

执行和解制度的修正,涉及执行程序效力、法律秩序稳定及当事人权利保障等多种利益平衡。对执行和解协议性质的不同理解,以及不同的法律价值取向,在救济途径的选择上也各有不同。关于执行和解的性质以及救济措施,当前主要有三种观点。其一,在诉讼行为说的语境下,当事人和法院都受执行和解协议的约束,由于该学说主要关注执行和解所生的中止执行等程序性法律效果,故赋予当事人的救济手段也主要是程序性的,倡导效率优先。其二,在私法行为说的语境下,执行和解乃民事私法行为,双方当事人因执行和解事由产生的争议,应当通过普通民事诉讼、债务人异议之诉等诉讼途径进行救济,对双方进行平等保护。其三,在双重性质说的语境下,

---

〔1〕 参见殷兵、曹凤国:《执行衍生实体争议解决机制研究》,载《法律适用》2014年第2期。

执行和解协议兼具诉讼行为与私法行为，可以同时产生程序法和实体法上的效力，应当同时赋予当事人程序性救济手段和实体性救济手段。

从《规定》赋予当事人的救济手段而言，我国立法机关和司法机关对执行和解的态度更倾向于双重性质说，有选择地吸收了私法行为说和诉讼行为说的救济措施。但由于秉承债权人中心主义，在价值取向上以效率价值为主导，强调快速实现生效法律文书所确认的债权，导致公平价值受到挤压，体现为救济制度明显偏袒申请执行人一方，没有为被执行人提供实体救济途径。这么考虑，主要是担心若引进被执行人异议之诉等诉讼程序，会显著拖延执行，从而加重“执行难”。但从法律价值的角度来看，无论是申请执行人还是被执行人之权利，均应同时保护而不可偏废。因此，修正执行和解制度在理论价值选择上，应当继续坚持双重性质说，树立多元价值衡平思维，在坚持效率优先的基础上，把公正、公平视为同样重要的价值维度，平等保护申请执行人与被执行人的利益。

（二）规则修正上选择务实路径

自《规定》完善细化执行和解制度以来，在民事强制执行中发挥了重要作用，已经被证明是行之有效、适合中国国情的。但由于《规定》出台时，正值基本解决执行难攻坚阶段，在社会压力之下，司法机关更多把精力重心放在结案率和执行效率问题上，从而忽略了被执行人应有的救济性权利，不得不说是一个遗憾。现在，无论是理论的整理还是现实的考察，都迫切需要对执行和解制度进行适当的修正，给予被执行人必要的救济机会。

在执行和解中围绕恢复执行的裁定，被执行人与申请执行人之间的争议问题，主要有执行和解协议是否履行完毕、履行期限是否届至、履行条件是否成就、是否按照协议约定的方式方法进行履行、是否达到不履行的判断标准，等等。不难判断，上述争议都是实体问题。按照审执分离的基本要求，构建实体救济制度来审理判断上述实体问题，更符合实际需要。事实上，最高人民法院《关于适用〈中华人民共和国民事诉讼法〉解释》第248条关于既判力基准时的原则性规定，为在实体上救济被执行人预留了制度安排。由于执行和解是发生于执行依据生效以后的新的实体事由，此时被执行人可以以执行和解协议变更了执行依据所载申请执行人的请求权为由提起异议之诉，或者就执行和解协议另行提起一个新的普通诉讼。

那么，法院恢复执行原执行依据后，被执行人如何行使异议之诉和另行起诉的权利？笔者认为，在执行程序终结之前，只需赋予被执行人提起异议之诉的诉权；在执行程序终结之后，则只需赋予被执行人另行起诉的诉权。在执行程序终结的情形下，若被执行人提起异议之诉，由于已经没有排除原执行依据执行力的现实必要，故此时只赋予被执行人另行起诉的权利，对此学界并无争议。但在执行程序终结之前，只赋予被执行人异议之诉的一种权利，对此学界有不同观点。有学者认为，从诉讼权利保障的角度出发，应当赋予被执行人另行起诉或提起执行异议之诉的选择权，只允许被执行人提起异议之诉，似有限制当事人诉权的嫌疑。对此，笔者并不认同，理由是：其一，从程序目的上看，被执行人提起异议之诉，其诉讼请求除了必须明确提出排除执行依据全部或部分的执行力外，也可以提出对执行和解实体争议进行裁判。而被执行人另行起诉，则仅仅是就执行和解实体争议提起一个新的普通诉讼。可见，就程序目的而言，异议之诉显然可以涵盖另行起诉。其二，从程序效果上看，如果允许被执行人另行起诉，在确认了当事人权利义务新动态后，将产生一个新的具有既判力的判决，但是该判决并不能排除原生效法律文书的执行力。由于原执行依据并没有被撤销，由此在同一时点，可能存在两个甚至多个具有执行力但内容相矛盾的执行名义。[1] 其三，从执行效果上看，如果被执行人另行起诉后获得新的生效裁判，此时需要执行机构主动调整原执行依据与另行起诉后生效裁判之间的矛盾，这违背了审执分离的初衷，将造成执行权运行机制的进一步混乱和困扰。可见，执行程序终结之前，不应当赋予被执行人另行起诉的权利。

（三）建立健全执行和解程序中被执行人异议之诉制度的几点构想

综上分析，在执行程序终结之前，赋予被执行人提起异议之诉的权利，对于填补被执行人实体权利救济制度的“真空地带”具有重要意义。因此，笔者重点就执行和解程序中构建被执行人异议之诉制度，提出以下三点具体设想。

其一，执行和解中被执行人提出执行异议之诉应当前置执行异议程序。有观点认为，执行异议程序并不能对实体争议问题作出有既判力的裁定，作为被执行人异议之诉程序的前置程序，只会造成程序的拖延。这种观点有一定的现实合理性，但必须考虑执行和解中被执行人异议之诉相较一般意义上的债务人异议之诉有其特殊性。因执行和解协议的订立过程中，执行机构参与并履行了形式审查的职能，对当事人双方矛盾争议比较熟悉。因此，通过执行异议程序，由执行机构先行审查裁决执行和解协议争议问题，若双方当事人对执行机构的裁决并无意见，则有利于及时化解部分实体争议，因此不但不会拖延执行，反而有利于提高执行效率。

其二，执行和解中被执行人异议之诉的异议事由概括。参考借鉴大陆法系国家

[1] 参见杜闻：《构建我国债务人异议之诉的实证及学理分析》，载《北外法学》2021 年第 1 期。

和地区的经验做法，结合我国执行实务，执行和解程序中被执行人提出异议之诉主要应包括以下四种事由：(1)被执行人完全履行执行和解协议导致消灭债权的事由。(2)被执行人部分履行执行和解协议导致消灭部分债权的事由。被执行人以此事由提出异议之诉，仅能排除执行依据部分执行力。(3)执行和解协议中达成不予执行、延期执行等妨碍债权实现的事由。(4)对于未经言词辩论审理程序且无既判力的公证债权文书等其他执行名义，被执行人可以以债权不成立为由提起异议之诉。[1]

其三，应当把执行法院作为执行和解程序中被执行人异议之诉的管辖法院。如此安排比较符合我国的国情和执行工作实际情况。一方面，案外人异议之诉、申请人异议之诉等相同性质的救济之诉，都是由执行法院进行管辖，由执行法院管辖执行和解中被执行人异议之诉，有利于保持执行救济体系的一致性。另一方面，由于执行法院在知悉案情程度、掌握执行和解协议履行状况上较为便利，由执行法院管辖，更有利于提高诉讼效率。

此外，被执行人异议之诉的其他程序设置问题，比如，关于被执行人异议之诉的时间限制，出于防止滥用诉讼程序拖延执行的考虑，建议以执行程序终结前提起诉讼为宜；关于被执行人异议之诉的审判程序，建议与案外人异议之诉等其他救济之诉保持同样的设置；关于被执行人异议之诉的法律效果，建议原则上诉讼期间不影响执行程序的进行，但被执行人提供充分的担保或法院经审查认为有必要停止执行除外，等等。由于此类问题在理论上争议不大，在此不展开论述。

四、结语

目前，我国对于执行中衍生的实体争议，主要采用诉讼的方法予以解决，现行法律和司法解释已经创设了案外人异议之诉、申请执行人许可执行之诉、参与分配方案异议之诉和追加变更部分被执行人不适格异议之诉。为了加大立法供给，我国正在紧锣密鼓地起草关于审理执行异议之诉案件的司法解释。笔者相信，在执行和解制度中修正被执行人实体权利救济制度的缺陷，引入被执行人异议之诉，予以终局解决执行和解中的实体争议问题，不仅是实践的迫切需要，还是执行制度形成完整自洽体系的逻辑必然。

---

〔1〕 参见刘疆：《具有强制执行效力公证书的不可诉问题研究——兼析〈公证法〉第三十七条和第四十条的适用》，载《中国司法》2008年第9期。

自治与强制:基层人民法院执前和解机制的优化路径

廖文锦*

摘要:执前和解运行的体系构建缺乏法秩序统一,实施规范混乱、法院职权和解学理障碍、救济途径难实现、量化考核配套制度缺位是制约执前和解实体运行的“堵点”。本文基于基层人民法院执前和解运行的整体和个案双重维度实证考察分析,从立法完善、司法运行、配套保障制度三维度出发,提出在《民事强制执行法》中专章对执前和解的组成机构、案件范围、程序的启动、实施履行、救济路径等进行法律明确,以规范执前和解法律体系、厘清法院组织和解的边界、优化违反和解协议的救济路径、建立科学考核配套制度,构建执前和解规范化运行模式,切实发挥执前和解减立案“进口”,增强解纷“出口”的执行源头治理优势,以期实现执行案件降幅拐点。

引　言

执行和解是在执行前端高效节源地将当事人的“纸上权益”兑现成“真金白银”的创新路径,是发挥司法能动作用破解“执行难”问题的原动力。“执行难”问题自20世纪80年代中后期始成为法院工作的“热词条”和困扰司法工作的“老大难”问题。[1] 特别是受理全国88.5%案件

* 廖文锦,桂平市人民法院执行局法官助理。

〔1〕 参见郑天翔:《郑天翔司法文存》,人民法院出版社2012年版,第249页。

数的基层人民法院，足以用“水深火热”来形容。[1] 赢了官司是否意味可“坐等收钱”？其实并不然，“执行难”“执行不能”问题经常是当事人兑现胜诉权益的“拦路虎”。2021 年 2 月，习近平总书记在中央全面深化改革委员会第十八次会议强调：“法治建设既要抓末端、治已病，更要抓前端、治未病……从源头上减少诉讼增量。”[2] 执前和解化强制执行为执前自治履行，与传统强制执行模式相比，具有“高效率、低诉累、少强制、护征信”的优点。然而，在执前和解整体运行体系未形成统一规范模式的情况下，执前和解“抓前端、治未病”的效能难以全面释放。现有的研究文献主要针对执前和解协议相关问题，着眼于执前和解整体机制构建的研究鲜少。如何构建执前和解整体科学运行机制，在主动履行与强制执行之间找准生效判决履行平衡点，已成为基层人民法院迫切解决的问题。

一、现状描摹：基层人民法院执前和解的实证考察

执前和解并不是新生“物种”，案件进入执行程序前双方就判决确定的权益义务达成履行合意的在司法实践中不乏少数。部分义务人为避免执行信用风险，主动联系申请人洽谈履行；或法院在执行立案审查时，针对标的额较大、具有典型意义的案件主动组织双方和解履行，以快速实现案结事了。随着诉前调解在诉讼源头治理方面实现全国法院民事一审案件在 2020 年、2022 年两次出现降幅拐点的成效下，[3] 基层人民法院执行工作却将面临诉前调确案件大量涌入的问题，若不加以预防化解，执行案件量的发展或与民事一审案件量的发展呈相反趋势。执前和解或是破解执行“多又难”问题的新路径。执前和解也经历了以当事人自行约定为主到法院主动组织和解的转变。从各地法院官方网站发布的数据、案例可以看出，执前和解在案结事了、化解诉累方面确有妙招，通过执前和解当场履行完毕握手言和，有效避免案件流入执行程序。本文第一部分通过基层人民法院执前和解的数据分析和个案研究，洞悉执前和解运行的全貌和细节。

（一）整体面相：基层人民法院执前和解数据分析

执前和解运行尚未有专业的体系化管理，缺少完整的材料反映全国基层人民法

[1] 参见廖向阳：《全国法院办案质效稳中有升在线服务便民利民效果显著——最高法有关部门负责人解读工作报告》，载《人民法院报》2023 年 3 月 12 日，第 4 版。

[2] 习近平：《习近平主持召开中央全面深化改革委员会第十八次会议强调完整准确全面贯彻新发展理念发挥改革在构建新发展格局中关键作用》，载《新华每日电讯》2021 年 2 月 20 日，第 1 版。

[3] 最高人民法院 2019 年至 2022 年《全国法院司法统计数据公报》。

院整体运行情况的精细展示诠释。鉴于此，本文选取我国中西部地区执行案件“超负荷”运行，且执前和解已初具雏形的5个基层人民法院对2020—2022年的数据进行研究，管窥执前和解整体态貌。就执行案件总量而言，中西部地区法院远达不到东部发达地区法院的数量，然而，东部地区法院有强大的财力、人力、物力为执行赋能，法院只需对执行核心事务严格把控，对执行辅助事务，如案卷扫描装订、执行送达甚至是执行查控的部分事项均通过购买服务形式释放执行人员压力，中西部地区很多基层人民法院仍停留在执行法官需本人亲自外出送达、装订案卷的“刀耕火种”模式。对辅助力量难以补充的中西部地区基层人民法院来说，执前和解不失为“执行难”破冰的最佳路径。

表1　中西部地区5个基层人民法院2020—2022年执前和解情况

年份	法院	一审民事案件（件）	执行案件总量（件）	执前和解案件（件）	法官主动组织和解案件（件）	对既判权益让步案件（件）	和解平均用时（天）	履行完毕案件（件）
2020	A区法院	26970	18454	552	487	493	15.8	195
	B区法院	8741	6940	252	213	226	11.7	57
	C区法院	7329	6685	283	224	215	13.5	63
	D县法院	6156	2442	147	103	122	12.3	36
	E县法院	5855	4974	249	189	209	14.3	41
2021	A区法院	39137	28436	684	598	665	19.2	134
	B区法院	10336	9254	432	367	374	18	155
	C区法院	9461	8534	459	396	403	16.4	169
	D县法院	13757	4471	183	121	109	21.3	46
	E县法院	6815	5604	336	252	298	11.8	72
2022	A区法院	34000	35014	924	745	862	15.3	256
	B区法院	7311	7817	492	368	354	9.9	106
	C区法院	9968	8937	476	278	326	14.2	96
	D县法院	13587	6606	252	109	205	10.6	68
	E县法院	8107	6001	396	269	279	10.9	73

从表 1 中的数据反映了基层人民法院执前和解与民事一审、执行收案数之间的关系，以及执行和解运行的和解过程、平均用时、履行情况等。通过细微的观察，发现执前和解运行的基本态势。总体来说：(1)执前和解与民事一审、执行收案三者呈正相关关系，除 B 区法院 2022 年民事一审和执行收案量下降外，其他法院两项数据均呈逐年上升趋势，执前和解数未出现下降点。(2)执行和解平均占执行案件量的 3.82%，占比最高为 2022 年 E 县法院，执前和解占比 6.6%。这意味着该部分案件不需要或暂不需要进入执行程序，一定程度上对执行案件收案压力具有缓解作用。(3)达成的执前和解案件中，以法官主动组织居中斡旋促成和解为主，占总量的 77%。通过让步既定权益方式达成执前和解的比例占 84%，达成执前和解后如期按协议履行完毕率为 25.6%，侧面反映出执前和解的约束力有限。(4)执前和解平均用时 14.3 天，相较于执行 6 个月期限来说，具有高效解忧的特点。从个院分析：B 区法院执行收案数在 2022 年出现下降，该院执前和解数占比 2021—2022 年均高于平均值，一定程度上反映出执前和解的成效。

(二)个案解读：执前和解的微观考察

执前和解官方公布的权威案例有限，能够反映执前和解全阶段的案例更少。最高人民法院 2011 年公布的 2 号指导案例——吴某诉四川省眉山西城纸业有限公司买卖合同纠纷案(以下简称吴某案)，[1]就二审期间达成和解的处置提供的指导，但不足以反映常规执前和解流程的全貌。基层人民法院是执前和解运用最多的机构，笔者在穷尽收集基层人民法院官方网站公布的执前和解案例中，挑选 9 个不同纠纷类型的案例进行梳理分析，从个案中考察执前和解机制的运行机理(见表 2)。

表 2 基层人民法院 9 个执前和解案例情况

序号	案例	标的额	和解内容	妥协内容	启动程序	处理结果
1	某银行与陈某的金融借贷纠纷案	55482.9 万元	先履行逾期本金加利息 1.6 万元，剩余本金年底还清	可分期履行	法院执行立案前审查，并主动联系双方组织和解	撤回执行立案申请，未进入执行程序
2	丁某与任某离婚纠纷补偿案	4.2 万元	每月履行 1440 元至还清止	可分期履行，超过 3 个月不履行的申请强制执行	法院执行立案前审查，并主动联系双方组织和解	撤回执行立案申请，未进入执行程序

[1] 参见《最高人民法院第一批指导案例 2 号——吴梅诉四川省眉山西城纸业有限公司买卖合同纠纷案》，载《人民法院报》2011 年 12 月 21 日，第 2 版。

续表

序号	案例	标的额	和解内容	妥协内容	启动程序	处理结果
3	王某与施某人身损害刑事附带民事赔偿纠纷案	11 万元	当场支付 11 万元赔偿金	无	法院执行立案前审查，并主动联系双方组织和解	现场履行完毕未进入执行程序
4	张某与三子女的赡养费纠纷案	3 万元	按判决书确定金额减少 3000 元，按年支付	每年减少 3000 元	法院执行立案前审查，并到张某家和解	撤回执行立案申请，未进入执行程序
5	某电梯公司与某产品公司合同纠纷案	2 万元	当场支付 2 万元	无	法院主动联系企业及工业园区书记开展和解	现场履行完毕未进入执行程序
6	某物业公司与李某的物业服务纠纷案	0.8 万元	物业费一次性转入法院账户	物业公司放弃违约金	法院执行立案前审查，并主动联系双方组织和解	和解后立案，并执行完毕
7	某软件公司与 20 个村委会的合同纠纷案	32 万元	合同款一次性转入法院账户	软件公司放弃迟延履行金	法院执行立案前审查，并主动联系双方组织和解	和解后立案，并执行完毕。批量化解 20 个案件
8	陈某与某餐饮公司支付劳动报酬纠纷案	0.68 万元	当场兑付拖欠的工资	放弃涉争议部分工资	法院执行立案前审查，并主动联系双方组织和解	现场履行完毕未进入执行程序
9	詹某与某农业公司借贷纠纷案	30 万元	当场支付 8 万元，剩余分期付款	放弃迟延履行金	申请人表示愿意和解，法院组织和解	现场履行完毕未进入执行程序

从表 2 中可窥见执前和解运行过程的一些规律：(1)适用案件类型广，不管是合同纠纷、金融纠纷还是婚姻家庭纠纷等案件，只要符合条件双方有意愿，人民法院均可组织执前和解。(2)适用标的大小无限制，标的额从几千元至几千万元的跨度均有执前和解成功的可能。(3)执前和解的达成以债权人作出一定程度让步，如分期履行、放弃利息、迟延履行金、违约金甚至是部分本金的形式，也有部分未变更既判内容当场履行完毕。(4)执前和解的启动以法官立案审查前，对符合条件的案件主动联系双方组织和解的形式为主，当事人主动请求法院进行和解的占少部分。(5)达成执前和解后各法院的处理方式差异较大，有的法院按撤回立案申请处理，有的法院进行立

案后以执行完毕方式结案。

二、"把脉问诊":基层人民法院执前和解机制存在的问题及原因分析

(一)梳理梗阻:基层人民法院执前和解机制存在的问题

通过上述5个基层人民法院执前和解整体数据和个案双重维度的考察,执前和解确有为执行"减负""提速"的效能,但各地法院的实施方案和实践做法缺乏统一有序,无论是执前和解的规范依循、启动还是和解后的处理都不尽相同,甚至勃然相悖。

1.执前和解实施规范混乱

执前和解符合人民群众对"无讼"式多元化执行模式的司法需求,在强制执行"刚"中寻找意思自治"柔"的平衡点,缩短执行周期、简化执行程序、减少强制执行成本、实质性化解执行纠纷,[1]将"末端治理"回溯至"源头治理",减少案件盲目进行执行后程序空转。因执前和解未在现有的法律框架体系中,具体实施以各地中级人民法院或基层人民法院自行制定操作规范为主,各地制定的规范难以统一,造成执前和解实施规范"各成一派",如《昆明市呈贡区人民法院关于执行前和解中心的实施方案》《包头市青山区人民法院执前和解工作操作规范流程》《曲江人民法院执前督促履行及和解工作规程(试行)》等。在各地法院的规范文件中对执前和解人员构成、和解方式、案件范围、和解后的处理等规定不尽相同,如执前和解人员组成方面,青山法院采用"1员额法官+1法官助理+1书记员+3专职和解员+N特邀和解员"的配置,安溪人民法院推行"执行法官+原审法官+特邀调解员"模式。执前和解操作规范呈现"百家争鸣"的景象。尚有部分未研究制定本院执前和解章程的法院,可能因缺乏指引规范尚在观望状态。

2.执前和解中法院职能争议

在我国,执行调解与执行阶段的说服教育都被认为是存在法理障碍的机制设计。[2]执行的目的是通过强制性手段兑现生效法律文书的内容,执行调解会对生效法律文书的既判权益进行随意更改,由执行人员积极主导或参与对当事人的实体权利进行再处理,出现与现行立法相悖的"又审又执"的现象。如此以调解手段随意变更生效裁判文书内容,不仅会损害人民法院的司法权威,还极易为不法活动提供空间

---

〔1〕参见王柏东、程立:《生效法律文书执行力的阻却与回归——以执行外和解对执行程序的影响视角》,载《法律适用》2020年第3期。

〔2〕参见陈杭平:《论民事"执行和解"制度以"复杂性"化简为视角》,载《中外法学》2018年第5期。

与可能。执行调解在整个执行程序中可谓“师出无名”。至1982年《民事诉讼法(试行)》明确了执行和解的制度,以执行和解化解执行调解在立法体系的尴尬地位。然而,在执行和解实务中,仍经常会看到调解的“影子”,执行员劝说债权人放弃部分利益,督促债务人以债权人接受的方式履行债务,以此来促成双方和解,完成结案任务。唐东楚教授形象地将这种现象称为“躲在执行和解背后的执行调解”。〔1〕各地法院在执前和解运行中更多地参照了执行中和解和诉前调解的样体,也存在如上述的情况。执前和解以法院立案前主动审查启动为常态,当事人自行庭外达成和解的寥寥无几。上述表1、表2数据也可以印证,实证考察的5个基层人民法院2020年至2022年的执前和解案件中,法院执行人员在和解中斡旋而达成的执前和解协议占比77%以上,2020年A区法院达88%,且在执行人员不参与而当事人能够自行达成执前和解协议的案件中,以双方均聘请了专业律师团队的涉企案件为主。这也从侧面说明了执行人员在引导、调说达成执前和解中起到举足轻重的作用,即使执行未立案,执行人员已带有职权主义色彩开展执前和解工作。这种带职权主义色彩的执前和解是否已属于执行调解的范畴或是披着执行和解“外衣”的执行调解未有统一定论,人民法院主动审查组织执前和解是否违反“法无授权即禁止”的规则也存在争议。

3. 执行和解履行完毕率低

执前和解本是双方当事人就生效裁判内容履行的最可接受方式进行协商,执前和解协议的达成已是双方当事人寻找到的最优履行方式,这种最优履行方式履行完毕率却不如期待的效果,从实证考察的5个基层人民法院发现,执前和解履行完毕率不足26%,超期履行、不完全履行,甚至不履行的情况占74%。主要体现在执前和解以分期履行的方式较多,分期履行是一种依托诚信而长期协商的过程,存在为逃避执行假意和解或和解后又不按和解协议履行的风险。对该类违反执前和解协议的案件,最终又回归到强制执行程序来消化。这种高和解率、高反悔率、高回归执行程序率的“三高”怪象,是“和而不解”“和而不履”的体现,侧面反映出执前和解协议对双方当事人约束力呈“疲软”状态,难免让人反思执前和解程序的必要性。

4. 执前和解成效未量化

笔者搜索收集了各地法院执前和解的情况发现,人民法院对执前和解未设立专门的数据管理台账,难以直观地直接获取执前和解的开展材料。各地法院的官方网

〔1〕 参见唐东楚、陈宇:《关于民事执行调解的理论省思》,载《衡阳师范学院学报(社会科学版)》2023年第2期。

站公布的数据更多的是对个案、系列案的典型效果或某阶段的执前和解情况成效做片段性总结。更有个别法院考虑到执前和解无法量化、不与指标挂钩，为将执前和解的投入体现在法院指标中，在积极促成双方和解履行完毕后或一定的条件成就时，如甲方将案款汇入法院账户时，法院将该案转入执行程序并以执行完毕方式结案，以在法院的执行到位率、完毕率、结案用时等指标量化体现执前和解成效。这种做法看起来虽与执前和解执行源头治理的初衷相悖，但也无可厚非，法院投入了如此大的精力在执前和解中，执前和解未有指标考核要求，而执前和解履行完毕的案件又无法在考核的指标中“溅出水花”，对法院来说岂不是“杨白劳”。因此，如何量化执前和解的成效，是激发基层人民法院推动执前和解“快车道”的重要考量。

（二）追本溯源：执前和解机制存在问题原因分析

执行和解机制存在问题的原因是什么，是采取对应措施的前提事实。通过追本溯源找出影响执前和解机制运用的结症，为“对症开方”完善执前和解机制提供方向。

1. 缺乏明确法律适用规则

执行中的和解依照最高人民法院《关于执行和解若干问题的规定》适用，《民事强制执行法（草案）》（征求意见稿）第83条也对执行和解制度进行了确认：“有下列情形之一的，人民法院应当裁定终结执行：（一）执行债权全部实现；（二）执行和解协议履行完毕……终结执行的，人民法院应当解除已经采取的执行措施。”介于诉讼与执行程序中空地带的执前和解尚未规定在我国现有的法律框架内，在实务中以参照适用执行和解规定为主，包括最高人民法院公布的执前和解指导案例观点，也不乏是对执行和解规定的扩大解释。[1] 作为执前和解重要参考案例的“吴某案”，旨在解决庭外和解协议与判决之间的效力问题，明确了在二审期间达成和解协议属于诉讼外协议，人民法院准许撤回上诉的，一方当事人不履行和解协议另一方当事人申请执行一审判决的，人民法院应支持的规则。该规则与执行和解协议的实质内涵趋同，实际是对执行和解规定的扩大适用。[2] 同时，最高人民法院就因达成执前和解而超过申请执行期限是否给予立案问题，也通过批复的形式给出观点，认为执前和解协议已形

[1] 参见郑金玉：《和解协议与生效判决关系之债法原理分析——兼论“吴梅案”的规则适用》，载《比较法研究》2015年第4期。

[2] 参见吴泽勇：《“吴梅案”与判决后和解的处理机制——兼与王亚新教授商榷》，载《法学研究》2013年第1期。

成了新的债权债务关系，可通过新诉解决。[1] 我国不是惯例法国家，指导案例具有何用效力本身即存在争议，且案例具有个案的独特性质，案例观点的内涵和外延具有模糊性，难以通过单一的指导性案例对实务问题的确认规则，缺乏明确的法律规则指引，执前和解机制如无本之木、无水之源，难以发挥其潜力。

2. 法院职权和解学理边界不明

司法是维护公平正义的最后一道防线，能采用“无讼”纠纷解决模式的人民肯定不会通过诉讼进行。换句话说，其实当事人“急难愁盼”的问题是如何快速解纷、实现权益，对实现的途径是和解还是调解关注不多，即大部分当事人对法院职权执前和解并不排斥。但我国法律确实不允许执行调解的表述，并对执行中的和解也作了严格规定，如《民事强制执行法（草案）》（第五稿）第156条规定：“执行人员不得强迫或变相强迫当事人进行和解。”避免部分法院过于追求调和率而使执行和解成为变相审判。[2] 基层人民法院在执前和解中的角色定位如何明确，如何在避开学理障碍的同时引导双方当事人达成和解，是否可以参与双方和解的过程，是否需要向双方当事人释明不履行的风险及法律后果，是否需要对双方达成的磋商的具体款项合法性进行司法审查，是否需要兼顾考虑其他债权人的利益等一系列职权行为，都涉及执行调解的边界，无法明确边界范畴，人民法院在执前和解适用中也恐“反噬其身”。

3. 执前和解协议救济实现难

执前和解的高和解率、高反悔率、高回归执行程序率现象与执前和解协议法律属性、效力争议及救济难实现存在一定联系。执前和解协议法律属性争议较大。不少学者认为执前和解协议是双方当事人就执行的期限、方式等达成的合意，未经过司法确认程序，不具有强制执行力，其本质就是合同，可延伸适用执行和解的规定，赋予其可诉性符合理论依据。[3] 该观点的不足之处在于可诉性的执前和解协议若发生违约情况，执前和解协议的履行需重新提起诉讼，新的诉讼是否违反“一事不再理”原则？且新诉衍生新的案件，将纠纷陷入无限循环的诉讼程序中。反对的学者认为民事行为的灵魂是当事人意思自治的表示，执前和解和强制执行都是为了履行生效法

---

〔1〕 最高人民法院《关于当事人对人民法院生效法律文书所确定的给付事项超过申请执行期限后又重新就其中的部分给付内容达成新的协议的应否立案的批复》（〔2001〕民立他字第34号），2002年1月30日。

〔2〕 参见刘哲伟：《回归与独立：执行和解的私法解释考辩》，载《法商研究》2021年第6期。

〔3〕 参见江必新、何东宁、李延忱：《最高人民法院指导性案例裁判规则理解与适用（民事诉讼卷下）》，中国法制出版社2014年版，第455页。

律文书的内容，并不违反当事人追求的司法效果，且执前和解协议的达成是为了取代生效裁判的履行力，执前和解协议履行完毕也产生既判义务履行完毕的效果。因此，执前和解协议也被认为是具有与生效裁判文书同等强制执行的性质，执前和解协议的可诉性违反了“一事不再理”原则。[1] 该观点的不足之处在于过分强调意思自治的效力，将当事人意思自治的和解协议效力等同于原生效裁判文书，即“合意判决”，该观点不利于树立司法公信力。概括而言，理论界对执前和解协议性质有诉讼契约说、不执行性契约说、私法行为说、履行和解说、私法方案说、一行为两性质说等观点。应赋予其强制执行力还是可诉性，理论界和实务界也未有统一定论。张永泉、吴泽勇教授认为执前和解协议属于私权利处分，不会影响原生效判决文书效力，其是“实践合同”或“附生效条件合同”，具有可诉性。[2] 同时执前和解协议具有“执行力代替”效力，执前和解协议履行完毕既视为原判义务履行完毕。刘荣军教授则认为执前和解中应该强调诚实信用的原则，若不适当对强制执行的启动作出限制，双方随意反悔不会造成任何不利的后果，这种软约束力根本不足以约束任何一方，在司法实务中难免被认为是一道多余且无确定效力的程序。[3] 实务中对执前和解协议的判例观点也存在差异甚至矛盾，2 号指导案例“吴某案”将执前和解扩大解释适用执行中和解的规定处理，倾向于履行原判，但也不否认执行和解协议作为执行依据的可能性及可行性，[4]吉林省高级人民法院也曾有过类型判例，认为执前和解协议不能脱离原有判决存在，不具有可诉性。[5] 最高人民法院在处理该问题时也有认为执前和解协议具有可诉性的判例，对于新债与原判不能代替。[6] 执前和解协议属性和效力争议导致其未有明确完善的救济途径，对直接执行和解协议或另行起诉难以适从。若直接按达成的执前和解协议履行，有随意推翻生效裁判文书的故意；若直接恢复对原判的执行，执前和解这一程序难以发挥自身“魅力”；若让当事人重新起诉，对违约人员既不是责任也不是惩罚，执前和解协议更加会被毫无约束力地随意对待，毫无严肃性地选择履行或不履行，使执前和解协议的安定性遭到破坏，执前和解也面临一个纠纷衍

---

〔1〕 参见江伟：《民事诉讼法》（第 2 版），高等教育出版社 2004 年版，第 328 页。

〔2〕 参见张永泉：《执行前和解协议法律效力研究》，载《法学家》2011 年第 1 期。

〔3〕 参见向国慧：《执行和解协议可诉性问题研究——兼析〈最高人民法院关于执行和解若干问题的规定〉相关条款》，载《中国应用法学》2021 年第 4 期。

〔4〕 参见贺剑：《诉讼外和解的实体法基础——评最高人民法院指导案例 2 号》，载《法学》2013 年第 3 期。

〔5〕 参见吉林省高级人民法院（2015）吉民申字第 1934 号。

〔6〕 参见最高人民法院（2016）民终第 544 号。

生出新的纠纷的尴尬境地,也容易滋生假借执前和解之名拖延履行义务的情况。由于执前和解协议定性的"先天不足",即使学界观点有百家争鸣之势,基层人民法院也无法将其作为直接适用依据。

4. 未建立科学考评与衔接机制

多元纠纷化解和基层执行源头治理大格局的打造需诉前调解、公证、仲裁、诉讼、执前和解、强制执行等环节实现系统内协同,形成治理衔接循环流程,真正通过"外挂"机制实现诉讼控"入口"端,增"出口"点。目前执前和解缺少与诉讼、执行衔接机制,以及科学的考核机制,是执前和解运行问题层出不穷的重要原因之一。执前和解作为执行源头治理的重要一环,并非执行部门或法院一家的事 对生效裁判如何有效筛选部分案件进入执前和解,执前和解如何与执行程序衔接,搭建"一判一调一执"程序衔接平台。同时,执前和解能否依托智慧法院建设嵌入诉前调解平台,建立一体化、数据化、信息化平台,通过平台数据录入形成各项分析报告 科学地对执前和解指标进行考核,以科学性、整体性、系统性的指标体系反映执行源头治理、社会协同治理的成效。

三、"对症开方":基层人民法院执前和解的体系设计

制度的落实离不开立法的确定、司法运行体系建立及救济保障制度。执前和解已有司法运行之基本雏形,缺乏明确法律适用规则、法院职权和解学理边界不明、执前和解协议救济实现难、科学考评与衔接机制未建立等因素显示执前和解的不足与和矛盾,缺乏配套执行措施的执前和解机制如"无牙齿的老虎",根本无法发挥出其最优效能。本文从立法、司法、保障三维度"对症开方"提出执前和解的体系设计,以期弥补实践的不足。

(一)执前和解的立法完善

全国大部分基层人民法院或多或少都在探索执前和解机制的适用,执前和解已是"无法而先行"的状态,制定全国范围内适用的执前和解制度是一项紧急而迫切的任务。当前正值《民事强制执行法》草拟阶段,也是探讨执行机构体制改革和执行权设置分配的新起点,长期排除在法律之外的执前和解不能"就和解论和解",应站在执行体系建设的高度审视其地位。笔者建议,以《民事强制执行法》制定为契机,专章对执前和解作出详细规定,具体可分为执前和解的组成机构、执前和解的案件范围、执前和解程序的启动、执前和解的实施与履行、执前和解的救济五大板块内容。同时,执前和解是执行源头治理的一项机制创新,立法应明确自愿合法、督调结合、保全

控财的基本执前和解原则。

1. 意思自治与合法有效原则

执前和解与强制执行的最大区别在于同为实现生效裁判权益，执前和解更突出当事人的意思自治，尊重当事人对自己权利的自主处分，程序的启动以双方当事人的意愿为前提，要求执前和解的协商过程也必须是在双方自愿的基础上。执前和解过程中和解机构应就法律法规政策等规定向当事人进行释明、引导，但不得将执前和解理解为变相的强制执行。当事人不愿和解或最后未达成和解协议的，应按程序及时转执行立案，由执行人员依法采取执行强制措施。执前和解的合法有效性，主要体现在执前和解协议的合法有效。执行和解协议实质是双方当事人就生效裁判文书确定义务的履行进行约定的合同，执前和解机构应引导和解的双方履行内容不得违反法律的强制性规定、不得损害国家、他人的合法权益、不超越生效法律文书的既判内容，否则可能因执前和解协议无效而导致其他纠纷。

2. 执前督促与执前和解并用原则

执行是法院将已生效的裁判文书确定的内容兑现的司法活动，这其中必然伴随强制性手段，如通过法院查控系统对被执行人的财产直接查询、查封、扣押等，执行督促更是执行的应有之义。执前和解作为执行前端机制，既要遵循意思自治原则，也要赋予其一定的刚性手段，不能割裂地将执前和解认为是简单的自行和解。只强调和解的“柔”，而忽视执行的“刚”，执前和解难以避免“和而不解”难题。基层人民法院在引导双方协商和解时，要坚持“执前督促 + 执前和解”原则，软硬兼施、刚柔并济地开展执前和解工作。同时，为在诉讼阶段即告知当事人履行义务，可将需执行内容写入判决主文，明确其应履行生效裁判文书的具体内容，该内容具有与执行通知书同等效力。[1] 通过“执行通知书前置 + 执前督促 + 执前和解”三位一体举措，一方面提前向义务人传导强制执行的威慑力，强化其履行义务的责任感；另一方面更有利于引导双方达成执前和解协议。

3. 保全控财与时效原则

执前和解的高和解率低履行完毕率从侧面反映出实务中不乏有当事人利用执前和解缓冲期规避执行的行为，通过假意和解为逃避执行或拖延执行增加时间。不管案件是否会进入执前和解程序，基层人民法院在案件审理的前期应对申请人告知财产保全的相关规定，由申请人提出的保全申请，法院及时审查作出裁定；还可通过购

〔1〕 参见陈建华：《关于执行通知前置的思考》，载《人民法院报》2021 年 9 月 30 日，第 5 版。

买诉讼财产保全责任险，降低保全的门槛。[1] 通过保全措施依法对被保全人的财产进行查封、扣押、冻结等限制处分的措施，防止财产在执前和解阶段被隐匿、转移等，增加"执行难"风险。

（二）执前和解的司法运行

司法运行是执前和解的生命力，明确执前和解运行各环节的核心要素与变量，各变量要素流转至下一节点的识别，包括执前和解中心的建立、和解的案件范围、启动的程序、履行回访等一系列流程，形成静态节点与动态协作体系。利用好现有的平台资源，在人民法院调解平台中嵌入执行和解板块，实现线上线下双渠道和解平台（见图1）。

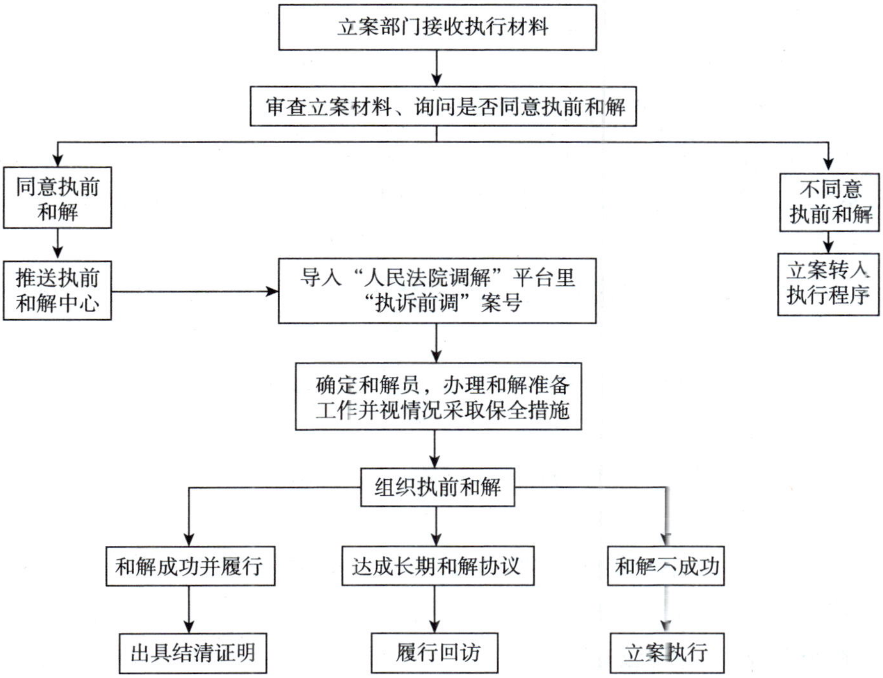

图1　执前和解流程

1. 成立执前和解中心

在实证考察基层人民法院执前和解运行情况时发现，完全脱离法院组织的纯庭外和解占比较少，由法院组织居中执前和解释法说理，能够有效打消当事人心理顾

〔1〕参见何启豪、常鑫：《诉讼财产保全责任险何以助力解决"执行难"》，载《法律适用》2018年第23期。

虑,促成和解的概率更大。执前和解与执行调解并不是绝对的针锋相对,两者在形式上有共同之处,也有界限。执前和解法院既不能突破“以调代执”之限制,又需要保持“督调结合”的应有之义,以此兼顾法律理论体系与司法实践效率的需求。首先,建立执前和解中心,由法院执行人员与和解组织入驻该中心,实行“法官+和解员”模式,邀请人民调解、行政调解、商事调解、行业调解等调解组织或者公证员、律师、退休法官或其他具有相关法律资质的第三方组织作为和解组织或者和解员,[1]还可委派通晓社区民意、善做群众工作的社区网格员作为执前和解的“第一道岗”,破解执行“单兵作战”难题,推动构建执行源头治理综治大格局。其次,明确执前和解中心的职能,主要对和解双方起释明、引导、建议的作用,包括向申请人披露被执行人被保全的财产状况,释明执前和解机制的运行程序,由其自主决定是否继续进行执前和解;同时,向被执行人释明不履行的信用风险,同时启动执行督促程序向被执行人发出《督促履行义务告知》,告知其不履行生效法律文书确定义务将承担的一系列不利后果。在这个过程中执前和解团队应保持中立,斡旋、劝说、见证、释法等均不同于依职权的调解,但不得为双方主动提供变更实体权利的实体方案,也不得在执前和解协议上签字、盖章等。最后,为双方提供履行义务的意见,供双方协商以达成协议并引导双方遵循诚实信用原则,违反协议需承担相应的法律责任。[2] 因此,为双方当事人构建良好的对话平台,做到能督促履行、能和解履行的绝不进入执行程序,打造“审执衔接、执行督促和解、见证履行”的多元化解纷工作站,切实从源头减少执行矛盾纠纷。

2.执前和解受理案件类型

基层人民法院要建立与审判程序相衔接的执前和解中心,对于涉农民工工资、抚养费、赡养费案件基于诉前调解的基础,经司法确认后无缝转入执前和解程序,实现快调快执。执前和解中心重点受理涉民生、涉抚养费、赡养费、涉金融债权、涉企等金钱给付类案件、公证债权文书类案件以及终本、终结有财产申请恢复执行案件。受理后将案件分为以下三种类别:(1)有财产可供执行,自愿达成和解协议的,可暂缓立案执行;(2)暂无执行能力,对履行期间和履行方式达成合意或申请人同意参与分配其他案件被申请人财产的,轮候方式进行;(3)无财产可供执行,无新的财产线索,申请人不要求采取强制措施的,可以建议被执行人在如实提供财产的同时向执行法院提

---

[1] 参见徐小飞:《执行和解中法院的职能和角色》,载《法律适用》2012年第10期。

[2] 参见郑金玉:《和解协议与生效判决关系之债法原理分析——兼论“吴梅案”的规则解释》,载《比较法学》2015年第4期。

交执行和解的方案,给予被执行人一定的期间筹措资金。无论哪种类型的案件,在执前和解时都要注意查看被执行人的关联案件及被保全财产情况,以便根据具体案情引导双方促成和解,同时也是为了防止虚假诉讼、恶意执行损害其他债权人的利益。

3. 执前和解程序的启动与履行回访

执前和解程序由当事人在执行立案时向人民法院的执前督促和解中心申请,由立案窗口工作人员将执前督促、执前和解程序告知申请人。双方当事人均有意愿进行和解的,流转到执前督促和解团队签署《同意执前和解协商同意书》后,由执前督促和解团队进行为期 1 个月的执前和解工作。对不符合和解范围或无法达成和解协议的,及时转入执行程序采取执行措施;对达成执前和解协议的法院作为履行见证人,在审查执前和解协议的主体是否适格、是不是双方当事人的真实意思表示、和解协议是否违反法律法规、是否存在瑕疵后再进行下一步的履行行为。当即履行完毕的记录在案并将材料归档;达成长期履行协议的,安排人员事后跟踪回访履行进度,避免其成为“带财终本”案件。同时,回访人员注重考量执前和解协议的反悔次数及按期履行情况,来衡量其是否有逃避执行行为。

(三)执前和解的司法保障

执前和解协议的性质、可执行性、可诉性等争议,导致违反执前和解协议对应的救济途径未建立成形,理论界对执前和解机制的救济路径也陷入理论逻辑与实务救济路径不匹配的困境。笔者认为,不管对执前和解协议的性质、效力作出何种完美的理论逻辑论述,对实务来说,最重要的是解决违反执前和解协议该用何种方式救济的问题。我们不妨从亟须解决的实际问题的结局出发反推开头,先选择最优救济途径来反观执前和解协议的定性问题。违反执行中的和解协议法律已明确两种救济途径:一是恢复执行原生效法律文书;二是就和解协议另行提起诉讼。执前和解程序是否可照搬这种救济方式呢?笔者认为,这两种救济方式有各自的缺陷:一是未体现违反和解协议的惩罚机制;二是另行诉讼成本高、周期长、衍生新的诉讼纠纷、增加不确定风险。因此,笔者认为,应构建执前和解协议违约条款另诉、公证债权赋强执行力、信用惩戒预告知为一体的执前和解机制救济链条,提高反悔成本,给予协议双方更强的履约紧迫感。

1. 执前和解协议违约责任的约定和履行

执前和解的救济应当坚持“预惩结合”的原则。一方面,强化督促执行作用,基层人民法院在促成执前和解协议时必须明确告知当事人违反协议应承担的后果,督促义务人按协议要求限期履行义务,预防随意反悔的发生。另一方面,允许双方当事人在执前和解协议中约定违约责任,若发生违约情况,允许当事人在申请恢复原裁判文书外,[1]对原裁判未确定但执前和解协议约定的违约责任、利息减免、执行担保人等另行诉讼,切实提高违约成本。

2.“举重以明轻”类执前和解协议执行力

执前和解协议的达成,是当事人双方互相作出一定程度让步的结果,较为典型的是金钱给付类案件的申请人放弃违约金或利息,甚至部分本金和履行期限的让步。换言之,该类执前和解协议是完全局限于原生效文书的判项范围,并未产生新的债权债务关系。不少学者认为,根据“举重以明轻”的原则,可大胆地赋予债权人就协议减让后的金额直接提起强制执行。直接赋予该类执前和解协议执行力对实务纠纷的解决是最直接有效的,但以当事人间意思自治的协议推翻法院的生效裁判难免过于荒唐,直接赋予执前和解协议执行力会严重损害司法公信力。为解决这一理论逻辑和实务需求,可探索由双方当事人约定发生执前和解协议违约以和解协议替代原执行依据的做法,在达成执前和解协议向公证部门提出确认申请,将执前和解协议赋予强制执行效力的公证债权文书,经确认后的执前和解可突破原判执行力,成为新的执行依据,但执前和解协议的内容不能超越原判内容上限。当义务人未按照协议履行时,权利方可依法申请公证机关出具执行证书,并持公证书、执行证书向人民法院申请立案执行。[2] 若如义务人已履行部分义务,在申请执行时要相应扣除或抵充。[3] 如此一来,既解决了赋予执前和解协议执行力的逻辑障碍,又节省了另行诉讼带来的弊端,真正提高执前和解协议的履行率。

3.信用惩戒预通知制度

执前和解案件虽未正式进入执行阶段,对违反执前和解协议的当事人不能直接采取信用惩戒措施,但对不履行协议的义务人可发出信用惩戒预警,要求其限期履行,否则在案件进入执行程序后有被限制高消费、列入失信黑名单、曝光失信信息等信用风险。对多次假意执前和解后又违反和解协议或有其他恶意达成和解协议拖延执行、逃避执行或义务人明确拒绝履行执前和解协议和生效法律文书确定义务的,立即将案件转入执行程序并对被执行人发出预罚款、拘留通知书,达到震慑违约、督促

---

〔1〕 参见卫彦明、张根大、黄金龙:《执行和解协议不履行时当事人的救济途径分析》,载《执行工作指导》(2011年第3辑),人民法院出版社2011年版。

〔2〕 参见段明:《公证债权文书执行研究:基于公证权与司法权的关系视角》,清华大学出版社2021年版,第125-130页。

〔3〕 参见刘贵祥:《执行和解纠纷的解决途径与审查范围》,载《人民法院报》2014年6月11日,第8版。

履行的目的。具体采取处罚措施根据后续执行情节情况予以确定,不限于罚款、拘留,直至追究拒不履行判决、裁定罪刑事责任。

4. 科学配套管理体系

为解决无财产可供执行案件长期程序空转问题,我国独创建立了一套终本案件管理体系。执前和解的实施迫切要求建立实时跟进、评估,建立起良性循环的执前和解机制。[1] 首先,将重点的几类数据执前和解数量、和解履行金额、当事人双方的接受度、违反和解协议占比等作为基本考核指标。其次,将执前和解案件执行转化率作为负向考核指标,执行转化率越高证明执前和解成功率越低,案件进入执行的数量越多,执行源头治理的成效就难以体现。最后,针对执前和解中心的工作人员也需量身定制一套考核标准,通过考核提高个人的业务量达到提高整体标准的效果。

四、结语

执行是人民群众实现公平正义的"最后一公里","执行难"问题一直是影响人民群众对法院公信力的梗阻。执前和解机制将"末端治理"回溯至"源头治理",为执行矛盾纠纷实质性化解找准"萌芽"路径,体现出"小和解""大作为"的杠杆效应,切实为解决"执行难"问题探索新模式。本文主要对执前和解机制的整体框架构建进行研究,对其中比较复杂的问题,如执前和解协议救济途径规则适用研究不够细化,有待通过进一步深入研究,制定实用性更强的救济机制,跑出执行"最后一公里"的"加速度"。

---

〔1〕 参见韩煦、孙超:《中国执行模式的发展现状与展望》,载《法律适用》2018 年第 23 期。

信息不对称下公共数据利用的检视与规范*

——以商业征信平台中企业信用修复为视角

邓　媛　潘枝荣**

摘要：进入大数据时代后，海量的企业信用数据得以被捕捉、利用，在鼓励公共数据流通背景下商业征信平台应运而生。商业征信平台享有数据财产权与三元结构下准社会公权，应承担更高的信息信义义务与安全控制义务。然而，商业征信平台对司法公共数据利用存在信息更新滞后、信息不实等信息不对称现象，严重影响企业信用修复效果。究其根源，在于平台缺乏自主合规内驱力，以及受数据供给侧与数据爬取方式的束缚、当前企业信息保护机制难以应对数字时代"大规模微型侵权"的外部环境，共同构成平台对司法公共数据利用失范的内外成因。在鼓励流通与信息保护之间达成平衡，应当构建权利衡平、公权保护、整体治理的公共数据规范利用体系。末端以企业信用多元救济机制为疏导，前端以公共数据利用的治理结构为防范，疏防结合，构建大数据商业模式下公共数据规范利用新秩序。

引　言

人类正在经历数字革命。进入大数据时代，海量的企业信用数据得以被捕捉、利用，促使企业信用从传统口耳相传进一步转化为网络数字画像，可谓"信用皆数据"。同时，在鼓励多元主体对公共数据充分利

---

* 本文在全国第三十五届学术讨论会论文评选获三等奖。

** 邓媛，柳州市柳南区人民法院执行局副局长。潘枝荣，柳州市柳南区人民法院执行局法官助理。

用、流通共享的背景下,网络商业征信平台应运而生,客观成为企业信用公示的重要渠道。然而,商业征信平台在运用大数据技术优势对企业经营信用状况实现信息共享的同时,存在企业信用信息更新滞后、信息不实等信息不对称现象,严重影响企业信用修复效果,导致企业遭受信用危机。在企业信用就是企业生命的营商环境下,亟须对商业征信平台存在的信息不对称现象剖根问底,规范数字征信行业,提高数字治理效能,为"诚信而不幸"的被执行企业信用修复之路打通"最后一公里"。

一、商业征信平台信息不对称的实证解析

"网络平台的出现是数字革命的标志性事件之一。"[1] A平台与B平台为当前企业征信领域中行业地位领先的两大平台,二者的市场份额高达80.95%,A、B平台在行业用户规模、数据体量等规模指数方面分别以8.5分、8.1分位列前二;二者的用户数量均已突破4亿人,平台总查询次数突破10万亿次,[2]已客观成为各方查看企业信息及信用的主要渠道(见图1)。本文以该两平台作为观察样本具有典型性与代表性,可客观反映当前大数据商业模式下企业信用修复效果。

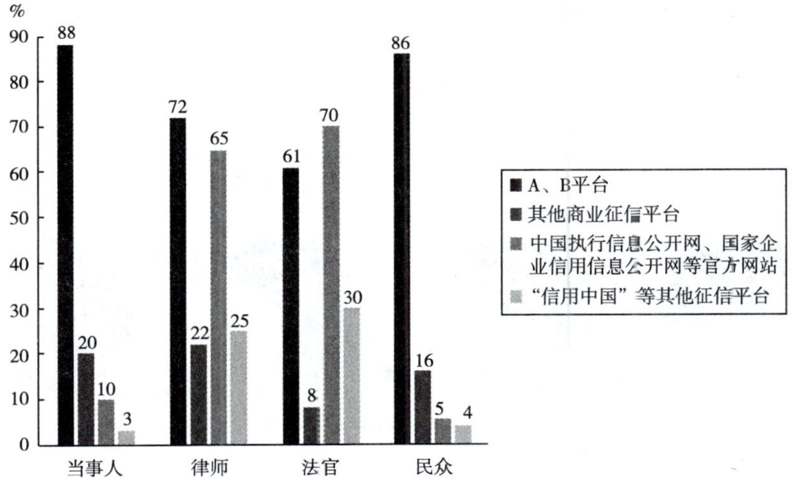

图1 各主体查看企业信息及信用渠道

注:笔者就"你是通过何种途径了解企业的信用信息?"问题,通过书面问卷、电话、微信及当面访谈方式向执行案件当事人、律师、法官和民众共340人进行调查。

---

〔1〕 刘权:《网络平台的公共性及其实现——以电商平台的法律规制为视角》,载《法学研究》2020年第2期。

〔2〕 2022年11月17日,第五届中国金融科技产业峰会于苏州召开。中国信息通信研究院在会上发布《企业信用大数据行业发展研究报告》。

(一)信息不对称:企业信用信息更新滞后、信息不实

司法数据中与企业信用密切相关的信息主要有被执行人、失信被执行人、限制高消费名单信息以及执行结案方式、执行标的大小等信息,各类信息共同描绘出企业信用画像。

由于 A、B 平台不展现企业信用信息更新的具体日期,故本文对 A、B 平台中的上述企业信用信息予以动态跟踪观察。笔者以中国裁判文书网 2023 年 6 月 1 日至 30 日执行恢复案件为观察对象,以“执恢”“执行完毕”为关键词进行检索,随机抽取 100 个被执行人为企业的案件为研究样本。经在中国执行信息公开网查询,确认无“被执行人”“失信被执行人”“限制高消费”信息,再对 A、B 平台中该案上述信息进行跟踪观察。经对比,发现 A、B 平台存在未及时更新信息、未及时更新执行恢复案件结案情况等现象。

由上述统计结果可见,有 89% 案件的被执行人名单、失信名单及限高名单信息存在超过 3 日的延迟更新(见图 2、表 1),其中最长延迟时间长达 81 日仍未更新。此外,几乎所有案件后续恢复执行完毕情况均未有体现,对历史记录的详细信息展开后,后续案件目前状态仍显示为“未履行”。

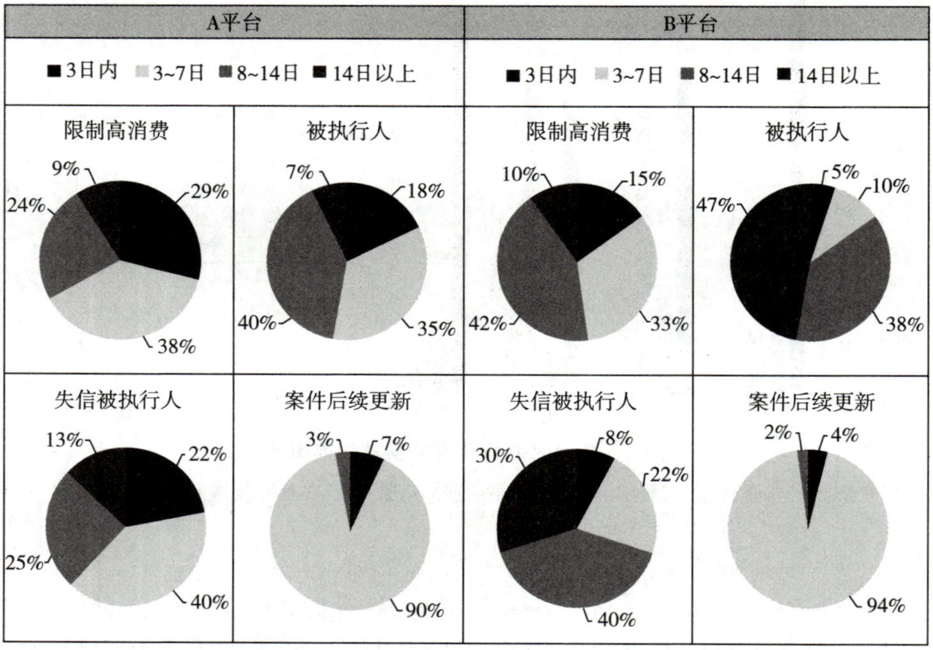

图 2　A、B 平台更新企业信用信息延迟情况

表1　被执行企业信用信息更新情况列举

案号	执行系统删除“被执行人”“限高”“失信”信息之日	征信平台	删除“被执行人”信息之日	删除“限制高消费”信息之日	删除“失信被执行人”信息之日
(2023)辽0682执恢390号	2023年6月14日	A平台	2023年6月26日	2023年6月27日	2023年6月27日
		B平台	2023年6月30日	至今未删	2023年6月30日
(2023)湘0405执恢222号	2023年6月12日	A平台	2023年6月26日	2023年6月26日	2023年6月26日
		B平台	2023年7月20日	2023年6月30日	2023年6月30日
(2023)浙0109执恢736号	2023年6月15日	A平台	2023年6月26日	2023年6月27日	2023年6月27日
		B平台	2023年7月18日	2023年6月28日	2023年6月28日
(2023)浙0726执恢439号	2023年6月16日	A平台	2023年7月12日	2023年6月27日	2023年6月27日
		B平台	2023年7月18日	2023年6月28日	2023年6月28日
(2023)浙0212执恢767号	2023年6月15日	A平台	2023年6月26日	2023年6月27日	2023年6月27日
		B平台	2023年7月18日	2023年6月29日	2023年6月29日
(2023)浙1003执恢612号	2023年6月15日	A平台	2023年6月26日	2023年6月27日	2023年6月27日
		B平台	2023年6月29日	2023年6月29日	2023年7月18日
(2022)桂0204执恢744号	2023年6月2日	A平台	2023年6月3日	2023年6月3日	2023年6月10日
		B平台	2023年6月26日	2023年6月15日	2023年7月9日
(2023)桂0204执恢352号	2023年5月12日	A平台	2023年6月1日	2023年6月1日	2023年6月1日
		B平台	2023年6月7日	2023年6月2日	2023年6月2日
(2023)津0104执恢762号	2023年6月12日	A平台	2023年7月16日	2023年6月26日	2023年6月26日
		B平台	2023年6月29日	2023年6月21日	2023年6月21日
(2023)川0402执恢247号	2023年6月9日	A平台	2023年7月15日	2023年7月6日	2023年6月26日
		B平台	2023年6月25日	至今未删	2023年6月25日
(2023)甘3001执恢80号	2023年6月9日	A平台	2023年6月26日	2023年6月26日	2023年6月26日
		B平台	2023年6月25日	2023年6月25日	至今未删

注：观察截至日为2023年8月30日。

（二）实践需求与修复应对失衡

信息的价值取决于受众群体的需求，多元主体对精细化企业信用修复的需求强烈，但实践中信用信息修复渠道不畅、有效制度供给不足，存在供需失衡的现实困境。

1. 需求侧分析:多元主体对平台企业信用修复的需求

(1)被执行企业的需求。企业信用是企业的生命线,是企业日常经营状况健康度的权威表达。在商业平台客观成为企业征信展示重地的现实下,对已履行完毕法律义务的企业来说,平台能准确、及时更新修复信息,重塑企业形象,是被执行企业最迫切的需求。

(2)合作企业的需求。市场经济中,企业间的联系以契约为基础,而契约很大程度上以信用为基础。任何一家现代企业均有经营拓展以及谨慎选择交易风险低的交易对象的现实需求。平台中企业信用修复信息不准确,将直接影响合作选择的质量与效率。

(3)经济市场的需求。现代经济就是信用经济,经济市场的高质量发展离不开良好的信用秩序。在商业征信平台的高市场占有率下,平台已客观成为国家企业信息公示机制中的重要一环,平台对企业信用展示是否真实有效直接影响市场经济健康发展,也影响国家利用企业信息公示机制这一"有形的手",宏观调控市场经济"无形的手"的实际效果。

2. 供给侧分析:各层面对平台信息不对称的应对

(1)平台自身层面。A、B 平台对企业信息纠错均设置了申请修改模块,允许企业自主递交修改申请,并经平台核实后予以修改。但平台反馈机制畅通不足,存在仅有机器人客服统一回复、反复要求补充证明材料、拒绝修改不实信息等障碍(见表 2)。

表 2 企业申请平台修改信息存在障碍

基本案情	申请修改信息障碍
某装修公司与杨某施工合同纠纷一案,后装修公司撤诉。A 平台对杨某作为法定代表人的 C 公司信息显示该案件信息,并作为公司风险提示内容。 杨某认为 C 公司的潜在客户、投资方在对公司进行背景调查之后拒绝与其合作,A 平台发布不实信息,侵害了 C 公司合法权益。	杨某与 A 平台官方客服沟通,先后 6 次由不同的客服人员提出补充材料的要求,包括营业执照、个人身份证、法院文书、撤诉申请等。杨某按要求上传后,再经多轮交涉,A 平台仍未删除相关信息。后 A 平台反馈平台信息来自江苏法院诉讼服务网,无法删除。杨某联系江苏省高级人民法院、扬州市中级人民法院、扬州市邗江区人民法院,以及案件审理法官,均表示该信息公示属于平台行为,法院无法干涉。
A 平台将 D 公司涉案执行实际标的额 152 万元,于平台中显示为 152 亿元。 D 公司认为 A 平台的行为导致其失去大量的商业机会与融资渠道,造成难以估量的损失,向银行申请贷款也以失败告终,致使其资金流紧张、经营艰难,给 D 公司的商业信誉	D 公司的工作人员多次尝试拨打 A 平台的客服电话,但始终无法接通,仅以机器录制的语音回应;工作人员又通过电子邮件要求 A 平台对不实信息进行更正,并附相关附件。A 平台回复内容分别为"该问题已提交后台人员核实处理,时间为 1 ~ 2 个工作日,您可以 1 ~ 2 个工

续表

基本案情	申请修改信息障碍
造成了毁灭性打击,严重降低了 D 公司的社会评价,侵害了 D 公司的名誉权。	作日后查询核实处理后的信息""该执行信息为历史案件,请提供相关证明,以便尽快为您核实处理"。A 平台收到 D 公司异议后,对异议进行了处理,但未进行更正,理由是 D 公司请求证据不足。

资料来源:1. 参见《一条查询信息拖累企业经营　企业主投诉 S 平台未经核实擅自披露》,载 https://ml.mbd.baidu.com/r/12ktyJsX2zS? f = cp&u = 584853fd0f4d28a8,2023 年 6 月 25 日访问;2. 参见北京互联网法院(2021)京 0491 民初 39125 号民事判决书。

(2)制度规范层面。在全面推进数字治理以及社会信用体系建设的背景下,我国陆续出台有关信息安全、信息规范利用等规范性法律文件;地方实践也在构建信用修复制度上进行有益尝试。但从观察中可知,当前立法层面侧重对自然人信息权益的保护,未涵盖调整平台与企业这一新型社会关系;对商业征信机构提出规范要求局限于行业自律性文件,停留在商业道德及内部管理层面,有效制度供给不足(见表 3)。

表 3　国家与地方层面的规范性文件

法　律			
名称	实施时间	相关条款	对商业平台规范利用企业信息的具体要求
《网络安全法》	2017 年 6 月 1 日	无	保护范围为自然人的个人信息权益
《数据安全法》	2021 年 9 月 1 日	无	保护范围为个人、组织与数据有关的权益
《个人信息保护法》	2021 年 11 月 1 日	无	保护范围为自然人的个人信息权益
行政法规			
名称	实施时间	相关条款	对商业平台规范利用企业信息的具体要求
《征信业管理条例》	2013 年 3 月 15 日(国务院于 2013 年 1 月 21 日发布)	第 25 条	信息主体认为征信机构采集、保存、提供的信息存在错误、遗漏的,有权向征信机构或者信息提供者提出异议,要求更正。征信机构或者信息提供者收到异议,应当按照国务院征信业监督管理部门的规定对相关信息作出存在异议的标注,自收到异议之日起 20 日内进行核查和处理,并将结果书面答复异议人。经核查,确认相关信息确有错误、遗漏的,信息提供者、征信机构应

续表

<table>
<tr><td></td><td></td><td></td><td>当予以更正；确认不存在错误、遗漏的，应当取消异议标注；经核查仍不能确认的，对核查情况和异议内容应当予以记载。</td></tr>
<tr><td>《企业信息公示暂行条例》</td><td>2014 年 10 月 1 日（国务院于 2014 年 8 月 7 日发布）</td><td>无</td><td>无</td></tr>
<tr><td colspan="4">部门规章</td></tr>
<tr><td>名称</td><td>实施时间</td><td>相关条款</td><td>对商业平台规范利用企业信息的具体要求</td></tr>
<tr><td>《征信业务管理办法》</td><td>2022 年 1 月 1 日（中国人民银行于 2021 年 9 月 27 日发布）</td><td>第 18 条</td><td>征信机构在整理、保存、加工信用信息过程中发现信息错误的，如属于信息提供者报送错误的，应当及时通知信息提供者更正；如属于内部处理错误的，应当及时更正，并优化信用信息内部处理流程。</td></tr>
<tr><td>《失信行为纠正后的信用信息修复管理办法（试行）》</td><td>2023 年 5 月 1 日（国家发展和改革委员会于 2023 年 1 月 13 日发布）</td><td>第 25 条</td><td>信用平台网站与认定单位、国家企业信用信息公示系统、有关行业主管（监管）部门信用信息系统建立信用信息修复信息共享机制。信用平台网站应当自收到信用信息修复信息之日起 3 个工作日内更新公示信息。信用平台网站应当在作出信用信息修复决定之日起 3 个工作日内将修复信息共享至认定单位和相关系统。</td></tr>
<tr><td colspan="2">《国务院关于建立完善守信联合激励和失信联合惩戒制度　加快推进社会诚信建设的指导意见》</td><td>2016 年 5 月 30 日</td><td>无</td></tr>
<tr><td colspan="2">《国务院办公厅关于加快推进社会信用体系建设构建以信用为基础的新型监管机制的指导意见》</td><td>2019 年 7 月 9 日</td><td>无</td></tr>
<tr><td colspan="2">《国务院办公厅关于进一步完善失信约束制度　构建诚信建设长效机制的指导意见》</td><td>2020 年 12 月 7 日</td><td>无</td></tr>
</table>

续表

地方探索实践			
名称	实施时间	规范对象	对商业平台规范利用企业信息的具体要求
《浙江省企业信用信息征集和发布管理办法》	2005 年 9 月 1 日	省企业信用信息发布查询机构	无
《湖南省信用信息管理办法》	2006 年 1 月 1 日	公共机构中的征信机构、地方征信机构	无
《辽宁省企业信用信息征集发布使用办法》	2008 年 9 月 1 日	公共机构中的征信机构、地方征信机构	无
《吉林省企业信用信息管理办法》	2012 年 8 月 1 日	省、市(州)人民政府确定的信用信息征集机构	无
《重庆市企业信用信息管理办法》	2017 年 3 月 1 日	信息提供单位	无
《青海省公共信用信息条例》	2021 年 5 月 1 日	公共信用信息工作机构	无
《内蒙古自治区公共信用信息管理条例》	2021 年 6 月 1 日	公共信用信息工作机构	无
《云南省社会信用条例》	2023 年 1 月 1 日	公共信用信息提供单位、公共信用信息机构	无

(3)司法实践层面。对于商业征信平台利用企业信息不规范行为,执行法官认为与自身无关的占多数,仅有少量法官主动介入(见图 3),主要包括以下三种司法应对模式。

其一,司法建议函。司法建议作为积极延伸审判职能的手段,可以积极参与社会管理创新,推动社会管理体系完善。但在观察中发现,针对信用修复的司法建议数量较少,且个案建议占多数,缺少综合性司法建议。本文根据此次观察内容,向 A、B 平台发送综合治理类司法建议,从责任意识、技术投入、利用规范等方面向 A、B 平台提出建议(见表 4)。

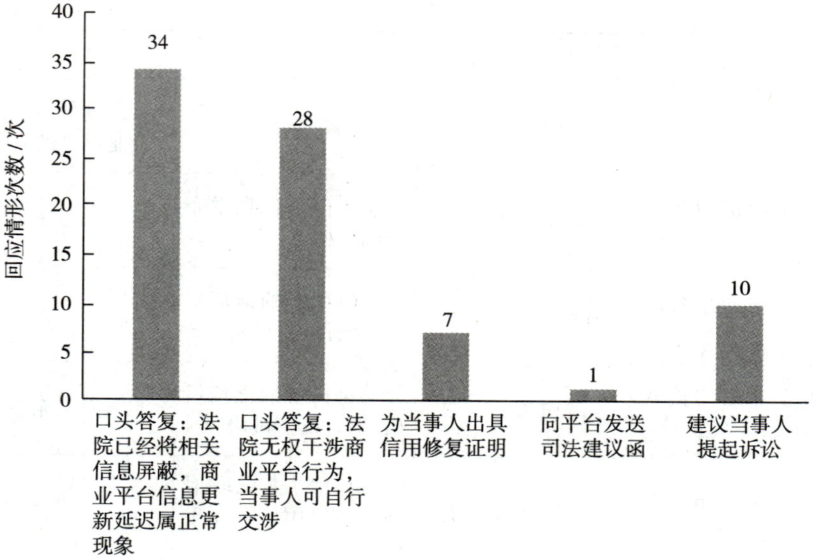

图 3 执行法官对当事人提出商业平台信用未修复的回应

注：笔者制作面向 L 市法院执行法官的电子调查问卷，对执行法官在 2022 年对当事人提出的商业平台中信用信息仍未修复提出疑问时，所作出的回应进行调研。最终共计获取 45 份调查问卷，统计结果统计如上。

表 4 法院出具司法建议函案例

	基本案情	处理结果
司法建议函一	2020 年 1 月，承办法官将一份执行终结裁定书作隐名处理后上传至中国裁判文书网，但 A 平台通过大数据抓取，将当事人的真实信息及涉案情况进行公开，对其造成负面影响。当事人认为 A 平台侵犯个人信息，多次向 A 平台反映，要求撤销相关信息，但 A 平台并未予以处理，随后便向法院求助。	南京市栖霞区人民法院了解相关情况后，向 A 平台发送司法建议。
司法建议函二	上海市嘉定区人民法院收到被执行企业的申请书要求解除信用惩戒措施，执行法官经再三确认，法院对被执行人的执行措施已经在第一时间解除，最高人民法院执行信息公开网上的相关信息也已同步更新，但某企业信用查询平台却仍显示失信信息。	上海市嘉定区人民法院向某企业信用查询平台发送司法建议。

资料来源：1. 参见《征信时代，大数据公开是否有"边界"？——栖霞区法院干警向 S 平台发送司法建议》，载 https://mp. weixin. qq. com/s/g3nYfkf98ZgFb6_ - HzIwAw，2023 年 6 月 25 日访问；2. 参见《信息更新滞后？——上海法院向平台发出规范司法数据利用司法建议》，载 https://mp. weixin. qq. com/s/sCWqkHO-hQCatr3cUx140AQ，2023 年 6 月 25 日访问。

其二，信用修复决定书。部分法院探索建立发放信用修复决定书机制，允许符合条件的被执行人向法院申请信用修复，法院向被执行人出具《信用修复证明》《主动履行证明书》等信用修复证明（见表5）。

表5 法院出具信用修复证明案例

	基本案情	核验经过	处理结果
信用修复证明一	被执行人东莞某房地产公司受疫情影响经营困难欠下4000万余元债务，于2023年4月被债权人申请强制执行。在法官的循循引导下，被执行人积极与债权人协商还款，通过关联公司筹集款项，并一次性支付全部款项。随后，被执行人向东莞市第一人民法院提出自动履行证明申请。	东莞市第一人民法院快速评析被执行人履约信用及履行效果，被执行人积极履行法律义务，可以向其开具信用修复证明。	东莞市第一人民法院于2023年6月15日向被执行人出具首份《自动履行证明书》。
信用修复证明二	张某系7个涉劳务工资案件的被执行人，涉案标的9.8万余元，因拒不履行生效法律文书确定的义务，涉嫌拒执罪被巴东法院挂网追逃。到案后，张某积极想办法与多案申请执行人协商，最终达成执行和解协议，约定每个月支付5000元。张某履行一段时间后，向巴东县人民法院申请解除对其失信、限制高消费措施。	巴东法院经审查认为，在执行过程中，张某按照其订立的承诺分期逐月偿还，截至申请之日，所涉7件案件下欠金额总计仅剩19000余元。其履行行为积极，履行态度良好，减轻了司法执行压力，可以对其开具信用修复证明，以兹鼓励。	巴东法院于2023年4月19日向张某发出首份《信用修复证明》。
信用修复证明三	被执行人谭某已履行完毕相应的义务，柳南区人民法院亦在第一时间解除了对谭某采取的限制高消费等惩戒措施，在人民法院执行信息公开网上将谭某的涉执信息予以屏蔽，并向其出具《履行证明书》，但该信息已被第三方企业	柳南法院认为信用信息不够对称可能会在政府采购、招标投标、行政审批、政府扶持、融资信贷、市场准入、资质认定等方面面临被惩戒的情形。	柳南法院于2023年5月23日向谭某发出首份《信用修复证明》。

续表

	基本案情	核验经过	处理结果
	信息平台公司未及时更新失信信息。因有涉诉涉执案件存在，造成其信用评级下降、银行贷款受阻等一系列影响，随后向柳南法院反馈该情况。		

资料来源：1. 参见《法院出具〈信用修复证明书〉，为企业提供信用重塑服务》，载 https://mp. weixin. qq. com/s/c0xKSSDYJ9SXoS0Pbkq7CQ,2023 年 6 月 25 日访问；2. 参见《巴东法院发出首份信用修复证明》，载 https://mp. weixin. qq. com/s/p3J2qUPQ_j0_95rGMACzrw,2023 年 6 月 25 日访问；3. 参见《柳南法院：信用修复，让失信者"重获新机"》，载 https://mp. weixin. qq. com/s/BiESTcENX0H1sgPGdF6QSg,2023 年 6 月 25 日访问。

其三，诉讼。在向平台申请修改信息未果后，企业以侵权、名誉权纠纷等将平台诉至法院。笔者通过中国裁判文书网以 A、B 平台运营公司为被告进行搜索，观察内容如图 4 所示。

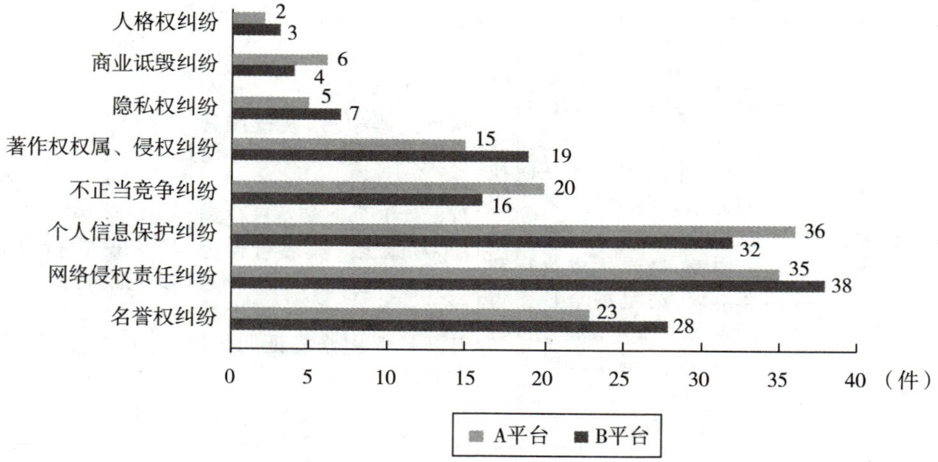

图 4　A、B 平台案由数量分布

注：各类案由中侵害作品信息网络传播权纠纷占绝大多数，因该类纠纷不属于本文观察的内容，故将该类案由涤除。

笔者以A平台因发布信息与客观事实不符而被起诉的两个案件为例进行个案观察(见表6)。

表6 信息侵权案件裁判观点存在分歧

案例一:案由:网络侵权责任纠纷 案号:(2021)京0491民初39125号			
原告诉讼请求及理由	A平台抗辩要点	裁判观点	判决结果
诉讼请求: 1.判令被告在其运营的平台上对不实信息进行更正; 2.判令被告在全国有影响力的媒体及平台的显著位置,连续6个月公开刊登声明,恢复原告名誉、向原告赔礼道歉; 3.判令被告赔偿原告损失1元; 4.判令被告赔偿原告支出公证费1020元。 理由:A平台将原告涉案执行实际标的152万元,于平台中显示为152亿元。原告认为A平台的行为导致其失去大量的商业机会与融资渠道,造成难以估量的损失,向银行申请贷款也以失败告终,致使其资金流紧张、经营艰难,给原告的商业信誉造成了毁灭性打击,严重降低了原告的社会评价,侵害了原告的名誉权。	1. A平台信息来源均为公共领域的公开信息,信息来源于中国执行信息公开网,不存在侵犯原告合法权益的行为及故意,主观不存在过错。 2.被告在历史被执行信息展示页面下方明确提示注解,展示是基于官方网站公示的数据生成,仅供参考使用。 3.原告的影响力与被告的影响力无关,其更没有任何实际损失,其主张的致歉亦没有事实与法律基础。 4.面对巨量数据信息,被告无法一一核验官网来源与实际是否一致,事先进行实质审查不具有操作可能性和经济可持续性。	1.涉案信息严重失实。 2.被告平台主观上存在过错。平台公司作为经营征信业务的机构,应当采取合理措施,保障其提供信息的准确性。被告在原告提出异议时并未主动就该信息当时的状态进行核实,导致涉案失实信息持续存在。 3.涉案信息足以导致社会公众对该公司的企业信用和社会评价降低,导致原告的名誉受到损害。 4.作为商业企业,其名誉受损必然会产生经济损失。	1.被告在显著位置刊登声明,向原告赔礼道歉,消除影响、恢复名誉; 2.被告给付原告经济损失1元; 3.被告给付原告合理开支公证费1020元; 4.驳回原告的其他诉讼请求。
案例二:案由:名誉权纠纷 案号:(2021)粤0303民初22078号			
原告诉讼请求及理由	A平台抗辩要点	裁判观点	判决结果
诉讼请求: 1.判决A平台修改该网站及App上刊登的原告风险信息,以停止侵害; 2. A平台在《人民日报》报纸广告版及"新浪微博"A平	A平台上的信息均来自官方发布,A平台从裁判文书、立案信息、开庭公告三个方面完全、客观、真实的公开信息,其提供的	1. A平台提供已经由中国裁判文书网依法公开的涉案判决书的内容,不违反法律的强制性规定,系正常、合法的经营行为;	驳回原告的全部诉讼请求。

续表

原告诉讼请求及理由	A 平台抗辩要点	裁判观点	判决结果
台官方微博刊登道歉信，以消除影响、恢复原告名誉； 3. A 平台向原告赔偿因名誉受损而遭受的损失 5 万元； 4. A 平台承担本案的诉讼费。 理由：A 平台上关于原告的“法律风险栏”显示的风险项为 7 项，实际上原告总共涉及一个诉讼案件，且原告获得胜诉。而诉讼具体信息需购买平台会员才能完整查看。A 平台有义务也有能力提供准确的企业法律风险方面的信息，其将原涉案信息作为法律风险项的信息会直接影响到原告的名誉，不利于原告的物业管理、房屋出租、房地产经纪等经营活动的开展。原告多次联系 A 平台客服热线更改风险提示，但 A 平台均予以拒绝。	只是基本数字，不存在捏造事实。	2. A 平台展示的“自身风险 7”“法律风险 7”仅是算法而已，其并未故意捏造、散布虚假事实； 3. 原告未能举证证明其名誉受到损害及客观上造成其社会评价降低的侵权损害后果。	

在表 6 的案例中，案例一法院认定 A 平台在信息采集过程中未尽到审慎注意义务，未及时采取合理措施保障其提供信息的准确性，降低了企业的商誉和社会评价。而案例二法院持不同观点，认为 A 平台公开的信息是中国裁判文书网依法公开的内容，平台展示的“法律风险 7”仅是算法，并未故意捏造、散布虚假事实，当事人未能举证证明其名誉受到损害。当前司法实践对信息侵权的裁判观点存在分歧。

3. 小结：供需不匹配

精细化信用修复的需求一侧，要求平台能准确、完整并且及时地反映企业信用状况，对信用修复需求强烈；而当前对平台信息不对称的应对一侧供给不足。在法律规范层面，对法人信息权益保护以及商业平台数据利用规范阙如，因新型社会关系的出现而产生法律空白。在司法实践层面，法院主动介入较少，通过司法裁判提供救济效率低，且存在要件认定上的局限。个案通过司法建议函、修复决定书或诉讼的形式，均属于事后弥补措施，且难以有效制止系统性侵害。在瞬息万变的商业市场中，以及在互联网时代的传播速度下，不实的负面信用信息将会对企业造成不可逆转的损害。

二、商业征信平台与企业信用修复的内涵思辨

数据的社会化流通利用是人类进入智能时代的新问题。在人类已步入数字时代及“平台社会”[1]的背景下，商业征信平台应走向何方，需在厘清企业信用信息的时代内涵的基础上，进一步明确商业征信平台的权责角色。

（一）企业信用信息的时代内涵

1. 从企业角度来看：兼具人格权、财产权与信息权

首先，企业信用属于人格权。企业信用是外界对其信用的评价载体，是企业名誉的一部分。《民法典》第110条第2款从人格权角度对法人的声誉进行了确权的概括性规定。数字时代，数字人权在学界的讨论日益深入，[2]企业信用变迁为数字信用，客观促成了企业的“数字化生存”。

其次，企业信用兼具人格与财产双重属性。企业信用会直接影响企业的经营行为与经营目的的实现。企业利用自身优良的商誉、信用可增强自身竞争优势，从而获得经济利益；而负面信用信息会对企业的发展产生巨大阻碍甚至使企业从市场中淘汰。

最后，数字时代中新型信息利用模式催生了信息权。《民法典》第111条规定了自然人的个人信息受法律保护，其中赋予个人对信息具有更正权。但现代信息技术对企业信息权益同样造成了威胁与挑战。企业信息权与个人信息权在权利构造中具有相似性，同样具有人格利益及主体可识别性，将企业信用信息法益作为权利予以保护具备合理性，应当同样赋予法人对其信息查询、复制、删除、更正与转移的权利。

2. 从商业征信平台来看：新型生产要素

习近平总书记强调：“当今时代，数字技术、数字经济是世界科技革命和产业变革的先机，是新一轮国际竞争重点领域，我们一定要抓住先机、抢占未来发展制高点。”[3]在数据资源化与要素化的背景下，数据成为数字经济时代的新型资源，蕴含

---

〔1〕“平台社会”理论由阿姆斯特丹大学José Dijck教授提出，她认为互联网平台已渗透至社会的核心，绕过传统管理制度，改变了社会和公民行为，重塑着国民生活的社会结构。

〔2〕参见马长山：《智慧社会背景下的“第四代人权”及其保障》，载《中国法学》2019年第5期；高一飞：《数字人权规范构造的体系化展开》，载《法学研究》2023年第2期。

〔3〕习近平：《不断做强做优做大我国数字经济》，载《求是》2022年第2期。

着巨大的社会价值、经济价值潜力。我国已明确将数据视为新的生产要素,〔1〕并在数据资源整合利用上不断加大投入,鼓励市场主体积极利用并深入挖掘数据价值,〔2〕丰富数字产品,繁荣数字经济。

企业信息对商业征信平台而言属于生产活动的生产要素。作为数据要素,企业信用信息特征与通常意义的网络数据具有一致性,对数据特征展开分析,有利于针对性设计信用修复路径。

首先,数据具有可流通利用性。"数据更像土地,必须开发数据才能使其有用和有价值"。〔3〕 数据具有非消耗性与使用非排他性。数据与"公地悲剧"中的公共草地不同,公共利用并不会造成数据的"退化",反而能使数据价值得到更大程度的发掘,故应当鼓励市场主体对企业信用数据共享流通、充分利用。

其次,数据具有聚合叠加效应。孤立分散的信息自古便存在,但它们并没有产生如今之影响。数字时代下信息的规模效应,使企业信用信息影响力形成系统性与累积性的社会效应。同时,由于原始信息具有海量及碎片化的特征,受众基于决策厌恶症,高度依赖结果型聚合信息平台。

再次,数据具有时序性。反映客观世界变化的数据具有时效性,反映客观事物在特定时间的存在和变化。若数据更新速度跟不上客观事实的变化,则会导致信息失真。在互联网共享生态下,信息的传播速度、影响力分秒必达。企业信用一旦未能及时修复,影响力将呈几何增长,引发更大的信用危机。

最后,数据具有留痕性。"网络是有记忆的"。任何载于互联网的信息,都形成了可追溯、可查询的信息轨迹,即所谓的"网络痕迹"。

想要彻底将某个信息在网络上清除,除非对硬盘进行物理毁灭,否则在技术上几乎不可能实现永久性删除。〔4〕 同时,互联网为"记忆之场",网络信息作为认知媒介,具有高认知卷入性。受众将来自外部的记忆内在化,影响自身对事物的印象。负面

---

〔1〕 2020年3月30日,中共中央、国务院联合发布的《关于构建更加完善的要素市场化配置体制机制的意见》指出,数据是类似土地、劳动的生产要素。

〔2〕 参见《中共中央 国务院关于构建数据基础制度 更好发挥数据要素作用的意见》,载《人民日报》2022年12月20日,第1版。

〔3〕 Will Goodrum, "Data is Not Oil. It is Land", 7 June 2019, https://www.elderresearch.com/blog/value-of-data/, last visited 25 June 2023.

〔4〕 参见丁晓东:《从个体救济到公共治理:论侵害个人信息的司法应对》,载《国家检察官学院学报》2022年第5期。

的企业信用信息一旦被呈现，则难以从网络上彻底清除，并给信息受众留下长久的负面记忆。

3. 从公共属性角度来看：公共利益与社会福祉

从形成方式来看，企业信用信息在本质上具有公共属性。[1] 企业信用信息来源于国家企业信用信息公示系统、中国裁判文书网、中国执行信息公开网等司法数据，是国家机关依照法律规定在履行职能过程中采集、制作、生产或者获取，并通过一定形式记录、保存的数据资源。[2]

从制度功能来看，企业信用信息保护虽属私权，但同时承载着公权的制度功能。“一项权利的重要性并不仅在于权利之于个人的意义，它实际上更关注权利对公共福利的满足效果”。[3] 企业信用公示是克服信息不对称、维护市场交易稳定的重要工具。社会信用体系能够促进资金在市场中安全流转，涉及社会公共利益及社会整体福祉。

综上所述，企业信用信息从企业营商保护、数字经济发展及社会公共福祉三个层面产生多项权益集合的权利束，决定了商业征信平台对司法公共数据的利用应当实现“三方利益平衡”。[4]

（二）商业征信平台的权责角色

1. 商业征信平台所享权利

（1）数据财产权：包括数据持有者权、数据使用权、数据产品经营权。[5] 大数据与人工智能技术的飞速发展，使数据利用成为一种新兴产业。该类生产者的生产权益，被称为数据财产权，归属于数据平台的“数据权利”（date power）。商业征信平台以企业信用信息数据要素作为生产要素，利用电子技术与设备将弥散的原始信息不断地转化为数据并将其存储于电子载体中，使蕴藏在原始企业信息中财产价值不断汇聚，最终使企业数据成为企业信用公示这一数字产品，其对该数字产品享有数据财产权。在多边市场中，平台可利用该数字产品向大众用户获取会员收益，亦将产品提供给互联网金融公司等用以开展投资、资金融通等业务，从中获取收益。

---

〔1〕 参见李兴锋：《公众共用物开发利用法律规制的困境与破解》，载《法商研究》2022 年第 1 期。

〔2〕 参见罗培新：《善治须用良法——社会信用立法论略》，载《法学》2016 年第 12 期。

〔3〕 ［英］约瑟夫·拉兹：《公共领域中的伦理学》，葛四友译，江苏人民出版社 2013 年版，第 62 页。

〔4〕 参见王锡锌、黄智杰：《公平利用权：公共数据开放制度建构的权利基础》，载《华东政法大学学报》2022 年第 2 期。

〔5〕 参见张新宝：《论作为新型财产权的数据财产权》，载《中国社会科学》2023 年第 4 期。

(2)准社会公权力:三元结构下传统国家公权力的延伸。[1] 数字科技的广泛应用推动了权力的去中心化。近代以来的“市民社会—政治国家”二元格局不断瓦解,“市民社会—公共领域—政治国家”的三重结构日渐清晰。[2] 数字科技催生出的数字权力,可视为传统国家公权力在公共领域的延伸。掌握着海量信息的超大型数据平台,如腾讯、阿里巴巴等数字企业巨头,能够在利用数据的过程中产生巨大的社会效益,对公共利益发挥举足轻重的影响。此类企业虽具有“技术中立”的私域外观,但凭借技术手段和用户体量,能够行使实质意义上的公共权力。同样,A、B平台作为企业征信行业巨擘,客观上扮演了国家企业信用公示的公权角色。

2. 商业征信平台应尽义务

“权力的义务性是权力概念的应有之义”,企业的社会责任应该与它们的社会权力相匹配。[3] 基于商业征信平台获取的巨大经济利益,与享有的准社会公共权力,其应承担更高的、与其控制力与影响力相适应的信息信义义务与安全控制义务。

信息信义义务是指基于信息个体与信息处理者在信息能力上不平等,信息处理者应谨慎处理信息并承担勤勉义务。[4] 欧盟《数字服务法(草案)》提出,由于大型平台具有规则制定权,“应尽到维护透明且安全的在线环境应尽的勤勉尽责义务”。安全控制义务是指数据持有者应当实施数据安全管理和控制数据风险。[5] 该项义务来源于安全保障义务,其理论内核在于遵循收益与风险相一致以及危险控制理念。商业征信平台的上述义务具体包括:

其一,注重信息时效。在云谲波诡的商业市场中,商机稍纵即逝。企业信用信息比一般信息更需强调时效性。注重信息变动的时效性是征信信息的价值所在,信息变动时间的准确性直接关系到信息主体企业利益。

其二,保障信息质量。《征信管理条例》规定,征信机构应当采取合理措施,注意对数据来源进行甄别和验证,保障其提供信息的准确性。信息质量应当包括推送信息的真实、准确和完整。

其三,敏感信息校验。对于征信数据质量的注意义务,应当根据数据类型加以区分。针对敏感数据,特别是涉及失信被执行人、限制高消费等重大负面信用信息,平

〔1〕 参见高一飞:《数字人权规范构造的体系化展开》,载《法学研究》2023年第2期。

〔2〕 参见周尚君:《数字社会对权利机制的重新构造》,载《华东政法大学学报》2021年第5期。

〔3〕 参见叶敏:《基于互联网平台企业多重身份的准公共性分析》,载《中国高校社会学科》2023年第3期。

〔4〕 参见吴伟光:《平台组织内网络企业对个人信息保护的信义义务》,载《中国法学》2021年第6期。

〔5〕 参见高富平:《论数据持有者权 构建数据流通利用秩序的新范式》,载《中外法学》2023年第2期。

台应当通过改进算法技术、数据复核、交叉验证等差别化技术手段，提高数据推送质量。

3. 商业征信平台的角色定位

对商业征信平台的权责进行勾勒，可得出商业征信平台所代表的是具有拟制公权色彩的新型大数据征信行业，是集权利和义务于一体的数据管控者和责任承担者，是网络空间与现实空间两层社会的"守门人"（gatekeeper）。[1]

B平台作为我国两大网络征信平台，在大数据企业征信领域市场占有份额高、行业地位领先，应承担更高的信息信义义务和安全控制义务。应当充分认识到信息发布和推送行为给企业及经济市场带来的重大影响，审慎对待企业负面敏感数据，树立互联网征信机构数据公信力的良好形象，引领数据征信行业高质量发展。[2]

遗憾的是，在杭州铁路运输法院于2020年4月作出首例以大数据商业模式下司法数据使用正当性问题为争议焦点的判决书，对平台提出以上倡导后，时至今日，A、B平台中仍存在较严重的信息不对称现象。在数字经济方兴未艾的热潮下，需要对数据利用进行冷思考，深挖困境成因，数字经济发展只有蹄疾步稳才能有益于未来。

三、商业征信平台信息不对称的内外成因

企业信息展示属于征信平台的数字产品，出现信息不对称的产品质量问题，应从平台的角度，即企业的内部运行决策，以及促使企业作出决策的外部环境两个方面，对信息不对称的成因展开分析。

（一）平台内部运营分析

1. 数据要素的生产率分析

数据要素在技术上可以重复使用，会随着数字企业规模的扩张生成更多数据要素，引致边际生产率和边际收益递增。[3] 黄阳华教授分析认为，随着数据要素增加，数字企业的边际产品价值将加速增长。

$VMD'i = MPDi(Q) \times p0$；当 $MP'Di(Q) > 0$，则有 $VMP'i > 0$；以及数字企业配置

---

〔1〕 参见张新宝：《互联网生态"守门人"个人信息保护特别义务设置研究》，载《比较法研究》2021年第3期。

〔2〕 参见杭州铁路运输法院民事判决书，(2019)浙8601民初1594号。

〔3〕 参见黄阳华：《基于多场景的数字经济微观理论及其应用》，载《中国社会科学》2023年第2期。

数据要素的边际收益是关于其占有数据要素总量的增函数[VMPi = MRi(q(Q)] × MPDi(Q)。因此,互联网征信平台企业想要提高生产率和边际收益,需大量获取数据要素。

2. 数据要素的成本分析

在给定固定成本所决定的最大产能内,数字企业配置数据要素的边际成本递减,且边际成本曲线在“最小有效规模”处出现断点。[1] 数字企业的数据要素成本主要在于数据传送、存储和算力的固定投资成本,当突破最大产能(qmax)后,企业需追加固定成本投入,影响边际成本。而企业的产出规模 q 突破需求侧报酬递增所需的“最小有效规模”(qmes)后,导致边际成本出现断点,边际成本显著降低。因此,互联网征信平台企业想要维持最小边际成本,需在固定成本下通过数据积累而取得最大产能。又因部分数据具有强时效性,该部分数据的增长会造成数据价值和生产率的无形折损。

因此,当前数字企业之间的竞争在于如何扩大数据累积,而非关注数据时效性等数据质量问题,缺乏提高数据质量的内驱力。

(二)平台外部环境分析

1. 数据利用:准公权力下的权力失范风险

基于前述,平台在实质上享有了较强的管理性、决策性、监督性等多样化的准公共权力。在权利未能得到有效规制的情况下,存在滥用等失范风险。

(1)公共领域和私人领域之间存在中间地带。虽商业征信平台已客观上具备准公共性,但平台企业在目前的立法框架下毫无疑问仍属于依私法设立的商主体,其公私身份之间存在中间地带。

平台试图以公私边界的模糊性,来逃避信用信息准确性的要求。A、B 平台在诉讼中的常见抗辩理由为:平台采用爬虫技术在公开信息渠道抓取企业信息,是无差别的技术行为;展示的涉案信息与公开官网保持一致。可见,平台认为已经尽到保障信息抓取结果准确的注意义务,并不存在过错,并以“技术中立”逃脱了部分法律责任承担。但对是否应达到诸如数据抓取及时与完整、数据来源核验等确保信息呈现不被误读的更高要求,存在责任不明的灰色地带。

(2)“数字弱势群体”:私权救济的局限。与终端用户相比,平台享有绝对的决策权。平台上的公开数据虽然存在于公共空间,但其底层架构常常为企业所控制,使原

---

[1] 参见黄阳华:《基于多场景的数字经济微观理论及其应用》,载《中国社会科学》2023 年第 2 期。

有的“数字鸿沟”进一步扩大。Web 3.0 时代的“去中心化”客观使“赢者通吃”的庞大商业生态圈已经形成，大型平台公司利用技术强权，逐渐筑牢行业垄断地位，缺乏由竞争产生的优化内驱力。而垄断的风险在于非但未能克服信息不对称，反而存在滥用市场支配地位而进一步加剧信息不对称的可能。诸多不能有效获取和运行信息的个体沦为“数字弱势群体”。[1] 在能力高度不对等之下，企业对信用信息的控制日渐式微，增加了企业的无力感，甚至引发寒蝉效应。

商业征信平台与企业个体间的实质不平等，致使企业难以通过私权救济对抗平台。在 A、B 平台作为被告的侵权纠纷中，撤诉率高达 57.14%。可见，在修改或删除信息为唯一诉求且无实质争议下，个体也往往需诉诸法院，才能迫使平台付诸行动。

(3)正向穿透与反向推动：公权规制的限制。从古至今，政府都尽量避免对基本社会组织内部事务进行直接干预，而是赋予它们相当大的自治空间来实现其社会功能，激励企业积极向善。希望政府公权力穿透庞大的平台组织内部来规范信息利用，既不应该也不现实。

构建信息利用秩序是当前各国立法者关注的焦点，尚属学术前沿问题。《个人信息保护法》第 50 条打开了自然人向法院寻求信息权利救济的大门，而对商业平台的规范性要求大多停留在部门规章及行业自律性文件，立法和制度建设尚薄弱。涉及平台企业的违法情形、法律责任等亦有待明确。受损企业以不同案由进入司法，导致裁判结果不一，阻碍司法实践反向推动企业征信行业规范发展。

2. 数据供给：数据公示方式与内容有待优化

征信平台企业作为企业信用信息利用一侧，其利用开发很大程度上受信息供给一侧，即涉企信息司法公开方式及内容的影响。

(1)信用修复信息需反向查询加大信息抓取难度。执行实践中对企业信用修复，主要通过执行办案系统对黑名单信息作出屏蔽、删除指令，同步至中国执行信息公开网。平台仅能通过该网站正向查询各项黑名单，从“查无信息”结论反向得出信用信息已修复的结论。

反向查询的弊端在于，信用修复需对海量黑名单信息进行整体爬取后，从前后对比中筛选得出修复信息。平台企业基于成本控制及技术限制，难以实现对庞大的黑名单整体数据时时爬取。

---

[1] 参见宋保振：《“数字弱势群体”权利及其法治化保障》，载《法律科学(西北政法大学学报)》2020 年第 12 期。

(2)修复未释放信号导致信息更新延迟。信号是有效克服信息不对称的反手段。信号经济是将个体信息自动整合进感应网络，通过精准的供应链管理技术，有效降低信息错漏的风险。当前中国执行信息公开网对黑名单信息的屏蔽删除，可谓悄无声息，未能释放有效信号为征信平台提供抓取便利。

(3)未公示信用修复理由导致抓取不完整。目前执行系统中信用修复理由并未同步至中国执行信息公开网，征信平台难以对执行后续进展完整抓取，导致黑名单信息与案件进展信息存在错位。同时，执行和解、被执行企业履行诚意、执行担保措施等修复“软信息”未得到公开，影响平台算法最终呈现结果。

3. 数据传输：数据爬取存在弊端

“网络爬虫”技术在搜索引擎上的运用由来已久，数据爬取是当今大数据时代中的重要一环。从实践观察可知，当前网络商业征信平台以爬取国家官方网站作为获取数据的主要渠道。然而，数据爬取存在以下几个弊端，导致平台信息不对称。

(1)数据质量参差不齐。常规的“网络爬虫”在运行中无法发现隐藏在普通网页中的信息和规律，缺乏一定的自主性和智能性，未能抓取深层网页的数据，导致数据误差。

(2)无法满足实时更新的需求。爬取数据需要大量时间与资源，“网络爬虫”在处理和分析数据时也需要耗费大量的时间，从而导致采集数据的效率低、周期过长，无法实时更新数据信息。

(3)受到反爬虫技术限制。反爬虫的目标是区分正常的用户流量和爬虫流量，并阻止爬虫访问内部真实数据。“网络爬虫”批量爬取数据，反爬虫技术将其拦截，通过采取如数据加密、验证码、设置 IP 限制等手段，阻止其抓取网站信息。

(4)网站负载压力。“网络爬虫”大量的请求可能会给目标网站带来过大的负载压力，爬虫技术容易造成网站宽带资源的侵占，部分恶意爬虫可能会对服务器发起 Dos 攻击，在服务器没有做好相关防护措施的情况下，可能会导致服务器运行缓慢或瘫痪，陷入数据抓取的恶性循环，[1]用户难以正常访问该网站(见图 5)。

---

〔1〕 当前国家企业信用信息公示系统采用了加速乐和极验的反扒措施，但仍受爬虫影响导致整体运行缓慢，致使多次对系统进行停运升级。

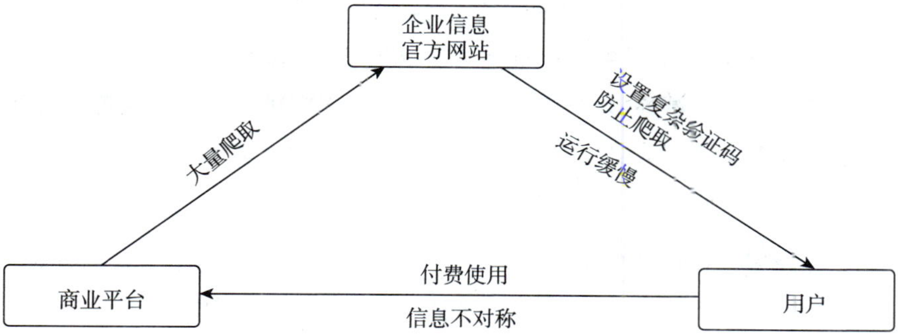

图 5　数据爬取的恶性循环

综上所述,商业征信平台存在信息不对称的成因复杂。法律不禁止数据画像,但数据画像不能侵害他人权益。企业信息公示,本意为提高市场透明度、克服信息不对称,但因平台信息不准确反而加剧信息不对称,导致公众信赖错误,侵害纠错企业的合法权益,危及征信行业甚至社会诚信体系的建设。

四、公共数据利用的多元救济与数字治理

常言道,“堵不如疏,疏不如防”。公共数据应当以鼓励数据共享流通为原则,互联网商业征信平台作为一种数字经济下新兴的商业模式,在促进社会诚信体系建设中具有积极作用,不能因噎废食地直接封堵。信用信息保护问题的整合性、交叉性和复杂性,决定了要实现对企业信用进行周延的保护,应以多元救济与数据治理为路径,[1]疏防结合,在公私法融合的视角下设计相关规则,压实平台主体责任,以维护国家建立企业征信体系的良善初衷。

(一)疏:企业信用修复多元救济机制

“抓末端,治已病”,为了使受损企业得到有效救济,笔者尝试搭建一个涵括市场、执法、司法“三位一体”的多元救济机制,构建一套嵌合补足、层次分流、多元协同的企业信用信息修复体系。

1. 征信平台的修复路径。征信平台作为企业信息处理者,应当承担首要的修复义务,加强自我规制。

2023 年 5 月 1 日起施行的《失信行为纠正后的信用信息修复管理办法(试行)》对信用平台网站提出明确要求,要求其在收到信用修复信息之日起 3 个工作日内更

---

〔1〕 参见丁晓东:《数据公平利用的法理反思与制度重构》,载《法学研究》2023 年第 2 期。

新公示信息,以及建立信息更新机制。针对该要求,平台应当改进算法技术,保持修复申请反馈渠道的畅通与高效。可增加人工客服数量、设置信用修复单线以加快后台反应及查验速度等,对修复申请反馈渠道进行升级。此外,应当保障企业的回应权,对于处于申请修复核实期的关联信息,平台应当于第一时间在信息一侧的明显位置予以提示,以尽量将损害降到最低(见图 6)。

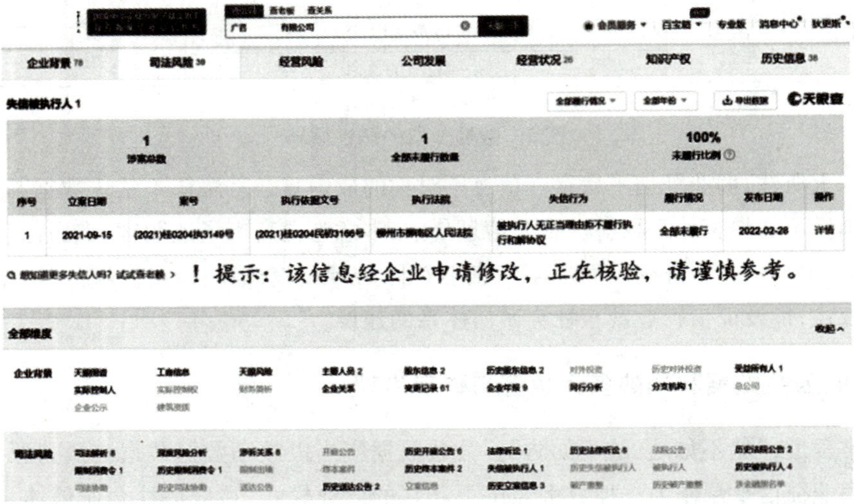

图 6 对申请修复中的信息应当作出提示

2. 行政市场监管的修复路径。对于个案或大规模的征信企业平台中信用信息修复不当行为,履行信息保护职责的各类行政部门可采取多种处理措施。[1]

首先,相关监管部门可发布责令停止、责令限制处理、责令改正、责令删除、责令消除影响与赔礼道歉等行政命令,或采用约谈等柔性措施及时制止违规活动;其次,可使用发布风险提示、列入信用档案并公示等声誉工具进行监管;最后,监管机构还可通过大额罚款、吊销个人信息处理登记证或许可证等行政处罚手段,产生强烈的威慑效果。

3. 司法诉讼的修复路径。现有司法实践中个人通过私法上的损害赔偿制度获取有效救济的较少,且面临举证、诉讼成本上的诸多难题。面对平台与受损企业的实质不对称,不能简单将民法所设想的主体平等、意思自治的民事主体关系直接套用到此类信息侵权之诉中,而应对个体倾斜保护,重构信息侵权诉讼制度(见图 7)。

---

〔1〕 参见彭錞:《论个人信息保护行政处罚制度——以〈个人信息保护法〉第 66 条为中心》,载《行政法学研究》2022 年第 4 期。

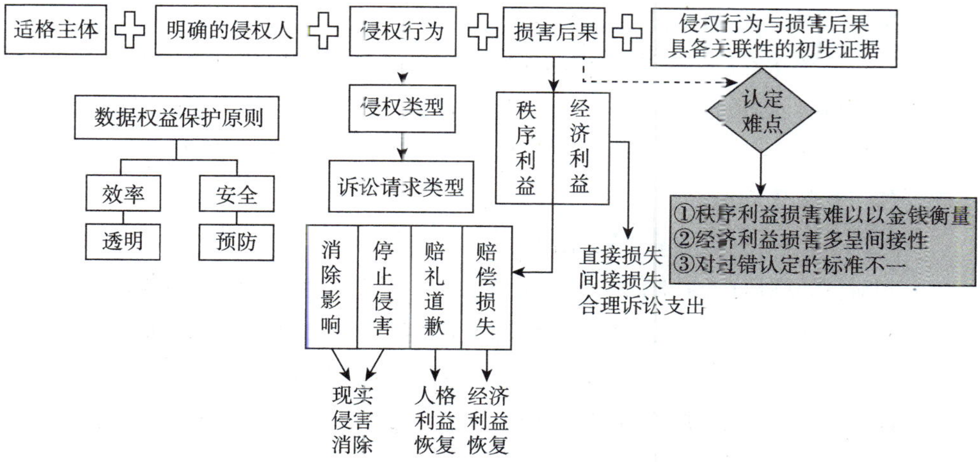

图 7　企业信用信息侵权诉讼制度重构

其一,损害界定。由于企业信用兼具人格权与财产权属性,对其信用受损造成的损害,可适用可得利益损害规则,且以充分保护企业信用的方式进行有利于企业的解释。其二,归责机制。《个人信息保护法》第 69 条确立了过错推定原则,企业信用信息侵权纠纷也应以过错推定为规则。同时,应当以平台企业应尽义务为标准进行衡量,避免陷入以“技术中立”为名的数字霸权陷阱。其三,因果关系认定。由企业信用信息引发的侵权案件中,常常存在因果关系复杂的特征,对于一因多果的间接因果关系应当加以重视。其四,责任形式。新的侵权类型带来新的责任形式,诸如删除或修改信息、消除影响等指令,应当以实质达到企业信用修复救济目的进行考量。

值得说明的是,面对不实信息搜索次数达千万次级的负面影响,(2019)浙 8601 民初 1594 号案件酌情判决包括维权开支在内共计 60 万元的损害赔偿,试图为平台营造足够宽松的发展空间。该案例首次确立了司法数据使用的基本原则,引起了社会关于大数据商业模式下司法数据使用正当性的广泛讨论,具备威慑与治理功能。但从前文实证困境来看,该案的威慑与治理功能并未完全发挥。究其原因,在于囿于个案的损害范围限制,难以在个案中追究平台的规模化同类侵权责任。对此,应与其他制度互动,个案信息侵权终审胜诉可自动触发检察公益诉讼。

民事公益诉讼对公共利益的保护不仅通过制止已发生或正在发生的信息违法行为而实现,更是通过公益诉讼产生的法律责任以震慑违法行为人及其他潜在的违法者。对于胜诉所得利益,可设立公益诉讼专项账户,专款专用于国家征信行业发展。

(二)防:司法数据利用的治理结构

“抓前端、治未病”,对企业信用的保护不仅在于救济于水火,更在于防患于未然。对此,可综合运用多重治理工具,实现工具箱式数字治理,[1]在企业信用信息“数据供给—数据传输—数据利用”三个环节全流程构筑信息不对称防线,构建司法数据利用秩序的信息治理新范式。

1. 数据供给环节:设置企业信用修复“白名单”

差别对待敏感信息,是征信平台的义务之一。当前平台获取信用修复信息依赖于对黑名单整体爬取后反向筛选,受制于运营成本及技术手段;而黑名单中信用信息修复未释放修复信号、未公示修复理由是征信平台难以对信用修复信息差别对待的原因。

对此,可构建企业信用修复“白名单”,对信用修复信息予以正向公示,为平台释放明显的信息变动信号,为平台在 3 日内同步修复信息创造条件(见图 8)。首先,端口设置。依托现有的中国执行信息公开网,增设信用修复白名单,并设置查询端口。其次,名单内容。执行法官通过通达海系统作出的修复决定、修复原因、修复期限等相关内容,时时同步至“白名单”。

基本信息	
被执行人姓名/名称:	××××
身份证号码/组织机构代码:	××××
法定代表人或负责人姓名:	××
执行法院:	××法院
省份:	××省
执行依据文号:	(2023)×(××××)民初/民终××号
立案时间:	××××年××月××日
案号:	(2023)×(××××)执××号
历史失信、限高信息	
失信被执行人行为具体情形:	有履行能力而拒不履行生效法律文书确定义务等
发布时间:	××××年××月××日
限制高消费发布时间:	××××年××月××日
信用修复信息	
履行情况:	履行完毕/部分履行
修复原因:	执行完毕/双方达成和解/被执行人提供担保
发布时间:	××××年××月××日

图 8 企业信用修复“白名单”

[1] 参见杨帆:《个人信用治理的法理反思及其制度安排——基于平台企业共治共享视角》,载《公共行政评论》2023 年第 3 期。

2. 数据利用环节:公共数据授权运营

从前文对企业内部运营分析来看,当前平台对于数据安全保障仍缺乏足够的内驱力。中共中央、国务院《关于构建数据基础制度更好发挥数据要素作用的意见》明确提出,推进实施公共数据确权授权机制,“对各级党政机关、企事业单位依法履职或提供公共服务过程中产生的公共数据,应加强汇聚共享和开放开发,强化统筹授权使用和管理,推进互联互通,打破数据孤岛”。故可探索建立司法公共数据授权运营机制,在鼓励数据流通与信用信息保护之间达成平衡。

公共数据授权运营,是指公共管理机构依法授权第三方主体运营公共管理数据,由被授权运营主体在授权范围内对司法数据实施开发利用,并向社会依法提供数据产品和数据服务的行为。[1] 企业信用信息授权运营遵循以下规则:首先,保障社会大众可以从统一的司法数据开发通道,如中国执行公开网、中国裁判文书网、企业信用信息公示网等直接免费获取企业信用信息。其次,平台应当具备相应的数据处理技术、数据质量保障能力。依法向数据主管部门提出申请,经数据主管部门会同司法数据来源机构共同审核后,确定是否同意对其授权。通过共享清单与需求清单,对应用业务场景、用数单位、所需数据、共享模式等内容进行核定。再次,平台需任命数据保护官(DPO),担任监管机构、数据提供方以及平台企业之间的中介,对数据质量负责。最后,司法数据应当采取有偿和无偿相结合的方式。对推动用于公共治理、公益事业的公共数据无偿使用;用于行业及企业自身发展的公共数据有条件有偿使用。法院向平台大规模、持续性地提供公共司法数据,以满足平台的商业化需求,需要投入例如维护网站等更多成本。公共管理机构应当向企业收取适当费用以覆盖成本,防止向公众变相征收“数据税”。[2]

通过准入机制下的授权运营,一方面,可对司法数据利用企业进行有效监管,真正落实《失信行为纠正后的信用信息修复管理办法(试行)》关于“对不及时更新修复信息的机构,可以暂停或者取消向其共享信息”的督查要求。另一方面,收取的适当费用可用于国家公开信息网站维护、优化数据服务接口,促进征信行业良性运作。

3. 数据传输环节:区块链 + 智能合约

当前商业征信平台受爬取技术、数据体量等多方限制,不仅无法保障获取信息质

[1] 参见张新宝、曹权之:《公共数据确权授权法律机制研究》,载《比较法研究》2023 年第 3 期。

[2] 参见常江:《司法数据开放立法原则反思和开放路径构建》,载《华东理工大学学报(社会科学版)》2022 年第 5 期。

量的稳定性,还使被爬官网不堪重负。对此,可在授权运营的基础上单独搭建直接传输的区块链通道,并将智能合约技术内嵌其中,实现“原始数据不出域、数据可用不可见”,提高信息传输质量与效率的同时,释放国家信息官网回归其本身应有功能。

其一,联通数据库,实现信息链上传输。随着区块链技术不断成熟,其中联盟链具有数据不可篡改、成本低、效率高、互联互通、数据共享的特点。在授权运营模式下,改变以往数据爬取的传输方式,直接以区块链的形式实现数据安全高效传输(见图 9、图 10)。

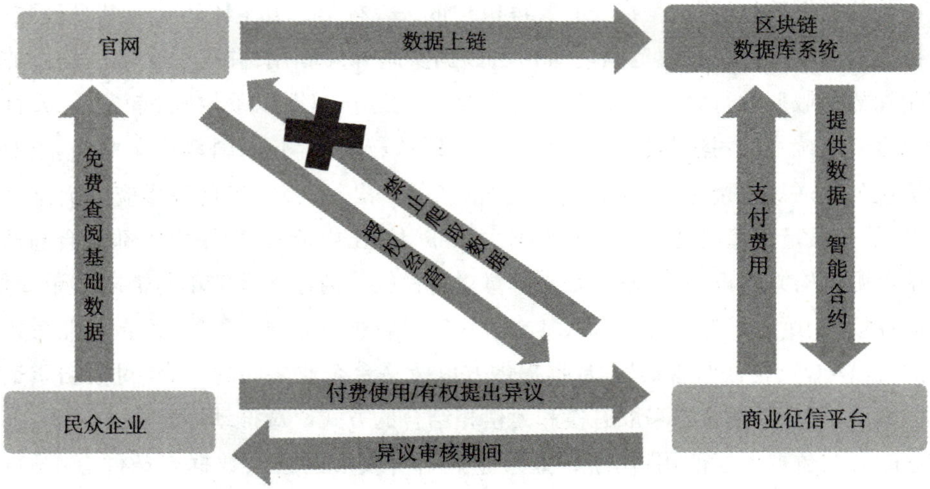

图 9　企业信用信息良性循环整体运行

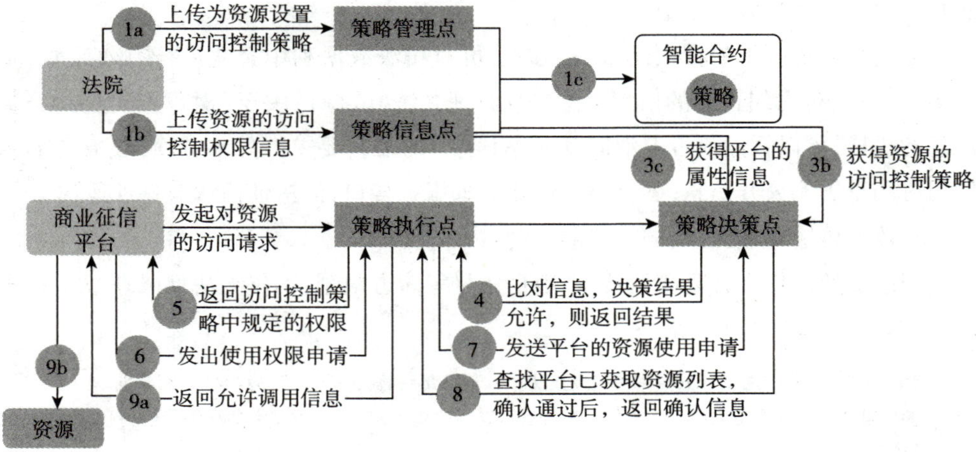

图 10　数据库系统业务的工作流程

其二，区块链智能合约，增设信息防火墙。智能合约多指立基于区块链技术的可编程应用，其执行基于“事件触发”机制，一旦部署就能实现自我执行与自我验证。〔1〕应用于网络征信平台信息不对称场景中，以企业信用信息不对称为事件，触发平台自动更新与修复（见图11）。

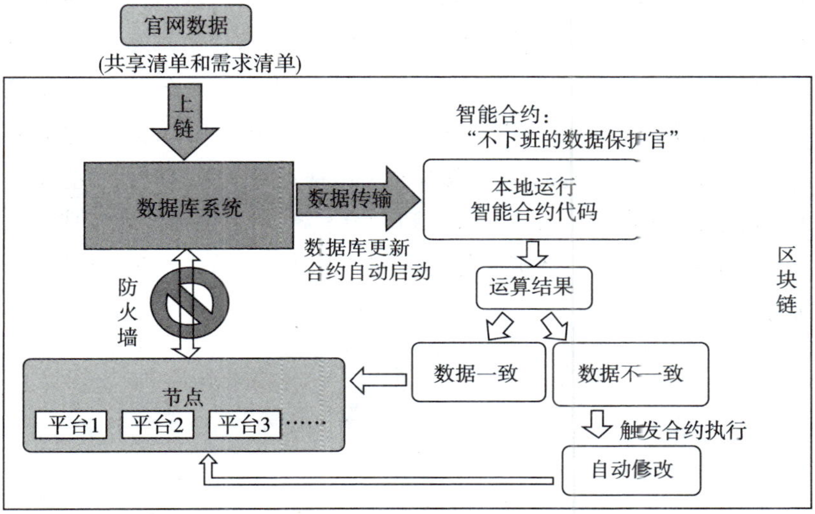

图11　数据库系统基于信息不对称自动修复流程

具体而言，首先，信息上链。根据共享清单与需求清单，将平台企业所需的包括信用修复“白名单”在内的信用信息数据库上链，设置多条访问策略以满足不同平台的使用请求。〔2〕其次，平台发起访问请求。平台向数据库系统发起访问请求，当平台的属性信息与访问控制策略中的属性信息比对全部符合，该数据库系统的访问控制权限授予平台。最后，智能合约定期遍历每个合约的状态机和触发条件，将满足触发条件的合约推送至待验证队列。待验证的合约会扩散至每一个节点，验证通过的合约经过共识后便会成功执行。

通过引入更为动态的区块链智能合约，更新底层技术逻辑，以自动化手段对信息不对称在短时间内矫正，实现企业信用信息全生命周期的高效管理。其自动处理的

〔1〕参见许娟、黎浩田：《在线平台企业个人信息保护的智能合约机制构建》，载《中南大学学报（社会科学版）》2022年第6期。

〔2〕参见张江徽、崔波、李茹、史锦山：《基于智能合约的物联网访问控制系统》，载《计算机工程》2021年第4期。

"大规模统一执法"可有效应对"大规模微型侵权",纾解企业信用信息保护的现实困境,发挥比传统事后修复救济相比更为高效的技术优势。

五、结语

人类社会的发展是通过不断改正错误来进步的。对积极履行义务的被执行企业及时停止信用惩戒,是善意文明执行理念的具体表现。但信用修复不止于此,站在司法程序的最末端,在执行完毕之外延伸司法职能,主动参与社会治理,是能动司法的应有之义。"抓前端、治未病",不仅要为被执行企业打通信用修复的"最后一公里",还要为企业信用筑牢预防侵害的防火墙。本文拟通过对大数据时代下企业信用修复机制的多元构建,明确司法公共数据合法利用的边界,对大数据商业模式下公共数据利用行为予以规范,使不同主体能平等享受大数据时代的数字红利,让法治为数字中国建设保驾护航。

解决执行难视角下失信惩戒措施的完善建议*

兰艳芳　李振军**

摘要:"执行难"这个硬骨头一直是困扰人民法院的突出问题,为解决这一难题,法律规定了可对拒不履行生效法律文书的被执行人采取限制消费、纳入失信被执行人名单、拘留、罚款、追究拒不执行判决、裁定罪等强制惩戒措施以倒逼其主动履行生效法律文书确定的义务。这些失信惩戒措施在一定程度上对有能力履行而拒不履行的被执行人起到了一定的惩戒作用和威慑作用,维护了法律的权威与尊严,维护了申请执行人的合法权益,提升了人民法院的司法公信力,但是因为失信惩戒制度还存在诸多缺陷与不足,导致其在司法实践中难以发挥最大的效用。本文主要从失信惩戒措施在执行实践中存在的问题入手,分析原因,结合本人执行实践,以失信惩戒措施的局限性为突破口,并在此基础上,提出具有可操作性和实践意义较强的对策和建议,以期对司法实践有所裨益。

引　言

"执行难"是被执行人本身具有履行能力,但是却因种种原因无法执行的情形,如被执行人想方设法规避执行、隐匿财产,导致法院查控困难等。据统计,全国法院年执结的被执行人有财产的案件中,80% 以上案件的被执行人存在逃避、规避甚至暴力抗拒执行的行为,自动履行的

---

* 本文在第十一届中国执行论坛论文评选获优秀奖。

** 兰艳芳,桂林市资源县人民法院执行局法官助理。李振军,桂林市资源县人民法院审判委员会委员、执行局局长。

不到 5%,消极等待强制执行的约占 15%。[1] 上述数据表明,有履行能力的被执行人不配合执行是执行难的重要原因。党的十九届四中全会明确提出要"完善诚信建设长效机制,健全覆盖全社会的征信体系,加强失信惩戒"[2]。国家发展改革委、最高人民法院联合 44 部门签署了《关于对失信被执行人实施联合惩戒的合作备忘录》,这是当前打击失信被执行人最为严厉的制裁措施机制,为切实解决执行难提供了政策依据和制度保障,其初衷就是要让失信被执行人一处失信,处处受限,而倒逼其履行义务。然而,在司法实践中我们发现,现行失信惩戒制度还存在诸多缺陷,还远未达到当时设立的初衷,惩戒力度、惩戒广度、惩戒深度、惩戒标准均有待进一步规范与完善。为切实解决执行顽疾,本文主要从失信惩戒措施在执行实践中存在的问题入手,分析原因,结合笔者执行实践,以失信惩戒措施的局限性为突破口,并在此基础上,提出具有可操作性和实践意义较强的对策和建议,以期能真正打击失信被执行人,提高执行效率,提升人民群众满意度,同时也为营造诚信的社会环境作出有益的思考和探索。

一、失信惩戒的内涵及执行失信惩戒措施种类

失信惩戒的内涵有广义和狭义之分。广义范围内的失信惩戒,顾名思义,就是失信和惩戒。失信就是为了一己私利,违背诚信原则、不守信用。惩戒则是对不守信用、失信行为的制裁措施。狭义范围内的失信惩戒,是指在法院执行过程中对有能力履行而拒不履行,抗拒执行的被执行人采取惩罚性的司法制裁措施。目的在于通过失信惩戒的方式倒逼被执行人主动履行生效法律文书确定的义务,以期实现"由法院找被执行人"向"被执行人主动找法院"的转变。最高人民法院与国家发展改革委等 44 部委联合签署的备忘录对失信被执行人共提出了 55 项惩戒措施,基本可分为八大类。本文研究的是狭义范围内的失信惩戒,即我国现行法律规定的限制消费、纳入失信被执行人名单、罚款、拘留、追究拒不执行判决,裁定罪(以下简称拒执罪)等。

二、失信惩戒措施在执行实践中凸显的问题及原因分析

现行法律规定的失信惩戒措施已初步形成体系,覆盖面越来越全面。失信被执行人轻则受到出行、融资、投资、消费、隐私、旅游、度假、行业准入方面的限制,重则面

---

〔1〕 参见刘贵祥:《以制度力量让失信者"无处遁形"》,载《人民日报》2013 年 8 月 2 日,第 7 版。

〔2〕 习近平:《中共中央关于坚持和完善中国特色社会主义制度 推进国家治理体系和治理能力现代化若干重大问题的决定》,载《共产党员 · 上半月》2019 年第 11 期。

临人身自由限制或金钱罚款。不可否认,失信惩戒措施在司法实践中发挥了积极的成效。近五年来,桂林市两级法院公布失信被执行人名单48251人次,发布限制消费令71456人,拘留1323人次,罚款229.4万元,倒逼10907名被执行人履行了全部或部分义务,执结案件116497件,同比增长30.44%,结案标的149.53亿元。[1] 但是,与该制度的设立初衷相比,当前的失信惩戒制度存在以下三个方面问题。

(一)倒逼效果仍不尽如人意

以笔者所在的法院为例,采取失信惩戒措施后被执行人自动履行情况如下:该院2017年至2021年共受理执行案件2754件,涉及被执行人4131人。其中,2017年对365名失信被执行人采取失信惩戒措施,倒逼43人履行义务;2018年对432名失信被执行人采取失信惩戒措施,倒逼65人履行义务;2019年对457名失信被执行人采取失信惩戒措施,倒逼70人履行义务;2020年对548名失信被执行人采取失信惩戒措施,倒逼82人履行义务;2021年对689名失信被执行人采取失信惩戒措施,倒逼73人履行义务。从以上数据可以看出,近五年来,迫于惩戒措施的威慑而主动履行义务的人数占采取措施总数的10%~15%。这说明失信惩戒措施还存在很大的惩戒真空和局限,运行效果远未达到当初设立的预期目的(见图1)。

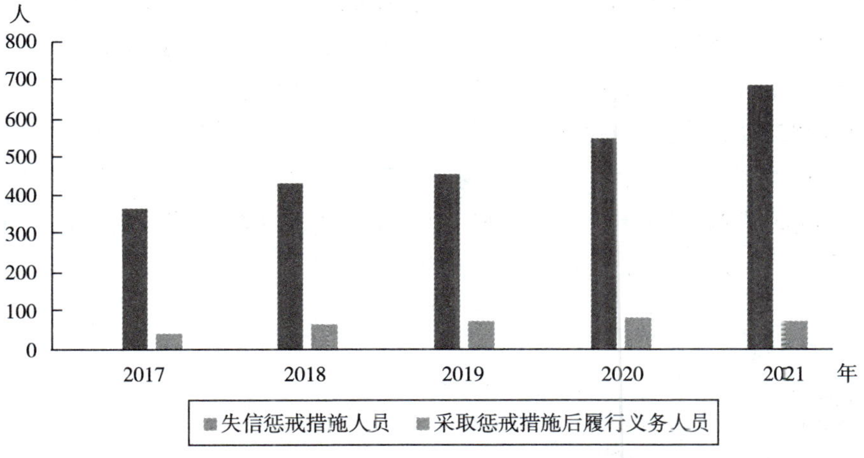

图1 采取失信惩戒措施后履行情况

(二)惩戒影响在不同群体之间差异明显

笔者对所在法院近五年的各类失信被执行人群进行调研分析。采取失信惩戒措

[1] 参见杨晓春:《桂林市中级人民法院工作报告》,载桂林人大网2021年11月10日。

施后，被执行人主动履行生效法律文书的人群中，党政机关和企事业工作人员作为被执行人的履行率均值为 63.72%，公司、企业作为被执行人的履行率均值为 44.37%，经商的个体作为被执行人履行率均值为 18.93%，农村务农的被执行人的履行率均值仅为 8.76%（见图 2）。可见，不同群体的被执行人在被采取失信惩戒措施后主动履行率存在很大差异。其根源是：党政机关和企事业工作人员都有固定的工资收入，他们在体制内要面子，被采取限制消费措施和纳入失信被执行人名单后，必然会影响其在同事、亲友、领导心目中良好的形象，对其晋职晋级都会产生一定的影响，而且，他们需在固定的场所上班，难以逃避拘留、罚款的处罚。迫于压力，他们不得不主动履行义务。对于公司和企业，在大数据时代，一旦被纳入失信被执行人名单，则在市场准入、金融机构贷款、政府招标、政策优惠、从事民商事活动等各处受限，且其法定代表人、主要负责人、影响债务履行的直接责任人员、实际控制人也不得进行高消费。为了能够获得更好的发展，在有能力履行义务的情况下他们会主动履行义务。而一些并不是以实际控制人作为法定代表人的公司和企业，人民法院将其纳入失信被执行人名单和对其法定代表人进行消费限制，很难起到倒逼其履行的作用，因为其法定代表人往往就是一个“替罪羊”，真正影响债务履行的直接责任人员却没有受到应有的惩戒，失信惩戒措施很难发挥功效。对于常年固定在一个地方的务工人员、农村务农人员、老年人等被执行人来说，他们固定在一个地方工作，吃喝基本都是自给自足，且他们有固定住所，既不需要购买不动产和贷款做生意，也不需要外出打工赚钱，更不需要乘坐高铁、飞机、住星级酒店等。所以，限制高消费和纳入失信被执行人名单等惩戒措施对他们来说无实际性的影响。一些子女均已长大成人的被执行人，对其采取失信惩戒措施，因其无子女就读学校和子女就业政审等因素影响，故他们甘愿做失信被执行人，也不愿想办法积极履行生效法律文书。

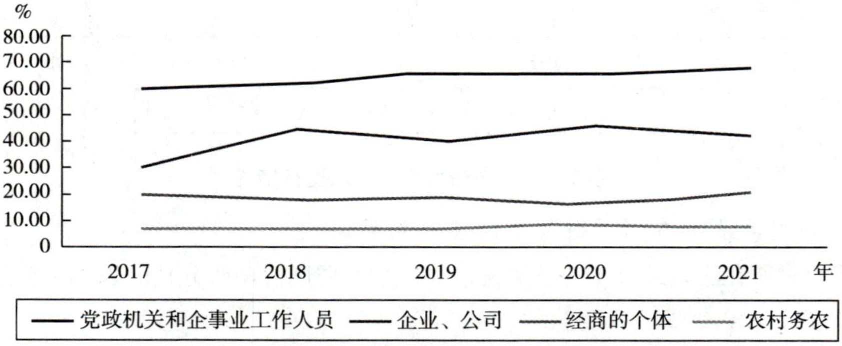

图 2 不同群体采取失信惩戒措施后履行情况占比

（三）各类失信惩戒措施存在的问题

制度都是人制定的，再伟大的制度都有其局限和缺陷。失信惩戒措施制度也不例外，在执行实践中，笔者发现以下几个失信惩戒制度都存在缺陷和不足。

1. 限制消费措施存在的问题

（1）缺乏信息共享以及可行的联动协助机制。限制消费措施规定被执行人不得乘坐飞机、高铁、动车一等座以上座位，不得入住星级以上宾馆、酒店，不得进入夜总会、会所进行高档消费，也不得旅游度假、子女不得就读贵族学校等。但目前各协助执行单位的联动机制不够完善，信息无法共享，上述限制仅仅在出行、金融信用贷款方面发挥了一定的作用。现在大量民宿并不属于星级酒店，但其设备及环境足以满足顾客放松、享受的需求。这给失信被执行人提供了便利和享受的空间。另外，像度假、旅行、教育这方面也没有形成信息共享对接机制，即使失信被执行人违反了上述限制行为，法院也无从知晓，更何谈惩戒。

（2）限制项目打击力度不够。出行仅限不能乘坐飞机、高铁、动车一等座以上座位，软卧的规定与我国交通出行现状不匹配。现在我国高速公路四通八达而且便利，不是特别远距离的出行，大多选择自驾行，而且动车二等座也足以满足出行需求。限制出入高档会所目前也只限于办卡、买单消费，而未限制其出入享受。这远达不到倒逼被执行人履行义务的目的。另外，对一些常年不出远门的人来说出行限制成了“摆设”。

（3）限制标准不明。目前，我国立法对各类消费均没有设置低中高消费的标准，办案人员以及协执单位均无从把握，更何谈执行和协助。比如，被限制消费后子女不得在高收费的私立学校就读，但是高收费的标准并没有明确。

（4）部分限制项目作用不明显。限制消费措施规定了限制被执行人购买不动产和车辆、对房屋进行扩建、装修等，但是，在司法实践中这些限制发挥的作用极不明显。针对不得购买车辆、不动产等限制，被执行人有应对之策，他们可以借用他人名义进行消费，以所购买的车辆、不动产不登记在自己名下来规避限制和执行。针对不得对房屋进行扩建、装修等问题，大部分被执行人在案件进入诉讼程序前就将自己名下的财产转移至他人名下，而且对于本是被执行人所有却未登记在被执行人名下的房产进行装修、扩建，法院很难认定和限制。因此，针对此类限制，被执行人有的是方法和手段来规避。这样不仅打击了执行法官发布限制消费令的积极性，还助长被执行人逃避执行的嚣张气焰，影响执行案件的办理，损害法律的权威与尊严。

2. 失信被执行人名单制度存在的问题

(1)删除失信的条件过松。最高人民法院《关于公布失信被执行人名单信息的若干规定》第 10 条规定,终结本次执行程序后,通过网络执行查控系统查询被执行人财产两次以上,未发现有可供执行财产,且申请执行人或者其他人未提供有效财产线索的应当删除失信信息。很多被执行人就是利用此规定,不往自己的账户里存钱,房产、车辆等财产不登记在自己名下,以此规避执行。而申请执行人很难获取被执行人的财产线索,被执行人也不会配合法院如实报告财产,法院网络查控范围有限,很多类型财产现在的执行查控系统还无法实现跨省查询。如规定在经过两次查询后未发现被执行人的财产就进行失信信息的删除,这对失信被执行人的打击力度太小,对申请执行人来说也极为不公平。

(2)缺乏统一标准和尺度。纳入失信被执行人名单既是失信惩戒强制措施,也是一种执行行为。执行行为应当严格按照规范实施,履行严格的审批手续。因为对于法律规定的“有能力履行而拒不履行”中的“有能力”没有具体的法律界定,实践中,执行法官往往发挥自由裁量权,只要被执行人不履行生效法律文书就可能被限制消费、纳入失信被执行人名单,一定程序上造成惩戒制度的滥用,引发法院与被执行人之间的矛盾。如果真正没有履行能力的被执行人被纳入失信被执行人名单,那会斩断了生活困难被执行人今后的发展之路,使其生活更加举步维艰,更不利于案件的执结。

3. 拘留措施存在的问题

(1)人难找。拘留是失信惩戒最有效、最严厉的手段之一,但实施拘留必须要找到人。在司法实践中,凡进入执行程序的大多数被执行人都抱有能拖就拖、能躲就躲的心理,还有少部分被执行人因为对判决不服,抗拒执行,所以,主动到法院自动履行的极少。为了躲避执行,有些甚至全家常年外出打工,所以,被执行人难找的问题仍然是当前执行难中的第一大难题。首先,被执行人很难联系,有的无联系方式,有联系方式的拒绝接听,法院邮寄送达的文书也拒不签收。而法院查人找物的手段有限,且执行案件不像刑事案件,可以对被执行人进行通缉或通过刑侦手段进行定位。在传统模式下查人找物无异于大海捞针。在无法控制被执行人的情况下,拘留措施也陷入“巧妇难为无米之炊”的尴尬境地。

(2)期限短。当前立法规定拘留的期限为 15 日以下。而 15 日的期限太短,违法成本太低,限制了拘留措施威慑作用的力度。笔者调查发现,15 日的拘留期限对执行标的金额较小、法律关系明确的案件被执行人能起到威慑作用,能倒逼部分被执行人主动履行义务，但是对于执行标的金额较大、法律关系复杂而导致被执行人不服判决、抗拒执行的案件，拘留15日效果不明显。他们在权衡利弊后，往往宁愿选择被拘留15日也不愿意选择主动履行而降低其以后的生活质量或考服判。被拘留15日后，他们拿着本应给申请执行人的钱过逍遥日子。15日的拘留期限太短，显然达不到督促被执行人履行义务的目的。

(3)入所难。公安机关出于自身责任考虑，对被拘留人在收押前要求进行全面的身体检查，只有身体符合拘留条件的，拘留所才同意收押。对身体健康要求过严，就连一些普通的疾病，比如高血压2级都不予关押。而且，拘留所对年龄也有限制，对于不满16周岁或者已满70周岁的均不予关押。这样的规定太过于“一刀切”。以现在医疗条件和生活水平，很多人虽然年满70周岁，但是身强体壮，特别是农村很多70岁以上的老人还可以干重体力活儿，身体健康情况完全不亚于60岁以下的人。如果这类人不予关押，那其他的惩戒措施对其就更没有威慑力。

4.拒执罪存在的问题

当前，拒执罪是打击失信被执行人最严酷的一种惩戒措施。然而实践中虽然很多失信被执行人的行为已构成拒执罪，但因为此罪法律规定过于原则，实施中普遍存在移送难、立案难、定罪难等现象，使拒执罪成了“中看不中用”的失信惩戒措施。

(1)定罪标准过于原则。该罪的成立要具备“有能力履行”“拒不履行”“情节严重”这三个条件，但缺乏这三个条件具体的细化标准，造成不同地区、不同法院、不同审判人员、不同部门对这三个条件的理解和适用不同。虽然近年来陆续出台了一些司法解释，以列举的方式对符合三个条件的情形进行了规定，但是被执行人规避执行的手段随着社会的发展和法制宣传的加强，公民的法律意识不断提高，他们规避执行的手段、方式也越来越隐蔽和多样化。因现行法律的定罪标准不够细化，办案人员在面对被执行人各式各样规避、抗拒执行的手段和方式时，仍然感觉到无所适从。这也导致在办理拒执罪案件的实践中，公、检、法三家把握拒执罪的标准很难形成统一的共识，有时法院认为被执行人已经构成犯罪，但公安机关认为不构成，不予立案。有时公安和法院认为已经构成犯罪，但是检察院又提出不同的看法，不予起诉。更有甚者，法院内部执行法官和刑事法官对是否构成拒执罪都会有不同的理解。所以，拒执罪看似严酷，但是适用艰难。

(2)立法存在明显漏洞。《刑法》第313条规定的拒不执行判决、裁定罪的客体是人民法院的判决、裁定，但作为执行依据的仲裁文书、公证债权文书、调解书、支付令等未纳入，在办理拒执罪时容易产生歧义。能否扩大适用，在实践中仍有争议。

(3)移送立案难。部分公安、检察院办案干警认为拒执罪是在执行程序中产生的,这属民事纠纷范畴,而且法院完全有司法力量予以解决,完全没有必要把追究拒执罪列入公安、检察院的工作任务范围。甚至有些干警认为这本来就是法院的事,是法院在踢皮球,增加了他们的工作量,所以,他们对办理拒执罪案件存在抵触心理,因此难以调动他们内在的积极性。这也导致了法院移送的拒执案件渠道不畅通,绝大部分案件法院在向公安机关移交拒执罪的犯罪线索后都无下文。有的地方公安机关还要求法院要把所有拒执的证据准备好才能移送,否则不予立案。

(4)追究成本高。拒执罪现在主要是在执行程序中启动,执行部门在执行案件过程中,还要花费大量的时间、精力来收集证据和协调公安、检察院及刑事审判部门,这必然会影响到执行法官其他执行案件的办理,影响结案率,进而影响对法官的绩效考核,这无疑会影响执行法官打击拒执罪的主观积极性。而且,仅凭执行法官一方努力,还会遇到许多不可预计的障碍,导致拒执案件半途而废。因此,目前这种机制下耗时、费力,又无法达到应有的打击效果。

三、完善惩戒措施的对策和建议

(一)完善限消、失信相关规定和标准

1. 严格界定失信主体。建议以最高人民法院发布的规定为蓝本,上升到立法层面,加强失信、限消失信惩戒措施相关立法,严格规范失信行为的认定,对"有能力履行""拒不履行""情节严重"列出具体标准和情形,实在无法具体的,通过兜底条款为今后的立法解释留下空间。通过立法制定出更加科学、明确、详细的标准加以界定被执行人主观上是故意,客观上其有履行能力却不履行,包括当时虽无全部履行能力,但具备逐步分期履行能力而不愿分期履行。有统一的标准界定失信主体,能有效指导执行法官办案,有利于司法公正,也能保障被执行人的权利。在有明确界定标准的情况下,就能精准识别失信与否,而一旦被认定为失信被执行人的,则要在现有失信惩戒的基础上受到更加严厉的惩戒。

2. 提高删除失信信息条件的规定。当前删除失信信息的条件过于宽松,让失信被执行人有机可乘。鉴于被执行人在自己名下不存款、不登记不动产、车辆等财产信息,申请执行人也很难发现被执行人的财产线索,法院的查控系统也不够智能、全面等实际,笔者认为,最高人民法院应开发更先进、完整的查询系统来满足办案需要。同时,需要提高删除失信信息的条件,比如增多查询次数,"通过网络执行查控系统查询被执行人财产两次以上"改为"通过网络执行查控系统查询被执行人财产四次以

上”;增加附属条件,即申请执行人同意或合议庭经合议确认被执行人却无履行能力的。执行法官应约谈申请执行人,并做好明理释法工作,在征询其意见后可以删除失信信息,如申请执行人有异议,应给予其司法救济的途径。

3. 进一步增设限制消费项目和细化标准。在当前规定限制内容的基础上,进一步增设限制项目和细化标准。如对就读私立学校高消费的认定,各地应该根据当地的经济发展水平出台相关标准规定。当前我国城乡教育发展水平极不均衡。笔者认为,被执行人不将子女送去高收费的私立学校,而将本应在乡下就读的子女送往县城、县城送往市区、市区送往经济发展水平更高、教育资源更好的地区就读等情形应列入高消费之列。失信被执行人的子女在小学、初中、高中阶段应当限制只能在户籍所在地乡镇和县城逐级设立的学校接受教育,否则视为违反高消费限制。这样既保障了子女的受教育权,也增加了失信被执行人的失信成本,促使其主动履行自己的义务。

4. 提升打击失信被执行人的力度、深度和广度。针对出行限制,建议将限制乘坐动车一等座以上座位等扩大为限制乘坐动车。针对将车辆登记在他人名下使用的问题,建议出台相关规定予以规范,一经查实,则视为违反限制消费行为予以严惩,情节严重的,可以进行罚款、拘留,甚至以拒执罪追究其刑事责任。同时,要加强法院与交警、高速公路收费站、车管所等联动单位的信息共享,将法院发布的失信、限制消费信息整合并入联动单位工作系统,联动单位在平常的交通检查、车辆检验、车辆过高速收费站时,若发现车辆驾驶人为被法院采取限制消费措施和失信人员时,应及时与法院联系并在职权范围内依法控制住相关人员和车辆。这样既解决了法院查人找物难题,又能提升失信惩戒的力度。

(二)完善拘留措施的建议

为解决司法拘留中存在的人难找,期限短、入所难等问题,笔者建议,可参照刑事拘留模式,立法明确将拘留的决定机关和实施机关分离,法院负责决定,公安负责实施,充分利用公安机关查人找物的信息化设施和手段查找被执行人,并顺利将其送入拘留所。针对期限过短问题,笔者建议,可通过修改《民事诉讼法》或尽快出台《强制执行法》将司法拘留的期限15日以下变更为3个月以下,对情节特别恶劣的,可申请延长3个月。只有延长司法拘留的上限时间,执行法官才能根据被执行人不同的违法情节确定与惩戒相适应的拘留期限,才能对所有的被执行人产生强大的威慑力。另外,不满16周岁或者已满70周岁的一律不予关押的规定太过于死板。建议应修改为虽然年满70周岁,但是身体状况健康的,能够完全独立生活的,可予以关押。这样就避免拘留措施上不及已满 70 周岁以上老年人的情形发生，这也充分体现法律面前人人平等原则，让人民群众意识到只要违法必将受到追究。

（三）完善拒执罪的建议

拒执罪作为最严厉、最有效的失信惩戒措施，应当提高其适用率，方能达到立法初衷。为此，对立法存在的问题应从立法层面加以完善。针对移送立案难问题，笔者建议，应当立法明确，法院只要认为或有初步证据证明被执行人可能存在规避执行的，应当可以移送，公安机关必须受理。受理后立案侦查，如发现被执行人确有拒执行为，则应当追究其刑事责任，如确无拒执行为应当撤销案件，而撤销案件不应纳入公安机关的考评范围，而其协助法院办理拒执案件应当在办案考评予以考量。针对拒执罪未将仲裁文书、公证债权文书、调解书、支付令等规定在内问题，建议将拒行罪修改为规避执行罪，并将上述执行依据写入法条中，以避免出现理解分歧。针对拒执罪立法过于原则问题，建议公安部、最高人民检察院、最高人民法院联合出台关于拒执犯罪案件办理的指导意见，研究制定涉嫌拒执犯罪案件立案标准及证据指引规范，进一步统一细化定罪标准，减少理解偏差，确保打击拒执行为效果。同时，还应统一移送拒执犯罪的程序规范，移送法院必须严格按照规定准备好相关材料及证据，公安机关不得随意退回，确属材料不齐的，公安机关必须出具书面补充材料意见，检察机关对法院移送公安机关侦查的情况进行报备和法律监督。此外，法院应成立专门协调机构，由 1 名院领导负责协调内设职能部门，明确分工，建立常态化机制。执行局负责拒执案件材料初步审核，初核后将拒执犯罪的案件材料再交由刑事审判庭审查，完善后方可移送公安，避免因材料不齐、证据不足来回折腾。针对存在的其他问题，笔者建议建立联席会议制度。应由政法委组织牵头，定期组织法院、检察院、公安机关召开打击“拒执罪”联席会议，集中学习最新法律规定，厘清法律认识误区，统一定罪标准和工作思路。同时，建立考核考评机制，党委政府应将打击“拒执罪”行为纳入辖区平安法治建设考核中，督促公、检、法机关相互支持配合，法院注重在执行中收集证据，侦查机关安排精干力量侦办案件，快速移送起诉，形成打击合力，提升打击效果。此外，还应强化宣传氛围，将成功办理的“拒执罪”打造成典型案例进行宣传，营造良好的打击拒执行为舆论环境。

（四）拓展失信惩戒措施的建议

1. 限制消费措施的拓展

鉴于失信被执行人假借他人名义进行高消费的现象频发，很多商家对消费者的审查不严，监督举报不健全导致失信惩戒措施的威慑作用不大等问题。笔者建议，应当充分拓展最高人民法院《关于限制被执行人高消费的若干规定》的社会公众参与功能，加大对违反限制消费令的举报，细化奖励机制设置，结合传统的电话、邮件等举报方式，增设拍摄小视频、微法院小程序举报的方式，全民参与监督举报。对举报者给予悬赏奖励，激励社会全民举报，加大监督力度。对违反限制消费令向失信被执行人提供禁止性服务的商家，应出台相关处罚规定予以惩戒，比如罚款（处罚违反消费令被执行人消费额的10倍）、停业整顿等措施严惩此类商家。

2. 限制医疗报账

针对常年固定在一个地方打工或在农村生活的农民以及上了年纪的失信被执行人，失信惩戒措施在他们身上失灵问题。笔者认为，可通过立法对失信被执行人限制其医疗报账的比例来予以惩戒。依据是《全国失信惩戒措施基础清单》中也明确过依法依规限制享受优惠政策及便利措施。优惠政策最直接的体现便是医疗报账，对失信被执行人就应当在医疗报账上有所限制才更具威慑力。因此，应加大与医保局、保险机构联合惩治失信的力度，医保局、保险机构应设定相关的报账资质审核程序和机制，对于连续3年被纳入失信被执行人名单的，无论是社会医疗保险还是商业医疗保险，都可以降低30%的报销比例。这样既保障了基本医疗需求，也加大失信成本，使人不敢失信、不能失信。

3. 限制办卡

法院在执行过程中，往往会冻结被执行人的银行账号。上有政策，下有对策，“狡猾”的被执行人一旦发现自己的账号被冻结，就不再往账户里存钱。执行查控系统现在还存在局限性，案件结案后，就无法在原有的案件中进行网络查控。被执行人就是利用这点空档期，待案件结案后，他们再向银行申请开户办卡使用。目前被纳入失信被执行人名单的被执行人只是在办理信用卡、贷款方面有限制，但是对其办理储蓄卡没有限制。这无疑是给失信被执行人逃避执行提供便利。笔者建议，金融机构在办理银行卡的时候要严格审核其资质，凡是在失信被执行人名单库的自然人、法人一律不予开办任何形式的银行卡，杜绝失信被执行人转移资产。

4. 特殊人群特殊限制

对于作为失信被执行人的党政机关、企事业单位工作人员、村两委干部、党员特别是党员干部，由于其身份的特殊性，不仅损害了国家的形象，还对整个社会起到不良的示范作用。这类人群在被采取失信惩戒措施后，虽然较其他人群的履行比例要高，但还有相当一部分人冥顽不灵，一意孤行，不愿履行生效法律文书确定的义务。因为这类人群基本都是高知识分子，具有一定的规避执行法律知识和手段。所以，一且这类人成为失信被执行人的，除基本工资无法隐匿外，很难发现他们有其他可供执行财产。如果是涉及金钱债务纠纷，法院常规手段是提取其部分工资用以还债，但是如果债务金额大的案件，提取部分工资可谓杯水车薪，就算执行到他们死那天，债务都难以清偿完毕。如果执行标的为行为的案件，执行起来更是难上加难。对于此类人员，笔者建议，人民法院应当加强与被执行人所在单位、组织部门、纪检监察机关的沟通协调，寻求联合惩治协助。对党政机关、企事业单位工作人员、村委干部、农村党员等被执行人拒不履行法院生效法律文书的，采取党政纪处分和法律措施相结合的方式联合惩戒失信被执行人。禁止上述被执行人评先评优、晋职晋级；禁止作为组织推荐的各级党代会代表、人大代表和政协委员候选人；禁止申请加入中国共产党、预备党员转为正式党员；禁止担任县管国有企业、事业单位法定代表人。纪检监察机关在对上述失信被执行人进行警示谈话后，仍拒不履行的，将视情节轻重分别给予党内警告、行政警告、记过、记大过、辞退、开除等纪律处分。对失信人员应当明文禁止其竞选村干部。鉴于村干部在乡村振兴中的作用，是农村的“领头羊”“排头兵”，对其任职要求应当明确凡被纳入失信被执行人名单的，一律不得竞选村干部；若已经担任村干部的，则要督促其履行，经做工作后仍不履行的，则启动罢免程序予以罢免。

四、结语

现行失信惩戒措施还存在很大的局限性，这也是法院一直面临执行难问题的症结所在。要解决这一难题，不仅是执行部门的事，需要社会各界的支持与协助，应加强立法，制定出更合理、更科学、更可行的失信惩戒措施。完善的失信惩戒措施是法院的生效法律文书顺利实现的保障，是维护司法的权威，提升司法公信力，营造良好社会环境的基础。希望笔者建言能为完善失信惩戒措施提供立法参考，同时，笔者相信在不久的将来，社会各界对失信被执行人实施联合惩戒共识将大大增强，司法权威将最大限度地彰显，失信被执行人生存空间将进一步受到挤压，失信被执行人将真正无处遁形。

观念转变:乡村振兴背景下切实解决涉农执行难的共赢之路*

——以乡治共同体的构建为视角

杜星霖　邓　媛**

摘要:2020年年底中国国家级贫困县全部实现脱贫摘帽,为人类减贫事业做出了巨大贡献。然而,经济条件的改善并未带来涉农执行效果的提升。农民基于朴素价值观,产生各类行为观念促使其拾起"弱者的武器"对抗执行,造成执行效果不佳的同时,也带来乡村治理的公共性困境。卡理斯玛型支配与传统型支配在乡土秩序中占据上风、法理型支配有待进一步加强,是当前农民对抗行为的观念根基。切实解决涉农执行难,需在同情与理解农民朴素情感的基础上,引导农民行为观念从对抗执行转变为主动履行,自行放下"弱者的武器"。利用卡理斯玛型支配的正向力量、融合传统型支配在法理型支配下运行、加快推进法理型支配的影响力,主动将涉农执行工作嵌入乡治共同体的构建,迈向切实解决执行难工作服务乡村振兴的共赢之路。

引　言

乡村振兴战略的实施,事关全面建设社会主义现代化国家的重大历史任务。随着近年来涉农被执行案件数量的上涨,本已相当复杂的村域治理工作更为复杂,执行工作亦往往落入两难之中。妥善解决涉农执行

---

* 本文在全国第三十五届学术论文评选获优秀奖。

** 杜星霖,柳州市柳南区人民法院执行局法官助理。邓媛,柳州市柳南区人民法院执行局副局长。

难是乡村振兴战略的应有之义与必由之路。

2020年年底，中国国家级贫困县全部实现脱贫摘帽，为人类减贫事业做出了巨大贡献。但涉农案件执行难并未随着脱贫攻坚取得伟大成就而解决。农民基于朴素价值观而产生的对抗观念，是涉农案件执行难的“阿喀琉斯之踵”，需对农民行为的观念基础展开分析，将被执行人观念从对抗执行转变为主动履行。涉农执行应主动融入综合村域治理格局，成为乡治共同体有机共治的重要一环，以执行助振兴，振兴促执行，为中国式现代化提供坚实支撑。

一、实践形态：涉农执行效果与农民行为

（一）总体考察：涉农执行案件的执行现状

笔者选取我国西部地区G省L市的执行案件数据进行观察。该市共10个县区，其中市辖区5个，县3个，少数民族自治县2个。脱贫攻坚战结束前被定为国家级贫困县的有2个，省级贫困县的有1个。该市县区中，县及自治县占县区总数的50%，贫困县占县区总数的30%，农村人口占比大，农村类型多样，以此作为观察样本具有典型性。

1. 涉农案件的案件数量呈现逐年递增的趋势

随着近年来农村经济改革的不断深入，各类利益主体之间的矛盾与日俱增，涉农执行案件数量增长趋势较为显著，在案件中的占比逐年上升（见图1）。

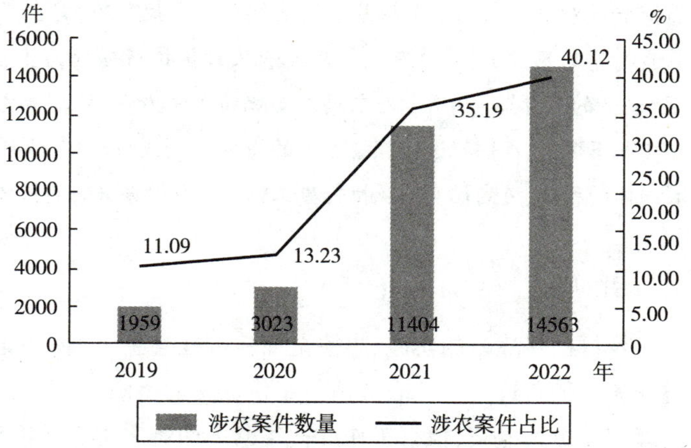

图1 L市涉农执行案件数量增长情况

注：本文涉农案件的统计以被执行人户籍所在地属L市县级以下行政区域为标准，统计内部分纠纷系村内纠纷，部分为当地村民在村外发生的纠纷。因村内社会力量仍会对执行效果产生影响，且L市要求执行案件必须于被执行人户籍所在村屯作财产调查，故本文以此标准对涉农执行案件作一定扩大观察。

2. 经济状况与执行到位率的关系

涉农案件的执行到位率总体低于非涉农案件执行到位率，涉农执行效果整体不佳。对涉农执行案件脱贫前后效果进行纵向观察，脱贫攻坚取得成就前后涉农案件到位率差距不明显（见图 2）。贫困县法院涉农案件的执行到位率数据大部分反而高于全市涉农执行案件到位率（见图 3）。贫困村与非贫困村的到位率对比可以看出，非贫困村的执行到位率数据并不明显高于经济状况较差的贫困村（见图 4）。

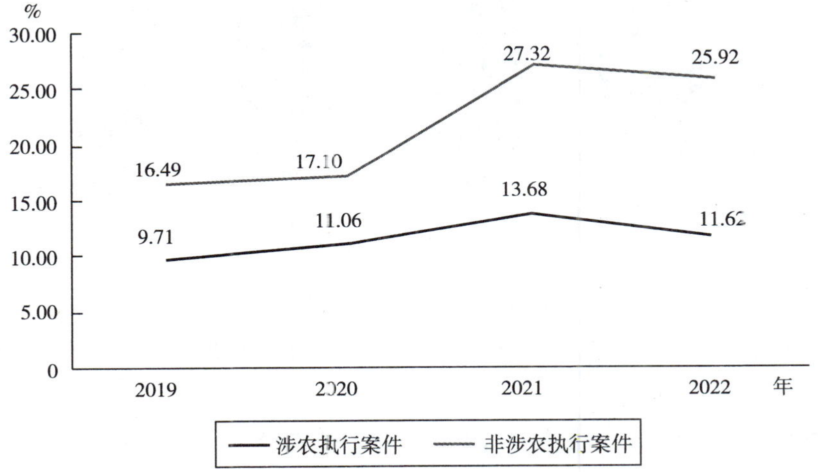

图 2　L 市涉农案件与非涉农案件执行到位率对比

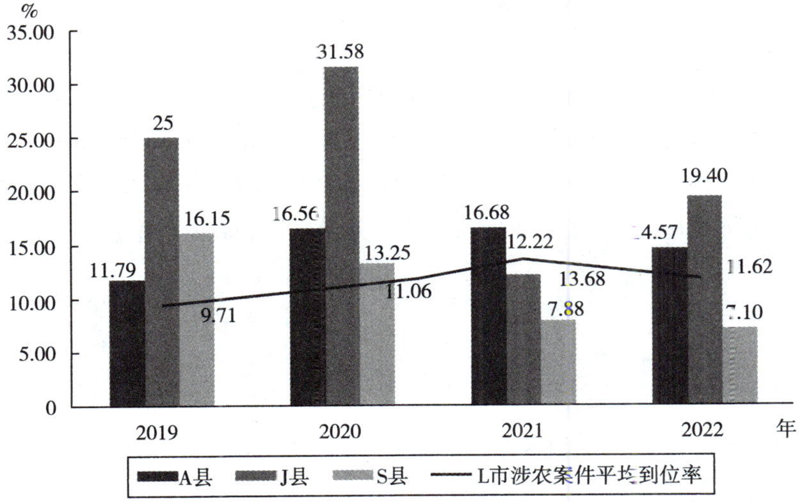

图 3　贫困县涉农案件与全市涉农案件执行到位率对比

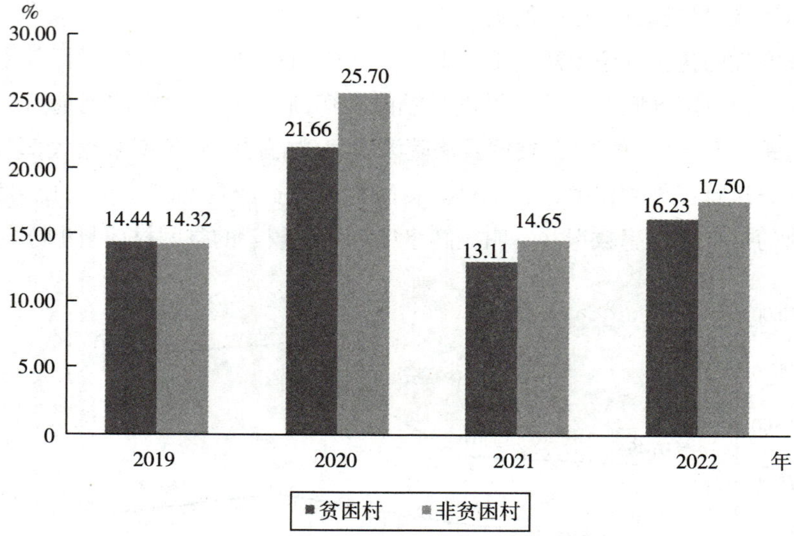

图4 贫困村与非贫困村执行到位率对比

综上数据可知,被执行人的经济条件这一客观因素并非推进涉农执行案件进展的充分条件与关键因素。

（二）个案分析:涉农被执行人拾起“弱者的武器”

执行实践中,涉农案件执行效果往往与被执行人主观意向有关。由于主观因素难以通过统计数据予以展现,故需下沉至执行案件个案中,通过访谈、观察等田野调查方式“深描”[1]（deep - description）农民行动,并对农民对抗执行行为作类型化分析。

阻碍执行到位最主要的行为表现为被执行人拾起“弱者的武器”对抗执行。“弱者的武器”这一概念是由斯科特提出,是指农民使用行动拖沓、破坏、虚假服从、装糊涂等类似“弱者的武器”与从农民中索取超量的资源的人进行斗争。[2] 涉农执行案件中,根据对抗的显著性,可将“弱者的武器”分为显性的武器与隐性的武器。

---

〔1〕 深描（deep - description）,是美国文化人类学家克利福德·格尔茨提出的概念,是指对社会活动进行具有意义的、全貌的描述。格尔茨认为“深描”的关键是“从当地人的视角看事情”。

〔2〕 参见[美]斯科特:《弱者的武器》,郑广怀、张敏、何江穗译,译林出版社2011年版,第35页。

1. 显性的武器

(1)“结群”的武器(见表1)

表1 案例明细表

案例一	何某某与蒋某某民间借贷纠纷一案,被执行人蒋某某所有的车辆出现于广西北流市的某处偏远山村。执行干警连夜赶赴现场进行扣车。该村民以需要时间借钱还款为由,拖延交付车辆。在被执行人个人阻拦法院拖车未果的情况下,约20名村民将执行人员包围,以包围不放行的方式实际阻碍法院扣押车辆。
案例二	罗城县人民法院依法对罗城县小长安镇下梧村木偶屯与罗笛屯土地侵权纠纷一案采取强制执行措施。被执行人秦某幕后操纵并煽动秦乙等20人强行冲击执行现场,并用凶器多次追打攻击执法人员,造成13名执行人员受伤。此外,在被执行人等其他人鼓动下,木偶屯数百余人将执行人员及车辆围困在执行现场。

资料来源:案例一:载柳州1号新闻App,https://fzapp.lzxinwenwang.com/app/template/amucsite//pad/index.html? id=646489&v=1669896878343#/detail/646489? siteID=1&columnID=566,2022年12月1日访问。案例二:载罗城仫佬族自治县人民政府网,http://www.luocheng.gov.cn/zjlc/lsyg/t532990.shtml,2013年10月9日访问。

上述案例中,该村其他村民与被执行人的行为属于“结群”的武器,即通过“结群”避免被执行个人与国家公权力的直接对抗,以群体力量来规避法院的执行。

(2)“私力救济”的武器(见表2)

表2 案例明细表

案例一	元江法院就一起合伙合同纠纷执行案,经法院组织双方执行和解,鹤庆县某商贸经营部、杨某、吉某以其名下的2台挖掘机、2台装载机等作价460万元抵债给申请人曹某。双方当事人现场交付案涉挖机时,当地村民以欠付地租为由进行阻拦,不准申请人将该批机器设备运走。
案例二	沈某与刘某民间借贷纠纷一案。法院判决后,沈某未主动履行还款义务,刘某向大姚县人民法院申请强制执行。在执行过程中,沈某以其另有案件债权未能执行到位为由,拒不履行还款义务。
案例三	江金东区人民法院徐某申请执行王某某保证合同纠纷一案,王某某拒不履行还款义务,法院对王某某采取强制措施。王某某认为其仅是担保人,没有使用徐某的钱,需实际借款人向其支付款项后,才能向申请人还款,以此为由拒绝还款。

资料来源:案例一:《村民阻拦标的物交付 执行法官释法说理促执行》,载澎湃新闻元江县人民法院公众号,https://m.thepaper.cn/baijiahao_22330902? sdkver=3420f61c,2023年3月16日访问。案例二:《别人欠钱不还 能否成自己不还款理由?》,载《云南法制日报》,https://m.yunnan.cn/system/2020/08/19/030896555.shtml,2020年8月19日访问。案例三:《拿“没钱的农村妇女”当挡箭牌? 涉嫌拒执!》,载平安浙江网,http://www.pazjw.gov.cn/gongchuangpingan/pingandongtai/202006/t20200605_12030766.shtml,2020年6月5日访问。

上述案例中,执行案件参与人采用了“私力救济”的武器妨碍执行,并认为其采取的是正当、合法的救济手段。

(3)“村长意志”的武器(见表3)

表3 案例明细表

案例一	辽宁省盘山县人民法院在执行某村村民吴某纠纷案的过程中,法院对吴某采取了拘传措施后,在村长的组织下,村民在村中拦截警车,怂恿村民对执行法官进行辱骂、围堵等行为,造成了恶劣的影响。同时,该院部分案件中,村长利用村委会公章管理的职务便利,为法院开具与被执行人实际情况不符的证明材料,影响法院的调查行为。
案例二	申请执行人高甲与被执行人高乙民间借贷纠纷一案。神木法院冻结了被执行人名下的村内分红款。判决生效后,该村村长高丙以没看到冻结裁定书等为由将该分红款汇入被执行人父亲账户。

资料来源:案例一:《农村村委会成员三种行为妨碍执行工作需引起重视》,载盘山县人民法院网,http://pjps.lncourt.gov.cn/article/detail/2018/12/id/3827902.shtml,2018年6月6日访问。案例二:《神木县中鸡镇一村长拒不协助执行被依法拘留》,载微信公众号“神木市人民法院”,https://mp.weixin.qq.com/s/djooU6ZehPcfs76b3sPzPA,2015年8月6日访问。

上述是被执行人以“村长意志”为武器妨害执行的典型案例。被执行人利用村长等在当地具有影响力的人物对抗执行,妨碍法院执行公务,损害申请人的胜诉权益。

2. 隐性的武器

不同于显性武器,隐性武器的特征在于消极对抗执行。这种反抗虽无过激的对抗行为,但其对强制执行效果的规避和侵蚀不容小觑。

(1)“博取同情”的武器(见表4)

表4 案例明细表

案例一	雷山县人民法院执行的一起相邻关系纠纷案,被执行人文某某因拒不履行生效法律文书所确定的义务,该县人民法院组织执行干警对其采取强制执行措施。执行现场中,被执行人以其为建档立卡贫困户为由,拒不履行生效法律文书义务。
案例二	江金东区人民法院徐某申请执行王某某保证合同纠纷一案,拒不履行还款义务,法院对王某某采取强制措施,王某某以其为“没钱的农村妇女”为由,不履行还款义务。
案例三	洪江市某茶油公司欠付王某工程款,该涉农企业负责人以疫情导致产品滞销、油茶成品周期长等为由,表示无法支付工程款,实际上却备有支付供应商的款项。

资料来源:案例一:《“贫困户”岂是抗拒执行的“挡箭牌”?》,载贵州省高级人民法院网易公众号,https://m.163.com/dy/article/FMTP5UH20514N30B.html,2020年9月19日访问。案例二:《拿“没钱的农村妇女”当挡箭牌? 涉嫌拒执!》,载平安浙江网,http://www.pazjw.gov.cn/gongchuangpingan/pingandongtai/202006/t20200605_12030766.shtml,2020年6月5日访问。案例三:《湖南邵阳双清区法院灵活执行助力农企复产》,载全国法院切实解决执行难信息网,https://jszx.court.gov.cn/main/ExecuteNewsletter/269777.jhtml,2020年4月24日访问。

上述案例中，被执行人采取了“博取同情”的武器，认为其当前处境艰难，或具有某种弱势身份，以此为理由抗拒法院执行。

（2）“虚假服从”的武器（见表5）

表5　案例明细表

案例一	黑龙江省宝泉岭农垦人民法院依法向被告人陆某送达裁定书，对陆某在宝泉岭某农场晒场存放的55吨水稻予以查封。陆某当即承诺妥善保管被查封的55吨水稻。尔后，陆某在未经该法院许可的情况下，私自将该查封的水稻出售。
案例二	某农业机械公司未向陈某某履行赔偿义务，经调查，被执行人仍在生产经营，企业负责人表示如有收入将主动履行。但较长时间内公司公账只有少量存款，存在“走私账”逃避执行的可能。

资料来源：案例一：《水稻被查封还敢售卖？男子非法处置查封财产摊上大事儿了！》，载黑龙江省宝泉岭农垦人民法院澎湃新闻公众号，https://m.thepaper.cn/baijiahao_4362239，2019年9月4日访问。案例二：《江西高院执行局发布全省法院执行工作服务保障乡村振兴战略十大典型案例》，载九江市乡村振兴局公众号，https://mp.weixin.qq.com/s/6Pzkdj13J-0ZXGxwiSTACQ，2022年11月8日访问。

上述案例中，被执行人采用了“虚假服从”的武器，表面上配合法院的执行工作，实际上却通过非法途径对其财产进行转移。

（3）“行动拖沓”的武器

“行动拖沓”与“虚假服从”的区别在于“行动拖沓”的被执行人具有履行意愿，但以各种事由拖延履行，导致执行案件进展缓慢（见表6）。

表6　案例明细表

案例一	申请执行人刘某与被执行人金平县某村民小组合同纠纷一案。被执行人是村民小组，村民小组以目前没有得到政府拨付的资金、村办企业当前经济效益不好为由拖延执行。
案例二	李某某与曾某某民间借贷纠纷一案中，被执行人曾某某名下无可供执行财产。被执行人以等拆迁得款、收成有盈余后再还款等各种理由拖延，长达5年未履行任何还款义务。该案件的利息数额已经超过本金数额。

资料来源：案例一：《村民小组拒不履行生效判决，法院这般执行》，载澎湃新闻金平区人民法院公众号，https://m.thepaper.cn/baijiahao_20886090，2022年11月24日访问。案例二：来源于笔者执行的民间借贷纠纷案件，案号：（2020）桂0204执3405号。

（三）“武器”危害：执行难与乡村治理公共性困境

涉农案件被执行人持起各式“弱者的武器”对抗执行，影响切实解决执行难的同时，也导致乡村公共精神价值取向的偏失。

1.涉农案件执行难。将“纸上权益”兑现为“真金白银”是民众寻求司法救济的终极目标。被执行人的对抗行为，将直接损害申请人的胜诉权益，同时致使涉农案件久执不决，造成大量案件的积压，严重阻碍切实解决执行难总体目标的推进。

2. 乡村治理公共性的流失。公共性是乡村文化治理的基础和动力，其中培育公共精神是乡村文化治理的重要内容。[1] 一方面，执行效果不佳，将助长失信不良风气，渐趋消解乡村文化中诚实守信的公共性元素，淡化村民诚信公共性认同。另一方面，行为是在思想支配之下人所体现出的外部活动。涉农案件被执行人的观念中，都存在其认为正确的理由。如若不能准确把握被执行农民的情感与理据，强硬执行，会激化社会矛盾、影响乡村经济发展社会稳定，为筑牢乡村文化治理的共同思想基础埋下隐患，以上均不利于乡村振兴大局。

3. 执行难与乡村治理公共性流失的恶性循环。被执行农民的对抗观念若未转变，将对乡村诚信文明公共性产生影响，而诚信文明公共性的流失又会使执行难现状越发严峻。只有促使被执行农民转变观念，主动放下"武器"，乡村诚信文明公共性会因执行效果的改善而得以强化，带来乡村社会诚信文明风气的进一步提升，涉农执行难在春风化雨之下自然得以化解，实现执行效果与乡村振兴呈螺旋式上升，迈向双赢多赢共赢之路。

转变观念，需进一步分析支撑涉农被执行人拾起"弱者的武器"这一行为选择的逻辑，呈现被执行人对抗执行背后的观念世界与行动意义。

二、行为观念："弱者的武器"缘何拾起

"行为从来不能自我解释。"以往部分研究将农民对抗执行的行为解释为被执行人人品卑劣和素质低下，但此等研究并不能解释农民全部行动，且对解决执行难无益。一旦将农民归结为人品差、素质低，就很难再以开放和尊重的态度对他们进行同情式理解，研究也很难继续深入。部分研究以理论层面探讨为主，侧重于自上而下的国家主义视角来分析法院执行策略存在的问题、原因和对策，忽视了对农民对抗行为内在机理的剖析。本文以自下而上的角度，通过农民行动来研究其赋予行动的意义，倾听他们对强制执行的看法和对自身对抗行动的理解，以期为涉农执行及乡村振兴研究提供有益补充。

（一）积极对抗心态

拾起显性武器背后的行为逻辑体现为积极对抗心态，该行为逻辑有以下三种典

[1] 参见张波、丁晓洋：《乡村文化治理的公共性困境及其超越》，载《理论探讨》2022年第2期。

型心态：

1."群体正义"心态

"群体正义"类似"法不责众"心态，其本质是民意与法律之间的冲突。[1] 亚里士多德认为"人"从本质上看，是一种社会性动物，该心态离不开社会作为支撑（见表7）。

表7 案例分析

"结群"武器中的案例一：何某某与蒋某某民间借贷纠纷案	
执行经过	执行法官到达村内对被执行人名下的车辆采取扣押的措施，现场与被执行人沟通的前期属于半配合状态，村民聚集后便联合村民抵抗执行。
对话	被执行人："可不可以通融一下，不要扣车，我再想想其他办法，问我亲戚借借钱。" 村民A："他们是外面的人，不准欺负我们村人，警察来也没用，法院就会帮城里有钱人，官官相护，是高利贷的保护伞。" 村民B："你不要怕，我们人多，他们不能拿我们怎么样的。" 村民C："车在我们村，就是我们村的事，把车围起来，这样他们就拖不走了。" 村民D："一起来啊，不来的人不配做我们蒋家的人。" 被执行人："大家都这样说，说明是有道理的，不是我要求他们，人民的意见摆在这里，你们是人民法院，要听人民的，今天你们是扣不走车了。" 执行法官："如果你对抗执行，会面临被拘留的法律后果。" 村民：A："要拘留就把我们一起拘了，等他出来，全村给他接风洗尘，摆酒压惊。"

从上述对话中被执行人前后态度的转变看出，被执行人产生了"群体正义"的心态，受该心态影响，其行为从愿意配合执行转变为对抗执行。

结合上述对话，对被执行人对抗执行的行为观念展开分析。社区情理合法性的支持是"群体正义"心态产生的原因。被执行人借集体力效应，使面临的问题公共化，从而获得行动的合法性。群体性是该心态最本质的特征。"群体对于它认为是真理或错误的东西不带任何怀疑"，[2]这种对是非观的确信是"群体正义"心态产生的原因之一。被执行农民基于"群体正义"而产生的是非观本身并没有主观上的恶意。由社区情理和通行规则界定的情理合法性在很多情况下与法律、行政等合法性机制的界定结果并不一致，甚至相互冲突。当群体普遍认为对抗执行是在维护正义时，被执行农民基于"羊群效应"，在群体力量面前放弃个人理性判断，而出现对抗心态。

〔1〕 参见黄一宾：《"法不责众"的法社会学分析》，载《法制与社会》2011年第16期。

〔2〕 参见[法]古斯塔夫·勒庞：《乌合之众：群体心理学》，董强译，浙江文艺出版社2018年版，第41页。

2.“损失找补”心态

损失补偿心态具体指的是被执行人与申请执行人或案外人之间,存在与原案无直接关系的未决争议或已决争议。被执行人单方面认为其在上述争议中遭受了损失,欲在执行案件中对其损失进行私力救济(见表 8)。

表 8　案例分析

案例	“私力救济”的案例一	“私力救济”的案例二	“私力救济”的案例三
执行经过	执行现场当地村民以欠付地租为由,拒不配合执行	沈某以其存在在先执行案件为由拒不履行还款义务	村民王某某以其未向申请人借钱为由拒不履行还款义务
对话	村民 A:“这些设备谁也不准拿走,他们还欠我们地租。” 村民 B:“对,他们把东西拿走了,地租就要不回来了。” 村民 C:“地租给了,东西就让拖走。” 执行法官:“该设备与欠付地租的公司不是同一家公司。” 村民 D:“那为什么设备都在一个地方?”	被执行人:“我还有其他案件没执行完,怎么还?” 执行法官:“这是不同的两个法律关系。” 被执行人:“执行得回钱我就还”	被执行人:“钱不是我借的,你要拿钱找庄某去。” 执行法官:“对于庄某的案件,你需要另行采取法律的武器维护自己的权益。” 被执行人:“那我不管,反正我是不能吃这个亏。我今天给你们了,回头庄某不给我怎么办,我没有空去和他打官司”

上述案例中,一方面,被执行人对拒不履行行为有其认为的正当性原因。被执行人认为申请人或案外人事先对其利益造成了损失,以拒绝履行来弥补所遭受的损失,来源于被执行人朴素的自卫、自助需求,以及对矛盾止息纷争的期望。另一方面,该心态具有顽固性,在被执行人的朴素善恶观中,其对所遭受损失进行救济具有合法性与合理性的笃定,法院对该当事人进行释法明理的工作难度较高,较难扭转心态让其仅对本案予以配合。

3.“村长为大”心态

“村长为大”心态在涉农执行案件中较为普遍。此处的村长泛指在村内有较高权威的人员,如村长、村支书、宗族长辈等。在部分乡村的村内服从体系中,甚至存在村长权力是司法权的“上位权力”现象(见表 9)。

表 9　案例分析

案例	“村长意志”武器的案例一	“村长意志”武器的案例二
执行经过	执行现场当地村民以欠付地租为由，拒不配合执行	案件进入执行程序后，村长高乙已将法院冻结的村内分红款转移
对话	村长：“我是懂法律的，他们打官司没有喊我们参加是违法的，法院就是乱判，乱执行。大家团结起来，不要怕，不要让我们村的人被抓！” 村民 A：“村长讲得对，大家听村长的。” 村民 B：“有村长在，他的关系你们还不清楚？看你们能拿我们怎么样。” 村长：“我这个村长保护不好大家，村长岂不是白当了。”	执行法官：“之前不是已经给你送达了冻结高乙分红款的裁定书了吗？” 高乙：“我没看到这个冻结裁定。” 执行法官：“法院的材料你怎么能不当回事？” 村长：“高乙他爸那天和我说，高甲和高乙已经在私下处理了啊。既然私下和解了我就转给他爸有什么问题？”

从上述对话中可以看出，村长对被执行人是否配合执行有较高的决定权与发言权。“村长为大”的心态成为左右部分执行案件进展的关键因素。与“群体正义”同理，被执行农民由此产生的对抗情绪，并非纯粹源于其本身，而是受“权威效应”影响下对权威人士的天然服从。

4.“要面子”心态

面子是中国人所特有的一种文化现象，[1]在乡土文化中尤为突出。面子是个体在特定的社会环境和社会结构中的综合评价，这种评价建立在对个人的内外部评估，以及个人对社会道德、规范的坚持之基础上，最终对个体行为产生影响。群体的评价成为舆论形成的基础，被执行人欲维护其在村内正向舆论的动机驱动“要面子”心态的运作，并基于该心态而对抗法院执行。

表 10　案例分析

“结群”武器中的案例一：何某某与蒋某某民间借贷纠纷案	
执行经过	执行法官到达村内对被执行人名下的车辆采取扣押的措施，现场与被执行人沟通的前期属于“半配合”状态，村民聚集后便联合村民抵抗执行。

〔1〕参见雷霁、唐宁玉：《面子观、自我效能与寻求帮助行为的关系研究》，载《中国人力资源开发》2015 年第 13 期。

续表

“结群”武器中的案例一:何某某与蒋某某民间借贷纠纷案	
对话	被执行人:“如果你们不来执行的话,我都愿意慢慢还了。” 执行法官问其原因。 被执行人:“现在大家都看着我,很快隔壁几个村的人都会知道这个事,要是你就这样当着我的面把车子拿走了,我以后在村里面的面子往哪里放?”

上述对话中,被执行人的抵抗行为并不针对法院的执行,而是欲以抵抗行为掩饰其面临法院执行时的尴尬心理,甚至博取该村村民认为其是“勇猛、仁义、梁山好汉”的评价。被执行人财产在村内被扣押或本人被拘传的信息会在村中广泛传播,其采取抵抗行为的目的是为其增加舆论上的“合法性”,因而对该心态不应过度非难。

（二）消极对抗的心态

对于大多数被执行人而言,法院强制执行具有较强的威慑力。迫于执行威慑,被执行人往往选择回避风险过大的直接对抗,转而选择以消极对抗心态面对法院执行,试图以更为隐蔽的方式淡化执行危机。消极对抗的典型心态有以下三类。

1.“弱者心态”

该心态体现为“我弱我有理”的行为逻辑。在此行为逻辑下,被执行人将不履行裁判义务的原因归结于其为弱者,认为弱者就理所应当得到包括免除强制执行在内的国家、社会额外帮扶及优待。在同情弱者的朴素正义观驱使下,被执行农民面临不利处境时寄希望于被怜悯对待是人之常情(见表 11)。

表 11　案例分析

案例	“博取同情”的案例一	“博取同情”的案例二	“博取同情”的案例三
执行经过	被执行人以其为建档立卡贫困户为由,抗拒法院执行	被执行人以其没钱、属于农村妇女为由拒不履行还款义务	被执行人以疫情、产品周期长等为由拒不支付工程款
对话	被执行人:“我是建档立卡贫困户,没有钱。” 执行法官:“建档立卡贫困户也不是抗拒执行的‘挡箭牌’。”	被执行人:“你们可怜可怜我,我一个农村妇女,带着三个小孩,小孩要吃饭,没有钱给。” 执行法官:“你对本案负有清偿义务,要自己想办法赚钱。”	被执行人:“疫情真的让我们没办法拿出钱。” 执行法官:“那现在经营是靠什么来维持?” 被执行人:“这个产品的周期太长了,有些钱是给供应商的。”

续表

案例	“博取同情”的案例一	“博取同情”的案例二	“博取同情”的案例三
	被执行人：“政府发钱给我，你们法院还问我要钱，还有天理吗？”	被执行人：“我说了很多次，我就一农村妇女，我没钱，你们这样就是逼死我，小孩你们法院来养吧。”	执行法官：“那你也得和法院说明原因啊。”

总结上述言论，对待具有该心态的当事人应将工作重心置于扭转其“弱者心态”心态上，不适合的执行措施将导致“逆反效应”的产生，进一步加剧抵抗心理。

2.“利己心态”

“利己心态”体现出被执行人以自我为中心，仅注重自身财产等权益丧失，认为积极履行文书义务仅对申请执行人有利，未认识到主动履行更有利于自己长远发展利益（见表12）。

表12　案例分析

案例	“虚假服从”武器部分的案例一	“虚假服从”武器部分的案例二
执行经过	法院将被执行人55吨水稻查封后，被执行人将水稻转移	现场调查发现，处置被执行农企资产将影响企业的生产，执行法官便传唤企业法定代表人进行谈话
对话	执行法官：“本院已向你送达执行裁定书，并且告知你相关的义务，你为何不执行？” 陆某：“水稻要么我不管了，我管的话还要花钱，反正都是被你们卖掉，还不如我自己拿去卖掉。” 执行法官：“卖掉的钱呢？” 陆某：“前天帮我起房子的老五来找我，我把钱还给他了。”	执行法官：“你们这个账户为什么都没有钱？” 被执行人：“有些小生意，老板只认我，没有办法。而且这个钱一下子给完的话，我都周转不了了。” 执行法官：“你不还钱将会对你的企业信誉产生比现在更严重的影响，你清楚吗？”

上述对话中，被执行人表面上配合法院的查封行为，但实际上却认为履行文书义务是“利他”行为，影响了其自身利益，从“人不为己天诛地灭”角度为对抗执行找到支持。

3.“等、靠、要心态”

“等、靠、要心态”体现为行为的拖延和依赖，曾给我国扶贫工作制造相当大的阻碍。在强制执行中，体现为被执行人的主观能动性较低，寄希望于等待、依靠和讨要外界的帮扶来履行义务（见表13）。

表 13 案例分析

案例	“行动拖沓”武器部分的案例一	“行动拖沓”武器部分的案例二
执行经过	执行法官多次与村民小组相关负责人沟通，村民小组仍旧拖延执行	法院对被执行人拘传后，被执行人依旧以各种理由拖延执行
对话	村组长：“政府去年就说要拨款，到现在还没有拨，我们哪里有钱执行。” 执行法官：“村里出租的鱼塘，自己的厂不是都有收入吗？” 村组长：“那个砖厂效益不好啊，等赚钱了再说吧，我们也没办法。”	执行法官：“什么时候能履行？” 曾某某：“我有拆迁款还没下来呢。下来了就还。” 执行法官：“前年你也是这样说的。” 曾某某：“我下个月一定还，再等等吧。”

上述对话中，被执行人寄希望于等待外界帮扶来清偿案款，从而出现能拖则拖的消极对抗行为。

（三）复合型心态

执行实践中，被执行人对抗执行背后的行为观念往往不是单一的，而是多种心态并存的复合型心态。上述“博取同情”的武器案例二中，一方面，被执行人存在消极对抗的“弱者心态”，认为其是“没有钱的农村妇女”，法院不应对其采取强制措施；另一方面，被执行人存在“损失找补”的积极对抗心态，认为其拒不履行文书义务是为了避免自身遭受因担保导致的损失。

综上，涉农被执行人基于朴素正义价值观，产生各类对抗心态，且在他们看来具有正当性及不可苛责性，从而使被执行人拾起“弱者的武器”对抗执行。又基于“达克效应”[1]，农民群体陷入“弱者的双重困境”，不仅难以自行形成正确的意识观念，亦难以正确认识自己的认识偏差，反而对已产生的对抗决定与行为相当坚定。故此，在对纷繁复杂的农民观念进行研判基础上，顺应满足合理部分，引导转变不合理部分，需进一步探析合理或不合理的观念从何而来。

三、观念基础：农民行为观念缘何产生

行为主义认为人的行为都是后天习得的，环境决定了一个人的行为模式，无论是正常行为还是不良行为。欲引导被执行农民观念从对抗执行转变为主动履行，需对

〔1〕 达克效应，是指能力欠缺的人对自身得出的错误结论，不仅无法正确认知反而高估、坚信自己的信念、判断及行为。

其观念基础进行分析。换言之，需分析是什么支配着被执行农民产生对抗观念进而做出对抗行动。

“支配”一词在社会学概念上指的是人服从于命令的可能性。马克斯·韦伯关于“三种权威”的经典区分，对应提出三种纯粹类型的正当性支配：卡理斯玛支配、传统型支配、法理型支配，[1]用以说明什么理由会使人们“相信—觉得”自己应该服从某种权威，即为个人因服从某类权威所作行为的正当性自我认识的思想根源。故本文以韦伯的支配理论作为理论参考与分析工具，深入分析农民对抗观念的生成土壤。

(一)农民朴素价值观的根源

长期以来，从“熟人社会”到“半熟人社会”乃至具备更多现代化特征，中国乡村社会依然被认为有着相较于城市而言更多的复杂性和多样性。被执行农民的朴素价值观植根于历史传统之中，需在中国社会的具体情境中分析。卡理斯玛型支配与传统型支配具有深厚的历史渊源，该两类正当性支配是当前农民产生对抗执行心态的土壤根基。

1. 卡理斯玛型(Charisma)支配的影响

在韦伯看来，无论传统权威还是法理权威，首先都源自一个起点，这个起点往往是卡理斯玛，即一种超凡魅力及强大能力，起初类似于“神迹”，从而得到追随者的拥戴和服从。在人类社会发展史中，某些人，如原始社会的先知、祭师或战争英雄，因被认为具有某类卡理斯玛品质而成为该社会共同体的领袖。服从于卡理斯玛支配的人，会以领袖的意志作为自身的行为正当性理由。

从中国村落治理的传统来看，精英治理模式一直存在，农业社会中的“能人”带动效应极为普遍。[2] 部分行政村中的某些宗族领导者可能兼任着村委会主任等村委干部的角色，他们一方面为农户代理，另一方面又代表国家意志，在村内具有较高的威望，且实际控制村内大小事务。村长或宗族领袖对待执行的态度，会成为影响案件执行的重要因素。当村长或宗族领袖倾向于对抗执行，被执行人则表现出服从领袖决定的态度而拾起武器。

从执行对抗案例可以看出，部分权威人物基于通过保护被执行村民来提高自己

[1] 参见[德]马克斯·韦伯：《经济与历史：支配的类型》，康乐等译，广西师范大学出版社2004年版，第303页。

[2] 参见杨婵、贺小刚：《村长权威与村落发展——基于中国千村调查的数据分析》，载《管理世界》2019年第4期。

的威望，或与执行案件有利害关系等自身利益，或基于维护宗族或村落集体利益的自我价值认同，以直接或隐蔽的方式向被执行村民以及其他村民释放对抗执行的信号。被执行村民因服从于村长等人的权威，对领袖关于法律文书、执行规定等带有偏颇或倾向性意见的解释深信不疑，自觉产生对抗执行的心态。

作为类似“神迹”的卡理斯玛型支配，在如今仍可寻踪迹，这是因为：首先，我国古代一般“皇权不下县”，县域以下以当地士绅、宗族领袖为核心进行自治，因此对个人权威的推崇与服从思想在乡土中更为根深蒂固。有学者认为，中华人民共和国成立以来，经历了法理型支配的探索，到卡理斯玛型支配的兴起，再到法理型支配重构的反复与混同，[1] 足见彻底摆脱卡理斯玛型支配的难度。其次，人治主义作为儒家基本治国理论，长期被奉为正统思想。受儒家等级观念影响，对宗族领袖或具有领导地位的个人保持尊敬是民众的真实内心推崇。最后，社会并不是以单一的统治支配作为治理模式，而往往是不同统治支配类型的混合运作，只是其中一种模式占据主导地位或成为发展方向。因此，卡理斯玛型支配在如今的社会结构中，仍在部分领域，尤其是乡土文化中延续至今，是涉农被执行人对抗行为观念的第一层土壤根源。

2. 传统型支配的影响

传统型支配指的是以世代相传的、为人所信服的规则作为正当性来源的支配。中国的传统文化中，伦理色彩浓厚，传统型支配在乡村中扮演重要的角色。同时，中国的乡村生活更多基于自然环境产生的场景依赖，并非基于人为的、制度化支配下的体系性依赖。使乡村具有其独特价值的社会文化。

(1)宗族关系。“家族”是凝聚中国传统社会的重要力量。我国幅员辽阔，以地缘、血缘等关系为组成基础的农村人口众多，在乡村形成了宗族关系。宗族观念系向村民传播同族一脉的观念，形成了具有内聚力的非正式社会力量，是宗族成员重要的行为观念基础。被执行人的对抗行为离不开宗族观念中庇护的内化性影响。

家族作为家族成员的避风港，家族成员在遇到风险时可寻求家族庇护。中国人较为注重人情往来。在农村地区，血缘关系与人情往来不断维系着以家户为轴心的关系网络，一旦与宗族内其他成员的人情往来中断，相应的家族关系可能也会因此中断。因此，人情往来中也产生了隐性的庇护，体现出一种互惠性和庇护性的关系，自觉对宗族成员面临强制执行时提供庇护。

---

〔1〕 参见钱锦宇：《卡理斯玛型还是法理型：新中国政治统治模式的变迁历程》，载《厦门大学法律评论》2013 年第 1 期。

(2)风俗教化。乡村风俗基于传统权威与乡村组织，在历史悠久传承下，成为具有一定强制性规范的习惯法。古罗马法学家乌尔比安认为："在无成文法可循的时代，那些长久的习惯常常被当做法和法律来遵守。"自古以来，风俗承载着社会教化功能，受当地风俗的教化，成员将具有深厚地方文化特性风俗中的是非观内化为自身的是非观，从而自觉服从风俗的支配。在现代法律体系中，习惯法的作用已大大减弱，但相较于城镇，乡村中的习惯法仍是组织成员行为观念的重要基础。

中国乡村风俗中关于纠纷的内容，以朴素正义观为基础的实体法内容和"以和为贵、厌诉"等观念的程序法内容并存。被执行人依据朴素的正义观，认为"损失找补"是正当的、天经地义的。传统纠纷解决机制以家族威望者作为"和事佬"，多以宽容忍让、人情面子等依据进行说服诱导式的调解，无论大小纠纷均在家族内部化解。同时，基于自古"以德配天、明德慎罚"的价值取向，村民普遍具有厌诉情结。近年来涉农数量有所增加，但原因可能并非乡土法治信仰的提升，而是基于实用主义的需要，将诉讼当作一条纠纷解决的后路。基于此，被执行人认为私力救济是长久以来处理纠纷的常用且正当的途径，当然具备合理性。

(3)济贫传统。我国的济贫思想最早可追溯到《礼记》中的"鳏寡孤独废疾者皆有所养"。从"达则兼济天下"等众多流传至今的名言警句中可窥得济贫思想的历史传承。

在济贫传统下部分民众特别是村民产生两种行为观念：一为劫富济贫思想，即弱者心态中的"我弱我有理"，认为国家、社会或经济状况更好的申请执行人应对其救济，因此从内心中对强制执行予以排斥。二为等、靠、要心态。在部分相对贫困的被执行人观念中，不能履行裁判义务的原因为国家尚未对其进行帮扶或帮扶力度不够，认为"没有履行能力而无法履行并不是自身的过错"。

(4)小农意识。中国传统农民在长期自给自足的生产方式中形成了根深蒂固的小农意识。小农文化作为被统治文化本身即为应付官僚统治的产物，对公权力具有天然的排斥。小农思想作为中国传统政治文化组成的重要部分，[1]至今仍是农民行为观念的重要土壤。

小农意识具有经济上的平均主义、人格上的依附性，以及狭隘经验性、保守性等特点。[2] 受"小富即安"以及"不患寡而患不均"的平均主义观念影响，被执行人产

---

〔1〕 参见毕红微：《小农思想与农民的政治参与初探》，载《学理论》2013 年第 22 期。

〔2〕 参见袁银传：《马克思主义视域中的小农意识改造》，载《毛泽东邓小平理论研究》2008 年第 12 期。

生利己心态,即对于维持现状而无须积极创造财富履行债务。

综上所述,村民行为选择的观念基础更多地围绕在其所处的乡土传统环境之中,是涉农被执行人对抗行为观念的第二层土壤根源。

(二)乡村环境中法理型权威相对薄弱

法理型支配是一个文明走向现代化的重要标志,指的是受支配影响的组织成员服从于经过相关程序而制定的规则,组织成员均无条件地服从于该规则的支配。现代法理权威相较于卡理斯玛型权威与传统权威而言属于舶来品,有赖于各法治建设主体的后天努力。当前我国农村地区法理型支配有待进一步加强。

1. 法律正义感知错位

权威来源于社会共同体成员的接受和认可,法理权威来源于成员对司法公平正义的感知。让人民群众在每一个司法案件中感受到公平正义是司法工作的必然要求,但当前被执行村民在诉讼活动中,存在法律正义感知错位。

首先,来源于卡理斯玛与传统支配的农民朴素价值观,与现代法理天然存在一定距离。邓小平曾指出:"旧中国留给我们的,封建专制传统比较多,民主法制传统很少。"[1]作为文化程度整体偏低的乡村,法理权威的构建并非以"零"为起点,而是以"负"为起点。当前绝大部分村民在参与精细、严谨、复杂的司法活动时,仍有"秋菊的困惑"。其次,农民在诉讼活动中的司法获得感较弱,"秋菊的困惑"并未得到有效回应。部分法官未能深刻理解农民朴的素价值观而仅简略回应;部分法官认为农民不懂法而无须回应;部分法官在效率导向的审判执行绩效考核下忽略回应。而形式化的司法服务使司法目的偏离,甚至出现了不符合群众需求的盲目创新,未达到人民群众的对法院的期待。[2] 张军院长指出:"老百姓到法院是为了解决问题的,绝不是为了来'走程序'。"在未获得有效回应、满足合理期待的情况下,农民难以从司法活动中感受到公平正义,因而将其被强制执行的原因归结于其未采取人情关系等非法治手段,侵蚀法理型支配生长的土壤。涉农案件执行阶段中的对抗通常比审判阶段更激烈,作为诉讼程序末端,被执行人带着对诉讼参与感知与裁判文书的困惑与不满,参与到案件的执行程序之中。

---

〔1〕 参见邓小平:《邓小平文选》(第2卷),人民出版社1994年版,第332页。

〔2〕 参见刘雅男:《理性回归:社会公众视角下诉讼服务的现实考察与效能提升》,载《法律适用》2021年第12期。

此外,乡村社会是“拥挤社会”[1],个案中当事人对公平正义的感知错位会在社群中形成溢出效应和反射效力,引起群体性的公共感知错位,进而阻碍法理权威在社群中的建立。

2. 治理主体效能不足

除作为法治建设主力军的法院在法理权威构建中存在以上不足之外,其他治理主体亦未能发挥应有之治理效能。

政府职责的异化。基层政府是国家法律在农村的执行者,是国家政权在农村的代理人。[2] 但其对乡村治理更侧重于行政管理、组织建设、经济发展等方面,对法治建设中的投入与支持尚有不足。同时,政府运行本身存在不合法现象仍较为突出,村民基于对中国传统行政司法合一的认知延续,对法理权威产生质疑。

社会组织的局限。近年来,多地区政府及法院推动成立社会组织性质的调解室。但因调解员法律专业能力不足、激励机制未落地等多重原因,部分调解室并未能实际发挥化解基层矛盾的功效。同时,调解室多侧重于诉源治理,较少涉及执源治理。个别调解员因与被执行人同村,甚至利用其对执行工作的了解而帮助被执行人规避执行,反而增加了执行难度。

因此,在先天不足、后天失调的环境中,农民难以建立起对法理权威的服从,是涉农被执行人对抗行为观念的第三层土壤根源。

3. 乡村变迁中的支配服从缺失

当代中国仍处于从传统农业社会向现代商业、工业社会转型的“三千年未有之变局”之中,中国乡村社会亦受时代转型裹挟而变迁剧烈。

根据支配类型,身处变局中的村民大致可分为三种类型。其一,少部分向往更丰富就业机会、更高收入以及更完善基础配套资源的农村青年,自觉或被迫接受法理权威的支配。其二,部分村民固守传统,虽在开放社会、人口流动下客观上受法理型支配的辐射,但当该部分村民在司法中未能感受到公正时,藏于内心的卡理斯玛型支配与传统型支配被激发而占据上风。其三,部分村民在社会大转型中,抛弃了维系乡村秩序的村内公共价值追求和良好精神风貌等乡村公共精神,但却未受到正确引导建立诸如社会主义核心价值观等新道德信仰,出现信仰丢失、道德疑虑以及精神荒芜,使乡村治理公共性逐渐流失。有学者描述该群体“既想不起乡愁,又看不清未来”,成

[1] 参见陈柏峰:《乡村基层执法空间制约与机制再造》,载《法学研究》2020 年第 2 期。

[2] 参见周铁涛:《基层政府主导农村法治化治理的困境与路径》,载《湖湘论坛》2016 年第 3 期。

为时代转型夹缝中“迷惘的一代”[1]，其既不受卡理斯玛型或传统型支配，亦不受法理型支配。当其被强制执行时，法院难以从传统支配或法理支配入手对其观念予以转变。但这并不意味着他们应当被时代所抛弃，反而更需要为他们提供帮助以找到内心秩序乃至向法治秩序靠近。

“扶贫先扶志”，解决涉农执行难亦需从农民行为观念入手，培育村内公共性精神，厚植法治观念土壤。导致涉农执行难的农民观念来源于多层面，公共事务的治理主体亦应该是多元而非一元，[2]离不开多元主体同向施力。

四、观念转变：构建乡村治理共同体

党的二十大报告提出，“全面建设社会主体现代化国家，最艰巨最繁重的任务仍然在农村”。通过将“要我履行”观念转变为“我要履行”，激活农民主体性内生发展动力，使执行工作与村域治理有机融合，以执行助振兴，以振兴促执行，服务乡村振兴战略大局。

（一）总体原则

1. 群策共治，厚植诚信法治土壤

习近平总书记强调：“我们最大的优势是我国社会主义制度能够集中力量办大事。这是我们成就事业的重要法宝。”社会治理中多元主体共同治理为特征的社会共治，是我国实践中形成的制度创新，[3]中国共产党的领导可有效避免乡村治理失序化和低效化，[4]需发挥党总览全局的作用，整合各方资源、凝聚各方力量，“把分散在多个部门、多个领域的乡村振兴工作统筹抓起来，形成乡村振兴的政策合力、工作合力”[5]，避免村级治理碎片化和无序化，使推进乡村全面振兴的乡村社会治理共同体更加稳固牢靠。涉农执行工作事关乡村诚信公共性精神，也依赖乡村诚信公共性精

---

〔1〕“迷惘的一代”问题作为社会痛点，诸如农村鬼火少年涉诉问题，仅依靠司法力量难以彻底解决。

〔2〕参见[美]奥斯特罗姆：《公共事物的治理之道：集体行动制度的演进》，余逊达、陈旭东译，上海译文出版社2012年版，第213－243页。

〔3〕参见王名、蔡志鸿、王春婷：《社会共治：多元主体共同治理的实践探索与制度创新》，载《中国行政管理》2014年第12期。

〔4〕参见樊凡、赵浴卉：《中国式乡村社会治理共同体建设的道路探索与经验分析》，载《中国农村观察》2023年第4期。

〔5〕《全面落实乡村振兴责任——中央农办负责人就〈乡村振兴责任制实施办法〉答记者问》，载《光明日报》2022年12月14日，第8版。

神，应当主动融入党委领导下的综合村域治理格局，成为乡治共同体有机共治的重要一环，与其他治理主体相互配合，发挥法院及其他主体在涉农领域的特定优势。

2. 充分回应，善意文明赢得人心

努力让人民群众在每一个司法案件中感受到公平正义是司法工作的必然要求。仅靠法律秩序不足以满足人民群众对正义的需求，[1]还需对被执行农民朴素价值情感准确把握、对被执行农民诉求及理据精准辨析，以“理解朴素情感、回应法理困惑、顺应合理诉求、主动提供帮扶”为准星，倾听被执行农民的内心想法，对其中合理部分予以尊重。如因“损失找补”心态导致对抗执行，应充分向其解释法律关联与事实关联的区别，并积极联络案外利益相关人共同协商。又如“要面子”心态，则应避免当众执行，通过乡贤等当地人搭建沟通平台等柔性举措化解对抗情绪。此外，针对“弱者心态”，应充分了解被执行农民或乡村企业的实际困难，对正当性需求给予帮扶。以此让当事人对公平正义可感可触，从而赢得被执行农民的理解与配合，实现社会公共利益、债权人、债务人利益的共赢。

（二）具体路径

1. 柔化人心：利用卡理斯玛型支配的正向力量

乡村地区的卡理斯玛人物具有一定的号召力和影响力，可成为强制执行的“柔化剂”，通过其品质和能力，激活乡村自治体系、有效培育乡村法治精神、唤醒乡村德治传统，激发村民配合强制执行的内生动力。

首先，由乡镇党委政府牵头，村委会与法院共同参与，通过村民民主选举与资格审核，从村内选任符合新时代乡村治理要求的新乡贤。新乡贤必须具备法治精神、践行社会主义核心价值观，需善于将法律、社会主义核心价值观与乡村传统结合，而不只是会套用伦理、人际规则。其次，法院定期组织开展新乡贤法律专业培训，强化新乡贤法治意识与法律运用能力。最后，将新乡贤作为维系村民感情的情感纽带作用落到实处。对于可能进入强制执行的案件或已经进入强制执行的案件，可发挥其熟悉村规民约、深谙村邻人情世故的优势，利用其在乡村的权威地位，劝导被执行人主动履行、配合执行。在乡村治理实践中，桐乡的新乡贤机制、湖北省京山市的湾长理事机制等均取得明显成效，得到了社会的广泛认同（见图5）。

---

[1] 参见［德］卡尔·拉伦茨：《法学方法论》，陈爱娥译，商务印书馆2019年版，第52页。

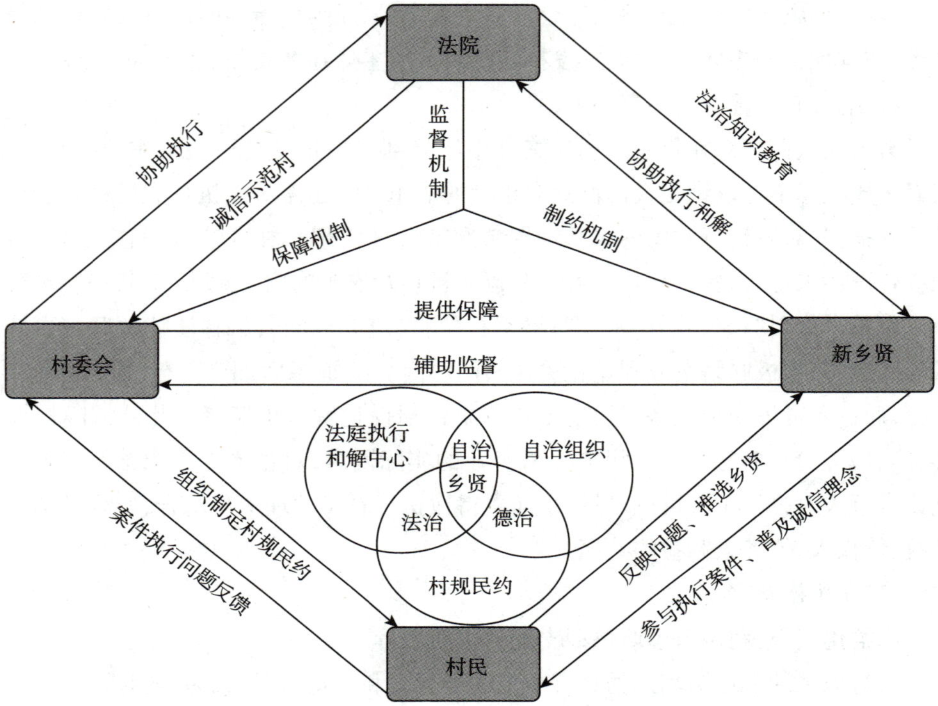

图 5　新乡贤融入乡村治理体系解决涉农执行难机制

2. 拉近人心:融合传统型支配在法理型支配下运行

构建多主体共同参与、层次递进的执行案件化解机制,融合传统型支配在法理型支配下运行,使之成为连接法院与被执行人之间的桥梁,拉近法院与村民之间的距离。对此,可搭建政法委牵头的"321"矛盾纠纷多元分流化解机制,将执行源头治理纳入乡治共同体治理体系。

首先,当地乡村三次纠纷化解,聚焦前端治"未病"。由村委、乡贤和部分志愿者村民组成纠纷化解团队,在生效裁判文书的履行期间,由村民自治团队督促被执行农民自动履行,充分倾听、尊重双方当事人的意见,从人情事理、当地乡村风俗、村规民约、本村实际等角度进行劝导,拟出具体履行方案。第一次未化解后,村民组织将双方诉求向基层党组织、基层政府以及法院反馈,寻求建议。村委综合参考建议后,结合实际情况选择进行第二次、第三次纠纷化解。

其次,乡镇综治中心两次化解、县综治中心一次化解,聚焦中端治"欲病"。对于经村委劝导自动履行无效的案件,在强制执行案件立案之前,再次由政府主导的综治中心人民调解员、村民自治管理下的乡村网格员、法院驻村执行员进行劝导，多做善做被执行人工作，引导其认识到主动履行更有利于自己长远发展利益。

依托乡镇综治中心，实现非法庭驻地乡镇“一乡镇一巡回执行办案点”的全覆盖，将执行源头治理纳入乡镇综合治理的重要内容。采取执行员定期进驻村委会、法院与乡镇综治中心签订执行协作白皮书等符合当地实际的具体模式。一方面，发挥农村网格员与驻村执行员贴近乡村群众的优势；另一方面，发挥当地乡镇政府及各部门对诚信履行的正向激励与反向惩戒功能，对该阶段自动履行的当事人予以多方政策支持。

最后，在上述“321”多元化解未果的情况下，聚焦后端治“已病”。在具体的执行案件中，通过善意文明执行，对部分“诚信而不幸”的被执行农民及乡镇企业予以一定倾斜扶持，同时发挥乡治共同体优势，引导被执行农民转变观念。

3. 赢得人心：倾斜扶持树立法理权威

对客观处于弱势的农民适当倾斜保护是平等保护原则的应有之义。特定行业与领域中一旦强弱关系导致的不公平现象蔓延，某个行业或领域就可能面临社会治理失败。[1] 执行工作应坚持能动司法，主动为被执行农民及乡镇企业纾困解难，从而其赢得对法院的信任与配合。

（1）乡村法庭执行

法庭处于纠纷化解的最前沿战线，具有发展新时代“枫桥经验”的优势。在法庭设立涉农案件执行组，走出法庭“审而不执”的传统思维桎梏，打破人民法庭与机关庭室界限，[2] 更易于掌握被执行农民的真实诉求。因此，可在法庭设立涉农案件执行组，建立统筹执行员、网格员和新乡贤的执行和解中心，并与“321”矛盾纠纷多元分流化解机制对接。对法庭审结的标的额较小、纠纷影响及于村内和法律关系简单的案件，由人民法庭就地执行。

搭建线上线下互通的“商谈执行”模式，为部分符合条件的执行案件组建联络沟通微信群（见图6），包含乡镇综治中心调解员、村委会成员、驻村执行员、法庭执行员、网格员、新乡贤、双方当事人等在内。从命令式交谈转变为商谈式交谈，由执行法

〔1〕 参见叶静漪、李少文：《新时代中国社会治理法治化的理论创新》，载《中外法学》2021年第4期。

〔2〕 参见祝文锋：《乡村振兴中乡镇人民法庭的功能争辩与地位重塑》，载《山东法官培训学院学报》2022年第4期。

官引导各方进入交往理性，[1]提高沟通的便捷性与有效性。充分为涉执行案件的村民答疑解惑、提供引导、跟进督促，为涉农当事人提供“执前、执中、执后”全流程的情感需求出口与纠纷化解平台，寻求案件处理的最佳方案。

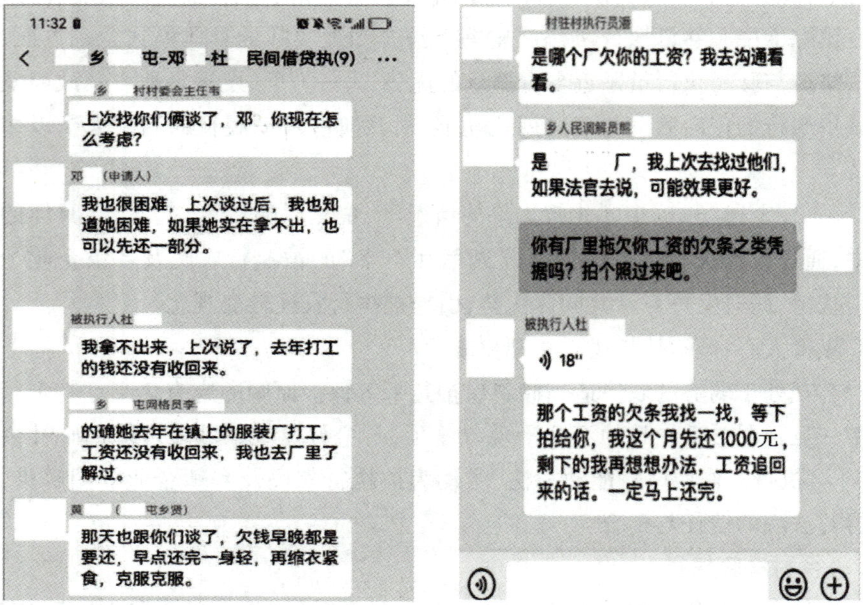

图 6 执前案件联络沟通微信群示例

在理解尊重被执行农民的实际需求基础上，经各主体充分沟通与法院善意执行，把握双方利益的“最大公约数”，从而有效转变被执行农民的对抗情绪。“博取同情”的武器案例三中，被执行乡镇企业表示其虽有一定收入，但为维持企业正常运营，需向供应商支付款项保障供给。经多方沟通，申请执行人同意“放水养鱼”，给予被执行乡镇企业还款宽限期，最终被执行企业在宽限期届满前主动偿还全部欠款。

（2）“PPP”公共服务项目运作模式

Public－Private Partnership（“PPP”）模式是一种“公私”合作的公共服务项目运作模式，目前执行领域主要体现为辅拍机构服务。针对涉农案件的特点，在理解、倾听被执行农民需求的基础上，顺应被执行农民的合理诉求。其一，可探索被执行资产

〔1〕 哈贝马斯商谈理论中，交往理性具有非排他性、包容性、多维性与可错性，其中多维性要求满足真实性、正确性和真诚性。

司法托管。对于被执行人暂时不适宜拍卖的农副产品半成品（未届收成之日的水稻、未届出栏期的生猪等）以及陷入债务泥沼的乡村小微企业，委托专业第三方机构对产品、产业予以托管。[1] 其二，可拓宽变现渠道。委托第三方专业宣传推广机构，通过多种宣传途径，如在抖音、微信等平台投放农副产品法拍信息。运用第三方企业技术和手段提高产品附加值，带动停滞资产重新运转，实现申请人兑现胜诉权益、被执行人化解债务危机、社会公众购得价廉质优农副产品的多赢（见图 7）。

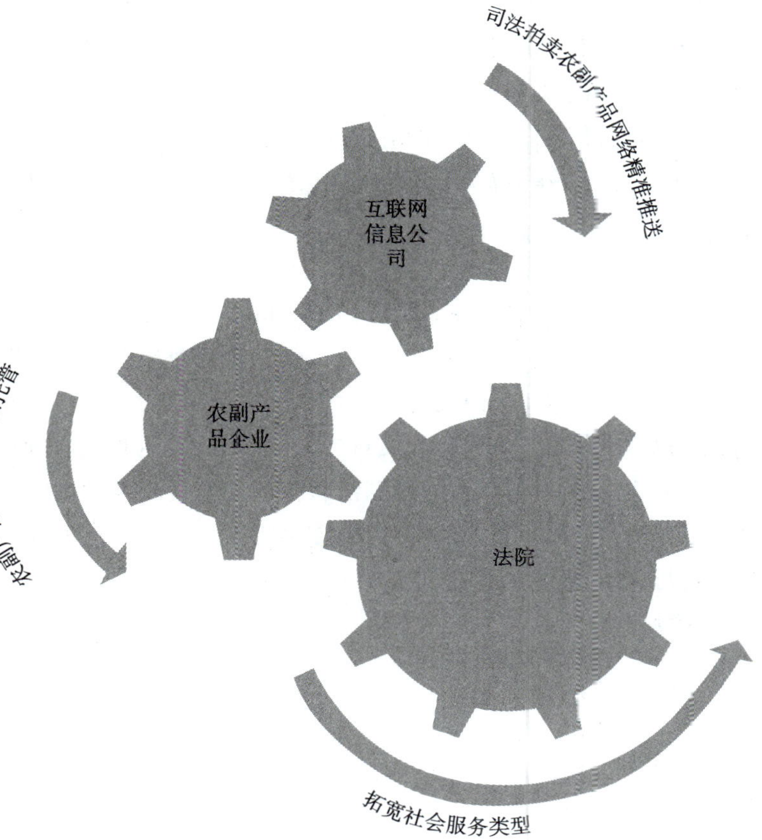

图 7 "PPP"辅助执行模式运行机制

---

〔1〕 我国《民事强制执行法（草案）》第 133 条规定："已查封的不动产，不宜变价或者无法变价的，当事人可以申请人民法院强制管理。确有必要的，人民法院也可以依职权强制管理。"第 134 条第 1 款规定："人民法院裁定强制管理的，应当指定符合任职条件的个人或者组织担任管理人，并明确管理人的职责。"

(3)执行联动机制

依托乡村振兴相关责任主体,构建“法院 + 其他部门”的执行联动机制。联合政府各涉农部门,对诚信而不幸的被执行农民或乡村企业实施倾斜扶持政策,为被执行农民纾困解难。宏观上,贯彻落实党中央乡村振兴战略,以乡村振兴战略政策带动被执行人主动履行意愿。“虚假服从”的武器案例二中,执行法官为防止影响春耕作业,未直接对农用设备采取扣押措施,而是针对性地释明如抗拒执行将影响农机购置补贴审批,最终促成被执行乡镇企业主动履行义务。具体到各机构,农业农业局可协调社会资源,积极为乡村引入前沿农业技术,提高村民生产力,带动村民履约经济能力的提升。农村信用社对于被执行人因投入乡村产业而负债的,在法院提供信用修复证明后,可适当放宽对积极履行义务的被执行农民的授信融资支持条件,避免受到贷款申请一票否决。多措并举,以实际帮扶促成被执行农民观念向“我要履行”转变。

五、结语

正如鲍卫忠局长所说:“执行难,难在打开人的心结。”本文前后执行案例的对比,印证了被执行人打开心结对执行效果的转变。强制执行效果是法治成果的展示,需要我们日拱一卒地、饱有对土地热爱地在培育乡村法治土壤上下工夫,才能结出“切实解决涉农执行难”的果实。本文以农民对抗执行行为观念为切入口,通过分析观念基础根源,提出构建乡治共同体的治理路径,将执行工作主动融入村域治理、服务乡村振兴战略,以共治打开被执行农民的心结,使之将诚信观念内化为价值追求,外化为自觉行动,自行放下“弱者的武器”,实现司法事业所及之处皆为民心之所向,所为之举皆为民愿之所归。

民事执行强制管理制度研究*

梁为锋**

摘要：民事执行强制管理制度系对被执行人等人员名下已被查封的财产实施管理，并用管理收益偿还被执行人债务而形成的制度。德、日、韩等大陆法系国家已有成熟的相关立法及学说，但我国执行方面的理论研究较少，强制执行法也迟迟未能出台，关于强制管理方面的规定几近于无。由于缺少强制管理制度的支持，导致民事执行实践中，部分适宜采用强制管理措施的财产未能采用，使被执行人的部分财产未能有效处置，或者执行效果不佳，因此，本文提出希望能构建民事执行强制管理制度，明确强制管理的财产类型、适用情形、管理主体、管理人职责等方面的内容，并提出强制管理制度立法建议。

引 言

何为民事执行强制管理？相信包括不少一线执行人员在内的很多人，对民事执行强制管理并没有什么概念。但该制度在大陆法系一些国家已经有了相关的立法和学说。譬如德国制定了《强制拍卖与强制管理法》〔1〕，直接将强制管理作为法律的名称，德国学者认为，"强制管理的目的是用土地的、土地共有份额的或者类似土地的权利的收益满足债权

---

* 本文在第十一届中国执行论坛论文获优秀奖。

** 梁为锋，广西壮族自治区南宁市青秀区人民法院刑事审判庭庭长。

〔1〕 参见《德国强制拍卖与强制管理法》，杨柳译，人民法院出版社2010年版。

人”。[1] 日本则在其《民事执行法》中，“认可在以金钱执行为目的、对不动产的强制管理和基于不动产上担保权的收益执行（担保不动产收益执行）中适用强制管理”[2]，“强制管理的执行方法，主要适用于不动产不能为法律上的让渡，或者因竞卖价款在清偿优先债权之后无剩余而不能进行强制竞卖，以及租赁用高层建筑物等竞卖存在困难但能产生高收益等情况”。[3] 韩国也有相应的立法，该国“民事执行法上规定的强制管理是指以不动产所产生的收益来满足债权的执行方式，即将债务人的不动产管理权、收益权移交给法院任命的管理人以不动产产生的自然法定收益来满足债权的执行方法”。[4] 可以看出，德、日、韩在民事执行领域有强制管理方面的制度，主要规定通过强制管理不动产取得收益以偿还债务，而我国尚未有相关制度，但也不能说我国完全没有关于强制管理方面的内容或需求。我们看下立法与实践现状。

一、我国民事执行强制管理制度的现状

（一）立法现状

在司法解释里，有些许关于被执行人财产管理的规定。

1. 最高人民法院《关于适用〈中华人民共和国民事诉讼法〉若干问题的意见》（已失效）第 302 条（以下简称第 302 条）规定：“被执行人的财产无法拍卖或变卖的，经申请执行人同意，人民法院可以将该项财产作价后交付申请执行人抵偿债务，或者交付申请执行人管理；申请执行人拒绝接收或管理的，退回被执行人。”该条文虽已失效，但却是我国关于被执行人财产管理最早的规定。从行文来看，该条文简单规定了对被执行人名下无法拍卖或变卖的财产的处置问题，更多的是强调申请执行人管理意愿。

2. 最高人民法院《关于适用〈中华人民共和国民事诉讼法〉的解释》（2022 年修正）第 490 条（以下简称第 490 条）规定：“被执行人的财产无法拍卖或者变卖的，经申请执行人同意，且不损害其他债权人合法权益和社会公共利益的，人民法院可以将该项财产作价后交付申请执行人抵偿债务，或者交付申请执行人管理；申请执行人拒绝接收

---

[1] [德]弗里茨·鲍尔、[德]霍尔夫·施蒂尔纳、[德]亚历山大·布伦斯：《德国强制执行法》（下册），王洪亮、郝丽燕、李云琦译，法律出版社 2020 年版，第 86 页。

[2] 江必新主编：《比较强制执行法》，中国法制出版社 2014 年版，第 233 页。

[3] 江必新主编：《比较强制执行法》，中国法制出版社 2014 年版，第 233 – 244 页。

[4] 江必新主编：《比较强制执行法》，中国法制出版社 2014 年版，第 355 页。

或者管理的，退回被执行人。”该条文自上述第302条演变而来，且取代了第302条。与之相比，除强调抵债不得损害其他债权人合法权益和社会公共利益外，与第302条并无多大区别。

3. 最高人民法院《关于人民法院民事执行中拍卖、变卖财产的规定》（2020年修正）第25条规定：“……自公告之日起六十日内没有买受人愿意以第三次拍卖的保留价买受该财产，且申请执行人、其他执行债权人仍不表示接受该财产抵债的，应当解除查封、冻结，将该财产退还被执行人，但对该财产可以采取其他执行措施的除外。”该两条文与上述第490条有关联，但又有不同，第490条规定了申请执行人以物抵债和接收管理的权利，而该两条文所规定的“其他执行措施”并不局限于申请执行人接收管理的措施，还包括法院再次拍卖等措施。[1]

（二）实践现状

上述条文虽规定申请执行人可以接收管理被执行人无法拍卖或变卖的财产，但显然规定过于简单，难以在实践中进行操作。虽规定不详，实践中也有少数法院在摸索强制管理被执行人的财产，如最高人民法院2020年1月2日发布善意文明执行典型案例中的中国农业银行顺德勒流支行申请执行顺德某铜铝型材公司等金融借款合同纠纷案件，顺德法院评估拍卖处置厂房过程中，由于处置时间较长，该院决定在查封之下，仍然由案外人占有使用，并由申请执行人收取案外人的占用费，制作台账交由法院备查。最高人民法院认为这个案件为探索强制管理制度积累了经验。[2] 但这类的探索还是过少。

由于上述条文规定过于简单，可操作性差，因缺乏制度的支持，实践中很少有意识地采取强制管理措施，导致不少可以采取强制管理措施的财产既未能有效处置，也无法取得收益，随着时间推移，财产可能会贬值，甚至流失，当事人双方都受损，还会让当事人对法院的执行产生无力感。我们思考下面两个案例是否适用强制管理：

案例1

被执行人广西某建设公司为某执行案件连带责任人之一，该公司本身无实体资产，在各地有不少施工项目，每年都能中标一些项目，不时有项目结算后的利润。执

[1] 参见最高人民法院（2019）最高法执复37号执行裁定中本院认为部分的论述：“……该规定中的其他执行措施，包括执行法院可以根据市场的具体情况，在不存在过分拖延程序，损害被执行人合法权益的前提下，及时重新启动评估、拍卖程序。”

[2] 参见最高人民法院发布善意文明执行典型案例，https://jszx.court.gov.cn/main/ExecuteCase/256265.jhtml。

行中，申请执行人要求冻结该公司所有账户，而该公司则表示，账户众多且开设在不同的项目所在地，大多涉及工人工资、材料款、税费等，如果冻结，势必影响公司运营，甚至会导致项目烂尾，希望能和解，但由于申请执行人缺乏对该公司管理层的信任，不愿与之和解。该公司表示，只要不冻结账户，其同意申请执行人派驻会计等专业人士进驻该公司，该公司愿意提供所有财务报表、中标材料等材料给法院或申请执行人。该公司除因担保对本案申请执行人有高额负债外，每年利润尚可，是当地优秀建筑企业，对外也有债权，双方都不愿该公司破产重整。在此情形下，可否引入强制管理？由谁来管理？

案例2

张某申请执行李某人身损害赔偿纠纷一案，标的额3万元，李某下落不明，除其名下一处市值150万元的房产外，未发现有其他财产。如果拍卖房产偿还债务，由于现行政策、疫情等因素导致房价下行，房产可能会以84万元成交（建立在一拍起拍价为市值的70%且流拍，二拍起拍价再降幅20%的基础上），李某就拍卖还要承担2万多元的税费及数千元的拍卖辅助机构辅助费用。理论上，李某因拍卖损失可能高达近69万元。本案中，拍卖是否合法？是否合理？可否采用强制管理？

案例1主要涉及强制管理的财产类型及管理主体的问题，而案例2则涉及强制管理适用的情形。显然这些问题在上述条文中找不到答案。在新冠疫情当下，大量大宗标的、商铺、房屋流拍，如果流拍后，财产一直处于空置、无管理收益，可能会造成当事人双输的结果，因此，亟须建立民事执行强制管理制度，以期解决部分流拍或不宜拍卖的财产的处置问题。

二、我国民事执行强制管理制度的构建

应建立什么样的强制管理制度？什么样的财产、何种情形可以适用强制管理？程序如何启动？管理的主体是谁？管理收益如何支配、监管？这些都值得研究，下文就这些问题谈下自己的理解。

（一）财产类型及范围

1. 财产类型

如上文所提及的德、日、韩三国，强制管理对象主要针对的是不动产，特别是土地类的不动产，以及与土地相关的财产及权利，如德国学者所述，房屋和不动产扣押所“包括已分离的农地或林地出产物及保险债权、租金与用益租金以及基于一个与土地

所有权关联权利的反复给付”[1]，这些财产及权利都涉及不动产。对于土地使用权、住宅、商铺等不动产成为强制管理的主要财产类型应无太大疑议。那其他类型财产呢？

本文认为，部分动产也是可用于强制管理的。如对于被执行人用于运营的船舶，根据案件情况不宜拍卖船舶本身，也是可以考虑将船舶强制出租，取得的收益用以偿还债务。比如船舶价值高、债务数额相对小的情形下，用强制管理所得收益偿还债务，可能比拍卖更适宜。其他如车辆、机器设备等也一样存在可以强制管理的可能性。

知识产权、股权等财产权利，甚至如案例1所示，一家公司可否用于强制管理呢？对此，还是存有争议的。比如股权，有文章认为“股权的收益取决于公司的经营收益，受公司盈利情况的影响，具有不确定性，可能会损害债权人的利益，本质与下文论述的利润相同，不符合强制管理‘有持续、稳定的收益’的要求，因此，对股权不能实施强制管理”，[2]也有认为可以的，“根据其目前的公司经营走势，以及过往的盈亏情况，经债权人同意，股权适用强制管理获取收益，较之单纯的拍卖或变卖，更有意义和价值，能够较好地实现债权”。[3] 对于案例1，如果冻结被执行公司所有账户，会极大地影响公司运营，不符合善意文明执行理念等规定。但全部不冻结，显然也不行，账户类型多、分散，审查成本高，即使通过项目发包方去控制利润，也很难监控该公司真实利润，难以了解公司每年的运营成本，预留多少款项作为运营成本也是难题，执行起来比较困难，耗费司法成本极高。如推破产，那当地可能会失去一家优质企业，员工就业也成问题，因此，在该公司同意申请执行人派驻会计等专业人士进驻的情形下，对公司进行强制管理，未必不是一个好的方式。因此，在未能证实财产权利确实不宜强制管理之前，从立法前瞻性角度考虑，可采取开放性立法，不将财产权利等财产类型排除在强制管理之外，因为强制管理系综合判断后所采取的措施，甚至是兜底性的处置措施，如将财产类型限定单一，可能会不利于某些类型财产的处置，由承办案件合议庭根据具体情况决定财产是否适于强制管理即可。

2. 财产范围

一般而言，强制管理的财产以被执行人的财产为限，但也可能会及于不属于被执

---

〔1〕［德］弗里茨·鲍尔、［德］霍尔夫·施蒂尔纳、［德］亚历山大·布伦斯：《德国强制执行法》（下册），王洪亮、郝丽燕、李云琦译，法律出版社2020年版，第86、88页。

〔2〕常露：《民事执行强制管理制度研究》，西南政法大学出版社2014年版，第20页。

〔3〕孙伟峰：《民事执行强制管理制度研究》，武汉大学出版社2021年版，第52页。

行人所有的从物。这个问题,我们可以参考一下德国《民法典》第 1120 条:“【扩及于出产物、组成部分和从物】在从土地分离的出产物和其他组成部分未在分离当时根据第 954 条至第 957 条的规定归所有权人或者土地的自主占有人以外的其他人所有的范围内,抵押权扩及于从土地分离的出产物和其他组成部分,以及除不归土地所有权人所有的从物以外的土地的从物”,强制管理还可及于土地出产物等从物,甚至还可能及于案外人存放于被执行人的厂房内的机器设备,因为有时案外人在使用被执行人场地时,可能会因厂房、地势等因素,而特别设计、订制一些机器设备,让厂房及机器设备形成可以生产产品的一个整体,如强制拆除,可能会减损机器设备的价值,甚至厂房都可能失去强制管理的意义。此时,不损害案外人合法权益的情况下,属于案外人的从物也可纳入强制管理范围。

(二)适用强制管理的情形

按我国上述条文,无法拍卖或变卖的财产可交由申请执行人管理,侧重拍卖、变卖流拍后财产管理的问题,即对涉及的财产优先考虑拍卖、变卖。因此,拍卖、变卖流拍的情形下考虑强制管理应是较常见的情形。

然而实践中,有些财产虽能用以拍卖,但拍卖的社会效果很差,如案例 2 强行拍卖被执行人的房产,虽实现了申请执行人 3 万元债权,但被执行人损失高达近 69 万元,虽合法,但拍卖的合理性受到质疑,极易引起信访,也与善意文明执行理念不符。在此情形下,将房屋强制出租,用租金偿还债务效果更好。可见,对于部分案件,特别是小标的案件,通过强制管理也能实现申请执行人债权,不至于过度拖延案件执行的,根据善意文明执行理念及合比例原则,采用强制管理较付诸拍卖、变卖效果会更好。

还有一种情形,虽财产可拍卖,涉案标的额也不小,但由于涉案主体、市场行情等方面因素的影响,通过强制管理也可取得良好清偿债务效果的,或者实现财产增值的,也可不进行拍卖或者暂不拍卖。比如有些商铺、厂房等可能因为没有办理产权证,如拍卖,可能成交价不理想,但因地理位置等原因,通过出租可以取得良好的收益,在此情形下,也可考虑强制管理。如后期市场行情转好,或者办得产权证,具备良好成交可能性时,拍卖更恰当了,也可终结强制管理,转为拍卖。这样采用平衡原则有利于维护当事人合法权益。

(三)程序的启动

因为强制管理会剥夺、限制被执行人等人员对相应财产的占有、使用权利,还涉及管理收益的分配问题,本质上也是对财产的处置,也是一种强制措施,故此,无论是依申请或是依职权,法院应以裁定的方式启动强制管理程序。

（四）强制管理的主体

本文认为，行使强制管理职责的主体可有执行法院、申请执行人、辅助机构、被执行人四种，下面分述之。

1. 执行法院

执行法院掌握所查控财产的执行权，而强制管理作为间接处置财产的一种强制执行措施，执行法院拥有强制管理权限应是执行权应有之义，其他主体行使强制管理职责实质上是来源于执行法院执行权的委托授权，正如法院可自行组织拍卖，也可交由具备相应资质的拍卖机构拍卖。[1]

2. 申请执行人

在不损害其他债权人合法权益及社会公共利益的情况下，无法拍卖或变卖的财产可交由申请执行人管理，因而申请执行人在执行法院授权之下，可申请成为强制管理主体。

3. 辅助机构（管理人）

尽管执行法院有执行权，但由于司法资源的稀缺，以及法院居中的地位，对于较复杂的财产或需长时间管理的财产，法院不宜直接进行强制管理，可借鉴法院在网络司法拍卖中将辅助工作委托社会机构或者组织承担的模式，[2] 将管理权限交由辅助机构行使，可让执行法官超然于事务性工作之外，方便其居中监督、处理。为方便，可将辅助机构称为管理人，如强制管理制度得到推行，相信将财产交由管理人强制管理将成为趋势。由于强制管理具有司法的强制性，管理人的选任与职责范围应有所规定，篇幅有限，本文只做简要说明。

管理人地位。管理人由法院所确定，其报酬、职责由法院决定，管理过程及结果受法院监督，因而在执行的意义上，管理人是法院的协助机构；但就管理而言，管理人在不违背法院所确定的职责范围的前提下，可以以自己的名义实施管理行为，与其他市场主体建立合同关系，实施民事法律行为，如其未能尽到善良管理人的义务，不当地造成当事人或他人财产或人身损害的，应以自身财产进行赔偿，也就是说，辅助机构的部分行为应是私法行为，具有一定的独立性。

管理人选任。管理人应具备一定的资质，对其实缴资本应有一定的要求，应有固定的办公场所与资产，不能有作为被执行人且未执行完毕的执行案件，组成人员不能

---

〔1〕 参见最高人民法院《关于适用〈中华人民共和国民事诉讼法〉的解释》第436条。

〔2〕 参见最高人民法院《关于人民法院网络司法拍卖若干问题的规定》第7条。

是失信被执行人,不能有违法犯罪记录,有一定的法律知识与管理经验,如所强制管理的财产需要特殊资格的,所选定的管理人应具备该资格。必要时,可以要求管理人提供一定的担保。为能减少执行阻力和争议,应优先由当事人双方协商确定管理人,如协商不成,再由人民法院指定。如建立了强制管理制度,应设立强制管理人名单库。

4. 被执行人

如上述案例 1,在法院或第三方、申请执行人的监督下,由该公司管理层继续运营公司可能更有利于公司的发展。再借鉴德国《强制拍卖与强制管理法》第 150 条之二,在对农业土地、林业土地和园艺土地进行强制管理时,须指定债务人为管理主体,当然债务人不愿或不能作为管理主体时,可不指定。可见,在少数情形下,被执行人继续管理财产更适宜的,可以不排除被执行人作为强制管理的主体,但其管理权限是受限的,应受到较高程度的监督。

(五)强制管理主体的职责

管理人尽到善良管理人的义务,占有、看管财产,协助法院排除妨害,制订运营方案,接受监督及在法院许可下分配收益等不必细言。如强制管理不当,存在过错的,应以自有资产对相关主体进行赔偿,为防止管理人无力赔偿的情形出现,可对管理人资质做一定要求,提供相应担保,或者由其与保险公司协商,购买与强制管理相关的险种,目前有些保险公司在执行方面不断尝试关于执行方面的险种创新。被执行人因下落不明等原因无法或怠于行使诉讼权利和义务的情况下,就强制管理的财产及管理过程中产生的纠纷,管理人可代位被执行人行使诉讼职能。按德国通说,"强制管理人是执行债务人的法定诉讼代位人。一方面他的诉讼实施职能涉及被扣押的请求权;另一方面也涉及所有在其管理权范围内的请求权,比如基于所管理的土地而对第三人的损害赔偿或用益请求权或者在土地管理框架内的新合同产生的请求权等。"〔1〕日本也规定,"管理人为了取回收益或者寻求交付不动产,可以以自己的名义提起诉讼,申请强制执行"。〔2〕借鉴该方式,对于快速处理运营强制管理财产过程中产生的纠纷是大有裨益的。

(六)强制管理收益的分配

管理收益可按现行参与分配制度及参照破产法等规定进行分配。虽然管理费

〔1〕[德]弗里茨·鲍尔、[德]霍尔夫·施蒂尔纳、[德]亚历山大·布伦斯:《德国强制执行法》(下册),王洪亮、郝丽燕、李云琦译,法律出版社 2020 年版,第 91 页。

〔2〕江必新主编:《比较强制执行法》,中国法制出版社 2014 年版,第 235 页。

用、管理主体报酬等共益费用及管理期间的共益债务可优先支付无疑问,要注意的是,强制管理可能需要债权人或第三人另行投资维护、运营管理的财产,为鼓励投资主体,对投资的资金也可支付一定的利息,且利息也具有优先顺位。为避免就利息问题产生争议,可以借鉴德国《强制拍卖与强制管理法》第155条第3项的立法模式——“启动强制管理的债权人为房屋建筑的修缮、补建和改建工作预支的费用,依照欧洲中央银行最高再融资短期资金借贷利率的50%计算。在强制管理与强制拍卖中,该利息享有与预支本身的优先权”,可参照现行迟延履行期间加倍部分利息的利率,即1.75‰来计息,以提高投资者的积极性。

如有管理人的,为方便日常运营管理,法院审查许可后,经书面告知当事人、利害关系人且无异议的,可由管理人予以发放收益。

(七)强制管理的监督

1. 选择管理主体的监督

如当事人及相关利害关系人认为法院所指定的管理主体无法胜任管理工作,或者因与相关人员存在利害关系足以影响其正常履行职责的,可申请法院召开听证会,如对听证后的处理结果仍有异议的,可提出执行异议,但在异议、复议期间,如异议人不提供相应担保,法院可决定管理主体继续行使管理职责,避免因诉讼程序的拖延影响执行效率。

2. 管理过程的监督

管理主体在制订强制管理方案,做成本预算,与其他市体主体签订与管理财产相关的合同时应报备,收益应存入指定账户,相关材料交由法院审查,必要时,可进行听证。当事人及相关利害关系人应享有充分的知情权,如发现管理主体有不当行为的,可向法院申请纠正管理主体的不当行为,可要求举行相应事项的听证会。

3. 收益分配的监督

管理主体应定期制作收益结算报告,并送达法院及相关当事人、利害关系人。如当事人、利害关系人对结算报告有异议的,可申请举行听证会,如果数额较大且较复杂的,必要时可以申请审计。债权人对于收益分配的顺序、数额有异议的,可申请听证,听证后仍不服的,可对法院作出的财产分配方案提出异议,由法院参照分配异议制度处理。

4. 上级法院、法院内部、检察机关等主体的监督

强制管理属于执行程序的一部分,法院内部、上级法院、检察机关等主体的监督属应有之义,在此不再赘述。

（八）强制管理程序的终结

如申请执行人撤回执行申请或债务清偿完毕，管理程序无继续之必要；因市场环境等因素的变化，拍卖、变卖等措施更优于强制管理的，可变更执行措施。相反，因毁损灭失、价值贬损等因素导致财产已不适于强制管理或无法通过强制管理清偿债务，或人民法院决定受理被执行人的破产申请，且强制管理的财产未允许别除于破产财产的，程序亦可终结；管理主体不愿或因死亡等不能履行管理职责的，且短期内无适合的替代管理主体的，程序亦无法继续进行；或者因无人投资维护、运营致使无法继续管理等情形出现的，人民法院亦可裁定终结强制管理程序。

强制管理程序终结后，如又具备了强制管理条件的，可允许再次启动强制管理程序。另外，需要注意的是，强制管理主体在管理期间与他人所签订的合同应得到尊重，如与承租人所签订的租赁合同未到期的，强制拍卖时应考虑承租人租赁权的问题。

三、构建民事执行强制管理制度的立法建议

民事执行强制管理制度，是指人民法院在民事执行活动中，根据执行需要，依申请或者依职权，裁定由特定人员或机构对被执行人等人员名下已被查封、扣押、冻结的财产实施管理，并用管理收益偿还被执行人债务而形成的制度。相对于拍卖、扣划、提取等执行措施，强制管理是一种间接的财产处置措施，且财产类型包含不动产、动产、财产权利等，因此，强制管理制度可在未来的强制执行法中单独作为一章，按笔者有限的理解和实务经验，本文草拟关于强制管理的条文如下作为立法建议，因水平有限，请观者多包容：

第×章 强制管理

第一条 【强制管理的适用情形与程序启动】具有以下情形之一的，当事人可向人民法院申请强制管理：

（一）经依法拍卖或者变卖而流拍的财产，申请执行人或者其他债权人不同意接受以流拍价格抵债，且申请执行人或者被执行人认为可以通过强制管理实现偿还债务目的的；【拍卖优先原则】

（二）如查封、扣押或者冻结的财产价值较高，执行标的数额较小，通过强制管理可以在合理期限内实现申请执行人债权的；【合比例原则】

（三）已被查封、扣押或者冻结的财产，因财产特性、市场环境变化等事由，暂无法

拍卖、变卖,或者拍卖、变卖会严重损害当事人或者其他利害关系人的合法权益,且财产适于强制管理的。【平衡原则】

人民法院审查后准予强制管理的,应作出裁定。确有必要的,人民法院可依职权裁定强制管理。

第二条 【强制管理主体】人民法院裁定强制管理的,可以委托符合任职条件的个人或者社会机构作为管理人履行职责,或者指定申请执行人管理。因财产特性,由被执行人履行管理职责更为适宜的,可指定其履行管理职责。确有必要的,人民法院可直接强制管理财产。

从事强制管理工作的个人或者社会机构应具备相应的资格。人民法院认为有必要的,可以要求其为正确履行强制管理职责提供相应担保。

第三条 【管理人的选任】人民法院决定强制管理,且不宜由当事人履行管理职责的,应以适当的方式通知或者组织当事人协商确定强制管理人,当事人应在指定期限内提交协商结果。双方协商一致,且不损害他人合法权益的,人民法院可以根据协商结果确定管理人;双方无法协商一致的,人民法院可以依法指定管理人。

管理人存在违法行为或者其他不当行为的,当事人、利害关系人可以向人民法院申请解除其职权。人民法院认为有必要的,可依职权解除管理人职权。

第四条 【管理人的职责】强制管理期间,管理人应履行以下职责:

(一)占有、保管财产;

(二)制订方案,运营管理财产;

(三)收取管理收益;

(四)定期向人民法院及当事人、利害关系人汇报强制管理及收益情况,并接受监督;

(五)经人民法院准许,分配管理收益;

(六)强制管理财产期间产生的纠纷,行使诉讼权利和义务;

(七)严重管理不当,损害当事人或者他人合法权益的,承担损害赔偿责任;

(八)人民法院确定由管理人履行的其他职责。

当事人履行强制管理职责的,参照上款规定。

第五条 【收益的分配】强制管理所得收益应按以下顺序分配:

(一)维持被执行人及其所抚养家属生活所必需的费用;

(二)管理费用及报酬;

(三)管理期间产生的共益债务。债权人等人员为强制管理所投入的资金可按

万分之一点七五计息,该利息视为共益债务的一部分;

(四)所欠职工的工资和医疗伤残补助、抚恤费用,基本养老保险、基本医疗保险费用等;

(五)执行费用;

(六)以往及强制管理中产生的具有优先顺位的税费;

(七)按法律相关规定分配给相关债权人的款项。

经人民法院许可,上述款项可由管理人发放。

第六条 【强制管理的监督】人民法院应对强制管理情况进行监督。履行管理职责的管理人、当事人应按要求定期制作管理情况和收益情况的书面报告,交人民法院审查、备案,并送达相关当事人及利害关系人。

当事人、利害关系人可以就管理人的选定、管理方案、管理情况、收益及分配等事项向人民法院申请听证。情况复杂、争议较大的,人民法院应当进行听证。债权人或者被执行人对听证结果仍有异议的,参照异议、复议、参与分配制度等相关法律规定处理。

第七条 【强制管理的终结】具有以下情形之一的,当事人、管理人等人员可向人民法院申请终结强制管理程序:

(一)债务清偿完毕;

(二)申请执行人撤回执行申请,无强制管理必要的;

(三)因市场环境、财产特性等因素的变化,其他执行措施优于强制管理的;

(四)强制管理的财产因毁损灭失、价值贬损等因素已不适于强制管理或无法通过强制管理清偿债务的;

(五)履行职责的人不愿或者不能履行管理职责,或被人民法院依法解除其职权的;

(六)人民法院决定受理被执行人的破产申请,且强制管理的财产未被允许别除于破产财产的;

(七)强制管理需要投入资金但无人投入的;

(八)人民法院认为可以裁定终结强制管理程序的其他情形。

人民法院审查后准予的,应裁定终结强制管理程序。符合上述情形之一的,人民法院可依职权裁定终结强制管理程序。强制管理程序终结后,再次符合强制管理条件的,可再次启动强制管理程序。

强制管理程序终结后,对所查封、扣押或者冻结的财产无法采取其他执行措施的,应解除查封、扣押或者冻结,将财产退还被执行人等财产所有人。

公正与效率:“整体主义”视域下终结本次执行程序制度的价值张力及弥合路径

何　涛*

摘要:终结本次执行程序制度内蕴法律公正与效率价值的博弈,其设计目标在于避免执行不能案件陷入长时间无意义的拖延,同时公平兑现债权人胜诉权益。终结本次执行程序制度的价值张力来自公正与效率价值实现的不协调,实践中其具体表征为“重效率、轻公正”。基于“整体主义”的考量,终结本次执行制度的重构需要注重公正与效率的内在联系及张力,从规范制度的运行以及实现与外部制度有效衔接实现公正与效率的弥合:一方面,要重点落实强化终结本次执行制度的制约与监督、合理设定恢复执行的条件及程序以及完善终结本次执行程序案件后续管理;另一方面,要探索构建智能分析的网络查控体系、建立执行信用奖惩机制并设置科学合理的绩效考核制度,从而形成制度合力。

引　言

当前,人民法院的执行工作需要从“基本解决执行难”向“切实解决执行难”进行转变,深化执行体制机制改革、弥合强制执行应然与实然的鸿沟是新时期人民法院执行工作的重要基点。长期以来,终结本次执行制度(以下简称终本制度)始终停留在司法实践及司法解释等规则层面,一直未能以正式法律的形式确立。值得注意的是,当前公开的《民事强制执行法(草案)》对终本制度作了明确规定,若该草案顺利通过,终

* 何涛,桂林市中级人民法院执行局法官助理。

本制度将是首次在立法层面得到认可。[1] 虽然终本制度历经多年发展已日臻成熟，但司法实践中依旧存在一些亟待完善和解决的问题。资料显示，全国法院执行案件中有40%~50%属于无财产可供执行案件。[2] 实践中，大量终本案件长期积压陷入休眠状态，衍生数量庞大的“空头债权”，畸高的终本适用率又使社会各界对人民法院的执行工作缺乏必要的信任及认可，其法律价值与法律效果未能充分彰显。考察发现，终本制度的价值张力来自公正与效率价值实现的不协调，而探寻其深层次原因并提出弥合路径是完善终本制度的必由之路。

一、现状描摹：终结本次执行程序制度的实践样态

终结本次执行程序（以下简称终本）是指在强制执行程序中，因被执行人无财产可供执行或有财产无法处置，在符合条件的前提下暂时退出本次执行程序，待条件成就时即可恢复执行的一种结案方式。[3] 终本制度自诞生以来便为人民法院化解积案、充分运用有限的执行力量实现更多债权人权益提供了制度支撑。通过对终本制度的实然描摹，可窥探出其创设伊始的价值考量及当下存在的价值张力，进而为终本制度的模式重构奠定样本基础。

（一）回顾：终结本次执行制度创设的价值考量

确保司法公正并提高司法效率是人民法院工作的出发点和落脚点。[4] 终本制度的创设具有四个重要的时间节点：第一，探索时期。2009年以前，我国1991年《民事诉讼法》仅对中止执行与终结执行两种结案方式作了具体规定，对于被执行人无财产可供执行的，应当中止执行。[5] 第二，形成时期。2009年，中央政法委联合最高人民法院颁发了《关于规范集中清理执行积案结案标准的通知》（以下简称2009年《清理通知》），首次明确对于无财产可供执行案件，在符合法定情形时可以适用终本结案，确立了终本制度的基本雏形。2015年，终本制度更是首次在最高人民法院《关于

---

〔1〕 参见韩煦：《我国终结本次执行程序的制度建构与具体实施》，载《法律适用》2022年第9期。

〔2〕 参见刘贵祥：《人民法院执行工作现状与分析》，载《中国应用法学》2018年第1期。

〔3〕 参见最高人民法院执行局编：《人民法院办理执行案件规范》（第2版），人民法院出版社2022年版，第60-69页。

〔4〕 参见肖扬：《公正与效率：新世纪人民法院的主题》，载《人民司法》2001年第1期。

〔5〕 最高人民法院《关于人民法院执行工作若干问题的规定（试行）》（法释〔1998〕15号）第102条第2项规定：“有下列情形之一的，人民法院应当依照民事诉讼法第二百三十四条第一款第五项的规定裁定中止执行：……（2）被执行人确无财产可供执行的。”

适用〈中华人民共和国民事诉讼法〉的解释》(以下简称2015年《民事诉讼法解释》)中以司法解释的形式被正式确立。第三,发展时期。2016年,最高人民法院发布《关于严格规范终结本次执行程序的规定(试行)》(以下简称2016年《终本规定》),对于适用终本结案的相关程序、标准进行较为详尽规定。第四,成熟时期。2022年公布的《民事强制执行法(草案)》更是对终本制度进行了进一步完善和修改,标志着终本制度进入快速发展时期并逐步走向成熟。

表1 终结本次执行程序制度发展的主要节点

时期名称	年份	法律规范	主要内容
探索时期	2009年以前	最高人民法院《关于人民法院执行工作若干问题的规定(试行)》(法释〔1998〕15号)	被执行人确无财产可供执行的裁定中止执行
形成时期	2009—2015年	2009年《清理通知》及2015年《民事诉讼法解释》	对于无财产可供执行案件可适用终本结案
发展时期	2016—2021年	2016年《终本规定》	对于适用终本结案的相关程序、标准进行较为详尽规定
成熟时期	2022年至今	《民事强制执行法(草案)》	若方案通过,将是终本制度首次以法律形式确立

1. 终结本次执行程序制度的公正表达

终本制度正式确立前,大量无财产可供执行的客观执行不能案件长期积压法院,执行法官疲于应对。而案件在法院久拖不决,难免使债权人对法院的公正性产生质疑。终本制度的创设体现了立法者实现公正价值的考量:一方面,法律对终本的适用设置了严格的限制条件,确保程序的公正与公开,增强了法院工作的透明度、提升了人民群众的司法认同;另一方面,适用终本结案需要法院"穷尽财产调查",目的在于以确保实体正义的实现,即便案件暂时退出本次执行程序,也以程序正义之形式弥补了实体正义未能实现的缺憾。换言之,客观执行不能案件如若长时间无合理方式暂时退出,不仅导致债权人迟迟无法回归正常生活,同时又因执行法官受客观执行不能案件分散了有限的精力,使其他具有执行可能案件的债权人的胜诉权益无法及时兑现,不利于公平价值的彰显。

2. 终结本次执行程序制度的效率保障

一方面,终本制度创设最重要的考量在于为执行不能案件提供出口。过去,因相当一部分客观执行不能案件消耗了法院大量的精力，对法院的执行工作造成了极大困扰。尽管早期我国法院尝试各种改革，其中也不乏通过运动式的司法政策解决积案，但依旧难以改变被执行人在查无财产后法院不得不长期中止，使未结积案与日俱增并加剧了当事人对法院工作的不满情绪，[1]法律的效率价值严重折损，而终本制度的创设一定程度上弥补了这一缺憾。在前期开展试点并积累经验的基础上，2015年《民事诉讼法解释》正式以司法解释的形式明确了客观执行不能案件的结案方式。终本制度将深陷客观执行不能案件中的执行法官解脱出来，避免了执行法官因精力不足造成的有财产可供执行案件的执行混乱，法院办案效率大幅提升。终本制度正式确立后，对于客观执行不能案件，法院在符合相关程序的条件不仅能暂时退出，还能将更多精力投入更可能兑现债权人权益的其他案件之中，无疑是实现了法院和债权人之间的“双赢”。

另一方面，终本制度的效率价值又体现在执行程序构造的完善上。我国的执行程序是由多环节、多步骤组成的，并以时间为主线的一种纵置排列构造形式，其包含了从立案到结案的全过程，不同的执行措施共同构成同一完整的执行程序，整体性和不可分割性特征十分明显。相反，国外许多国家和地区的执行程序是一个以“执行标的”为单元的“分散型”的程序构造，在不同的执行标的下都有与之相对应的一套独立且完整的执行程序，也就是“子程序”之集合。[2] 以英国为例，英国的执行程序中根据不同的执行方法划分了单独的“子程序”，而英国的普通法与制定法对每一种执行方法的实施都有着完整的程序性规定，不同执行方法的运用需要债权人进行选择，法院不会自动执行判决书确定的给付义务更不会帮助当事人决定如何执行，这一程序构造充分体现了英美法系法院“消极中立”的角色定位。[3] 国外的执行程序是根据“执行标的”或“执行种类”进行划分的“子程序”之集合，其最大的优势就在于，在执行程序中对于同一执行名义，无论是哪一个“子程序”在完成后都可以相应退出并视情形决定启动下一“子程序”，而具体执行程序的结束并不会影响执行程序之整体，法律的效率价值自此得以充分显现。

反观我国，因执行程序是由“申请执行→登记立案→财产调查→采取执行措施→

---

〔1〕 参见邱星美：《终结本次执行制度的创新与未来设计——兼评民事强制执行法草案第83条第1款第8项》，载《中国政法大学学报》2023年第2期。

〔2〕 参见百晓锋：《程序变革视角下的终结本次执行程序制度——以〈民诉法解释〉第519条为中心》，载《华东政法大学学报》2015年第6期。

〔3〕 参见张永红：《英国强制执行法》，复旦大学出版社2014年版，第79－126页。

结案”的一贯制模式,若在执行过程中因其他原因需要暂时退出,则只能是整个执行程序的退出(这也是前期对于执行不能案件因“退出无据”而只能适用中止执行的原因),这就难免造成执行程序长期停滞且效率低下(见图1)。为此,立法者认为,建构一种执行案件暂时性的退出机制是时代所需。终本制度正是结合了中止执行(执行程序暂时停止)与终结执行(案件得以退出)的制度优势并在司法实践中逐步确立,通过完善我国传统的执行程序构造的方式为大量的执行不能案件提供了出口,提升了案件办结效率。

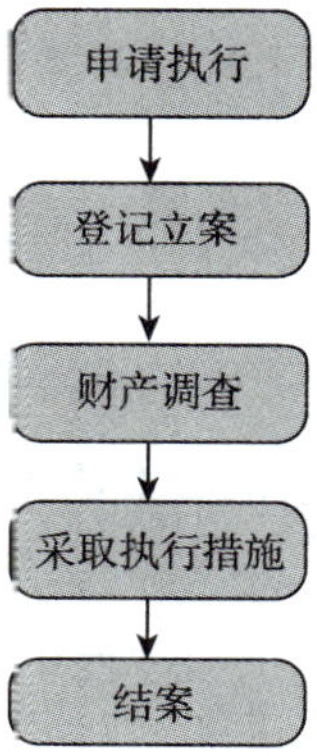

图1　我国执行程序构造的“一贯制”模式

（二）反思:终结本次执行制度的价值张力

实践中终本制度的价值张力来自公正与效率价值实现的不协调,归纳来看主要体现在三个具体层面:一是终本案件占比过大,适用泛化甚至滥化;二是终本案件陷入休眠,恢复执行率低;三是终本裁定引发异议,社会认可度低。上述三个层面产生的问题使当前终本制度呈现出“重效率、轻公正”的整体表征,制约了终本制度的长远发展。

1. 终本案件占比过大,适用泛化甚至滥化

从全国法院进入执行程序的案件来看,约有40%属于确无财产可供执行的“执行不能”案件。[1] 笔者调研的L市两级法院的数据显示及部分法官反馈,近5年来执行实施案件中首次执行(未计算执行恢复案件)终本适用率约为42%,而首次执行

〔1〕 参见邵长茂:《构建与高水平社会主义市场经济体制相适应的民事强制执行制度体系》,载《湖湘法学评论》2022年第4期。

案件的执行完毕率却逐年下降。2020 年，L 市两级法院的终本适用率一度接近 50%，相当于在全年的首次执行案件中有近一半的案件适用终本结案，而部分基层法院全年首次执行案件中以终本结案的案件比率甚至一度超过 60%（见表 2）。

表 2　L 市两级法院首次执行案件结案情况统计

年份	首次执行案件数（件）	适用终本结案数（件）	执行完毕案件数（件）	终本适用率（%）	执行完毕率（%）
2018	12011	3977	4078	33	34
2019	15211	6403	5375	42	35
2020	18566	8676	5139	47	28
2021	28065	12964	7769	46	28
2022	34948	13901	9339	40	27

畸高的终本率背后反映的是当前法院对终本制度存在过分依赖之嫌。终本适用率过高虽有被执行人短期无财产可供执行的客观事实，但也在一定程度上暴露出法院在“查人找物”上尚存短板。显然，执行过程中对于终本率等负向指标需要应当严格把控、严肃管理、严密监督，才能避免终本制度沦为提高结案率的工具从而异化其价值。根据反馈，实践中一些本不应该适用终本制度结案的案件被人为地适用，终本适用率畸高已逐渐成了司法实践的常态，背后的深层次缘由值得隐忧。

2. 终本案件陷入休眠，恢复执行率低

数据显示，执行中往往是“适用终本结案易但恢复执行难”。当前，大量终本案件长期积压已衍生数量庞大的“空头债权”，终本案件的休眠致使司法的权威及公信力受到了挑战和损害。从 L 市两级法院的终本案件等相关数据中可以看出，当前庞大的终本案件数量不断累计，而适用率畸高的同时恢复执行案件数较低（见图 2）。

不难看出，尽管 L 市两级法院恢复执行案件数逐年上升（当然这一现象与首次执行案件数不断增加有关），但恢复执行后以终本结案的案件数量比例仍然较高。这就造成终本案件管理库的终本案件不断攀升，出现了“越清越积”的不良后果。实践中，不少案件甚至已经陷入适用终本结案与恢复执行间的恶性循环（见图 3）。如此这般，必然造成债权人胜诉权益迟迟无法兑现的困局，极大损害了终本制度公正价值的实现。为此，探寻终本案件长期陷入休眠且恢复执行率低的深层次原因对于终本制度的完善尤为重要。

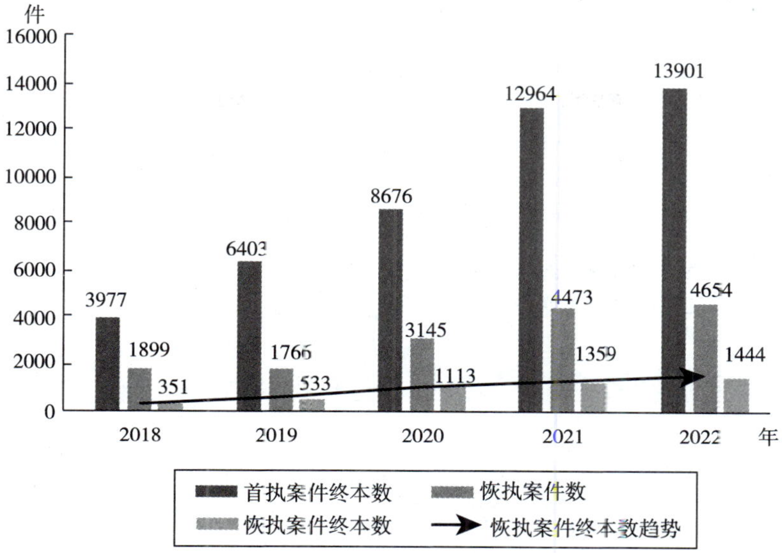

图 2　L 市两级法院近五年恢复执行案件结案情况

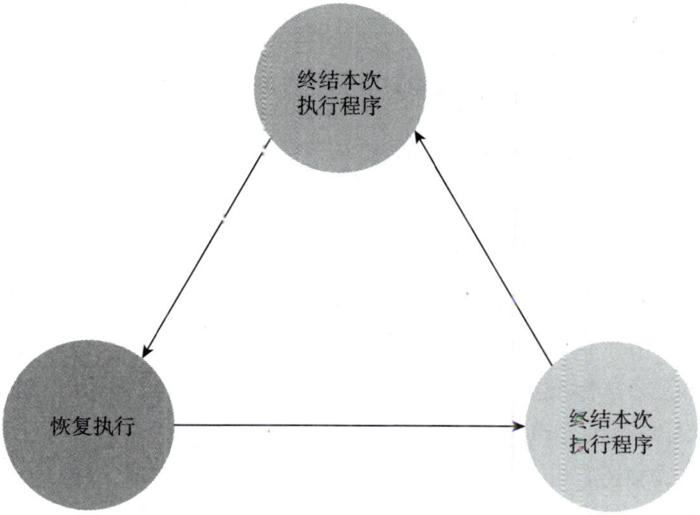

图 3　终结本次执行程序与恢复执行间的"恶性循环"

3. 终本裁定引发异议,社会认可度低

近年来,以终本裁定提起异议的案件不在少数,从侧面反映出终本结案方式的社会认可度也进一步降低。因此,为便于展开分析论证,本文在裁判文书网以"终结本次执行""撤销""未穷尽"为筛选条件共获取 388 篇相关裁定文书,剔除相关无效样本后选取部分典型案例进行说明(见表 3)。[1]

表 3　终本裁定引发执行异议典型案例

案号	申请人主张	裁定表述	结果
(2021)湘执复 90 号	复议称:“……刑事案件连犯罪主体都没有,湘西土家族苗族自治州中级人民法院据此裁定终结本次执行程序错误……”	根据被执行人 2020 年 12 月 7 日的财产申报,其有车辆等动产价值 387 万余元……上述财产是否全部不能执行处置,湘西土家族苗族自治州中级人民法院未穷尽调查核实及处置措施……裁定终结本次执行程序不当。	撤销湘西土家族苗族自治州中级人民法院(2021)湘 31 执异 8 号执行裁定及(2020)湘 31 执恢 9 号执行裁定。
(2021)新执复 76 号	本案终结本次执行程序不符合法律规定……提供的财产线索未予核查,没有依法处置被执行人财产,被执行人微信、支付宝账户还在正常使用,本案应当恢复执行……	本审判员严曦既作为终结本次执行程序的审判人员,又作为执行异议案件的审判人员参与审查本案执行行为不符合法律规定,违反法定程序。	撤销新疆维吾尔自治区克拉玛依市中级人民法院(2021)新 02 执异 2 号执行裁定。
(2022)粤 07 执复 19 号	(2021)粤 0704 执异 132 号执行裁定书认定事实错误,适用法律错误,结果应予纠正;认定基本事实不清、证据不足,应予撤销……一审法院终结本次执行程序,未同时符合规定条件的具体事实……	广东省江门市江海区人民法院在查询到符妃时有号牌号码为粤 E7××××的汽车后,未采取执行措施而终结本次执行程序……本院对此予以纠正。	撤销广东省江门市江海区人民法院(2021)粤 0704 执异 132 号执行裁定。

司法实践中对于执行法院的终本措施不服并提起执行异议的情况较为普遍,而因终本措施不符合法律规定及程序致使终本裁定被上级法院撤销的案件亦有之。根据显示,申请人提起执行异议的理由多为“法院未穷尽财产调查”“程序违法”等,部分法官反馈实践中还存在相当一部分申请人虽“心存不满”但因种种原因未提起执行异议的事例。上述现象反映出当前终本制度的社会认同不足,往往是执行法官“一腔热情”(结案)而当事人“驻足观望”(期待法院进一步采取相关措施)。显然,任何制度的设立都需要制度实施者与制度受益者的同向合力才能长足发展,新时期终本

[1] 参见(2021)湘执复 19 号执行裁定书、(2021)新执复 76 号执行裁定书、(2022)粤 07 执复 19 号执行裁定书。

制度的改良亟待通过相应措施重建与当事人间的互信基础。

二、理性思辨:终结本次执行程序制度价值张力的成因

终本制度是公正与效率价值的博弈,价值间的表达应以二者的衡平为理想状态,但结合司法实践来看却存在公正与效率实现不协调的价值张力。这一论断的主要原因基于以下司法实践事实:一是终本适用率过高表面终本制度已异化为法院片面追求结案效率的工具;二是终本制度的部分规范设计欠缺合理之处,致使法官自由裁量边界模糊进而有损债权人权益;三是终本制度自身局限性克服效果不彰,而当前的配套制度尚不足以弥补其欠缺。上述司法实践事实是终本制度在作为法律价值的公正层面保障不足的主要归因。

(一)内部归因:自由裁量边界模糊

1. 实质认定标准主观化

《终本规定》对适用终本制度的实质标准进行了明确,即"已穷尽财产调查措施,未发现被执行人有可供执行的财产或者发现的财产不能处置"。《民事强制执行法(草案)》对终本制度的适用标准进行了完善,将终本制度的实质认定标准概括为"已穷尽必要合理的财产调查措施,未发现被执行人有可供执行的财产、发现的财产不能处置或者已经处分完毕但是债权尚未全部实现"。显然,当前在《终本规定》以及《民事强制执行法(草案)》中规定的"穷尽财产调查""未发现可供执行的财产""有财产不能处置"均为一种客观的事实状态,对有无财产或是财产能否处置亦是法官的一种主观臆断,只不过这种主观臆断需要结合客观表现的外在形式作出,如网络查控系统对被执行人名下存款、车辆、不动产等信息的反馈结果等。

然而,对于被执行人是否有财产抑或发现的财产能否处置,深受财产形式、财产流动性、物权的变动方式、认识能力、查找方法以及司法资源等多重因素的影响。[1]因此,有无财产可供执行或是发现的财产能否进行处置可能并非属于一种"真正的事实状态",不少执行信访的当事人信访的焦点也多集中于此,认为法院认定"无财产状态"并非真正的无财产或是有财产却无法处置之情形。限于"城乡二元结构"的影响,对农村集体土地使用权能否作为被执行人财产予以强制执行、如何执行往往存在不同认识。[2] 实践操作中,执行法官对此类案件多以被执行人"无财产可供执行"或"有财

[1] 参见刘慎辉、李飞:《终结本次执行程序的约束机制》,载《人民司法(应用)》2018 年第 1 期。

[2] 参见乔宇:《强制执行农村集体土地使用权的法律问题》,载《湖湘法学评论》2023 年第 2 期。

产无法处置”的实质认定标准适用终本结案，但不少债权人对法院的处理方式不满并提起执行异议或者信访，不利于矛盾纠纷的实质化解并有损公正。

2. 恢复条件与程序不明

按照目前终本制度的框架设计，适用终本结案后可依申请或法院依职权予以恢复执行，且债权人申请恢复执行不受申请执行时效期间的限制。然而，对于恢复执行的条件及相关程序，法律的规定则显得较为笼统和模糊。实践中，对于是否恢复执行，深受法官个人主观意识判断的影响，债权人对法院的不予恢复决定缺乏有效的救济途径，致使法官在是否决定恢复执行上自由裁量权过于宽泛。终本制度的设计在于兼顾效率与公平的法律价值，而对于适用终本结案后该如何恢复、以什么条件和程序恢复却未作较为详细的规定，这也是导致司法实践中恢复执行率与终本适用率相去甚远的重要原因。

同时，法院决定是否恢复执行取决于债权人提供的财产线索。而对于提供财产线索，又存在以下问题：一是受限于诸多因素，申请执行人个人能力十分有限，往往缺乏对债务人财产情况的了解；二是《终本规定》第9条第2款规定的“符合恢复执行条件”对于申请执行人需提供财产线索的内容及形式无相应规定；三是申请执行人对于查询到的财产线索，需要达到何种数额法院才恢复执行同样是当前终本制度的空白；四是法院在接收到申请执行人提供的财产线索后，以何种流程进行线索核查并无明确规定，而财产线索问题又关系到申请执行人胜诉权益的兑现，更关系到案件恢复执行后债权人能在多大范围内实现债权。显然，详细的恢复执行标准和程序才能最大限度地规范法官的自由裁量权，避免自由裁量权泛化。

3. 案件后续管理模式粗放

按照当前终本制度的设计，法院在案件适用终本结案后需录入终本案件信息库，并在接下来的5年内每6个月通过网络执行查控系统查询被执行人的财产。终本案件与执行完毕案件的最显著的区别就在于终本案件未能实现或未完全实现申请执行人之债权。换言之，案件终本后申请执行人拿到的仅仅是“法律白条”而已，其胜诉权益并未真正得到或全部得到兑现。为此，对于终本案件需要与终结执行、执行完毕类的案件进行区分，目的在于时刻提醒法院在案件终本后不能“高枕无忧”，应时刻关注被执行人财产状况并适时予以恢复。

然而，实践中法院对终本案件的管理较为粗放，如何管理、通过什么形式管理很大程度上取决于执行法院甚至执行法官的意志，致使终本案件恢复率低、申请执行人的债权也长期落空。其缘由在于：一方面，近年执行案件数增长过快，在权衡实现债权的可能性后，法院更倾向选择首次执行案件的执行；另一方面，实践中对生效法律文书的执行由法院的专门机构（执行局）负责，因不少法院仍存在执行工作是“粗活儿”的误区，在人员配备上与审判业务部门相比稍显不足、执行人员年龄结构偏大，无法胜任专人专班管理终本案件的目标。终本案件的后续管理粗放、效能低下的问题，不利于合理配置司法资源及强化公众执行风险认知，更不利于执行公信力的彰显。[1]

（二）外部归因：配套制度衔接不畅

1. 网络查控机制面临诸多壁垒

当前经历的信息革命极大地推动了互联网技术革新，引发了价值观点、生产生活方式、社会关系及社会秩序等在内的全方位变革，甚至是颠覆性替代。[2] 互联网的迅猛发展，使民事主体的生产生活方式、财产存在形式、财产流转方式都发生了巨大变化。实践中，被执行人为了逃避执行，往往千方百计转移、隐匿甚至损毁个人财产，在案件未进入执行阶段即将个人财产转移的现象已不足为奇，这无疑加剧了案件执行的困难。当前的网络查控系统仅能查询被执行人“某一时间节点”的具体财产信息，无法开展对查询结果的“动态分析”。正如前文所述，此时被执行人的财产极有可能已发生转移，进而造成被执行人“无财产可供执行”的假象。

网络查控系统面临的困境除无法开展数据的“动态分析”工作外，其财产查询覆盖面也十分有限。尽管当前网络查控系统将不动产、车辆、银行存款、网络资金、公积金、保险理财等信息都基本实现联网，但对于虚拟财产等新型的财产形式仍难以触及。实践操作中，银行存款大多能实现线上冻结与扣划，而不动产、车辆的线上查封，保险理财线上扣划都十分依赖于各地法院与不动产及车辆管理部门间是否有设置专线，否则无法开展线上办理，这无疑加大了被执行人财产转移的可能。因此，为适应新时期的财产查询模式并确保“数据真实”，有必要对现行的网络查控系统进一步改善。

2. 现行失信惩戒制度效能有限

《终本规定》已将符合条件的失信被执行人纳入失信名单作为终本结案的前提要件。失信被执行人名单（以下简称失信名单）制度意在以系统化的惩戒方式，增加被执行人失信成本并促使被执行人主动履行生效法律文书的义务。[3] 该制度自施行以来，对部分被执行人起到了一定的威慑并在一定程度上提高了案件的执结率。

〔1〕 参见李兆勇：《终本案件分类管理的实证分析与规则构建》，载《人民司法》2022 年第 16 期。

〔2〕 参见马长山：《智能互联网时代的法律变革》，载《法学研究》2018 年第 4 期。

〔3〕 参见高山：《失信被执行人名单制度：理论透析、问题维度和改进路径》，载《法学论坛》2020 年第 2 期。

相关数据显示,10%以上的被执行人因此而自动履行了义务,或者与申请执行人达成执行和解。[1] 应当说,当前的失信名单制度效能有限,仍有较大改善空间。

一方面,失信名单的认知度相对较低,受众范围较小。一般而言,社会公众知晓失信被执行人的渠道有限,除被执行人本人、申请执行人外,仅有极少部分的社会成员关注谁是失信被执行人或者失信被执行人有什么后果,这就使信用惩戒效果大幅削弱。另一方面,失信名单对被执行人惩戒的针对性较弱。惩戒方式中往往包含限制乘坐部分交通工具、限制出入高消费场所等,但并非所有的被执行人均有此类出行需求或是消费需求等。如在许多经济欠发达地区,仍有相当一部分被执行人生产生活均在乡村,此时此类被执行人在意的是"熟人社会"中集体对个人的评价。因此,失信名单的"因人施策""因案施策"十分必要。

3. 绩效考核制度设置不够合理

法官绩效考核制度,是通过客观化的指标衡量法官工作努力程度以及工作能力的一种管理制度。[2] 科学、合理的绩效考核指标,不仅能发挥对法官的管理、激励和约束作用,更能实现审判执行工作在效率、质量、效果甚至公正性等方面的稳步提升。相反,脱离审判执行工作实际、不够科学合理的考核指标将严重打击法官积极性并损害司法公正。以执行部门为例,实践中过分注重办案数及结案率的"唯数据论"现象依然存在,法官往往对各种考核指标疲于应付,在不考虑案件客观办理情况下"匆忙结案"的现象仍有发生。面对日益增长的执行案件数,执行法官财产调查的时间显得十分有限,而严格的执行结案率考核致使其"滥用终本",将终本制度作为了应付结案的工具。

同时,法官绩效考核制度在指标的权重赋予与计算方式、运作效果等方面也存在不合理之处,致使绩效考核制度预期的价值目标未得到充分彰显。[3] 值得注意的是,法官在执行过程中的许多工作并非某个考核指标即可量化的。举例来说:A法官因个人专业能力较强,其承办的案件均为疑难复杂案件,每一个案件查询、处分财产都需要大量时间,办案过程中遇到各方面的阻力较大。而B法官个人专业能力一般,仅能办理案情相对简单、财产处置较易(如可线上直接扣划存款等)的案件。A法官一年仅办理90件,且有2件案件因债务人在处置资产过程中提起执行异议或信访,致使案件未在法定期限内执结并申请延长审限,且只有约15%的案件以执行完毕结

〔1〕 参见刘贵祥:《人民法院执行工作现状与分析》,载《中国应用法学》2018年第1期。

〔2〕 参见李拥军、傅爱竹:《"规训"的司法与"被缚"的法官——对法官绩效考核制度困境与误区的深层解读》,载《法律科学(西北政法大学学报)》2014年第6期。

〔3〕 参见张建:《法官绩效考评制度的法理基础与变革方向》,载《法学论坛》2018年第2期。

案。A法官在办案中，还需承担指导下级法院工作的任务，同时也是合议庭成员之一。B法官一年共办理350件，所有案件都在法定期限内执结，且90%以上的案件均以执行完毕结案。那么，A法官与B法官的业绩哪个更优？显然，仅靠硬性的考核指标机械量化法官工作是欠妥的。为此，设置科学合理的绩效考核制度十分必要。

三、模式重构：终结本次执行程序制度价值张力的弥合路径

“个人主义”与“整体主义”之争贯穿了整个社会科学发展的历程，二者的对峙由来已久。“整体主义”强调从社会之整体等非个体的关系与事实等出发去说明、论证社会现象，而“个体主义”则与之相反。[1] 当前包括社会法学、经济法学等人文学科已经逐渐兴起“整体主义”的研究方法讨论，而“整体主义”体现的系统观、大局观并结合社会整体的复杂因素分析、解决问题受到更多学者的青睐。在终本制度价值张力的弥合问题上，显然可运用“整体主义”的思维方式探索完善之路。基于“整体主义”考量，当前终本制度的重构应不局限于制度自身规范内容，更应将终本制度放置于“切实解决执行难”的司法环境之下，从多重角度并超越终本制度本身，寻求权衡方案改变既往“重效率、轻公正”的表征。归纳来看，终本制度欲实现公正与效率的衡平，需要借力“内部+外部”相结合的模式，通过向内完善相关程序规范厘定自由裁量边界、向外畅通与配套制度的有效衔接，进而在保障制度效率的同时兼顾司法公正（见图4）。

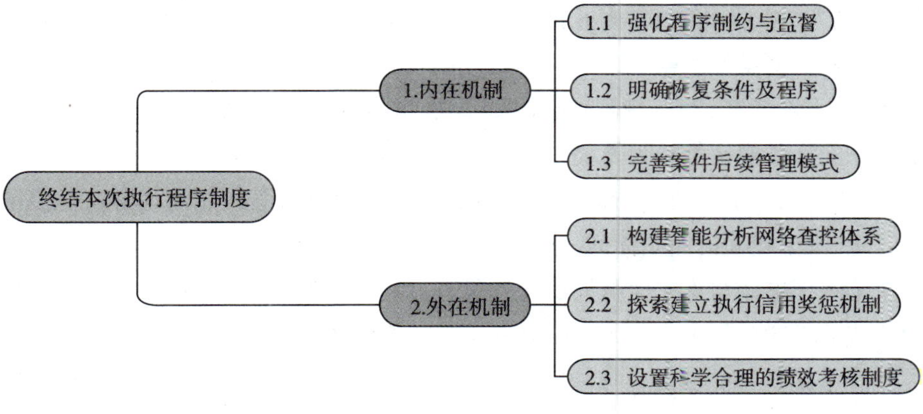

图4 “整体主义”视域下终结本次执行程序制度的运行模式

---

〔1〕 参见韩东奥、张志林：《方法论整体主义的不同解释旨趣论证》，载《自然辩证法研究》2022年第8期。

（一）内在机制：厘定自由裁量边界

1. 强化程序制约与监督

当今的社会生活正处在加速变革时期，被执行人的生产生活方式也随之发生巨大转变。实践中，被执行人的财产存在形式、流转方式已渐趋多元与复杂，法官在调查被执行人财产时已面临重重阻碍，债权人在案件执行过程中往往难以接受法官对被执行人“无财产可供执行”抑或“有财产无法处置”的认定。然而，司法的过程即是法官凭借个人法律职业素养进行主观裁断的过程，主观性在所难免。因此，回应终本制度实质认定标准主观化的进路需要重点关注对终本制度的制约与监督，并通过严格且相对完善的程序规定保障实体公正。

第一，确保债权人程序参与。法官适用终本结案时，要积极保障债权人的程序参与权，在财产调查、财产处置、财产线索查找等办案过程中发挥主观能动性，认真听取债权人的意见及建议，避免债权人对法官造成误解甚至产生抵触情绪，对法官的办案过程进行监督和制约。第二，注重对异议的审查。执行中要确保当事人、利害关系人实质化参与异议审查程序，负责异议审查的机构与负责执行的应当分立，从而实现执行实施权和执行裁判权的有效区分，不可“既当裁判员又当运动员”，在法院内部形成对执行权的制约监督。第三，开展常态化终本案件评查。对于适用终本结案的程序要件、实质要件设置相应的指标体系，定期开展交叉互评互查，对于“违规终本”的法官要进行相应通报及问责，确保法官在适用终本结案时符合实质要件及程序要件，避免自由裁量权的滥用。

2. 明确恢复条件及程序

当前，无论是在《终本规定》还是在《民事强制执行法（草案）》中，对于终本次执行后的恢复条件规定都较为笼统和模糊，对于恢复的程序亦未作具体规定。[1] 而对于“发现被执行人有可供执行的财产”的规定，实践中对该条款如何理解往往由法院进行认定，缺乏明确的实质标准，这显然损害了申请执行人的合法权益，部分执行案件甚至陷入了终本与恢复执行间的恶性循环。因此，在立法上应对申请执行人提供的财产线索需达到何种程度才可恢复案件执行进行释明。

结合个案执行情况来看，由于不同的执行案件的申请执行标的相去甚远，试图通过明确财产线索的具体数额决定是否予以恢复执行明显缺乏合理性和可行性。为

---

〔1〕《终本规定》第9条第1款规定：“终结本次执行程序后，申请执行人发现被执行人有可供执行的财产的，可以向执行法院恢复执行……”；《民事强制执行法（草案）》第81条第3款规定：“终结本次执行程序后，申请执行人发现被执行人有可供执行财产的，可以申请恢复执行。人民法院审查属实的，恢复执行。”

此,立法上可将财产线索的份额(财产线索金额占申请执行标的金额的比例)作为是否恢复执行的标准。例如可以规定:“申请执行人提供的财产线索份额超过百分之十,人民法院审查属实的,恢复执行。申请执行人提供的财产线索份额未超过百分之十但具有下列情形之一的,恢复执行:(1)追索赡养费、抚养费、抚育费、抚恤金、医疗费用;(2)追索劳动报酬;(3)其他因未实现债权造成生活困难的情形。”同时,立法上还需要对申请恢复执行的程序进行明确。对于恢复执行申请书需要载明的内容、法院在收到恢复执行申请书后由执行实施部门审查还是执行裁决部门审查、审查未通过的情形下申请执行人应当如何救济都需要作出规定,最大限度地规范恢复执行的程序并限缩自由裁量边界,确保申请执行人的合法权益得到充分保障。

3. 完善案件后续管理模式

从L市近五年首次执行案件受理情况来看,2022年全市受理的首次执行案件是2018年的近3倍,终本适用率均高于40%。放眼全国,五年来全国共受理执行案件4577.3万件,执结4512.1万件,[1]而以40%的终本适用率计算,适用终本结案的案件保守估计五年来也超过1800万件。显然,随着时间流逝,对如此庞大的终本案件数量的后续管理就显得越发困难。若长期对终本案件管理失当,将造成性质恶劣的司法信任危机,不利于实现案件办理的法律效果和社会效果的统一。

因此,完善终本案件的后续管理需要从以下三个方面着手:第一,加强人员配备,提高人员素质。法院需要改变传统“重审轻执”的错误观念,注重执行部门人员配备,改善执行部门人手短缺的困难。尤其在办案压力最大的中级法院、基层法院,人员配备不足或是配备人员综合素质欠缺的现象极为普遍。第二,法院需要实现对终本案件的专人专班管理。由专人负责终本案件的后续管理,定期将案件录入终本案件信息库、定期汇报终本案件数量、定期反馈网络执行查控系统查询情况等,使法院能及时掌握终本案件的结案情况、恢复执行情况。而从当前司法实践来看,许多法院仍无法实现专人管理的要求,造成了终本案件长期陷入休眠状态。第三,探索科学合理的终本案件的退出机制。尽管《民事强制执行法(草案)》第83条对终本案件的退出机制作了规定,即“自终结本次执行程序之日起满五年且未发现被执行人可供执行的财产”的,人民法院可以终结本次执行程序。作为终本案件退出机制的首次尝试,无论最终能否正式确立,但其立法精神、立法目的都是值得肯定的。但本文认为,在当前

---

[1] 参见周强:《最高人民法院工作报告》,载《最高人民法院公报》,http://gongbao.court.gov.cn/Details/0cf2ab48a3d2a9cd604af4991aa7d7.html,2023年6月10日访问。

国民执行风险认知极度欠缺的司法环境下,“五年即退出”的立法规定难免操之过急。考虑到国民的接受程度,可将相应年限延长至 10 年,循序渐进,在将来条件成就时,再视情况将年限适当缩短较为妥当。上述措施旨在避免片面追求结案指标而忽略后续管理的司法乱象,从而在实现公正价值层面更进一步。

(二)外在机制:畅通配套制度衔接

1. 构建智能分析网络查控体系

现代市场经济要求的不只是更多的法律和制度,而且需要更多的具有“形式理性”的法律制度及社会文化。[1] 当前网络查控系统的局限已日益显现,在飞速发展的数字经济时代,构建智能分析的网络查控体系势在必行。传统的网络查控系统仅能针对被执行人某一时间节点的财产状况进行查询,欠缺对被执行人财产状况的“动态分析”,这显然已难以满足当前被执行人财产存在形式多样化的现实并造成执行不能的假象。理想的查控系统应是以大数据为支撑的,集财产查询、查询财产动态分析并出具财产处置可行性建议于一体的智能分析网络查控系统(见图 5)。

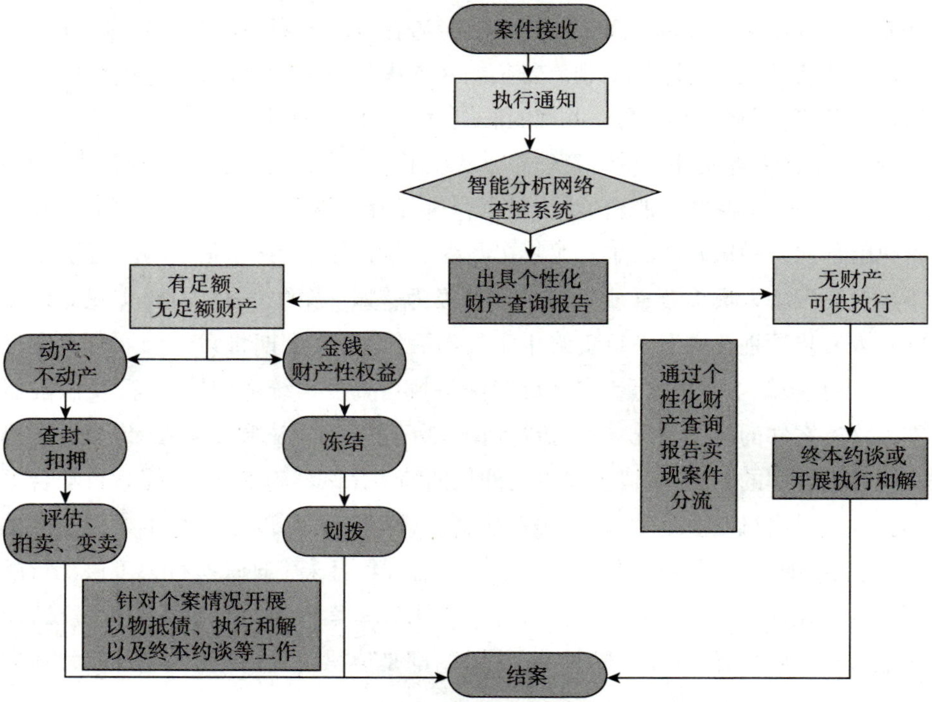

图 5 智能分析网络查控体系模式下执行案件办案流程

〔1〕 参见苏力:《法治及其本土资源》,北京大学出版社 2015 年版,第 85 页。

当前,有学者提出,要将输出个人履行能力报告、通过大数据匹配个案执行措施和建议、将智能的查询财产动态分析融入执行传统查控系统作为建构智能分析网络查控机制的核心功能。[1] 因此,本文认为智能分析的网络查控体系构建需要从以下三个方面展开:第一,充实查控数据库内容。当前查控系统的数据库内容仍然有限,诸如网络虚拟财产、电商平台、民航等数据内容均存在相应空白或欠缺,影响了对被执行人财产和消费情况的准确把握。第二,实现与各大数据库平台的信息实时共享,通过专线形式实现在线数据实时更新,及时掌握被执行人财产最新动态,便于法院第一时间开展强制执行措施。第三,实现网络数据查控平台数据的自动整合,通过智能整合的形式出具被执行人个人财产及履行能力研判,为执行法官"因人因案施策"提供依据,进一步强化司法公正。

2. 探索建立执行信用奖惩机制

失信惩戒制度的效能发挥一定程度上影响了终本制度的适用及退出,良好的失信惩戒措施能督促被执行人主动履行义务,降低案件执行不能的风险。我国传统的诚信治理是一种事后处罚型的责任规则体系,基于当前诚信社会建设的紧迫性,仅依靠事后处罚模式进行诚信治理效果堪忧。[2] 为此,对于诚信治理应采取"事前预防+事后处罚"相结合的基本模式将失信惩戒制度效能发挥最大化,而执行信用奖惩机制正是对上述模式的贯彻和落实。所谓执行信用奖惩机制,是以自动履行正向奖励机制、信用承诺、信用修复三大模块构成的,以强化善意文明执行理念、增强当事人诚信意识为目标的一种新型诚信治理制度。当前,执行信用奖惩机制已在我国部分地区开展实践并取得良好效果。[3]

执行信用奖惩机制的建立重点把握三个维度:第一,通过正向激励形式促使被执行人自动履行义务,达到"事前预防"的效果。在案件进入执行阶段后,应主动告知被执行人,对于积极履行义务的可以纳入"诚信履行名单"。法院将"诚信履行名单"定期公示,对于名单内的人员在今后一定时期内有诉讼服务需求的,可优先立案并相应

---

〔1〕 参见李艳玫、黄驿媚:《"执行不能"何以鉴真:运用大数据为被执行人精准画像——基于数据全生命周期视角》,载《审判体系和审判能力现代化与行政法律适用问题研究——全国法院第32届学术讨论会获奖论文集》(下),2021年版,第1285-1289页。

〔2〕 参见沈毅龙:《论失信的行政联合惩戒及其法律控制》,载《法学家》2019年第4期。

〔3〕 参见《惠州市建立执行信用奖惩机制——广东省首批信用建设服务实体经济发展试点典型案例系列之三》,载广东省发展和改革委员会,http://drc.gd.gov.cn/gzyw5618/content/post_4190135.html,2023年6月11日访问。

减免诉讼费、保全费等。同时,对名单内人员在政务办理等方面开辟绿色通道等,激励被执行人履行义务。第二,对于已经满足失信惩戒条件的被执行人,本着善意文明执行理念,其愿意作出履行承诺的法院可以暂缓采取失信惩戒措施。对于符合解除失信惩戒的被执行人,法院应及时将被执行人从失信或限高名单中移除。第三,对于无正当理由逃避法院执行、有能力履行拒不履行的被执行人,应及时对其采取失信惩戒措施,结合被执行人个人情况将失信人员名单定期向被执行人所在社区或村委会公布,扩大失信名单的受众范围并提高失信惩戒措施的针对性,提升执行威慑力。

3. 设置科学合理的绩效考核制度

执行绩效考核指标的设计深刻影响着终本制度的适用。当前,相当一部分法官迫于执行结案率的考核指标,在并未全面调查被执行人财产的情形下"违规终本",也有法官为完成年终的结案任务数,对于仍在财产处置阶段的案件,千方百计动员申请执行人同意适用终本结案提高执结率。显然,上述种种现象异化了终本制度设立的初衷,对于执结率等绩效考核指标需要重新审视和考量。

执行考核指标的设置需要结合以下四点因素:首先,避免单一考虑执结率,降低对执结率考核指标的要求。执行案件办理往往需要采取查封、扣押、冻结等强制措施,而对于符合条件的还需要采取拍卖、变卖等财产变价措施,法定的流程甚至决定了部分案件不可能在短时间内执结,否则便有违客观实际。在有案必立的大环境下,对类似结案率的考核要求应当符合客观实际,避免法官对相应指标疲于应付而将终结本次执行制度作为投机取巧的结案工具。其次,贯彻公正与效率的法律价值理念。执行案件的办理不可因注重效率价值而忽视了公正价值,应在考虑办案实际的情况下兼顾公正与效率,确保考核指标的科学与合理。再次,科学衡量工作量权重。考核需要区分疑难案件及简易案件的占比权重,对于一些重大疑难案件的案件数权重的设置要比简易案件数权重设置更高,如1:5等。而对于指导案件办理等工作也应当占相应权重,科学评估法官具体工作量。最后,应结合终本制度设置专门的考核指标。例如,设置财产查询完毕率、终本谈话率、失信惩戒措施适用率等并据此作为考核的依据,进而摒弃过去一味强调执行效率却忽视实体公正的错误观念。

四、结语

市场经济交易风险存在的客观规律决定了我国终本制度的存在意义和价值,只要有交易风险的存在,就一定会有客观执行不能的结果。终本制度的创设有着实现法律价值的综合考量。然而,终本制度在长期的司法实践中却呈现"重效率、轻公正"

为表征的价值张力，制约了终本制度的长远发展。新时代终本制度需强化对公正价值的保障，从而实现与效率价值间的衡平，弥合当前存在的公正与效率间的价值鸿沟——未来需要将终本制度置于"整体主义"考量之下，从规范终本制度的运行以及促进终本制度与外部制度的有效衔接两个具体层面着手，不断改进、完善相关制度并形成"内部+外部"的制度合力，实现公正与效率价值的弥合。

关于构建基层法院执行绩效指标考核体系的研究

陈枢文*

摘要：执行管理是推动执行工作正常发展的根本，队伍是执行工作的基础要素，绩效指标则是推动工作的主要抓手和“指挥棒”，设置科学的执行绩效体系是解决当前执行难有力举措。本文摘选了高级法院、中级法院、基层法院关于执行绩效设置运行现状，结合对比本地区法院的执行绩效运行情况，从而突出绩效是推动工作朝着正确方向发展的重要抓手，并进一步披露当前执行工作中管理的缺陷以及执行绩效指标运行存在的问题，提出优化执行团队建设，完善案件繁简分流机制，促进“执行管理＋绩效指标＋执行团队”相融合，明确各团队考核指标的重点以及细化各项指标的考核区间值，进一步增强指标考核的针对性和目标性，从而更好促使执行工作高质量发展。

引　言

“公正与效率”是司法工作永恒的主题，执行工作更能直接体现“公正与效率”这一深刻内涵，直接关乎到人民群众的获得感。保证“公正与效率”真正体现到具体的工作实效上，需要行之有效的工作管理，通过管理加强对工作的监督，促使各责任主体更好履职尽职，这就需要科学的绩效考核体系去评价衡量各责任主体的工作成果及办事能力。通过执行绩效考核指标体系去加强对执行工作的监管，正是回应“公平与效

---

* 陈枢文，广西壮族自治区贵港市平南县人民法院审判委员会委员、执行局局长、审判员、二级法官。

率"的主要方式。2017 年 10 月,最高人民法院《关于建立执行指标考核体系的通知》,明确了执行绩效考核作为单项考核,要求各地法院结合实际制定本地区的执行绩效考核体系。近年来,从最高人民法院到地方法院纷纷推动建立执行工作单独考核机制,制定了整套完备的考核体系,极大推动了执行工作。但是,当前执行工作考核体系仍存在考核"一刀切"、不合理、不科学、不具体、缺乏针对性等问题。本文结合基层法院执行工作实际,围绕管理的主线,以执行团队建设为抓手,探讨如何促进管理、队伍、绩效三者相融合,形成执行长效机制,推动执行工作高质量发展。

一、"透过管理看"执行工作绩效考核体系运行现状

建立单独的执行工作绩效考核分级考核机制是适应司法体制改革、适应新形势下人民群众对执行工作迫切期待的应有之义,也是增强执行工作能力,提高执行质效,促进执行工作管理方式向"集约化、扁平化、可视化"管理转变的必然路径。[1] 全国各地都积极推动执行工作绩效考核机制改革,取得了良好的效果,人民群众对执行工作理解与支持日益增强。最高人民法院 2023 年的工作报告反映出执行工作成果逐年趋好,五年来,全国法院受理执行案件 4577.3 万件,执结 4512.1 万件,执行到位金额 9.4 万亿元,2022 年首次突破 2 万亿元。[2] 集中反映了执行工作得到前所未有的发展,这得益于加强对执行工作管理,以绩效指标作为工作的"指挥棒"鞭策有力。但是执行管理不到位,不懂管、不想管和不敢管的问题依然没有改变,归根结底就是缺失了如何管、管什么的有效制度。

(一)各地法院执行绩效考核体系的实况

为了更好地披露全国各地各级法院关于执行工作绩效考核体系运行情况,本文结合了发达地区、中西部地区以及三级法院制定的考核办法进行比照,试图从中发现各地绩效考核的共性、个性,为推动制定更为科学的执行工作绩效考核体系提供调研基础。

B 省高级人民法院《执行工作专项考核实施细则(试行)》共分四大部分,包括考核目标、原则及对象,考核内容和标准,考核的组织实施,其他。其中,在考核内容和标准中再细分 5 大项,包括案件质量、执行信访、执行工作管理、执行队伍建设和执行

---

〔1〕 参见谢耀宗、皮德智:《基层法院执行绩效考评长效机制的构建——以 M 区法院为样本》,载《法律适用》2019 年第 11 期。

〔2〕 数据来源于最高人民法院,http://gongbao.court.gov.cn/,2023 年 5 月 7 日访问。

调研宣传,基本都囊括了工作质量、效率和效果这三大内容,在案件质量细化和量化了办案中的各个环节。若存在采取执行措施不及时或者违反规定的将被扣分,将工作环节细分很详细,也将扣分规则进行了明确。此外,该法院也特别注重执行信访问题,赋分 20 分,仅次于案件质量,执行信访是当事人是否对执行工作满意的问题,该法院能够准确抓住执行工作的主要矛盾。在考核实施上,该法院成立了考核领导小组,办公室设在执行局内部,明确了每个季度进行考核,考核结果转化为与年度考核挂钩,同时也作为执行局干部职级晋升的主要依据。

L 市中级人民法院《执行工作考核办法(试行)》分为五大部分,包括考核对象和机构、考核范围和办法、考核指标、考核结果运用和其他规定。其中,在考核指标上再细分了 6 小部分,包括执行案件方面(40 分)、执行工作管理方面(30 分)、执行队伍建设方面(15 分)、执行保障方面(7 分)、综合解决执行难工作格局的构建方面(8 分)和执行工作奖励。对于执行案件方面如何考核,该院明确了结案率、执行到位率分别达 80%、70%,分别占分值各 10 分;该院更加注重执行工作管理,加强了对执行规范化建设;增设了构建解决执行难格局是推动破解执行难有力抓手;从执行创新机制上明确了具体加分项,提高了工作导向性和目的性。考核成果转化上,赋予了达标分值,达标定位先进单位、不达标限期整改。

Z 县人民法院《执行工作综合考核办法(试行)》分为三大部分,包括纳入综合考核的指标、单项考核指标的赋分和考核结果。该院将案件质量指标进行细化、具体化,在单项考核指标上再细分为执行质效考核指标、执行管理指标考核内容。考核结果转化直接体现在执行各个团队,即该院该套执行体系在全局各团队都适用。

(二)本地区执行工作绩效考核体系现状

广西从高级法院、中级法院到基层法院都是运用一整套的执行工作绩效考核体系,但是高级法院对中级法院的考核侧重点以及内容上有所不同,所在地区的中级法院对基层法院考核内容同高级法院对中级法院的考核内容一致,但是考核的具体指标值不一样。高级法院对执行工作实行单项考核,更多突出通过管理狠抓工作质量、效率和效果,具体包括“3 + 1”核心指标、关键指标和综合管理指标三大部分,整个考核体系以结案为重心,结案率所赋的分值为 3,占 1/4,其他指标设置分值相对较少,但是案件质量指标即执行完毕率、到位率都是重点考核的范围,对案件效率即结案平均用时也予以考核,在案件信访率上也明确了执行案件信访办结率,在执行外部环境上考核执行联动机制建设,在执行管理上加强对执行工作监督。

(三)对本地以及外地法院执行工作绩效考核体系的评析

本文以高级法院、中级法院、基层法院三级法院的考核体系现状进行阐述,从高级法院的考核体系上来看如何考核、考核什么以及考核重点,具有指导性的意义;在中级法院的考核体系上将具体指标细化,对考核什么进行明确;在基层法院的考核体系上将执行工作条线进行细化,对考核什么、如何考核和考核重心更加细化。本地的考核体系则是从高级法院到基层法院都是运用一整套体系,对执行工作考核上设置的指标更具有针对性、导向性,但是机械地将上级体系考核到各基层法院,却没有在已有体系上再细化、再分解,如提高执行完毕率问题,是否需要将其他指标进行辅助推进实现。此外,指标是体现在全执行局工作上,而没有明确是否应当结合团队建设来推动工作从而完成各项指标。无论是外地还是本地,整个体系都是立足加强执行工作管理,推动执行工作实现高质量发展,满足人民群众日益增长的司法需求,通过指标来更好地推动工作开展。这也是上级法院对下级法院加强统一管理、统一指挥、统一协调的"三统一"有力措施,对于案件量最多的基层法院,直接面对人民群众,执行工作好不好、行不行,通过人民群众的获得感来评价。对此,设置科学高效、符合司法规律的考核体系是回应人民群众司法需求的有力举措,也是切合上级法院的考评要求。

二、"透过管理想"执行绩效体系存在的问题

当前的执行绩效体系有了较大的改变,这是因为通过强化科学的管理来进行更为科学的指标设置,更符合执行工作的发展规律,但是仍存在考核指标设置不具有差异性、指导性不明确、地区发展不均衡和存在"一刀切"等问题。

(一)指标之间相互矛盾

执行体制机制得益于近年来执行工作管理的强化。加强对执行工作管理最为突出的表现是对执行工作作为单独序列考核,制定了较为科学的考核体系,列设各项指标。随着执行工作不断深入推进,人民群众对执行工作的获得感更多体现在执行案件的效果上,即执行完毕率和标的到位率。最高人民法院对执行绩效指标重点设置了对首次执行案件实际执行效果的考核,将首次执行案件执行完毕率、到位率和结案平均用时作为重点指标,目的是促使各地法院加大对首次执行案件执行力度,争取一次性化解纠纷。但是却忽视了执行的客观外部因素,当事人履行力是导致执行到不到位的主要因素,实践中一些当事人确实在执行中暂无能力履行全部义务或者存在根本履行不能[1],

[1] 参见邱亮亮:《我国财产刑执行困境及对策研究》,安徽大学2020年硕士学位论文。

需要一段时间来筹集资金或者分期履行，导致无法在首次执行期间内全部履行完毕，此类情形在民间借贷纠纷案件中较为突出。一些被执行人之所以无法清偿债务被诉至法院到被强制执行，并不是其不愿意履行还款义务，而是因生意失利亏本，无法在短期内全额归还借款，对此类案件亦无法在首次执行中全部履行完毕。通过以上分析，执行绩效指标单从首次执行案件上进行考核确有不全面之疑，应当对一些确实需要时间履行的案件即无法在首次执行期限内执行完毕的案件，增设恢复执行案件的执行完毕率作为重点考核指标。指标之间存在矛盾也是客观存在的，现行执行绩效考核体系中，对执行案件结案率设定分值轻重。这是因为一直以来结案率都是推动执行工作的基础，以结案为中心协同推进其他指标共同发展〔1〕是考核评价人民法院工作的应有之义。因此，结案率是整套考核体系的核心，为了推进结案均衡发展，将结案率具体数值设在每个季度末进行考核，而有的法院设置设在每个月考核。一些法院或者法官为了完成上级设定的结案目标，极容易忽视案件的实际执行效果。如某法院设定第一季度结案率为50%，那么除了加大对旧存案件结案进度，还要对新收案件进行快结，如该法院的某执行法官旧存案件未20件，第一季度新收案件将在300~400件，而且大部分案件都在3月立案执行。若要达标50%，要结案150~200件，这就意味着片面追求结案率则会放弃案件的实际执行效果。执行案件审限期限为6个月，不同于诉讼案件分为简易程序3个月和普通程序6个月。执行案件的特殊性也即给予被执行人足够的履行期限，应尽可能在法定期限内促使其履行完毕。

（二）地域之间发展不平衡

各项指标在各地的运行实际情况存在差异，指标运行好与坏、优与劣除了与当事人履行能力强弱有关，还更取决于外部环境制约因素，如配套机制是否完善、构建综合治理执行难格局是否健全、经济文化建设特别是诚信建设水平是否高，等等。对照2022年某市法院执行绩效指标排名情况（见表1）进行分析，案件量少的法院各项指标比案件量多的法院更好。实践中案件量少的法院有更多的人力、物力和精力做更多优化执行工作的措施，从提质增效上着手、从查人找物上提升执行效果，然而案件量多的法院，加上人员较少，忙于办案无法抽出更多精力研究提质增效。经济高速发展地区案件量多其各项指标不必然会低，如北上广地区的案件量都处于全国首位，但是各项指标遥遥领先于其他西部地区案件量小的法院，这是因为经济建设发展回馈于执行工作的"红利"。

---

〔1〕 参见清远市清新区人民法院课题组：《审判绩效考核制度研究》，载《法制博览》2021年第14期。

表 1　2022 年某市法院执行绩效指标排名情况

单位	受理案件数（件）	结案数（件）	结案率（%）	首执案件执行完毕率（%）	首执案件执行到位率（%）	首执案件平均用时（天）	总分值	排名
A 法院	2334	2219	95.07	30.63	39.85	79.94	15.8	2
B 法院	2209	2097	94.93	31.45	61.6	75.85	16.1	1
C 法院	8834	7760	93	21.26	14.13	78.34	14	4
D 法院	6725	6139	91.29	23.23	8.11	85.04	10.35	5
E 法院	5586	5149	92.18	25.1	16.62	78.63	14.4	3

（三）对指标的导向作用理解偏差

指标是工作的“指挥棒”，具有强烈的导向性，也因指标的导向作用，导致一些法院为了追求某个指标却忽视其他工作。如为了达到某季度的结案率，会对一些案件立案前严格采取审查 7 天后才立案的方式，从而控制案件进入执行程序的数量，提高结案率；又如为了降低案件终本率，大肆做当事人工作，甚至一些被执行人缺乏履行能力也促使双方当事人达成和解实现终结执行一批案件，日后如一方不履行和解协议则恢复执行一批，这无故增加了执行工作量。指标是推动工作向正确方向前进的重要航向标，一些法院片面追求指标违背了司法规律，很容易忽视当事人对执行工作真正的获得感。

三、“透过管理构”执行绩效指标考核体系

当前的执行绩效体系存在的问题归根结底与法官业绩考核不相适应，也就是前文所述“管理、绩效和队伍”脱离，即法官从不清楚执行绩效是什么？有什么要求？工作应当如何开展？只知道局领导、院领导要求其这么做。当一项机制制度未能发挥其应有的作用或者脱离实际时，那么其价值应当不大。执行绩效考核体系设置的总体出发点和落脚点是正确的，只是未能真正将整套体系具体到日常管理，融入各办案角色、各团队中。

（一）P 县法院的执行团队建设情况[1]

P 县法院加强对执行指挥中心实体化运行，发挥执行指挥中心的枢纽作用，坚持

〔1〕为了更能突出管理、绩效和队伍三者融合，构建执行绩效指标考核体系，笔者以 P 县法院作为研究学位样本。

人、事和案一体化管理,以优化执行案件繁简分流为导向,加强执行团队建设,构建了"1+N+X"执行团队工作模式。团队由1名员额法官、1名助理以及多名书记或者法警组成。根据执行案件类型组建了8个团队,其中无财产团队3个、有财产团队3个、执行保全团队1个、行为案团队1个人,各团队办理的案件类型不一样,将案件流程节点明确到各团队,实现了团队的高效运转。P县法院坚持以完善执行团队建设来推动执行绩效落实,更科学地推动执行工作开展。

(二)执行绩效体系的实践构想

执行团队模式下执行绩效体系更具有科学性,即是将绩效指标落实到各团队、各个角色,才能有目标、做有动力、行有方向。[1] 以团队作为考核的基础,P县法院根据执行案件类型共分了8个团队即四大类案件,实践中,有财产、无财产案件的作为执行实施类案件占了70%以上,行为案件占少数。为此,该院根据案件量共增设6个团队。结合本地的执行绩效考核体系要求,该院将绩效指标细化到各个团队,即结合各团队办理的案件类型设置考核重点,无财产团队重点考核结案率、结案平均用时、执行完毕、终结执行、终本率、超6个月以上未结案件;有财产团队重点考核结案率、标的到位率、拍卖成交率、结案平均用时、超6个月以上无网拍的案件和12个月以上未结案件数;行为案件团队重点考核结案率、信访率;恢复执保团队重点考核恢复执行完毕率、结案率和执保案件结案平均用时。

1. 各团队侧重考核指标的解读

关于如何对执行案件进行甄别来划分有财产、无财产。P县法院建立了执行事务中心,设在执行指挥中心,由执行局局长带领的综合团队对执行案件进行集约化管理,由专门人员对执行案件前期工作进行集中处理后(包括财产调查、采取强制措施、文书制作送达等执行前期事项),对案件进行集中甄别分流,将查明有财产可能被评估拍卖的即认定为有财产案件,除了查询无财产将被评估拍卖的认定为无财案件,对于查明有足额存款或者当事人自愿履行的案件在综合团队内进行处理不再分流;执行保全案件即诉前、诉中财产保全移送执行局执行的案件;行为案件即不具有金钱给付义务的案件,如排除妨碍、房屋土地腾空迁出、抚养权等非金钱给付请求权的执行案件。

根据绩效指标导向,P县法院所设置的案件分类也是符合指标要求的,无财产案

[1] 参见方锁柱:《我国竞赛式法官考核制度及其对法官行为的影响》,华东师范大学2022年硕士学位论文。

件更多要体现在将“无财变有财”,要通过深入查人找物来促进案件实质化解。为此,对于无财产案件侧重于考核执行完毕率,既要重视效果也要兼顾效率,一个案件用了两三年时间才能化解的,浪费的不仅是时间成本,更会消耗当事人对人民法院工作的认同感。[1] 对于无财产案件还需要侧重考核办案平均用时即效率问题,通过穷尽一切执行措施后仍无可供执行的财产,应当予以及时结案并对被执行主体施以限制消费措施,待被执行主体受阻后也能促进案件执行。对于有财产案件将有财产快速变现,更好体现了财产的实际处置效率和效果,执行财产若不能得到及时快速处置也将损害到各方权益。为此更要侧重于考核立案超 6 个月未拍卖财产的案件。此外,涉及财产处置成交后变现为货币形式的,在标的到位率中侧重考核该类案件。对于执行保全类案件是对业务庭移送财产保全裁定而实施的执行案件,对此要侧重考核该类案件用时问题。用时过长导致采取强制执行措施不及时,可能导致被保全的财产被转移,该类案件只要采取了执行措施后即可结案,也确保了执行案件整体结案率提升。对于行为案件都是矛盾纠纷较为激化的,要做好该类案件当事人思想工作,尽可能促进各方当事人和平解决问题,因该类极大容易引起信访、闹访的情况,因此侧重考核该类案件的信访率,以信访率来衡量工作是否做到位。

2. 各团队的指标设置考核区间值

有财产团队全年结案率 70%~85% 得基础分 10 分,超过 0.5 个百分点则可加分 0.5 分,加分不超过 2 分;标的到位率 45%~55% 得基础分 10 分,超过 0.5 个百分点则可加分 0.5 分,加分不超过 2 分;拍卖成交率 65%~75% 得基础分 10 分,超过 0.5 个百分点则可加分 0.5 分,加分不超过 2 分;结案平均用时 120~140 天得基础分 10 分,低于 120 天每降低一天则可加分 0.5 分,加分不超过 2 分,高于 140 天不得分;超 6 个月以上无网拍的案件和 12 个月以上未结案件数每个月都为 0 件得 0.5 分,每超一件扣 0.2 分,扣分不超过 6 分。

无财产团队全年结案率 90%~95% 得基础分 10 分,超过 0.5 个百分点则可加分 0.5 分,加分不超过 2 分;执行完毕率 30%~40% 得基础分 10 分,超过 0.5 个百分点则可加分 0.5 分,加分不超过 2 分;终结执行率 20%~30% 得基础分 10 分,超过 0.5 个百分点则可加分 0.5 分,加分不超过 2 分;终本率 35%~45% 得基础分 10 分,超过 0.5 个百分点则可加分 0.5 分,加分不超过 2 分;结案平均用时 45~60 天得基础分 10 分,低于 45 天每降低一天则可加分 0.5 分,加分不超过 2 分,高于 60 天不得分;超 6

[1] 参见祖鹏、王艳华:《对法官办案业绩量化考核制度的检视和反思》,载《法律适用》2023 年第 2 期。

个月以上未结案件每个月都应为0件得0.5分，每超一件扣0.2分，扣分不超过6分。

行为案件团队结案率92%～97%得基础分20分，超过0.5个百分点则可加分1分，加分不超过6分；信访率（信访案件数/结案数）2%～6%得基础分10分，低于2%每低0.5个百分点则可加分2分，加分不超过8分，高于不得分。

恢复执保团队恢复执行完毕率50%～65%得基础分15分，超过0.5个百分点则可加分0.5分，加分不超过2分；结案率93%～98%得基础分20分，超过0.5个百分点则可加分0.5分，加分不超过2分；执保案件结案平均用时10～15天得基础分15分，低于10天每降低一天则可加分0.5分，加分不超过2分，高于15天不得分。

3. 综合性指标考核设置

科学的考核体系除对业务工作进行细化考核外，还要从政治建设、思想建设、队伍建设等关于党的建设上设置考核指标，确保执行工作在党的坚强领导下开展好、落实好，保障工作的正确方向。[1] 此外，设置加分项指标，创造性、主动性工作是推动各项事业蓬勃发展的内在因素，对于承担重大事项工作并完满完成，打造工作中的亮点、创新点，有效解决工作的难点、堵点，发挥执行联动机制有效解决执行难题，选树先进典型，执行经验做法得到上级认可肯定以及积极参加全院公益活动和调研论文课题撰写的，都应当予以加分。设置减分项指标，体现奖罚分明。对于工作任务不完成、不服从领导工作安排的，违法党纪国法的损害人民法院形象的，工作失误导致引起不良影响的，都应当予以扣分。

4. 团队成员绩效考核

“事在人为”，设置了科学的绩效考核体系但没有人去执行落实，将使考核成为“一纸空文”，设置团队成员绩效考核也是作为加强人员管理推进工作的基本措施，以人员分类考核推动人员分类管理，按照岗位性质和职责要求的不同，对不同类别人员的工作业绩进行综合评价。团队成员绩效考核建立在团队整体绩效运行好与坏上，上文也提及该院团队都以法官、法官助理和书记若干人的“1＋1＋N”模式组建，为此要发挥团队长的关键带头作用，员额法官在整个团队中具有核心引领作用。

团队成员要对绩效考核重点指标全面熟悉，真正将绩效指标作为工作的“指挥棒”，并根据团队长的要求执行落实。对于团队成员绩效考核更要体现在分类考核的基础上，司法体制改革后实行人员分类管理，从最高人民法院到地方都出台了各人员

[1] 参见张增红：《员额法官绩效考核存在问题及对策研究——以D市中级法院为例》，华中师范大学2021年硕士学位论文。

（法官、法官助理、书记员、司法警察）职责分工机制。职责分工与绩效考核体系相互促进，对于法官的评价取决于其所在团队整体得分情况即整个团队优则其优，促进团队长发挥“领头羊”作用，对指标运行把控和推进，对照指标办好案件，对整体团队进行全面的部署谋划落实。如无财产团队加快推进结案效率对所承办的未结案件进行全面阅卷，对各案情况熟悉了解后再作出“因案施策、分类管理”，即哪些可以执行完毕、哪些需要采取强制措施、哪些应当在什么节点上结案，都应全面的驾驭和把控；[1]对于法官助理的考核侧重在落实法官布置的工作任务、负责事务性工作、工作创新和相关文书、材料、宣传的撰写发表；对于书记员侧重考核完成事务性工作情况，如接待当事人、文书制作、送达、案卷装订、案款发放等，如季度未完成案卷归档、案款不及时发放以及文书制作存在错误等予以扣分；对于司法警察侧重考核协助团队执行的情况，如送达文书完成度、配合采取强制措施如拘传、拘留、强制腾退等工作情况，以及在执行中是否存在工作失误导致当事人自伤自残的情况。

综上所述，法官是整体团队的核心，法官助理是落实法官推进绩效指标的执行落实角色，书记员及司法警察是辅助法官及法官助理达成各项指标的配合角色。

（三）健全完善执行绩效考核体系配套机制

再科学的制度除了执行落实，还要建立完善与之相适应的配套机制，辅助推进重点工作任务。执行绩效更多体现在质量、效率和效果上，从三个方面设置相应的配套机制。提升案件质量，促进执行规范化建设，[2]预防执行工作中的不作为、乱作为。要建立健全执行案件“一案双查”机制，常态化开展案件评查、检查，重点查处执法办案违法违纪、不廉洁的问题，可以当事人信访为突破点，重点就当事人所反映的问题进行全部核查，对案件、承办人以及团队进行全面核查，既要查执法办案是否合规程序、是否依法有效，也要查是否存在违法办案的问题，进一步促使执行人员在执法办案中更加注重规范执行行为。要建立健全日常监督管理机制，真正发挥执行指挥中心“三统一”作用，促进实体化运行。结合执行信息化建设，运用好指挥平台对执行办案节点全面管控，做好预警提示，预防办案不及时导致相关执行措施采取不及时进而致使执行财产被转移的风险。促进案件监督常态化，围绕质量指标要求，对案件进行分类监督，将超 4 个月以上暂无拍卖和无财产超 2 个月无实质进展的执行案件纳入

〔1〕 参见叶平、张露：《财产刑执行难问题分析及可行性对策》，载《人民司法》2022 年第 25 期。

〔2〕 参见徐凯：《执行规范化建设重点问题——论网络司法拍卖中法院的角色定位》，载《法制与社会》2020 年第 21 期。

案件管理范围，重点盯紧立案超 9 个月以上未结案件，减少案件执行不及时现象发生，有效提高案件质量。要健全完善专业法官会议机制，建立跨领域专业法官[1]参加执行法官会议机制，完善人员组成结构。建立执行突击小组，前文也说到建立执行案件分类管理，将标的额大小作为案件初步分类管理的基础。实践中一般对于 3 万元以下的案件，要找到被执行人，通过做其工作都能促使其履行或者分期履行。P 县法院该类案件执行完毕率占此类案件总数的 80%~90%。通过建立执行突击小组促进 3 万元以下案件的执行，对拒不执行的将依法采取司法拘留，提高执行震慑力，促使其他案件被执行人主动履行。健全完善预处罚机制，对拒不履行的当事人一律先行作出预处罚告知书，促使被执行人主动履行。健全信用惩戒修复机制，对主动履行的当事人依法采取信用修复的措施，起到修复一起、教育一人、影响一片的社会效果。

关于如何提高案件效率的问题。要完善执行集约化管理机制。结合本地辖区法院以及其他法院的执行实践，影响执行工作效率主要是因为执行前期事务性工作较为繁杂，需要安排大量的人力和时间在前期工作上，极大地影响了办案进度。为此，推进执行前期工作“流水线”作业模式，推进集中送达、查控、调查等工作模式，实现完成前期案件后，及时做好案件甄别分流到各个团队。建立执行案件结案均衡机制。“有责任就有压力、有压力就有动力”，从最高人民法院到地方法院都将结案率作为重要指标来抓，只是在操作中一些法院忽视了结案的均衡度，导致月末和季度末大批量结案，影响了案件质量。基于此，应对结案进行整体和分阶段的预判和分解，如月初就对照各个团队案件细化结案任务，而且将结案任务细分到每周，通过加强结案工作促使执行人员及时推进案件办理，该促使当事人和解就及时促成和解、该对被执行人采取措施就及时采取措施，想方设法为案件执行寻找解决办法，通过结案均衡倒逼执行效率和质量提升。

关于如何增进案件效果的问题。加强执行信息公开，主动接受监督，以公开倒逼执行规范化建设，主动向当事人披露案件执行进度，及时回应当事人诉求，特别是一些当事人提供财产线索的，应及时核实回复当事人。可以邀请当事人全程参与执行，让其身临其境感受执行、理解执行和支持执行。加强对当事人的释法说理工作，一些当事人信访闹访可能是因为法官释法说理不到位，特别是处置财产要多次告知相关权利义务人，实时与当事人沟通反馈执行进度，提前做好相关执行结果告知。加强执

---

〔1〕 参见杜豫苏、高伟、何育凯：《专业法官会议运行机制构建再思考——基于审委会、审联会、专业法官会“三会”比较的视角》，载《山东法官学院学报》2018 年第 6 期。

行宣传，对一些正面典型的着重宣传，对一些反面典型的及时曝光，营造“守信光荣、失信可耻”的社会氛围。

四、结语

执行绩效指标重构是推动解决执行工作中存在的效率不高、质量不高、效果不佳的有效举措，直接解决了执行管理不到位的问题。要充分发挥绩效指标的“指挥棒”作用，制定符合各地区实际的考核体系，才能更好地发挥指标在推动工作中应有的作用。

【专项问题规则探讨】

环境民事公益诉讼案件执行机制规范化研究*

——破解“执行难”目标下对144件代表性案例的分析

李　兴　蒋　辉　黄建林**

摘要：环境民事公益诉讼制度已经成为当前司法机关保护生态环境的重要手段，与日趋成熟的审判制度不相适应的是，该类案件的执行制度仍然停留在粗线条、原则性的框架内容上。相较于传统民事案件执行，环境民事公益诉讼案件执行具有公益性、专业性、长期性和执行标的转化性等鲜明特点，这也造成该项工作存在执行规范供给不足、执行启动不及时、执行手段乏力、执行质效不佳等突出短板，严重牵掣该项制度设立的功能与价值。本文以环境公益诉讼案件执行机制为视角，深入剖析该制度在司法实践中面临的困境，检视问题形成的原因，并从规范执行依据、执行启动、执行措施、资金管理、执行监督和执行保障六大环节的视角探求一条破解生态环境领域“执行难”的路径。

---

* 本文在全国法院第三十五届学术讨论会论文评选获二等奖。

** 李兴，广西壮族自治区桂林市象山区人民法院执行局三级法官。蒋辉，广西壮族自治区桂林市象山区人民法院执行局局长，四级高级法官。黄建林，广西壮族自治区桂林市象山区人民法院执行局三级法官助理。

引　言

自2012年修订的《民事诉讼法》第55条规定公益诉讼制度后，针对环境民事公益诉讼的理论研究如火如荼，该诉讼制度体系日趋完备，案件数量也呈逐年上升态势。与之不成正比的是，上述研究主要围绕诉讼阶段展开，关于执行阶段的研究甚少，存在严重“偏科”。执行被认为是司法价值实现的最后屏障，但由于生态环境存在复杂性、多样性和系统性等特点，环境民事公益诉讼案件执行更为复杂，[1]实践中存在执行不及时、修复成效差、机制不完善等问题。本文立足于环境民事公益诉讼案件执行工作的特点和困境，通过研究总结全国各法院具有典型意义的案例和司法实践中较为成熟的经验，对执行依据、执行启动、执行措施、资金管理、执行监督和执行保障六大环节进行探讨，旨在寻找一条环境民事公益诉讼案件执行的法治化、规范化、制度化途径，以期切实解决生态环境领域的“执行难”问题。

一、环境民事公益诉讼案件的司法实践考察

最高人民法院于2017年4月印发的《关于审理环境公益诉讼案件的工作规范（试行）》（以下简称《工作规范》）增加了执行依据、执行措施、执行监督等实质性规定，环境公益诉讼案件执行工作更加有法可依，故本文以该文件颁布为时间节点，以“环境民事公益诉讼”“判决书”“民事案由”为关键词在中国裁判文书网进行检索，对诉讼请求被驳回、不属于环境民事公益诉讼的案例予以剔除，获取了144份具有代表意义的裁判文书为主要分析样本，并结合最高人民法院公布的典型案例、指导案例和各法院较为成熟的工作模式和先进经验为参考分析样本，从中探究环境民事公益诉讼案件执行中的难点问题。该类案件呈现以下三个特点：

（一）案件涉及领域广泛

144份分析样本中，破坏动植物资源、“三废”违规排放、非法采矿等侵权行为占据民事环境公益诉讼案件绝大比例，涵盖了传统的大气、土壤、矿产、水源等各个生态环境要素。[2] 近年来，侵权行为逐渐向国家重点保护的具有重要生态功能的区域延伸，涉及生态破坏、环境污染和生物多样性等保护领域，呈现多样化的特点。环境民

[1] 参见吕风国、苏福：《论环境民事公益诉讼案件执行制度的建构》，载《法律适用》2019年第1期。

[2] 参见陈爱武、姚震宇：《环境公益诉讼若干问题研究——以生态环境损害赔偿制度为对象的分析》，载《法律适用》2019年第1期。

事公益诉讼覆盖的领域广，不同类型的裁判采取的执行方式不尽相同，对执行工作提出了全新的挑战（见图 1）。

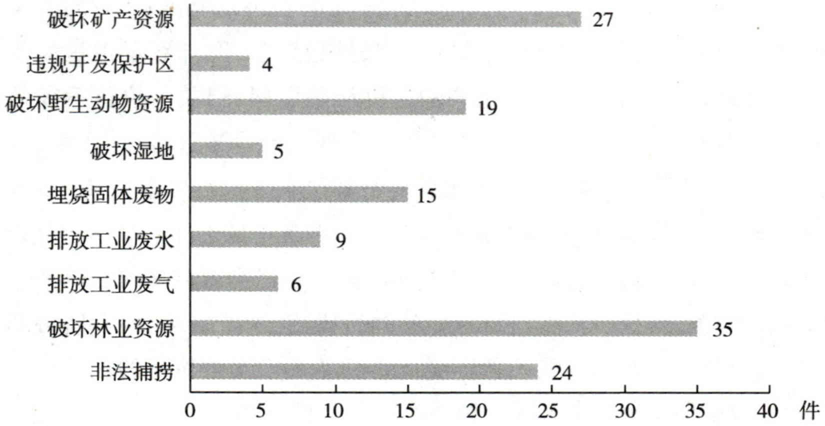

图 1　案件类型和数量分布

（二）修复方案在裁判文书中所占比重低

从样本来看，裁判文书具体陈述环境修复方案或将方案作为附件的仅有 37 件，占比 25.7%，该现象说明案件在移交执行前作出具体修复方案还不是审判环节的普遍做法（见图 2）。修复方案的制订主要分为侵权人自主制定和委托第三方制定两种形式。自主制定的环境修复方案主要适用于修复工程较小、修复技术和使用设备较为简单的案件，例如烟台市人民检察院与王某殿、马某凯环境污染公益诉讼案，[1] 法院判决由侵权人制订修复方案并进行修复，逾期不履行则支付 72 万元至烟台市公益

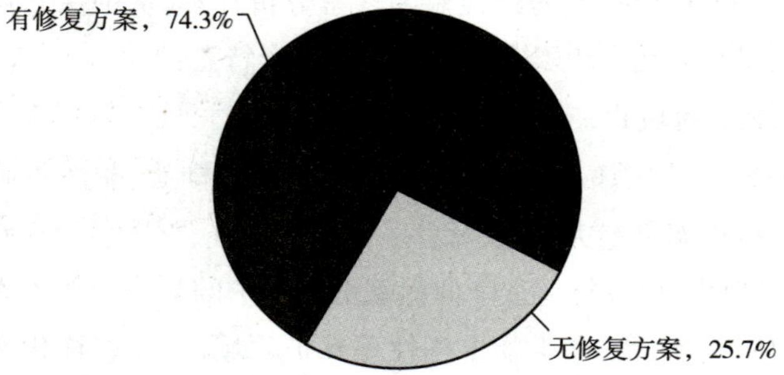

图 2　修复方案占比情况

〔1〕 参见山东省烟台市中级人民法院民事判决书，(2017) 鲁 06 民初 8 号。

诉讼基金账户。在委托第三方制订修复方案的情形中，委托人的类型主要是法院、检察机关或者社会组织（环境民事公益诉讼原告）和侵权人，主要适用于修复工程量大、费用高、周期长等修复难度大的案件。

（三）修复资金管理不统一

各地法院对生态修复资金管理暂未形成统一规范，有 56 份裁判文书没有确定归属，仅判决侵权人限期缴纳赔偿环境修复费用、惩罚性赔偿金等。部分案件虽然明确生态修复资金管理模式，但存在较大差异，判令侵权人支付到法院账户、上缴国库和政府专项资金账户的方式较为集中（见图 3）。以公益信托管理资金的模式较少，例如，北京市朝阳区自然之友环境研究所诉现代汽车（中国）投资有限公司（以下简称现代汽车）大气污染责任纠纷案，[1]双方达成调解协议，现代汽车向信托受托人长安国际信托股份有限公司交付信托资金 120 万元，用于保护、修复大气环境、防治大气污染。该案件是我国首例将慈善信托机制引入环境公益诉讼管理制度的案件。此外，部分法院还判决由侵权人选择缴纳费用的账户，例如，佛山市人民检察院与佛山市金业金属制品有限公司环境民事公益诉讼案，[2]法院判决该公司将环境修复费用上缴至市地方国库或者支付至环境公益金账户。

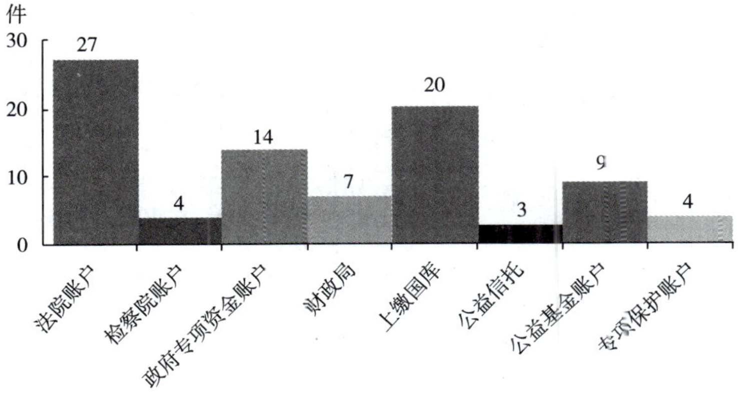

图 3　生态修复资金归属分布

（四）被执行人承担义务混合性强

普通民事执行案件中，裁判文书确定的执行内容往往为单一的金钱给付义务或

〔1〕 参见北京市第四中级人民法院民事调解书，(2016)京 04 民初 73 号。

〔2〕 参见广东省高级人民法院民事判决书，(2018)粤民终 2366 号。

者行为给付义务，两种义务混合的情况不多。在环境民事公益诉讼案件中，侵权人承担的责任主要分为三类：一是行为作为义务，即恢复原状、赔礼道歉；二是金钱给付义务，即赔偿损失、支付惩罚性赔偿；三是不作为义务，即停止侵害、排除妨碍、消除危险。由于生态环境系统的复杂性，单一行为难以达到修复目的，因此该类案件执行内容以混合义务居多，大量案件存在金钱义务和行为义务相互交织的情况。[1] 例如，最高人民法院发布的 2021 年度和 2022 年度的 25 起环境资源审判典型案例中，共有 7 起民事环境公益诉讼案件，其中执行内容为混合义务的就有 5 起，占比 71.4%（见表 1）。

表 1　2021 年度和 2022 年度人民法院环境资源审判典型案例混合义务案例

年份	案例名称	裁判执行内容
2021	北京市朝阳区自然之友环境研究所诉山东某汽车制造有限公司大气污染民事公益诉讼案	向相关政府部门无偿交付约定型号的新能源电动车共计 108 辆用于公益事业，并在 8 年内无偿保养和维修，在国家级媒体上公开赔礼道歉
2021	北京市朝阳区自然之友环境研究所诉江苏某发电有限公司大气污染民事公益诉讼案	赔偿大气环境治理费用 5561511.93 元，在江苏省级媒体上向社会公开赔礼道歉并支付鉴定费用
2021	北京市朝阳区绿家园环境科学研究中心与江西某能源公司、丰城某焦化公司大气污染民事公益诉讼执行案	停止排放大气污染物、自行投入资金建设环保项目进行废气治理，支付 40 万元替代性修复资金用于当地大气污染治理
2022	朱某华、王某涵非法采矿、污染环境刑事附带民事公益诉讼案	赔偿清除污染、修复生态环境费用共计 10851559.87 元，在市级以上新闻媒体上公开道歉

二、环境民事公益诉讼案件执行的特殊性

（一）执行目的具有公益性

传统民事诉讼是公民、法人以及其他组织之间因为自身财产权利或者人身权利受损而提起的诉讼，其本质是对私利进行救济的手段，当事人在不违反法律强制性规定的前提下，无论是审判阶段还是执行阶段，在程序方面和实体方面都享有高度的自

〔1〕 参见赵爽、王中政：《论我国环境民事公益诉讼裁判的执行——基于最高人民法院环境民事公益诉讼典型案例的思考》，载《行政与法》2019 年第 1 期。

由处分权。然而，环境民事公益诉讼案件的“公益性”决定了有权提起诉讼的机关和有关组织并不是为了维护自身权益，而是社会公共利益的“代言人”，启动执行程序的目的是“修复受损的生态环境”，胜诉权益兑现后的受益人并不是原告，而是社会公众。[1] 这种公益属性也决定了原告在执行阶段并不具备完整的诉讼权利，《工作规范》第37条规定，环境民事公益诉讼原则上不得进行执行和解，和解确有必要的，不得损害社会公共利益。这意味着原告原则上没有撤回执行申请、变更、放弃执行请求以及让渡实体权益与被执行人达成和解协议等诉讼权利。

(二)执行实施具有专业性和长期性

生态环境是各环境要素相互依存、相互作用和相互制约的有机整体，其治理和修复涉及众多领域，司法机关独立完成存在一定难度，需要专业机构、相关职能部门共同参与。因此，与普通民事执行案件相比，该类案件具有极强的专业性和技术性。该类案件还存在执行周期长的特点，首先，生态环境的特性决定了其难以在短时间内完成修复，即便是重新种植树木，成长起来也需要合理的周期，例如江苏省南京市人民检察院诉王某林生态破坏民事公益诉讼案，[2] 江苏省环境科学研究院出具的《生态环境损害评估报告》认为修复涉案被损山体以及自然林地重新恢复生态服务功能水平至少需要20年。其次，由于该类案件具有很强的专业性，执行实施前修复方案的论证和制定、执行过程中方式方法是否具有科学性和有效性、执行实施后对修复结果的验收评估等多个环节均需投入一定时间。最后，由于修复生态环境的成本高，大部分为“巨额”判决，即便内容仅为金钱给付义务，对于普通群众和一般市场主体而言，都难以在短时间内一次性执行到位。[3] 例如，最高人民法院发布的第37批指导案例中，50%刑事附带民事案件的修复费用超过了50万元，20%的案件超过了600万元。

(三)执行标的具有可转化性

传统民事案件的裁判对败诉方应当承担的责任一般是明确的，不存在执行标的更变问题。而环境民事公益诉讼的价值在于保障生态环境可持续发展，[4] 在司法实践中，办案人员会从执行力的角度采取灵活的、可转换的责任承担方式。主要分为两类：一是行为责任转化为金钱责任，表现为侵权人逾期不履行义务或者修复达不到标

[1] 参见黄凯：《环境侵害诉讼程序特别论》，载《中国应用法学》2018年第6期。

[2] 参见江苏省南京市中级人民法院民事判决书，(2020)苏01民初798号。

[3] 参见王麒睿、毋爱斌：《环境民事公益诉讼责任承担方式体系论——基于39起典型案件的实证研究》，载《法治论坛》2020年第1期。

[4] 参见黄凯：《环境侵害诉讼程序特别论》，载《中国应用法学》2018年第6期。

准,则转化为支付一定金额的生态修复费用或者第三方代替履行后由侵权人承担费用。例如被告人覃某权滥伐林木案,[1]法院判决被告人限期在采伐地点种植价值 3 万余元的杉木,逾期不修复的,检察机关可以自行或者委托他人修复,费用由被告人承担。二是金钱责任转化为行为责任,采取劳务代偿、技术改良代偿模式即为金钱赔偿责任与行为履行责任的同时空转化。例如马鞍山市人民检察院与吴某祥环境公益诉讼侵权责任纠纷案,[2]法院判决被告提供不低于 70 日的环境公益劳动,以抵补其应支付环境损害赔偿金。

三、环境民事公益诉讼案件执行中的困境

(一)重判决轻执行理念偏差导致执行依据不明

法院的诉讼活动主要围绕认定案件事实展开,受"审执分离"模式影响,部分审判人员忽视了裁判文书能否兑现问题,致使审判和执行衔接不畅,这主要体现在判决欠规范上。最高人民法院《关于适用〈中华人民共和国民事诉讼法〉的解释》第 401 条规定,人民法院执行的生效法律文书应当权利义务主体明确,给付内容明确。但实践中部分判项过于笼统,没有对修复标准、修复方式等具体内容作出陈述或者附修复方案。例如北京市丰台区源头爱好者环境研究所与潍坊振兴焦化有限公司环境污染责任纠纷案,[3]法院认定被告存在违规排放废气和废水问题,但仅判决其"对涉案污染环境行为所造成的后果承担修复义务"。同时,检察机关也存在重裁判、轻监督的倾向,对事环境公益诉讼案件往往"一诉了之",没有针对后续的执行工作有效开展监督工作。因此,此类给付内容不明的执行依据,对环境侵权人自觉履行和法院强制执行都造成了阻碍。

(二)立法碎片化导致法律依据不足

环境民事公益诉讼制度自 2012 年修订的《民事诉讼法》确立以来,环境民事公益诉讼的法律法规、司法解释或者政策文件逐渐完善,但针对案件执行的规定在数量上和篇幅上占比较小。在开展环境民事公益诉讼案件执行工作的主要规范依据中,最高人民法院《关于审理环境民事公益诉讼案件适用法律若干问题的解释》共 35 条、《生态环境损害赔偿资金管理办法(试行)》共 19 条,直接涉及执行程序均仅有 1 条,

---

[1] 参见广西壮族自治区桂林市七星区人民法院刑事附带民事判决书,(2022)桂 0305 刑初 54 号。

[2] 参见安徽省马鞍山市中级人民法院民事判决书,(2019)皖 05 民初 376 号。

[3] 参见山东省潍坊市中级人民法院民事判决书,(2019)鲁 07 民初 1089 号。

《工作规范》共60条，直接涉及执行程序仅有4条，且上述规定的原则性和概括性较强，缺乏专门化、系统化建设。由于立法上的粗疏，各地法院往往通过出台会议纪要、开展业务指导或者发布指导案例、白皮书等方式统一和细化执行规则，但这种模式缺乏制度刚性，也造成了不同法院之间执行尺度不统一的问题（见表2）。

表2　关于环境民事公益诉讼执行工作的法律规定

文件名称及条文	具体规定	强调内容
《关于审理环境民事公益诉讼案件适用法律若干问题的解释》第32条	发生法律效力的环境民事公益诉讼案件的裁判，需要采取强制执行措施的，应当移送执行。	移送执行的条件
《生态环境损害赔偿资金管理办法（试行）》第5条	赔偿义务人不履行或者不完全履行生态环境损害赔偿资金支付义务的，赔偿权利人及其指定的相关部门、机构应当及时向人民法院申请强制执行。	移送执行的条件
《工作规范》第31条	人民法院应确保裁判内容具有可执行性，便于监督。裁判不仅要确定被告应承担的责任类型，还要确定其履行责任的方式、程序、标准和时限等。	确保裁判可执行性
《工作规范》第37条	环境民事公益诉讼原则上不能进行执行和解。确有必要达成执行和解协议的，和解协议内容不得损害社会公共利益。人民法院应将和解协议内容公告。	执行和解
《工作规范》第38条	被执行人在生效裁判指定期间，没有能力履行、拒绝履行或者怠于履行生态环境修复义务的，人民法院可以委托第三方进行生态环境修复，由被执行人支付生态环境修复的相关费用。	第三方代履行
《工作规范》第39条	负责执行的人民法院可以请申请执行人或者负有环境保护监督管理职责的部门、其他社会组织等第三方对被执行人履行生态环境修复义务的情况进行监督，监督费用由被执行人负担。	执行监督
《关于新时代加强和创新环境资源审判工作为建设人与自然和谐共生的现代化提供司法服务和保障的意见》	加强与公安机关、检察机关以及环境资源行政主管部门的工作协调，完善异地执行委托衔接、生态环境修复效果评估、环境修复资金管理制度等配套措施。	加强执行联动

(三)监督机制欠缺导致执行成效差

我国环境民事公益诉讼执行制度缺乏法院之外的第三方启动者、推动者和监督者,存在监督主体不明、监督机制不全、修复成效跟踪不力等问题。最高人民检察院曾对19个省份自2015年7月至2020年12月开展环境民事公益诉讼的情况进行调研,发现环境民事公益诉讼案件的生效判决平均实际执结率不足30%,其中超过50%的省份仅有1/3。[1] 一方面,根据最高人民法院、最高人民检察院《关于检察公益诉讼案件适用法律若干问题的解释》第12条等规定,被告不履行生效的裁判人民法院应当依职权移送执行,即案件不需要当事人申请即可进入执行程序。由于环境民事公益诉讼"公益性"的特征,案件并没有特定的受害人,不存在执行不到位致使特定当事人权益遭受损失的情况,加之相关法律法规未对移送时限作出要求,造成执行动力极其匮乏。[2] 另一方面,执行顺位的后置性影响了执行质效,最高人民法院《关于审理环境民事公益诉讼案件适用法律若干问题的解释》第31条规定,被告在环境民事公益诉讼和其他民事诉讼中均承担责任,其财产不足以履行全部义务的,原则上应当先履行其他民事义务。再一方面,强制执行的前提是"当事人未履行义务",对于金钱给付义务可以通过是否主动缴纳进行判断,但对于恢复原状停止侵害、排除妨碍和消除危险等专业性、综合性较强的行为义务,由审判人员跟进并判断是否履行到位也缺乏现实可行性。

(四)到位资金管理混乱导致环境修复实效不足

普通民事案件执行到位的资金经法院账户直接转交给权利人即可,由于环境民事公益诉讼的权利人是社会公众,起诉单位对环境修复费用、赔偿金等资金并没有所有权,因此,如何管理执行到位资金成为司法实践中不可回避的问题。《工作规范》第36条规定,生态环境修复费用、生态环境服务功能损失赔偿金等款项可以由环境公益诉讼专项基金或者专项资金账户受领。但最高人民法院、生态环境部等14部委于2020年4月联合发布的《生态环境损害赔偿资金管理办法(试行)》中却规定了生态环境损害赔偿资金作为政府非税收入全额上缴本级国库,纳入一般公共预算管理。法律上的矛盾和不确定性也造成各地对生态环境修复资金管理的混乱,目前中央和各地暂未建立相对统一的管理使用制度。

---

〔1〕 参见张红霞、张晶:《生态环境损害赔偿资金管理的实证研究》,载《中国检察官》2021年第19期。

〔2〕 参见潘牧天:《生态环境损害赔偿诉讼与环境民事公益诉讼的诉权冲突与有效衔接》,载《法学论坛》2020年第6期。

如上文所述，实践中大部分地区采取上缴国库、法院账户或者政府专项资金账户的做法，但上述做法弊端明显。一方面，财政部门未设置专门账户，资金上缴后不同程度存在支取程序烦琐、资金易进难出的现象，有的地区出现一案一模式、每案必沟通的问题，影响了资金使用效率。有的地方由于财政收入紧张，甚至挪用、挤占修复资金。国家审计署于2020年度抽查了20个省份进行生态环境保护资金审计，其中17个省份共计3138.62亿元生态环境保护资金有38.17亿元被挪用或者挤占，仅有3个省份管理规范。[1] 另一方面，部分法院或者检察机关将修复费用存入本单位的过渡账户，资金在管理上更为便捷，例如，2017年最高人民法院印发的10起环境公益诉讼典型案例中，腾格里沙漠污染系列民事公益诉讼案[2]就是明确要求被告将生态修复资金支付至一审法院账户。但此举也存在缺乏专业技术人员、管理监督机制不健全、经验不成熟等问题，使修复费用沦为“僵尸资金”。整体而言，修复资金由谁管理、怎么管理、如何使用才能充分发挥“修复生态环境”的功效，目前还没有形成统一模式。

（五）现实工作困境进一步放大执行难

除了制度上和案件自身的特点造成环境民事公益诉讼案件执行工作困境丛生，在实践工作中也有不少阻碍。其一，执行联动机制不健全，生态环境修复离不开专业机构、社会组织、职能部门甚至党委政府的大力支持，而环境民事公益诉讼制度在架构上将“群防共治”事实上转化为法检两家的事情，受职能限制，部分执行工作难以推进，尤其是涉及跨行政区域的案件执行更是处处制肘。其二，执行工作压力大，大部分基层法院执行局只有4名至5名执行法官，有的法院甚至只有1名执行法官，人均年度办理案件数量数百件已屡见不鲜，在“案多人少”的背景下，法律关系复杂、执行难度大且舆情风险极低的环境民事公益诉讼案件变得“可执行性不强”。其三，受执行考核指标影响，全国法院执行工作核心指标是“3+1”，即有财产可供案件法定期限内执结率、执行案件执结率、无财产可供执行案件终本合格率、执行信访办结率，作为执结率极低的案件类型，部分法院为了不影响考核指标，选择消极立案。其四，审判业务法官缺乏执行工作经验，审理阶段作出的判决更多考虑的是“法律效果”，对“实际效果”关注度不高，对判项最终能否兑现缺乏考虑。其五，案件疑难复杂，如上文所述，该类案件相较于普通民事案件更为复杂，生态环境修复是一个复杂的综合系统工程，牵一发而动全身，执行关注点不能简单停留在被破坏的生态环境本身，传统

〔1〕 参见刘传义：《生态环保资金审计情况反映出哪些问题?》，载《中国环境报》2021年6月11日，第3版。

〔2〕 参见宁夏回族自治区中卫市中级人民法院民事调解书，(2016)宁05民初17号。

的碎片化单一环境要素、各自为营的修复措施难以实现环境可持续发展，这些对执行法官的综合能力是极大的考验。

四、环境民事公益诉讼案件执行机制规范路径探析

鉴于当前环境民事公益诉讼案件执行工作面临的多种困境，执行质效距离该制度设计的初衷仍有一定差距，本文认为应当分为六个环节对执行工作进行规范管理，以充分释放该项制度保护生态环境的效能。

（一）执行依据：强化环境民事公益诉讼执行制度供给

1. 制度基础：以相对集中式立法加强执行规范制定工作

我国环境民事公益诉讼执行法律规范碎片化、原则性和概括性强的问题与当前生态环境保护新形势已不相适应，加强制度构建具有现实必要性。目前我国民事案件执行程序属于《民事诉讼法》的一个章节，采取与民事诉讼混合立法的体例。司法实践证明，当前的执行法规已无法满足“根本解决执行难”的要求，故最高人民法院从2019年以来大力推动《民事强制执行法》的起草工作。由于生态环境公益诉讼与普通民事案件执行工作有显著区别，分散式立法显然也不能满足生态修复治理的执行需求。本文认为，针对该类案件执行单独设立部门法的立法成本过高，且其本质上仍属于强制执行的范畴，与《民事强制执行法》的立法计划相冲突，故可以采取出台专门的司法解释或者司法政策的方式予以推进，或者在《民事强制执行法》中设立专章予以规定，内容上则是以体系化的方式对执行程序、执行启动、执行措施、执行联动、结案标准、执行监督、执行救济等方面按照章节呈现并予以细化。需要强调的是，环境民事公益诉讼案件执行工作涉及环保、工程、水利、农林牧渔等专业领域，人民法院需要与行政机关形成合力，建立执行配套机制，在立法时应当明确各相关职能部门在其主管领域内的协助职责。

2. 执行基础：以清晰明确、现实可行的判项提升裁判文书可兑现性

由于裁判文书的不规范造成的依据不明，直接阻碍了判决结果的实效化。因此，必须提高裁判文书的可执行性，避免其成为“一纸空文”，其一，要提高金钱义务的可执行性，对于修复费用、赔偿金等数额巨大而造成执行效果不佳的问题，办案法官可以灵活采取分期履行、“技改抵扣”“环保投入”等方式以缓解后续执行环节的压力。例如，江苏省无锡市人民检察院与江阴星现汽车销售服务有限公司环境民事公益诉讼案，[1]法院判决被告通过技术改造提高烤漆房利用效率、降低废机油产出量，如明

〔1〕 参见江苏省无锡市中级人民法院民事判决书，(2019)苏02民初282号。

显降低环境风险,可以申请在判令赔偿环境修复费用的40%额度内抵扣。此举在推动侵权人主动履行义务的同时,还促进了企业技术提升,避免再次发生环境侵权行为,实现“当下”和“长远”的双赢效果。其二,提高行为义务的可执行性,一种途径是提高鉴定意见的标准,借助专业机构,原告在对被损坏的生态环境进行鉴定的同时对修复范围、方法、预算、周期、标准等内容进行论证说明,裁判文书主文对该意见详细陈述。例如,浙江省遂昌县人民检察院与叶某成侵权责任纠纷民事公益诉讼案,[1]法院判决被告30日内在案发区域补植1年至2年生杉木苗1288株,连续抚育3年,且种植当年成活率不低于95%,3年后成活率不低于90%。若鉴定费用明显过高,可以结合案情并参照环境资源监管职能部门的意见、专家意见等予以合理确定。另一种途径是由人民法院或者原告委托专业机构制订整体性修复方案,仍可参考环境资源监管职能部门的意见和专家意见,在裁判文书中表述“按照修复方案进行修复”或者将修复方案作为裁判文书附件。例如,巴州检察院诉李某环境民事公益诉讼案,[2]法院判决被告以尉犁县林业和草原局制定的《修复方案》确定被破坏林地的恢复标准。其三,进一步探索审判业务法官与执行法官轮岗交流机制。本文认为初任法官需到执行部门锻炼2年以上才能到审判业务部门任职,审判人员具备一定执行履历有助于其在案件审理阶段更好地立足执行实际,作出更有兑现可能性的判决。初任法官到执行岗位锻炼机制在上海、安徽、广西等地已经开始实施。

(二)执行启动:建立“第三方主要监管+原告协同监管”的模式

1. 执行启动模式比较

对于金钱义务是否需要移交执行部门,审判业务部门可以直接判断,实务中不存在争议。司法实践中关于行为义务移送执行的模式探索主要分为四类:一是审判部门监管模式,即裁判文书生效后,由承办法官采取现场调查、实地回访等方式确定义务履行情况并决定是否移送执行。例如,“泰州1.6亿元天价赔偿公益诉讼案”判决生效后,审判法官经跟踪调查后发现被执行人未履行义务便将案件移交执行。二是“审执合一”共同监管模式,即裁判生效后,由执行法官提前介入与承办法官共同监督侵权人义务履行情况,若其怠于履行的立即启动执行程序。例如,江苏、云南、贵州等地部分法院单独设立环境保护法庭,由审判和执行法官同步监督案件执行情况。[3]

---

〔1〕 参见浙江省丽水市中级人民法院民事判决书,(2020)浙11民初35号。

〔2〕 参见新疆维吾尔自治区阿克苏地区中级人民法院民事判决书,(2019)新29民初25号。

〔3〕 参见王慧:《环境民事公益诉讼案件执行程序专门化之探讨》,载《甘肃政法学院学报》2018年第1期。

三是行政机关监督模式，部分法院通过由环境资源职能部门协助执行的方式进行监管。例如部分法院在判决主文表述由当地农业农村局负责监督管理被告限期补种树木。四是第三方监督模式，即委托环境保护组织或者专业机构参与裁判履行监督管理工作，将义务履行情况反馈给审判业务庭后决定是否移交执行。前两种模式均由法院自行监督，优点在于实现"审执"衔接，但在司法资源和司法人员环境保护专业知识有限的现实背景下，不具备持续可行性。行政机关监管虽然具备一定的专业优势，但由于其没有强制性义务，需要在判决作出前进行协调，将投入更多司法成本，相关单位协助的程度也具有一定随意性。第三方监督模式有利于发挥专业优势，具有一定参考价值，但该模式存在对第三方机构监管不力的风险。

2. 创新执行启动模式

基于上述对不同模式的分析，本文认为，应当构筑"第三方主要监管 + 原告协同监管"的模式，即法院与环境保护组织或者专业机构签订第三方监督协议，由第三方组织主要负责监管被执行人修复义务履行情况，同时由原告协同监督，审判法官收到反馈情况后决定是否移送执行部门。该模式具有以下优势：第一，引入第三方进行监督有助于缓解办案人员对被告义务履行情况进行回访所消耗的精力，可以充分发挥其在专业技术、设备等方面的优势，强化法官对整个修复过程的监督和管控。第二，原告熟悉案件基本情况，其加入监督有助于克服信息不对称的问题。同时，大部分原告是长期从事环境保护公益事业的专业组织，具有专业上和经验上的优势，但由于原告在诉讼过程中没有获取"私利"，由其主要负责监督缺乏积极性，故其负责协助较为适宜。第三，该模式既保证了专业性，又存在民事合同的约束力，若第三方组织怠于履行合同约定的监管义务时，可以追究其违约责任。第四，第三方组织在履职过程中可以获得一定经费保障，可以有效弥补监督主体激励性不足的缺陷。

（三）执行措施：规范代履行主体选定机制和执行威慑机制

1. 可替代义务：规范代履行主体选定机制

恢复原状、停止侵害、排除妨碍、消除危险等属于可替代义务，即被执行怠于履行义务时，可由第三人替代完成，代履行产生的相关费用由被执行人承担。司法实践中代履行机构往往由原告或者法院自行选定，但对机构资质没有明确标准，规范性不足。首先，应当明确代履行主体的资格范围，各级法院与环境保护主管部门、检察机关、环境保护公益组织联合建立环境公益诉讼代履行主体机构数据库，入选机构需具备一定条件的资质、运营经验、硬件设施和人员配备等，并根据不同环境领域的修复分类列明。其次，规范代履行主体选定方式，可由双方当事人协商一致并经人民法院审查后确定；协商不成的，由人民法院采取网络摇号的方式从数据库中随机确定，以此实现代履行机构选任过程的公开化、透明化。最后，对代履行主体实行动态审查和管理，加强与主管部门信息互通，入选机构应当无不良记录或者违法犯罪行为，对诚信度低、违约率高、存在违法犯罪等情形的机构应当取消其入库资格。

2. 不可替代义务：强化执行威慑机制

支付生态修复费用、惩罚性赔偿金钱给付义务和劳务代偿、赔礼道歉等具有人身属性的义务均涉及被执行人主观意愿，具有不可替代性，必须由被执行人本人完成。金钱给付义务与普通民事案件执行程序一致，应当穷尽"一书二令四查两审"等执行手段，对被执行人的存款、债券、股票、基金份额等资产予以查控，并根据不同情形采取扣押、冻结、划拨、拍卖、变价等措施将其资产变现。由于生态环境违法犯罪行为侵犯的是社会不特定人员的利益，对怠于履行义务的被执行人，应当适用更加严格的执行威慑措施，迫使其履行义务。一方面，在其主动履行完毕前，永久纳入失信被执行人名单和限制高消费名单，通过失信公开平台和新闻媒体向社会公众曝光其不履行义务信息，同时适用罚款、拘留等措施，对其形成心理威慑。另一方面，加强拒不执行判决、裁定罪在环境民事公益诉讼领域的适用，明确被执行人故意不履行义务导致环境损害进一步扩大并达到一定数额或者在一定期限内拒不履行义务导致被破坏的环境得不到及时修复的，可以依法追究其刑事责任，人民法院在执行过程中及时将线索移交给公安机关予以打击。

（四）到位资金管理：采取设立生态环境修复基金为主、引入公益信托机制为辅的管理模式

1. 明确资金的权属和使用范围

侵权人主动缴纳或者法院经强制执行到位的修复费用和惩罚性赔偿金都属于生态环境修复资金的范畴。由于环境民事公益诉讼具有"生态环境利益"和"公共利益"双重属性，该资金的权属应当定性为全体社会公众的共同财产。根据司法实践，本文认为其使用范围包括四个方面：一是用于修复被破坏的生态环境，应当以"专款专用"为原则，这是环境民事公益诉讼制度和生态环境修复资金设立最基本的目的。二是支付环境修复过程中产生的关联性费用，例如制订修复方案、开展评估、竣工验收等费用的支出，由于环境修复是技术性较强的工作，上述开支几乎是不可避免的，故应当由侵权人承担。三是用于支付原告因调查取证、鉴定和律师费等为诉讼支出的合理费用，这是最高人民法院《关于审理环境民事公益诉讼案件适用法律若干问题的解释》第24条的明确规定，即使原告的诉讼请求不成立，人民法院也可判决从生态

环境修复资金中酌情支付。由于该类案件诉讼成本较高,此举有利于鼓励原告积极开展环境保护公益工作。四是用于开展生态环境公益培训、宣传、交流以及作为举报环境侵权线索的必要奖励费用。在明确使用范围的同时,还应明确上述费用的使用顺位。本文认为,环境修复是资金使用的首要性任务,第一项和第二项费用在判决生效后即可由人民法院或者代履行组织优先申请使用,第三项费用由公益诉讼提起主体或相应费用垫付主体申请使用,第四项在上述款项使用后仍然余额情况下经申请使用,且需要严格审核把关,避免修复资金被挪用和占用。

2. 规范资金管理模式

如上文所述,各地关于生态环境修复资金的管理尚未形成统一模式,传统管理模式存在明显弊端。本文认为,可以结合地方经济状况和行政机关履职能力等因素,因地制宜选择设立生态环境修复基金或者引入公益信托机制,采取"两条腿走路"的管理模式。

一种模式是设立生态环境公益基金,借助基金会对生态修复资金进行监管。最高人民法院在 2014 年印发的《关于全面加强环境资源审判工作为推进生态文明建设提供有力司法保障的意见》中就已经明确提出"探索设立环境公益诉讼专项基金"的观点,虽然各地已经开始探索,但至今仍未形成较为规范的基金。本文认为,有必要设立专业化、规范化、标准化的环境公益诉讼修复基金。基金会是具备独立法人资格的主体,首先,基金会一般由专业的委员会对资金进行管理,运行模式更加科学、管理人员更加专业,能够根据不同的案情确定不同的资金使用方案。其次,相较传统资金管理方式,公益基金的管理一定程度上更具灵活性和效率性,简化了行政审批流程,使资金能够更加高效、便捷投入生态环境修复。再次,公益基金已形成较为成熟的信息披露制度,保持了较高的透明度,监管机制较为健全,可有效避免资金被挪用、占用、滥用情形,充分保障社会公众的知情权与监督权。最后,该模式在我国环境保护中已有成熟经验可供借鉴,例如我国设立了船舶油污损害赔偿基金用于处理因船舶油污引发的环境损害赔偿等索赔请求,环境公益基金与其有相似性。同时,发达国家对于在环境治理中建立生态环境修复基金也有实践,例如美国建立"超级基金"用于修复受污染的环境[1]。在设立公益基金时,应当同时出台配套管理细则,使生态环境修复基金管理在法治化和制度化的轨道上运行。由于部分环境损害所涉地域广,涉及不同行政区划,受限于协调能力等因素影响,在县区和乡镇一级设立基金难以满

〔1〕 参见陈莉莉、王怀汉:《美国超级基金制度对我国海洋环境污染治理的启示》,载《中国海洋大学学报(社会科学版)》2017 年第 1 期。

足环境修复工作的现实需要,因此,至少应当是在地级市这一层级设立公益基金会,以便在全市范围内对跨区域生态环境修复工作进行统筹。

另一种模式是引入生态环境公益基金慈善信托管理(见图4)。相较基金会,慈善信托在设立上更为简单,在资金管理上更加灵活,运行成本也相对更低,有助于克服法院在生态环境领域专业能力不足且人员吃紧的困境。其主要管理方式如下:第一,建立信托关系,法院与信托机构签订信托合同,并在县级以上政府民政部门备案,委托该机构对生态修复资金实行专业管理。第二,开设账户,信托机构在金融机构开设生态修复资金专用账户,委托金融机构作为资金保管人,以确保资金安全。第三,聘任顾问,为加强管理的专业性,信托机构可聘任专业机构、环保组织等作为顾问,协助其开展修复、监督等工作。第四,加强监督,通过有关平台向社会公众公开资金管理使用情况,并按照《信托法》的规定设立信托监察人,建立协同监管平台,同步引入行政主管部门、审计部门、检察机关和公众进行立体式监督。其资金使用情况和环境修复进度定期向法院反馈,由法院决定案件是否执行完毕。该模式在部分案件中取得了一定成效,北京市、江西省等地在省一级开展了积极探索。[1] 但本文认为,我国信托法律体系还不健全是不能忽视的现实问题,配套机制尚未成熟,还存在一定风险,该模式难以大规模复制,因此该模式可适用于经济较为发达、行政管理理念较为先进的地区。

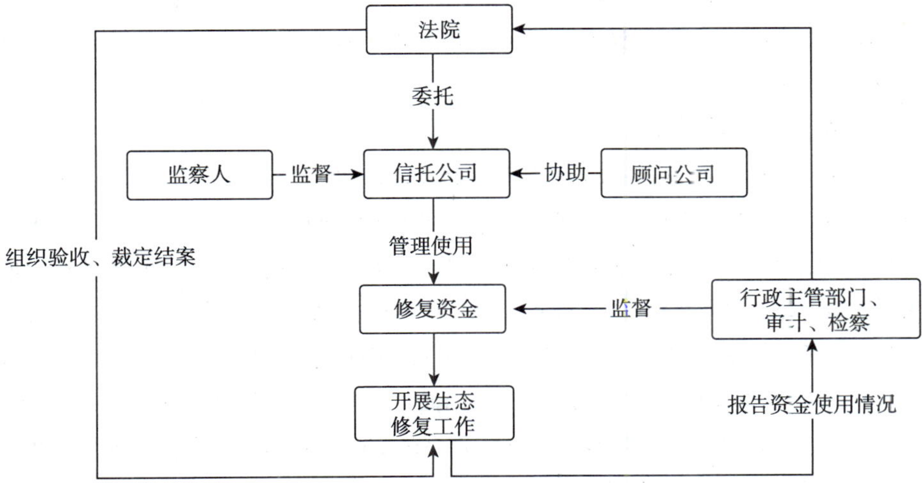

图4　生态修复资金慈善信托管理运作流程

---

〔1〕 参见胡淑珠:《从制裁到治理:环境公益诉讼案件生态环境修复执行机制研究》,载《中国应用法学》2023年第1期。

(五)执行监督:加强执行回访和多元监督机制建设

1.健全执行回访制度

生态环境公益诉讼执行工作的对象更多是"修复生态环境"这一行为,即便是金钱给付义务,也是用于修复生态环境,如上文所述,该类案件存在执行不及时、履行不到位、监管滞后等问题。部分研究者出于对法院人员、专业和精力有限等方面考虑,对是否设立执行回访制度、该制度能否落实持不乐观的态度。本文认为,判断裁判是否履行到位的主体是法院,健全执行回访制度具有现实必要性。其一,明确回访的主体,本文主张在案件移送阶段采用"'法院+第三方'主要监管、原告协同监管"的模式,在验收阶段仍可继续沿用该项设计,由第三方机构主要负责对被执行人义务履行情况进行回访跟进,原告承担协同配合义务,将回访情况及时向法院反馈,既能克服法院力量不足的缺陷,也使回访工作更加专业化。其二,明确回访的内容,应当根据义务不同而有所侧重,金钱给付义务回访的侧重点为修复资金的使用情况,行为给付义务回访的侧重点为是否落实修复方案、修复进度和效果是否与预期目标相契合,不作为义务回访的侧重点则为损害行为是否停止、损害是否扩大。其三,明确回访的次数,对于修复周期长、修复难度大的案件可以根据修复方案拟定的步骤和时间节点分期进行回访;对于增殖放流等一次性履行完毕的义务,人民法院派员进行现场监督即可。对回访过程中发现被执行人怠于履行义务的,及时将情况反馈人民法院后进行督促整改,最终由人民法院根据义务履行情况作出执行完毕、终结执行、终结本次执行程序的裁定。

2.健全多元化监督机制

着力构建"内外结合、公众参与"的综合监督体系,其一,加强内部监督,在党委政法委统筹下,从环境保护、土地资源、农业农村等相关职能部门和政法单位选优一批业务骨干组成"环境公益诉讼案件评查专家库",每年至少针对环境民事公益诉讼执行案件开展一次案件评查、交叉检查工作,同时将该类案件作为院庭长重点监督案件,常态化开展积案清结工作,并将执行质效作为考评执行法官的核心指标,设置权重相对较大的考核分值,推动执行法官主动履职、严格依法履职。其二,加强检察监督,最高人民法院和最高人民检察院联合发布的《关于民事执行活动法律监督若干问题的规定》明确规定,检察机关对法院的民事执行活动实行法律监督。部分环境民事公益诉讼案件尤其是刑事附带民事公益诉讼案件,检察机关扮演原告和监督者的双重身份,对生态修复不及时、修复不到位等问题可以通过发送检察建议、纠正违法行为通知书等方式,强化对法院执行和当事人义务履行的双重监督,在监督过程中发现的不作为、慢作为、渎职失职等行为，将相关把线索移送有关部门，并及时跟踪后续进展情况，适时开展立案监督工作。其三，加强公众监督，《环境保护法》以专章规定“信息公开与公众参与”，明确了社会公众对环境保护工作具有监督权，将环境民事公益诉讼执行进度、修复方案、修复进展、修复资金管理使用情况以及被执行人基本信息等内容纳入依法公开的事项，在法院网络平台设置专栏向社会公众发布，并设立意见征集和线索举报窗口，探索建立邀请公众现场监督执行机制，让群众参与到生态环境保护工作中，广泛接受社会监督。

（六）执行保障：建立常态化执行联动机制

环境民事公益诉讼案件执行需要群策群力，建立“党委领导、政府及相关职能部门支持、法院具体负责”的多元共执模式，推动司法职能与行政职权有机结合，以解决执行工作中的疑难复杂问题和跨部门、跨区域统筹协调问题。其一，建立联席会议机制，参照信访工作联系会议模式，从中央到地方均成立生态环境诉讼案件执行联席工作会议，由党委政法委作为牵头单位和会议召集人，人民法院作为议题提出人，政法单位、相关职能部门、公益组织和协会作为成员单位，保证各单位实现信息互通、资源共享。其二，制定会议管理制度，各相关单位明确负责该项工作的内设机构、分管领导和联络员，各单位在日常工作中形成常态化协作，以解决分工不明、相互推诿的问题；联席会议分为报请议题、议题审查、集体商讨、形成决议、反馈落实、督导推进6个环节，经联席会议议定事项实行清单式管理，明确责任单位、责任人员、工作措施和完成时限，落实情况需及时向会议召集人书面报告，对无正当理由拒不落实议定事项的单位和责任人员，视造成的后果采取通报、约谈、处分等方式予以惩戒。其三，建立联动执行工作考核机制，将该项工作纳入法治政府建设或者平安建设考评范围，把会议召开次数、推动案件执行结案数量、相关工作被重要领导批示等作为考核内容，以此改善“联而不动、动而无力”的问题。

五、结语

执行工作是环境民事公益诉讼活动的“最后一公里”，对保障人民群众生态环境合法权益、实现国家环境治理体系与治理能力现代化具有重大意义。作为新兴的制度，目前无论是在理论研究还是在司法实践中都处于探索阶段，这要求司法工作者敢于实践、善于提炼、勇于创新，不断规范和强化环境民事公益诉讼案件执行制度，真正做到“用最严格制度最严密法治保护生态环境，让制度成为刚性的约束和不可触碰的高压线”，使环境民事公益诉讼案件执行成为生态环境保护的强大司法支撑。

犯罪所得整体化追缴机制的构建*

——以案件“执行不能”为切入点

黄　剑**

摘要：刑事追缴“执行不能”是司法实践不容忽视的问题，因当前的刑法体系对科学、规范追赃行为缺乏应有的完备性规则，导致犯罪所得的处置过程叠现差异化现象，极易引发连锁性“审判风险”，可能有损各方关系人的利益。解决这一问题，应明确《刑法》第64条的文义，完善该法条因语义不清导致必要的“等值没收”措施被遗漏的问题。对追缴措施的适用维度与衔接、转换规则加以完备性构建，再造刑事追缴机制的整体性程序，需考虑合法性与程序性的问题，亦需兼顾刑罚目的、审判效率、司法资源的平衡，可采用将犯罪所得认定规则融入实质化庭审、对定罪与犯罪所得处置问题进行分段审理、规范刑事判决的表述方式、构建多元化追缴模式等解决对策。

追缴是《刑法》第64条[1]规定的对犯罪分子违法所得（以下简称犯罪所得）进行司法处置的刑事强制措施之一，然而囿于刑事判决中对追缴与其他刑事强制措施混乱适用等原因，对犯罪所得依法不能执行的问题凸显。“执行不能”的现实问题是刑事追缴机制运行不畅的直接体

---

* 本文在全国法院第三十四届学术讨论会论文评选获三等奖。

** 黄剑，广西壮族自治区玉林市福绵区人民法院党组成员、执行局局长。

〔1〕《刑法》第64条规定：“犯罪分子违法所得的一切财物，应当予以追缴或者责令退赔；对被害人的合法财产，应当及时返还；违禁品和供犯罪所用的本人财物，应当予以没收。没收的财物和罚金，一律上缴国库，不得挪用和自行处理。”

现,在处理相关执行异议案件时,不同法院采取了迥异的处置思路,本文选取了具有一定代表性的案例为引,展开对相关问题的探讨。在此基础上,对追缴应有的价值功能加以厘定,指出“追缴不能”时应执行等值财产的立法缺失,并从整体化构架出发,完善追缴与其他刑事强制措施之间的交叉整合规则,提出系列性解决对策。

一、缘起:追缴机制运行不畅引发“执行不能”的差异化现象

审判环节中未解决的问题,必然会延续到执行环节,如此一来不仅会错过解决问题的良好时机,还将加剧执行难问题。〔1〕因刑事审判环节对追缴问题的表述不清,导致案件至执行阶段出现被提起执行异议或“执行不能”等问题。

(一)提倡效率为先:在执行程序中由追缴转为处置等值财产

案例1:邬某彬因犯非法倒卖土地使用权罪被判处追缴违法所得,法院立案执行后对被执行人邬某彬名下的房产采取拍卖措施,房产共有人提出异议要求停止拍卖行为,理由之一为涉案财产不属于违法所得,不应被强制执行。法院认为:“在违法犯罪所得的财产查无下落等情形时,能否追缴罪犯其他的等值财产,法律和司法解释没有作出明确的规定。但最高人民法院、最高人民检察院、公安部、司法部联合发布的《关于办理黑恶势力刑事案件中财产处置若干问题的意见规定》(以下简称《黑恶刑案财产处置意见》)第19条规定,有证据证明依法应当追缴、没收的涉案财产无法找到、被他人善意取得、价值灭失或者与其他合法财产混合且不可分割的,可以追缴、没收其他等值财产。因此可以强制执行被执行人的等值等额财产。”〔2〕

从该案可以看出,部分法院以“任何人不能从违法犯罪中获得利益”〔3〕作为处理方式的逻辑起点,在执行程序中引用相关指导意见,以执行等值财产的方式解决追缴问题的执行障碍,旨在提高案件的执行效率。

但应当看到的是,追缴等值财产的相关意见并不具有普遍适用性,相关意见作为特殊时期和范围的文件,能不能适用于非黑恶势力犯罪案件的其他情形,且在执行程序中径行认定被追缴财产去向不明等情形又是否与现行司法的整体状况相一致,仍然有待商榷。无独有偶,该法院在另一起非黑恶势力犯罪案件中采取了较为保守的思路,该院认为:“因犯罪行为人未履行上缴违法所得的法定义务而执行其名下等值

〔1〕 参见王启江:《执行工作长效机制建构下的立审执衔接问题研究》,载《法律适用》2019年第11期。

〔2〕 参见广东省高级人民法院执行裁定书,(2019)粤执监170号。

〔3〕 “任何人不得从其错误行为中获益”(verberchen dürfen sich nicht lohnen)源自古罗马法。

财产的做法于法无据。”[1]

(二)坚持程序正义:无法追缴时需回归审判程序

案例2:卢某海因受贿罪被判处追缴违法所得,法院立案执行后发现其名下主要财产为与其妻共有的房产,在法院对该房产采取拍卖措施后,共有人提出异议要求停止拍卖行为,理由之一为涉案财产系夫妻共有合法财产,不应被强制执行用于追缴违法所得。法院认为:“判决书判项是继续追缴受贿所得赃款,没收上缴国库,并没有责令退赔或要用合法财产弥补,执行法院对该判项作出的认定存在以执代审问题,应予纠正。”[2]

从该案可以看出,部分法院坚持“程序法定”的原则,执行部门的职责是严格依据刑事判项的内容进行执行,不能逾越刑事判项的内容加以判断和认定,也不能在无法追缴时执行等值财产。

针对特殊类型刑事案件,由《黑恶刑案财产处置意见》第19条及第20条可知,对于犯罪所得属无法追缴情形的相关证据,应由公安机关或者人民检察院调取,且被告人有权提出异议。可见,在程序上,司法机关已然采用了犯罪所得的去向应由审前程序调查的规则。而对于普通类型刑事案件,最高人民法院《关于适用〈中华人民共和国刑事诉讼法〉的解释》第297条规定了涉案财物权属的法庭调查规则,但对于犯罪所得的去向证明及范围的法庭辩论规则,现行法未加以规范。事实上,对追缴的本位功能,不应作扩张性理解,在案件不存在被害人的情形下,犯罪所得侵害的法益指向于社会秩序或国家宏观利益。在具有追缴可能时应适用追缴措施,但无法追缴时应如何处理,现行法未作出规定,能否对《刑法》第64条作扩张性理解,即对犯罪所得无法追缴且不存在被害人时,可执行犯罪行为人的等值财产,成为亟待解决的问题。否则将如案例2所示,陷入执行阶段于法无据的怪圈。

(三)径行终结处置:未实现追缴与责令退赔之间的应有转换

案例3:庄某、陶某因诈骗罪被判处刑罚并被继续追缴违法所得,法院立案执行后执行部门无法查明违法所得去向,执行部门向审判部门发函,审判部门复函称根据现有证据无法查明,尔后,执行部门作出执行裁定终结对该判项的执行。[3]

从该案可以看出,当审判部门作出“继续追缴”的刑事判项,而犯罪所得的去向

---

〔1〕 参见广东省高级人民法院执行裁定书,(2020)粤执复59号。

〔2〕 参见广西壮族自治区高级人民法院监督函,(2018)桂执监53号。

〔3〕 参见海南省第二中级人民法院执行裁定书,(2017)琼97执162号之一。

又无法查明时，追缴内容不具有可执行性，因相关程序缺乏转换规则，导致对犯罪所得的处置结果成为“空判”，衔接规则的缺失致使被害人的利益受损。对于无法实现追缴犯罪所得的案件，追缴程序的终止有使犯罪行为人获益之嫌。

追缴与责令退赔作为不同的刑事强制措施，在适用方式上有所差异。在案件存在被害人的情形下，若犯罪所得的去向得以查明，且不存在第三人善意取得等特殊情形时，应适用追缴。无法追缴到位的则适用责令退赔，以犯罪行为人的合法财产弥补被害人的损失。但正如案例3所示，无法追缴时执行部门便终结执行，使理应责令退赔的强制措施未得到有效应用。

小结：从上述典型案例[1]中可以看出，当犯罪所得去向不明时，追缴等值财产的做法仅能适用于特殊类型案件，径行终结执行的做法无疑使审判目的落空，而坚持无法追缴时需回归审判程序的做法却不可避免地过度耗费司法资源（见表1）。司法实践的差异化处置方式似乎是不得已的选择，但不可避免地存在一定的局限性。

表1　对犯罪所得去向不明时的执行处理典型方式

方式1：无法追缴时可追缴等值财产	方式2：无法追缴时不能执行等值财产	方式3：径行终结执行
如浙江省海宁市人民法院（2020）浙0481执异47号执行裁定书、吉林省吉林市中级人民法院（2021）吉02执异68号执行裁定书等	如浙江省舟山市中级人民法院（2020）浙09执复1号执行裁定书、长春市南关区人民法院（2021）吉0102执异270号执行裁定书等	如贵州省黔西市人民法院（2021）黔0522执37号之三执行裁定书、四川省达州市通川区人民法院（2019）川1702执1403号之二执行裁定书等
依据：《黑恶刑案财产处置意见》第19条［部分非涉黑恶案件同样引用该意见的精神，如河南省许昌市魏都区人民法院（2021）豫1002执异404号执行裁定书］	理由：追缴等值财产的做法依法无据	理由：犯罪所得去向不明的，待查实后方能继续追缴

二、探究：追缴措施内涵的缺失及转换规则偏离的局限

追缴机制的运行不畅凸显于执行工作仅是表象，就深层次而言，因部分内涵的缺

[1] 为说明典型处置模式具有一定的普遍性，对中国裁判文书网上公开的同类型案例进行样本说明，见表1。

失,使司法实践因应用需求不得不对追缴的本义进行扩张性解释,或者另行适用其他规则应对涉案赃款账物的处置,从而引发刑事强制措施适用不当的问题。

(一)追缴的价值功能缺失导致《刑法》的"文义射程"被扩张

对法律文本中的专业用语的语义,必须按照法律文本的明确规定和概念体系逻辑进行专门解释,应当解释它的特定含义、立法者的真实意思。[1] "追缴"一词在《刑法》中有特定的语义,与我国追缴制度有所不同,部分国家和地区创设了追征制度,如日本《刑法典》对追征作出规定:"对于涉案财物的全部或者一部不能没收时,可以追征其价款。"追征作为不能执行没收判决场合的一种换刑处分,是赃款赃物原物不存在或无法处理时的一种替代处理方式,具有准刑罚的性质。[2] 然而,追缴并不等同于追征,《刑法》第64条所述的追缴仅为程序上的强制措施。追缴着重于将赃款赃物追回的过程,追回后应按不同情况处理,或上缴国库,或发还被害人。[3] 追缴这一行为本身并未涵摄返还或者没收的内容,不是对犯罪所得的最终处置,其强调的是对赃款赃物的控制。若无法追缴时不能采取补充性措施,则违背了从犯罪行为中获益的法理,可见追缴的价值维度出现缺失。

当在特殊犯罪领域发现类似的漏洞呈普遍现象后,司法机关不得不通过"打补丁"的办法加以规制,正如《黑恶刑案财产处置意见》第19条规定的"可以追缴、没收其他等值财产"。然而,如此一来又有僭越立法本意之嫌,突破了《刑法》本身的"文义射程"。刑法的目的、原则和原意框定了刑事司法解释不可逾越的边界。刑事司法解释须以刑法文义射程作为边界,偏离法律条文本身固有的范围或者边界随意进行解释,对立法未决事项或法外空间随意予以增添、删减,属带有造法色彩。[4] 故要解决"追缴等值财产"这一问题,只能对《刑法》第64条加以完善。

(二)追缴与责令退赔界限不清而产生"概括性判决"

追缴与责令退赔两种措施存在显著差别,如果不明确两者的界限,在追缴措施无法推进后转换至退赔措施,以犯罪行为人的合法财产弥补被害人的损失,则易使刑事判决成为"空判"。为保证裁判文书具有可执行性,裁项内容应当具体明确,刑事诉讼中,因犯罪所得的转化形式复杂多样,当难以作出准确的认定时,裁判文书往往会被

---

〔1〕 参见王利明:《法律解释学导论——以民法为视角》,法律出版社2017年版,第274页。

〔2〕 参见[日]大谷实:《刑法讲义总论》,黎宏译,中国人民大学出版社2008年版,第466页。

〔3〕 参见李长坤:《刑事涉案财物处理制度研究》,上海交通大学出版社2012年版,第57页。

〔4〕 参见吴亚可:《论刑事司法解释与刑法文义射程之间的紧张关系》,载《法学家》2022年第3期。

作出模糊性的表述，从而产生“概括性判决”。

1. 因犯罪所得的去向缺乏证据认定而“概括性判决”

司法机关往往注重对犯罪分子刑事责任的追究，主要精力用于收集定罪量刑证据、判断证据是否确实充分、分析罪与非罪、此罪与彼罪，在这个过程中追缴赃款赃物作为附带、派生职责受到的关注程度并不高。[1] 在现行法的规则下，办案部门在达到指控犯罪事实的证明需求后，便不再过多关注犯罪所得的去向问题。待到审判阶段，因证据的缺乏，犯罪所得去向不明，对犯罪所得问题只能作出“继续追缴”的笼统性表述。

2. 因犯罪所得的权属不清而“概括性判决”

当犯罪所得与犯罪行为人的合法财产混同后，未有充分手段可分离出犯罪所得或其孳息、收益及其他可追缴的财产部分，应适用继续追缴还是责令退赔，若适用追缴措施又如何确定追缴的范围或比例，裁判者往往无法适从。

3. 因犯罪所得难以区分善意取得等情形而“概括性判决”

对被善意取得的涉案财物在执行过程中不予追缴已有最高人民法院《关于刑事裁判涉财产部分执行的若干规定》（以下简称《刑事裁判涉执规定》）第 11 条予以明确，但在审判阶段，即便已查明犯罪所得转移于第三人，裁判者也往往怠于作出深入判断，如赃款被出借于他人、赃物被他人购置但无法判断第三人是否支付合理对价、犯罪所得被设定了抵押或质押等情形。出于对判决主文表述错误的“容错”心理，不得已而作出模糊判决，把问题留到执行阶段再解决。

（三）追缴与责令退赔混乱适用引发执行利益问题

1. 被害人丧失优先受偿权

追缴行为具有明确的指向性，对被害人而言，即恢复将犯罪行为人已处分的合法财物归被害人持有的状态，强调的是所有权的归还，返还基础是基于物权。而责令退赔系因未能将犯罪所得实现查控而责令犯罪行为人赔偿被害人财产损失，赔偿基础是侵权，体现的是侵权之债的债权属性，执行标的是犯罪行为人的合法财产。需要指出的是，因国家意志的介入，责令退赔该种“刑事债权”较普通民事债权在法律上具

〔1〕 参见陈剑峰：《非法集资案件中涉案财物追缴、处置的现实困境与应对》，载《中国检察官》2019 年第 22 期。

有优先顺位。[1] 且不论“退赔被害人的损失”优先于“其他民事债务”这一执行程序设计的合理性，但至少可以确定，如果刑事判项适用的是责令退赔措施，那么刑事案件的被害人在执行过程中较普通民事案件债权人而言，其具有优先分配被执行人自身责任财产的权利。故应适用责令退赔却选择追缴措施的刑事案件，将有损被害人的法定优先分配权利。

2. 民事案件债权人被分配责任财产

如前文所述，在现有的执行程序下，责令退赔类型涉执案件的被害人较普通民事案件债权人（不包含享有担保物权的债权人及人身损害赔偿案件的债权人）享有优先顺位，该种分配制度的逻辑在于“由于刑事案件的被害人对于遭受犯罪侵害的事实无法预测和避免，被害人对被非法占有、处置的财产主张权利只能通过追缴或者退赔予以解决，在赃款赃物追缴不能的情况下，被执行人在赃款赃物等值范围内予以赔偿，该赔偿优先于其他民事债务具有合理性”[2]，即民事案件债权人在民商事活动中应预见其存在一定的债务人不能清偿风险，但刑事案件的被害人处于更为弱势的地位，需要加以倾向性保护。

但实际上，这种立法逻辑无法囊括所有的犯罪类型，如非法吸收公众存款罪、集资诈骗罪等类型案件中，被害人也理应预测到相关风险。那么，在已优先保护被害人的模式下，如果保护的限度再不加以合理规制，特别是人为之忽视导致该种权利被过度放大，将导致民事案件债权人的利益空间被进一步压缩。故应适用追缴措施的刑事案件，本可通过追缴挽回被害人的经济损失，若被人为选择适用责令退赔措施，将损害民事案件普通债权人的利益。

3. 共同犯罪行为人承担不均衡退赔责任

共同犯罪类型案件中，如犯罪行为人需承担退赔责任，如何划分责任比例，依据按份责任法还是连带责任法，是司法实践的难点。如采用按份责任，需结合行为人在共同犯罪中的参与程度、地位作用、获益大小等综合考量，分配比例系数难以保证合理科学，故连带责任法成为裁判者更为普遍的选择，尽管让共同犯罪行为人承担连带退赔责任有违“罪责均衡”原则，尤其体现在涉案金额较大的集团型犯罪中。

---

〔1〕 参见《刑事裁判涉执规定》第 13 条第 1 款规定：“被执行人在执行中同时承担刑事责任、民事责任，其财产不足以支付的，按照下列顺序执行：（一）人身损害赔偿中的医疗费用；（二）退赔被害人的损失；（三）其他民事债务；（四）罚金；（五）没收财产。”

〔2〕 参见刘贵祥、闫燕：《〈关于刑事裁判涉财产部分执行的若干规定〉的理解与适用》，载《人民司法（应用）》2015 年第 1 期。

在连带退赔情形下，案件一旦进入执行阶段，从执行效率的角度出发，若从犯名下的责任财产更易处置，执行部门则更多地考虑先执行从犯的责任财产。这就导致司法实践出现怪象，即犯罪所得被主犯处置，由于缺乏犯罪所得的去向证据，裁判者选择适用责令退赔措施，主、从犯承担连带退赔责任后，结果却是从犯的财产被用于执行。当然，从犯有选择追偿主犯的救济途径，但已造成司法资源的浪费。所以，因某些原因应适用追缴措施但选择责令退赔时，将引发“蝴蝶效应”，最终导致的结果是罪责较小的犯罪行为人较多地承担了退赔责任。

三、解读：现有模式下追缴机制运行不畅的成因

刑罚的最终目的是打击违法犯罪和保护合法权益，但在现行法及程序规则下，刑事诉讼中的各类关系人就涉案赃款赃物的处置问题存在隐性的利益冲突，探寻刑事追缴问题的合理化解决途径，需先明晰上述混沌现象之成因。

（一）立法不明：“追缴不能”缺乏应有的功能定位

《刑法》第64条的内涵丰富但表述过于简单，对于“追缴不能”的问题似言非言，导致学界对追缴、责令退赔、没收三种处理措施各自的含义、性质和适用对象观点各异，司法适用逻辑不一。

1. 关于追缴本身的内涵。广义论观点认为：“追缴是指将犯罪分子的违法所得强制收归国有”[1]，属实体性措施，是将犯罪所得收归国有的终局性处分。狭义论观点认为：“追缴不是实体处罚措施，而更接近程序上的强制措施，侧重追回违法所得的过程。”[2]

对《刑法》第64条应作穿透性理解。追缴首先是刑事诉讼中司法机关对犯罪所得进行追查、收缴。如果按广义论的理解，追缴系上缴之意，便与没收的含义相当，但该第64条已两次出现“没收”一词，已针对没收的范围和终局处置方式作出说明，若追缴的立法本意是强制收归国有，可直接表述为“犯罪分子违法所得的一切财物，应当予以没收或者责令退赔”。但如此一来，又无法与“责令退赔”的关系相呼应，为何要责令退赔，自然是因为犯罪所得无法扣押在案。追缴的目的在于将赃款赃物追回至司法机关，追回后再按不同情况处理，即发还给被害人或者上缴国库。《刑法》第64条的追缴其实包含了追查、收缴、上缴国库或返还被害人的整体含义。如此一来，

〔1〕胡康生、郎胜：《中华人民共和国刑法释义》，法律出版社2004年版，第62页。
〔2〕刘延和：《追缴、责令退赔和刑事没收探讨》，载《人民司法》2004年第12期。

"追缴不能"的后位措施应是包含了责令退赔,但追缴本身未涵盖"追缴不能"时用犯罪行为人的合法财产予以追缴的含义。

2. 关于责令退赔与追缴间的内涵。广义论观点认为:"责令退赔应当是追缴的替代性措施,当违法所得的原物无法追缴或者追缴不能时,责令犯罪分子交出与应当追缴的财物价值相当的财产,以便用来返还被害人或者没收。"[1]狭义论观点认为:"责令退赔是在犯罪分子已将赃款赃物用掉、毁坏或挥霍的情况下,责令其按照赃款赃物的等额价款或者相同种类物赔偿被害人。"[2]两种观点的区别在于,责令退赔的对象是否包括国家。狭义论认为责令退赔的对象仅包括被害人,广义论认为当犯罪所得应收归国有的,"追缴不能"时可责令犯罪行为人退赔于国家。

按字面理解,"赔"系赔偿之意,赔偿的法律前提是赔偿义务人已对权利人造成经济损失。但就国家层面而言,应收归于国家的犯罪所得,不是一种国家损失,而是国家对不法利益的一种强制剥夺,当这种不法利益因客观原因已无法剥夺时,只能采取替代性的惩戒措施,而不是赔偿性措施,退赔属词不达意。责令退赔作为刑事裁判涉财产部分执行的类型之一,最高人民法院执行局对责令退赔的适用范围采取了狭义性理解。《黑恶刑案财产处置意见》第 19 条也是如此,对"追缴不能"的替代措施未表述为责令退赔,而是退而求次表述为"可以追缴、没收其他等值财产"。

3. 关于没收与追缴间的内涵。有观点认为,"追缴或者责令退赔违法所得的财物只能作两种处理:其一,属于被害人的合法财产的应当及时返还被害人;其二,没有被害人或者不需要返还被害人的违法所得财物只能收归国有、上缴国库。后一种情形显然属于没收。《刑法》第 64 条最后一句的所称的'没收的财物'明显包含了除及时返还之外的追缴和责令退赔的财物。换言之,追缴和责令退赔中实际上包含了部分没收。"[3]该种观点具有合理性,即不需要返还被害人的违法所得,本质上属于没收。但需要指出的是,该种没收的性质与《刑法》第 64 条中"违禁品和供犯罪所用的本人财物,应当予以没收"中的没收一样,仅针对的是"不法之物"本身,即不需要返还被害人的赃款赃物已到案的,予以没收、收归国有。但该种没收与财产刑处分中没收犯罪行为人个人合法财产不属于同一性质,不带有惩罚性,无法涵盖"追缴不能"时"换刑惩罚"的替代性功能,即对于不需要返还被害人的赃款赃物无法到案时,应没收犯

[1] 胡成胜:《我国刑法第 64 条"没收"规定的理解与适用》,载《河北法学》2012 年第 3 期。

[2] 最高人民法院执行局编著:《〈最高人民法院关于刑事裁判涉财产部分执行的若干规定〉理解与适用》,中国法制出版社 2017 年版,第 15－16 页。

[3] 张明楷:《论刑法中的没收》,载《法学家》2012 年第 3 期。

罪行为人的个人财产。

综上所述,《刑法》第64条规范的是对犯罪财物的处理,但对“等值没收”问题缺乏应有的表述,即“当犯罪所得被挥霍、转让、贬值或者灭失时,按照该犯罪所得的价值,以充抵的方式对犯罪人的个人财产实行没收”[1],法条的语义不清导致必要的刑事措施被遗漏。

(二)程序失范:各主体间对刑事追缴进程参与不足

1. 部门规范间缺乏整体性和协调性

刑事追赃贯穿了侦查(监察)至执行的全过程,涉及公安、监察委、检察院、法院多部门,由于各部门对刑事诉讼任务分工不同,对追赃的要求与程序也不同。《刑事诉讼法》《刑事诉讼法解释》对侦查机关在侦查过程中发现可证明犯罪嫌疑人有罪或无罪的证据应当查封、扣押,根据侦查需要可查询、冻结犯罪嫌疑人的财产作出了原则性的规定。各部门的规范性文件如《公安机关涉案财物管理若干规定》《人民检察院刑事诉讼涉案管理规定》关于追赃问题也均是基于收集罪证或基于《刑法》第64条的追缴基本要求作出规定,但对追赃的细节缺乏具体的可操作性,导致各部门在追赃的协作配合上产生隔阂。司法实践面临至少以下六个问题:(1)犯罪所得被转移后的查控标准;(2)犯罪收益如何界定;(3)犯罪所得与其他财产混同后如何区分;(4)在案的犯罪所得价值贬损风险由谁承担;(5)执行程序前的犯罪所得被善意取得如何认定;(6)审判程序前案外人对被控财产提出异议如何解决等。这一系列问题反映了各部门职责定位与操作标准不相匹配。

2. 被害人及利害关系人的权益保障受限

关于涉案财物的认定,现有的庭审调查程序未赋予被害人及利害关系人就犯罪所得问题参与庭审的权利。被害人及利害关系人面临着因无专门的涉案财物处置程序而无法表达意见,财产性主张得不到充分审理的问题。[2] 被害人人数较少、案情相对简单的刑事案件,在法庭调查时,可结合侦查阶段对于被害人的陈述就涉案财物问题加以认定。但囿于侦查工作的封闭性,因缺乏庭审参与,被害人的异议权没有得到充分保障,如侦查阶段的价格认定价值与对被害人被侵害利益的实际价值是否相符,被害人无法通过庭审发表意见;又如在涉众型经济纠纷刑事案件中,因未参与侦

---

[1] 黄风:《等值没收及可追缴资产评估规则探析》,载《比较法研究》2015年第5期。

[2] 参见闵春雷、张伟:《论相对独立的刑事涉案财物处置程序之建构》,载《厦门大学学报(哲学社会科学版)》2022年第4期。

查阶段的调查，利害关系人不能作为刑事案件的被害人，其提起民事诉讼后又因“先刑后民”的程序限制而被迫中止审理，在追缴或责令退赔的判项中亦不能作为犯罪所得发还或退赔的对象。虽然说从节省司法资源的角度出发，刑事案件一并判决犯罪行为人对被害人损失承担相应责任，且由刑事审判庭直接移送立案执行即可解决大部分问题，但排除被害人和利害关系人的庭审参与，实际是对民事权益的无形侵害。刑事诉讼强调社会普遍利益的维护，强调公诉机关可以代表被害人，却或多或少忽视了社会利益的多元化和矛盾性，忽视了被害人的独特要求。[1]

3. 犯罪行为人退赃意愿遇阻

《刑法》第 64 条列于《刑法》第四章内的量刑一节，原因之一在于犯罪所得能否追缴到位、犯罪行为人的退赃结果如何，与量刑相关。在认罪认罚从宽制度的适用背景下，大部分犯罪行为人选择积极供述犯罪所得的下落。但如果侦查机关反映无法查证财产去向的，犯罪行为人将面临另行退赔或从重处罚的结果。犯罪行为人即便有不同意见，也难以出示相关证据。现有程序中，就犯罪行为人而言，也缺乏审前申诉及在法庭调查阶段可因此抗辩的权利保障。另外的情形是，如果犯罪行为人供述涉案财产的下落后，相关部门未及时进行查控，导致财物控制人再次处置财产，造成“追缴不能”的结果，责任由谁承担的问题界定不明，赃款赃物失控的风险在一定情形下转嫁于犯罪行为人。

四、再造：犯罪所得整体化追缴机制的变革之道

构建整体化的追缴机制需从立法和程序两个层面着手，且离不开除法院以外的其他职能部门的协调配合，形成工作合力。[2]《刑法》第 64 条对处分涉案财物的各类刑事强制措施作出了规定，但术语间的逻辑未理顺，内涵较模糊，使各措施与处理对象间存在重合，导致追缴与其他措施在司法实务中被混淆使用。根据刑事诉讼的时间节点及阶段变化，结合各措施的目的，《刑法》第 64 条可修改为：

“犯罪分子违法所得的一切财物，属被害人合法财产的应及时返还，其余上缴国库；违法所得尚未到案的，追缴后返还被害人或上缴国库；违法所得无法追缴到案的，责令犯罪分子退赔于被害人或没收犯罪分子的等值财产。

---

〔1〕 参见龙宗智：《相对合理主义》，中国政法大学出版社 1999 年版，第 56 页。

〔2〕 2022 年 7 月 26 日召开的全国法院执行工作会上强调要进一步加强刑事涉财执行工作，对已出台的司法解释、规范性文件进行系统梳理和修订，统一使用标准，要加强与纪检监察、公安、检察部门的沟通协调，形成工作合力。

违禁品、供犯罪所用的本人财物以及他人明知犯罪分子实施犯罪而提供的本人财物,应当予以追缴、没收。

没收的财物和罚金,一律上缴国库,不得挪用和自行处理。’

与此同时,可对应修改配套的司法解释,将《刑事裁判涉执规定》加以完善,在该司法解释原有的基础上增加以下内容:

“对涉案赃款赃物,一般应当追缴原物,原物已转化为其他财物的,追缴已转化财物。原物因已被处分或灭失等原因不能追缴的,可对被执行人的等值财产予以没收。因特殊原因不宜追缴原物的,可折价没收被执行人的其他等值财产。”

除立法完善外,在程序设置上,对涉案财物的处置从时间顺序上应形成协调配合→庭前审查→法庭调查→裁判说理的整体化模式,该整体化模式中,亦应遵循以审判为中心的诉讼标准。

(一)将犯罪所得认定规则融入庭审实质化

1. 对犯罪所得进行实质庭审的规则

关于涉案财产的法庭调查,在现行程序法中仅限于在案财物的权属调查,即法庭应调查已查封、扣押、冻结在案的财物是否属于赃款赃物,对追缴去向、范围的界定,缺乏来自控辩双方的举证及质证程序,也欠缺被害人及利害关系人参与法庭调查。

参考域外经验,德国《刑事诉讼法》规定了较为严格的诉辩程序,即由检察机关对涉案财物处理提出指控并举证,控辩双方、利害关系人对此进行质证、认证、辩论,法庭充分听取各方陈述。[1] “他山之石,可以攻玉”,在我国刑事诉讼参与人有限参与庭审的现有模式下,为保证刑事诉讼审判效率与案件结果公平间的平衡,法庭可以根据案件的复杂程度决定是否就犯罪所得范围、继续追缴范围、责令退赔范围等追缴关联事项启动诉辩程序。在程序设计上,可以采取以下思路加以完善(见图1):

(1)在审前的侦查(监察)及审查起诉阶段,赋予犯罪行为人、被害人、利害关系人就追缴的依据和程序不服的,可以申诉的权利;

(2)开庭前向犯罪行为人、被害人、利害关系人送达《涉案财产处置风险告知书》,就已到案财产及未到案财产的基本情况,拟处置措施作出说明,犯罪行为人、被害人、利害关系人对拟处置措施有无意见的,均需记录在案,如被害人及利害关系人需出庭发表意见的,提交书面申请;

(3)开庭时根据审前情况反馈及案件事实是否明晰,法庭就是否需要继续追缴、

〔1〕 参见《德国刑事诉讼法典》,李昌珂译,中国政法大学出版社1995年版,第72页。

向谁追缴、追缴到哪个层级、追缴的具体数额等涉追缴问题决定是否进行法庭辩论。展开法庭辩论的，由公诉机关就犯罪行为人的犯罪所得应予追缴、应予退赔或应予等值没收的数额承担证明责任，犯罪行为人、被害人及利害关系人不认可公诉机关指控的，举证证明抗辩的理由。

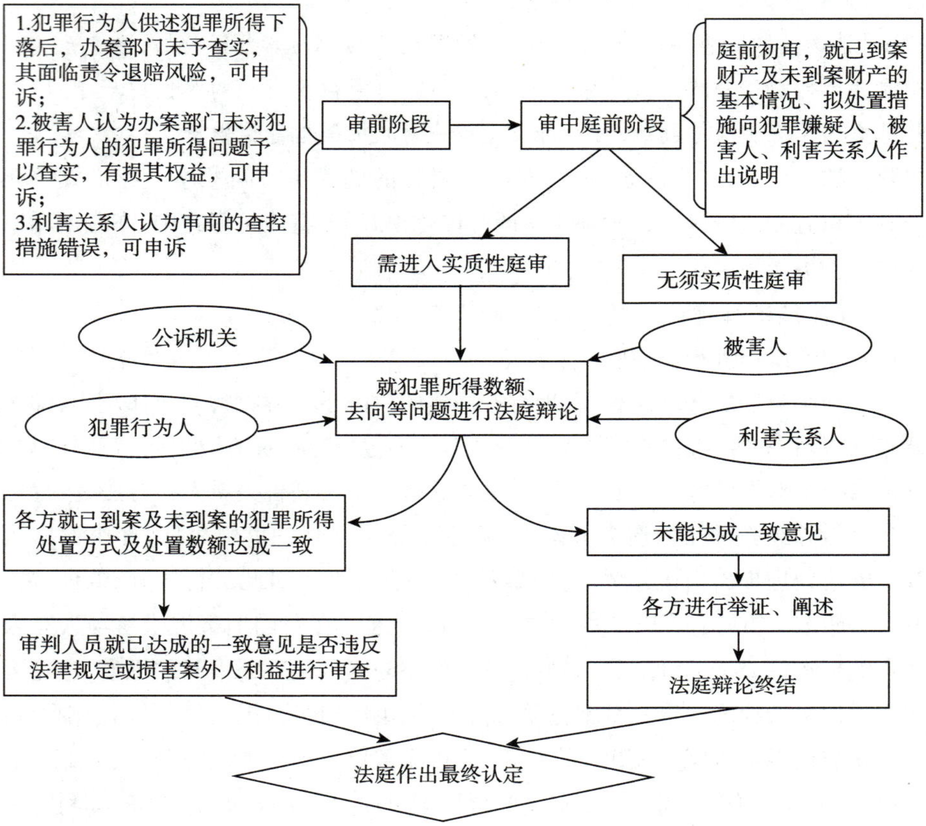

图1　追缴犯罪所得实质庭审的认定规则流程

2. 厘清犯罪所得投资收益的界限

《刑事裁判涉执规定》第10条规定了对犯罪所得及收益应予追缴，然而犯罪所得投资收益问题在司法实践的具体应用中却呈现一定的复杂状况，对犯罪所得及孳息、转化物的追缴，一旦涉及投资或混合经营，犯罪所得收益就成了非法与合法的耦合产物。如何科学地分离出属犯罪所得的相应份额，是当前刑事追缴实务操作层面亟待解决的问题，也是对犯罪所得追缴范围进行实质庭审的必要内容。

(1)“投机”型收益——绝对追缴

通常而言,犯罪所得要么被犯罪行为人享用,要么被用于投资置业以获取更多收益。在投资置业方面,犯罪所得收益可分为以下情形:一是非风险型收益,如利息、租金等;二是风险型收益,如股票、基金、彩票等。对于非风险型收益,因其属于犯罪所得的直接孳息,应予以追缴不存在争议。存在争议的是,风险型收益包含一定的“智力投入”成分,属于犯罪所得与脑力劳动的混合收益,是否应予全部追缴。从性质上而言,该种风险型投资属于一种资本投机的射幸行为,结果带有不确定性,也并未产生经营、管理、劳力等生产要素,若最终产生收益,更多的是依靠资本要素本身。故犯罪所得被用于风险型投资时,如产生收益的,对相关收益应予一并追缴。

(2)“资本+其他要素”型收益——有限追缴

当犯罪行为人完成一定程度的资本积累后,依靠犯罪所得作为启动资金,转而从事正当的生产经营活动,在生产经营活动中产生的利润应否视为犯罪所得的收益予以追缴,是界定犯罪所得收益范围不可避免的问题。

有观点认为:“在犯罪人利用犯罪所得从事的投资经营活动本身完全合法的前提下,只应当没收犯罪人利用特定犯罪所得进行投资经营所直接产生的收益,而不包括犯罪人再次利用上述收益投资经营而获得的收益及如此循环而获得的收益,并扣除经营活动中所支出的合理费用。”[1] 该种观点将原始资本与后续经营进行剥离,具有一定的合理性。与投机型犯罪所得收益不同,虽然该种生产经营活动的原始资本带有“罪恶成分”,但收益的最终产生是“资本+其他要素”的共同结果。除资本要素外,生产经营活动更多的是依靠劳力、管理、营销等环节,包含了管理的生产要素和劳动价值,该种投资收益的发生进程是“资本+劳力+管理+技术+其他”。故对于该种类型的收益,仅应追缴作为生产经营活动原始资本的犯罪所得,当然,如果该种类型的经营活动在经营过程中已向犯罪行为人支付了相应的劳力、管理、营销等人力成本对价,那么原始资本及收益则应全部追缴。

(二)确保刑事裁判的可执行性

1. 复杂案件推行分段审理机制

在民事诉讼领域,《民事诉讼法》第156条规定了“其中一部分事实已经清楚,可以就该部分先行判决”的“先行判决”制度。作为借鉴,刑事追缴程序根据不同情况,

---

〔1〕 崔汉刚、郭靖、胡成胜、王莉:《对犯罪所得增值部分要不要一律没收》,载《检察日报》2016年2月15日,第3版。

也可以采用分段审理模式(见图 2)。就追缴和退赔的责任划分、具体数额等事项,如在刑事审判阶段无法及时作出的,可就定罪、量刑部分先行作出刑事判决,再以刑事裁定的方式作为补充,就犯罪所得问题作出后续处置。需要指出的是,从刑事判决的稳定性而言,先行判决只能作为特例。具体而言,若犯罪所得情况简单明了,不需要补充侦查的,应依现有模式对被告人的定罪量刑、犯罪所得处理方式一并判决;若存在犯罪所得去向不明仍需查实、犯罪所得实际数额不能确定仍需明晰等问题,一并判决易导致“追缴不能”问题出现的,可就定罪量刑部分作出判决后,再补充调查或取证,继而作出补充裁定。

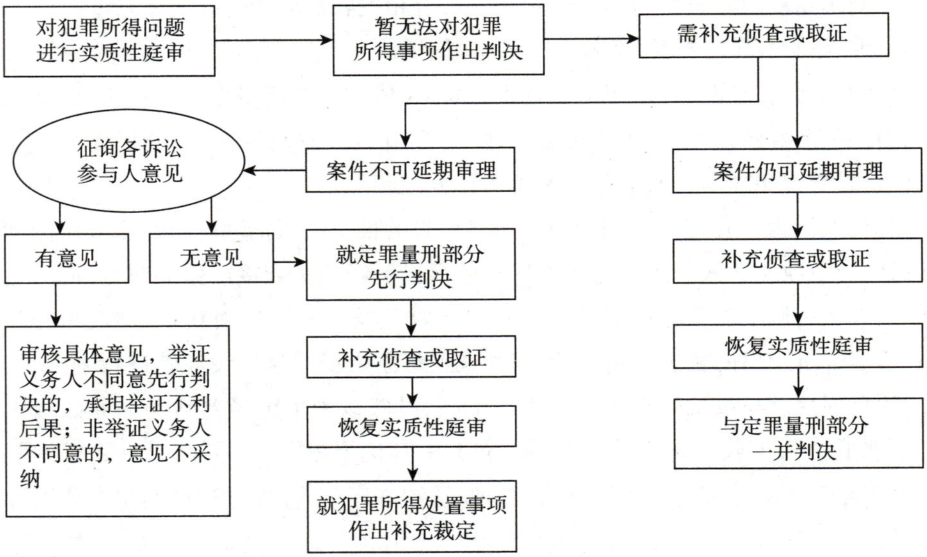

图 2 处置犯罪所得事项的分段审理流程

为保障各方诉讼参与人的利益,法庭决定先行判决的,应征询诉讼参与人的意见。在刑事判决作出后,发现犯罪行为人在原判决阶段中仍有犯罪所得未予处置的,亦可通过刑事裁定的方式作出补充处置说明。以刑事裁定作为刑事判决的补充,一定程度上保证了刑事诉讼的效率,降低刑事判决不可执行的概率,在诉讼效率和判决可执行性之间实现平衡。

2. 规范法律文书的制作

涉及犯罪所得的常见刑事判项表述类型有:(1)在案财物上缴国库或没收;(2)在案财物返还被害人;(3)继续追缴;(4)追缴 + 上缴国库;(5)追缴 + 返还被害

人;(6)责令退赔;(7)追缴+责令退赔等。裁判文书的制作应当具备执行思维,确保后续的可执行性,以避免执行部门对判项的理解出现偏差。判决继续追缴的,应明确继续追缴的对象、范围及数额,追缴后的处理方式。笼统的表述方式如"对被告人的违法所得予以继续追缴",只会导致执行部门要求刑事审判部门作出补充说明→刑事审判部门不能说明→案件终结执行→犯罪所得事项被"空判"的结果。追缴的对象是具体明确的,也应考虑"追缴不能"后的操作余地,如受贿犯罪中被告人已明确表示赃款已于案发前退回行贿人,在判决向行贿人追缴赃款时,应明确"行贿人拒不退出案涉赃款的,可执行其名下等值财产"。在共同犯罪中,涉及多被告人在追缴不能后需共同退赔的,需明确退赔的比例,是否应连带退赔。案件涉及多名被害人,但追缴的犯罪所得可能不足以返还所有被害人的,应确定相应的返还比例。总之,追缴仅是对未到案犯罪所得予以处置的初始阶段,后续情况复杂多样,裁判时应对"追缴不能"的可能性进行预估,以确定"追缴不能"时的补充措施(见图3)。

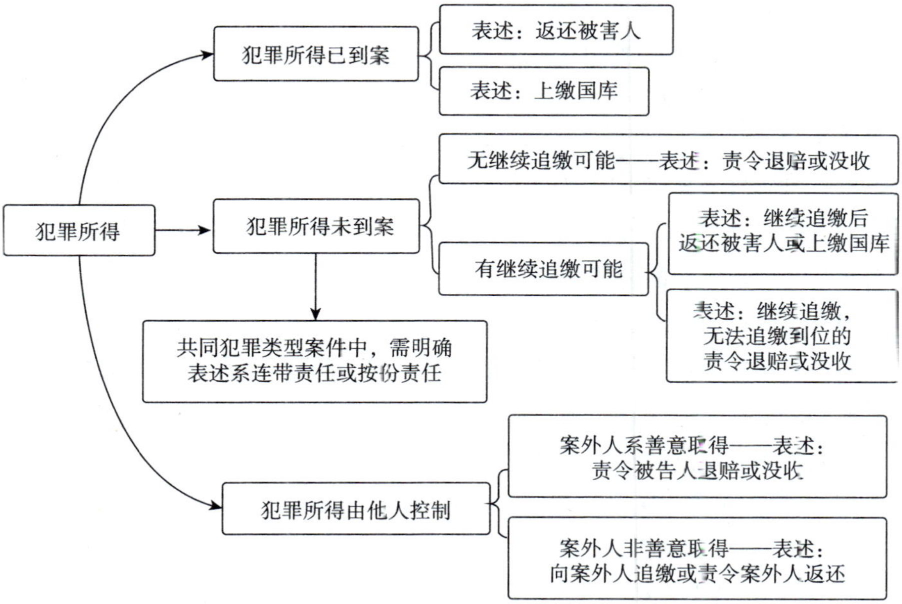

图3　犯罪所得刑事判项表述类型

(三)追缴机制向多元化模式转变

1. 明晰审前职能主体的追缴职责

在刑事诉讼的不同阶段,各办案部门均有查控涉案财物、追缴赃款赃物、查明犯罪所得去向的职责，在职权划分上不应各自分离而需相互配合。

侦查（监察）阶段具有查控犯罪所得的天然优势，侦查（监察）机关采取的查询、查封、扣押、冻结等措施不应仅是为了收集犯罪行为人的入罪证据，还应考虑判后对犯罪所得强制执行的问题，发挥侦查（监察）阶段“以快制快”的财产保全优势，防止未到案的犯罪所得被层层转移后“追缴不能”。

审查起诉阶段，检察机关应对侦查（监察）机关对犯罪所得的调查情况予以核实，情况不明的应补充调查。检察机关发现新的犯罪收益线索，可要求侦查（监察）机关补充调查。对犯罪收益的具体认定，由检察机关向法庭承担举证责任。检察机关应向审判机关随案移送犯罪所得在案登记情况及未到案情况，提出追缴、责令退赔或没收的建议。

2. 联合出台处置涉案犯罪所得的指导意见

刑事诉讼涉案财物的处置是一项系统性工程，从立案开始到执行结束，具有持续性，故要求各环节步骤制度化、规范化。

例如，公安机关在侦查涉众型刑事犯罪时，为避免至审判阶段后被害人数量发生变化、犯罪行为人违法所得数额不明、追缴范围不能确定的问题，应向社会发布公告，由被害人主动参与侦查，保障不特定群体的权益；又如在审前查封、扣押、冻结过程中，案外人提出异议，异议被驳回后案外人应如何救济，都是司法实践亟待解决的问题。为此，进一步厘清其中的法律关系，尽快出台处置涉案犯罪所得的指导意见，不失为解决追缴不能问题的途径。

3. 对在案的犯罪所得进行相应管控

已查控在案的犯罪所得价值贬损是不容忽视的问题，办案机关在犯罪行为人被作出最终判决前应妥善保管涉案财物，但司法实践中，涉案财物缺乏有效保管，甚至被随意处置的现象仍然存在。对涉案财物的保管主体各自为政，对涉案财物处置的公开程度、当事人及利害关系人参与和外部监督主体较为缺失。[1]

参考域外经验，可设立相应的涉案财物管理中心。如泰国设立的资产管理局，其主要职责有：记录被没收和扣押的财产，储存、维护被没收或扣押的财产，并将其上缴财政部或及时返回财产所有人。[2] 以设立涉案财物管理中心的方式对在案财物进行专门管理，杜绝犯罪所得保管无序、价值减损的现象。

---

〔1〕 参见杨胜荣、周雪操：《刑事被追诉人涉案财物保障机制探究》，载《社会科学家》2022 年第 5 期。

〔2〕 参见刘文峰：《犯罪收益独立没收程序研究》，中国政法大学出版社 2016 年版，第 207 – 208 页。

4. 明确相关异议的处理程序

被害人、利害关系人可能在执行前的刑事诉讼阶段有提起异议的要求，但现行法对此未加以明确。因缺乏关于办案部门接到异议请求后处理方式的规定，导致本应在刑事诉讼中解决的问题延续至执行阶段。在刑事诉讼过程中，相关人员提出异议的类型主要包括两种：一是利害关系人认为办案部门查封、扣押、冻结的涉案财物属其实际所有，即权属型异议；二是被害人认为办案部门应对涉案财物采取查封、扣押、冻结措施而未采取，即行为型异议。对权属型异议，案外人除可向办案部门进行申诉及向司法监督部门请求予以监督外，还可向人民法院提起确权纠纷民事诉讼或行政行为违法的行政诉讼。[1] 对行为型异议，办案机关采取的是类行政化办案模式，是否采取相应查控措施，均由办案机关自己决定和执行，未给予被害人、利害关系人对相关行为不服后参与到程序中来的救济渠道，被害人及利害关系人只能进行申诉、请求司法监督，又或者对犯罪行为人提起民事诉讼并申请财产保全。但如果由被害人向犯罪行为人提起民事诉讼，因刑民案件交叉审理的“先刑后民”规则，该方式并非可取。所以，在刑事诉讼过程中，制定允许被害人申请刑事案件财产保全的特定规则，作为办案部门未进行涉案财物查控的补充，成为拓展解决刑事追缴难题的新路径之一（见图 4）。

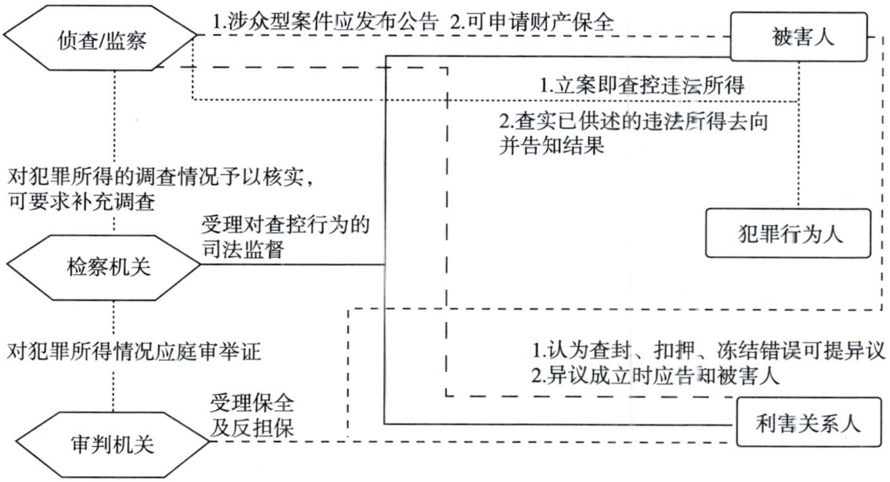

图 4　追缴机制多元模式主体关系

〔1〕 侦查机关不合规查封、扣押、冻结涉案财物可面临行政赔偿，参见《振华公司与黄石公安局行政诉讼案》，载《人民法院报》2019 年 10 月 1 日，第 41 版。

五、结语

刑事审判程序“重定罪量刑，轻财产处理”的理念导致刑事裁判涉财产部分的执行力度及效果远不如民商事案件，在较大程度上影响人民群众对司法权威的信任。在“基本解决执行难”的目标已如期实现而“切实解决执行难”仍在路上的背景下，强力推进刑事裁判涉财产部分的执行已然成为当前执行工作的重要一环，是实现全面依法治国的应有之义。然而，解决刑事追缴“执行不能”的现实问题，不能仅依赖于执行程序，更应从源头出发，回溯刑事法律应有的价值定位。本文旨在探寻对犯罪所得相关处置程序的整体构建规则，以期刑事追缴及后续衔接程序能发挥应有的法律功能。

仲裁裁决与强制执行的冲突与调适*

——以四级法院审级职能定位改革为视角

成　靖　李　妍**

摘要：目前，仲裁存在仲裁程序或者仲裁庭的组成违反法定程序、网络仲裁双方没有真实有效的仲裁协议、违反金融管理法律等国家强制性规定违法发放贷款、仲裁机构约定存在不公现象等问题。大量普通仲裁案件由中级人民法院执行，四级法院审级职能定位不明，中高级人民法院不堪重负。中级人民法院对存在较大瑕疵的网络仲裁案件通过"驳回执行申请和不予执行仲裁裁决"等方式严格审查阻却执行，仲裁裁决与强制执行的矛盾张力日益凸显。部分接受仲裁协议的被申请人是格式合同强加的结果、个别仲裁机构与仲裁申请人可能存在利益输送关系、少数仲裁机构滥用制定仲裁规则的权利和法院审级职能定位不明影响仲裁执行质效。结合四级法院审级职能定位改革及《仲裁法》大修等因素，提出将国内仲裁裁决全部下放到基层法院执行；对不予报核程序应改为复议程序；在《仲裁法》修改中应继续保留《民事诉讼法》第244条规定6种情形不予执行司法审查制度。

引　言

2021年7月30日，《中华人民共和国仲裁法(修订)(征求意见稿)》

---

* 本文在全国法院第三十四届学术讨论会论文评选获优秀奖。

** 成靖，广西壮族自治区来宾市中级人民法院执行局副局长。李妍，广西壮族自治区来宾市中级人民法院刑事审判第二庭法官助理。

正式面世征求社会修改意见，这是该法自 1994 年制定后第一次全面修改，引起学界的广泛关注。在该征求意见稿第 30 条第 3 款规定，“仲裁程序可以通过网络方式进行”。廖廖数字，给网络仲裁留下巨大的发展空间。仲裁程序因其意思自治、形式灵活、严守保密、一裁终局和简捷高效等诸多优点在民商事领域大受欢迎，而网络裁决更因其具有成本低廉和方便快捷的优点而受到广泛认可，有报道称网络仲裁拥有“每天受理逾万宗案件的能力”[1]。成百上千的网络仲裁案件蜂拥而入中级法院列队执行，案件质量参差不齐，极大地增加了中级法院的执行办案压力，数量庞杂的网络仲裁案件以“驳回执行申请”或“裁定不予执行”方式结案，网络仲裁裁决难以实质执行，申请执行人不能最终获得“真金白银”，仲裁裁决与法院强制执行的矛盾张力日益凸显。根据最高人民法院印发的《关于完善四级法院审级职能定位改革试点的实施办法》，本文紧密结合四级法院审级职能重新定位的改革背景，以 G 省 L 市法院 2018 年至 2021 年 4 年来 126 件网络仲裁执行案件为样本，采用案例和统计数据的方法，抛砖引玉，试图多角度规范仲裁与执行关系，以期让仲裁裁决在多元解纷中发挥更大作用而有所裨益。

一、现实困境：仲裁裁决案件质量良莠不齐

近十年来，互联网金融企业迅猛增长，在有力满足中小企业及个人融资需求的同时，由于部分借贷行为风控管理失范和贷款发放审查不严，为经济社会安全埋下了巨大隐患。随着国家金融监管环境趋紧、疫情防控形势反复和经济面临下行压力等多种矛盾叠加，大量的 P2P 平台“爆雷”，借款人逾期还款甚至恶意规避债务，大量网络借贷案件通过线上批量仲裁进入执行程序，中级法院案多人少的矛盾越加突出。

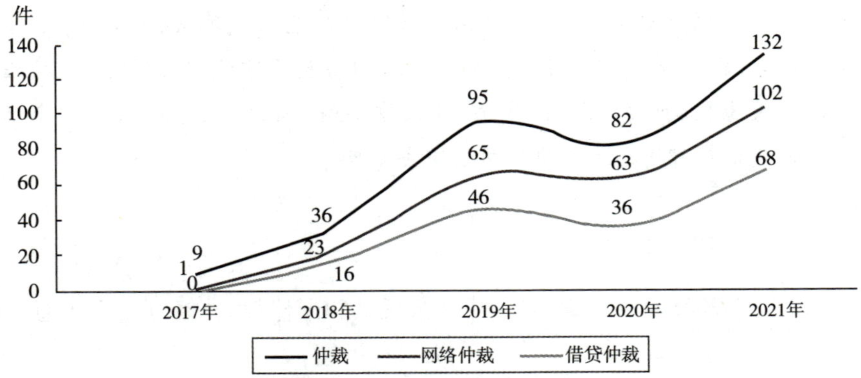

图 1　G 省 L 市中级人民法院 5 年仲裁案件变化趋势

〔1〕 参见郑天铭：《办理网络仲裁执行案件的几点建议》，载《人民法院报》2019 年 6 月 26 日，第 3 版。

G 省 L 市法院是西部沿海省份中的内陆市中级法院，网络仲裁案件增长迅猛。“麻雀虽小，五脏俱全”，在全国网络仲裁执行中有一定的代表性，本文收集了从 2018 年至 2021 年共计 126 份仲裁裁决文书及强制执行结果进行实证分析，由此可管窥全国网络仲裁执行现实状况和发展趋势。从中级法院方面讲，以 L 市法院受理仲裁案件为例，2017 年 L 市中级法院受理仲裁案件 9 件，其中网络仲裁案件为 0 件；至 2019 年受理仲裁案件 95 件，其中网络仲裁案件为 46 件；至 2021 年受理仲裁案件 132 件，其中网络仲裁案件为 68 件。从 2017 年至 2021 年，仲裁案件增加 14.67 倍，网络仲裁案件更是呈几何级增长。中级法院受理大量案情简单但巨量的一审仲裁案件，案多人少矛盾十分突出。部分仲裁案件向高级法院复议或者报核，中级法院和高级法院审级职能定位功能不明，案件从下而上分层过滤功能欠缺，化解矛盾纠纷的有效性和及时性受到严重影响，有悖于审级制度设立的初衷。又以 2021 年为例，该院借贷执行案件 102 件，占仲裁案件 132 件的 72.27%，网络仲裁案件 68 件（事实上有相当数量仲裁案件采用网络仲裁方式，但裁决书中没有写明系网络仲裁案件而被统计），占比 51.52%。部分出借人为了规避诉讼程序对“职业放贷人”“套路贷”的严苛审查，纷纷将争议解决条款约定为仲裁或者将事先约定为诉讼解决争议方式单方修改为网络仲裁方式。与经过一审、二审甚至再审反复质证与抗辩的诉讼程序相比，“快餐式”网络仲裁的权威性和公正性相形见绌。因网络仲裁案件呈现的问题最多、最全，也最具有代表性，本文主要以网络仲裁案件进入法院强制执行举例分析。仲裁案件特别是网络仲裁案件存在的问题有：

（一）仲裁程序或者仲裁庭的组成违反法定程序

根据 L 市中级法院 2021 年不完全统计的 68 件网络仲裁裁决，独任仲裁裁决 68 件，缺席审理和简易审理 68 件，网络仲裁基本缺少被申请人一方的参与，这极不利于仲裁查明案件事实。网络仲裁是双方当事人通过互联网络方式引入中立第三方裁决纠纷而自愿接受裁决结果的一种纠纷解决方式。[1] 网络仲裁在审理过程中一般有以下五个特点：

1. 以电子送达居多。网络仲裁中，以仲裁双方签订民事合同中预留的手机号码作为联系方式，采用发送电子邮件或者短信等形式送达仲裁证据和举证等仲裁通知，至于当事人因各种特殊原因是否真实收到相关信息在所不问，很多被申请人的基本

[1] 参见韦伟强：《〈仲裁法〉的修改与完善——从一起仲裁执行异议之诉案件所进行的实证分析》，载《社会科学家》2018 年第 5 期。

程序权利没有得到实质保障。例如，在海南国际仲裁院作出的(2020)海仲案(网)字第 3092 号裁决中，对当事人发送的各种文书都采用电子送达方式。又如，在哈尔滨仲裁委员会作出的(2021)哈仲网裁字第 2002357 号裁决中，以短信方式发送到当事人预留的手机号码上，就视为送达到位。在该案中没有证据证实双方当事人约定有关法律文书可以采取短信送达，被执行人是否收到仲裁裁决文书，无相关证据证实。而仲裁员通过仲裁书面审理作出裁决，显然不能保障当事人基本的仲裁程序权利。

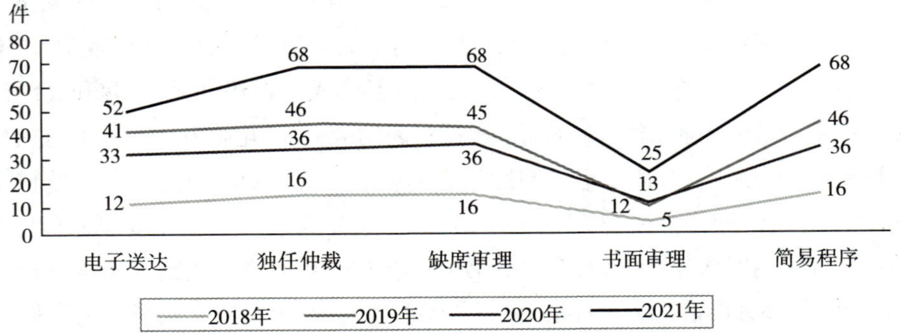

图 2　G 省 L 市法院 4 年网络借贷案件开庭情况分布

2. 多数为独任仲裁。绝大多数网络仲裁都是由仲裁委员会主任指定一名仲裁员进行独任仲裁。例如，在上海仲裁委员会作出的(2019)沪仲案字第 0469 号裁决书中，"在《上海仲裁委员会仲裁规则》第六十条第二款规定的期限内，申请人和被申请人均未选定仲裁员，故本委主任指定仲裁员张三为仲裁庭的仲裁员"。又如，在〔2020〕齐仲字第 W91 号裁决中，根据《齐齐哈尔仲裁委员会仲裁规则》的规定，双方当事人在规定时限内均未选择仲裁员也未选择仲裁庭庭审方式，故本委依法指定李四为独任仲裁员。再如，在南宁仲裁委员会作出的(2021)南仲裁字 1776 号裁决中，直接依据《南宁仲裁委员会仲裁规则》独任审理，因双方当事人没有选定仲裁员，后由仲裁委员会主任指定仲裁员。

3. 缺席审理居高不下。由于绝大多数网络仲裁采取电子方式送达，推定当事人知悉开庭审理事宜，没有穷尽一切措施实质送达当事人，缺席审理率居高不下。例如，在衢州仲裁委员会作出的(2021)衢仲金网字第 3847 号裁决中，"本会按照《仲裁规则》于 2021 年 2 月 20 日至 24 日对本案采用非同步电子交互形式进行网上开庭。被申请人经本会通知无正当理由未答辩，未提交证据。本会现已审理终结"。又如，在深圳国际仲裁院作出的(2019)深国仲裁字 1854 号裁决中，"被申请人经合法通知无正当理由未到庭,仲裁庭依法进行了缺席审理”。再如,在大庆仲裁委员会作出的(2020)庆仲(裁)字第(36)号裁决中,“被申请人无正当理由未参加仲裁审理,为了保证仲裁程序的顺利进行,本案依法缺席审理”。

4. 基本采用书面审理。网络仲裁以不公开审理为主臬,直接在裁决书中写明书面审理的仲裁案不多,但由于一方当事人没有到场,庭审流于形式,一时半刻草草收场不在少数。例如,在广州仲裁院东莞分院作出的(2021)穗仲案字第6535号裁决书中,该委依据《东莞农村商业银行信用卡通用领用协议》第42条关于书面审理的约定,仲裁庭对本案进行书面审理。又如,在武汉仲裁院作出的(2020)武仲裁字第024100006号裁决中,根据“申请执行人提供的《委托担保协议》格式条款中有关仲裁的约定,由一名仲裁员通过仲裁书面审理作出裁决”。再如,在齐齐哈尔仲裁委员会作出的(2020)齐仲字第W91号裁决中,仅根据《补充协议》格式条款中有关仲裁的约定,由一名仲裁员通过仲裁书面审理,并在被执行人没有提交证据和进行答辩的情况下作出仲裁裁决。

5. 普遍适用简易程序。由于只有一方当事人参加开庭,庭审缺乏双方的激烈争辩与实质对抗,庭审过程就变成独任仲裁员听取一方当事人的单方陈述。例如,在福建省南平仲裁委员会(2021)南仲字第1-1833号裁决书中,“本委主任指定仲裁员适用简易程序独任审理”。又如,在保定仲裁委员会作出的(2019)保裁网字第6978号裁决书,依据《借款协议》双方当事人同意共同委托仲裁委主任指定一名独任仲裁员,不开庭审理的约定及《仲裁专门规则》的规定,本案适用简易程序,以书面方式审理。再如,在汕尾仲裁委员会作出的汕仲字(2020)25134号裁决中,根据《汕尾仲裁委员会仲裁规则》第13条的规定和各方当事人简易程序书面审理的约定,本案由一名仲裁员组成仲裁庭。

由于被执行人没有实质参加审理,除极少数负责任的独任仲裁员对明显不符合法律规定的请求适当调整外,网络仲裁大多依据仲裁申请人所提供的证据进行仲裁,造成进入执行程序时被执行人对抗情绪十分激烈,执行过程非常艰辛。

（二）仲裁双方没有真实有效的仲裁协议

争议双方愿意接受一裁终局结果,很大程度上是信赖仲裁者的公正与权威,而双方签订真实有效的仲裁协议是进行仲裁的前提和基础,但仍有不少仲裁机构竟然在没有双方仲裁协议的情形下进行仲裁。例如,在(2020)鹰仲字第1435号等22件仲裁系列案中,双方对涉案借款约定通过诉讼解决,在《补充协议》中变更为“鹰潭仲裁委员会仲裁管辖”的字样,并没有被执行人签字确认。又如,在(2019)双仲网裁字第

1001243 号裁决中，双方约定通过诉讼方式解决争议，但在申请执行人中提供的《补充协议》载明“提交双鸭山仲裁委员会仲裁，并适用仲裁规则进行仲裁”，但由于《补充协议》没有被执行人签字，落款处的打印名字并非可靠的电子签名，没有体现电子签名的独占性和专有性，也无法判断是否为双方一致同意提交仲裁的真实意思表示。再如，在福建省南平仲裁院（2021）南仲字第 1－0685 号裁决书中，并无证据证实申请执行人与被执行人就涉案债务存在代为清偿，因行使追偿权可采用仲裁方式解决争议而进行仲裁，双方没有签署仲裁协议，仲裁委员会不应受理。

（三）违反金融管理法律等国家强制性规定违法发放贷款

2020 年 9 月 24 日，河南省高级人民法院作出（2020）豫执复 333 号执行裁定，认定北京玖富普惠信息技术公司违反金融监管有关法律法规，融资牟利行为不具有合法性，对商丘市中级人民法院驳回申请人的（2019）湛仲字第 C018397 号仲裁执行请求，予以维持。这一裁定，对某些名为中介组织实际变相融资、间接归集资金等违法行为敲响了警钟，在仲裁界、律师圈和法院执行干警中产生热烈反响。根据《全国法院民商事审判工作会议纪要》第 30 条的规定，因违反国家宏观政策、金融安全、市场秩序等效力性规范而可能导致合同无效，但在不少涉及金融安全等仲裁裁决案中仍裁决支持一方诉请。例如，在衡水仲裁委员会采用简易书面审理方式作出的衡裁网字（2019）1084 号裁决中，申请执行人恒昌众鼎融资租赁有限公司用实际并不发生车辆所有权转移的方法向社会不特定对象提供资金服务以赚取高额利息，出借行为具有反复性和经常性，其《营业执照》中载明的经营范围并不包括金融业务范围，属于从事非法金融业务活动。该委员会无证据显示已向被执行人送达仲裁规则和仲裁员名册、权利义务告知书等文书，仅通过 QQ 邮箱向被执行人发送裁决结果，也无法证明该手机邮箱即为被执行人邮箱。仲裁庭未能充分保障当事人申请仲裁员回避、提供证据、答辩等基本程序性权利，亦未对《汽车融资租赁合同》的合法性进行审查，径行作出仲裁裁决，仲裁过程违反法定程序。该案被驳回执行申请后申请执行人并未提出执行复议和申诉。

（四）仲裁机构约定存在不公现象

在双方充分酝酿共同选定仲裁机构的前提下，仲裁没有地域管辖和级别管辖的限制。但在当下的环境下，仲裁机构和仲裁人员往往是申请人一方决定的。对于自负盈亏商业性运作的部分仲裁机构来说，仲裁合同拟订者是一个能预交巨量仲裁费用的“金主”。如果仲裁机构总是裁决商家处于不利地位，势必影响商家对仲裁机构的选择。申请人单方确定仲裁机构并用格式条款确定下来，实质上不容许对方对选定的仲裁机构提出修改意见，在合法的外衣遮掩下约定对自己有利的仲裁机构，把这一规定发挥到极致。例如，在双仲网裁字第1001243号裁决中，申请执行人北京捷越联合信息咨询有限公司的住所地在北京市东城区，被执行人在来宾市兴宾区，约定仲裁机构在数千里之外的双鸭山仲裁委员会，裁决文书上也没有写明是网络仲裁，让人对仲裁机构能否公正仲裁产生怀疑。

（五）违规支持过高的利息

根据1991年最高人民法院《关于人民法院审理借贷案件的若干意见》，民间借贷年利率可以是银行同期贷款利率的4倍，最高可达24%。自2020年8月20日最高人民法院发布《关于审理民间借贷案件适用法律若干问题的规定》后利率已下降为15.4%左右。有的仲裁员罔顾法律和事实，在2020年8月20日后仍适用24%的借贷利率。例如，在2021年1月13日北海仲裁委员会作出的（2020）北海仲字第Z2815号裁决和2021年3月3日广州仲裁委员会作出的（2020）穗仲案字第8590号裁决中，均要求被执行人“按照年利率24%计算至全部清偿之日止”。而在福州仲裁委员会作出的（2021）榕仲裁1133号裁决中，申请人在合同中约定了月息2%并按购车款总额30%支付违约金，最终裁决仅支持LPR的4倍利率。

（六）收取担保费用而实际不承担担保责任

例如，在2021年2月22日宁波仲裁委员会作出的（2020）甬仲金字第3264号裁决及其他类似系列裁决中，中安金控资产管理有限公司是一家没有任何资产的空壳公司，基本账户被全国众多法院反复冻结，却为大量的购车被执行人提供担保，并依据被执行人获得贷款金额收取几千元到上万元的担保服务费，成为工商银行宁波分行套取高额贷款利息的“白手套”。

二、矛盾凸显：仲裁裁决难以被法院实际执行

从L市中级法院对仲裁案件结案方式来看，驳回执行申请呈逐年上升趋势，其中2021年达到77件，不予执行仲裁裁决2件，占总数132件的59.85%。其中标明为网络仲裁68件中，有58件网络仲裁案件以驳回执行申请或者不予执行仲裁裁决方式结案，具有执行效力的仲裁文书变成一纸空文，仲裁案件特别是网络仲裁在执行过程中遇到极大阻力。

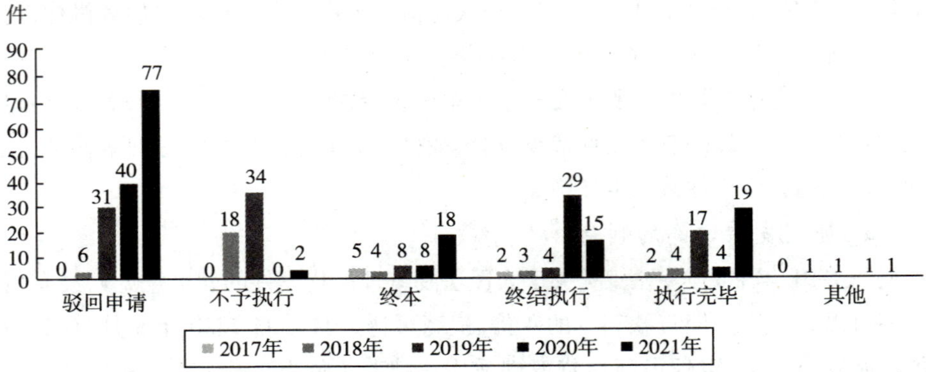

图 3　G 省 L 市中级人民法院 5 年仲裁案件结案方式对比

仲裁双方当事人经过磋商通过仲裁程序化解纠纷时，申请仲裁人和被申请人固然期待并信赖仲裁的权威与公正，这就使仲裁不但能获得仲裁双方的承认，也是获得法院强制执行的法理基础。由于部分网络仲裁质量难以保证，仲裁后双方未自动履行，遂申请法院强制执行。法院对仲裁裁决的执行方式有以下三种。

（一）电子送达不被认可驳回执行申请

通过电子送达方式，在未确定仲裁当事人能够收悉的情况下，对所有仲裁文书均直接按照被执行人在借款时提供的电子联系方式，采用电子送达方式直接发出，被执行人是否收到仲裁相关文书，无相关证据证实。因电子送达而导致一方程序权利受损，承办法官依据最高人民法院的批复驳回执行申请。〔1〕根据天同律师事务所的报告，〔2〕因存在大量申请网络仲裁案件，广西壮族自治区、贵州省和河南省是驳回仲裁裁决执行申请最多的省份（见图 4）。

〔1〕 2018 年 6 月 5 日最高人民法院《关于“先予仲裁裁决”裁决应否立案执行的批复》规定，仲裁机构在仲裁裁决过程中未保障当事人申请仲裁员回避、提供证据、答辩等仲裁法规定的基本程序权利的，应当认定为《民事诉讼法》第 237 条第 2 款第 3 项规定的“仲裁庭的组成或者仲裁的程序违反法定程序”的情形。

〔2〕 《2021 年度中国仲裁司法审查实践观察报告——大数据分析》。本报告使用的检索工具包括中国裁判文书网和威科先行，检索范围是截至 2022 年 2 月 28 日前述两个平台收录的裁判日期为 2021 年 1 月 1 日至 2021 年 12 月 31 日的仲裁司法审查案件裁判文书。由于部分仲裁司法审查裁判文书未上网公开，本报告统计的相关数据和实际情况不可避免存在一定误差。

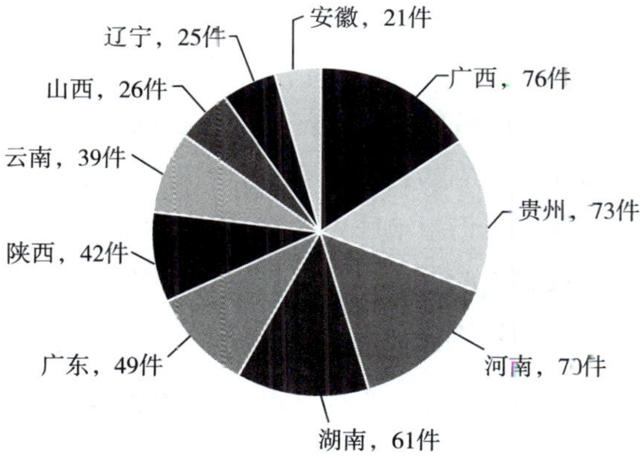

图4　2021年裁定驳回仲裁裁决执行申请案件数量前十名省份法院案件数

(二)仲裁协议无效导致不予执行仲裁裁决

根据《仲裁法》的相关规定，[1]双方放弃公平但耗时较长的司法程序而采用一裁终局的仲裁方式解决争议，是以相互信用为基础并享有平等选定仲裁机构和仲裁人员的权利。如果双方没有明确有效的仲裁协议，仲裁机构没有取得双方的共同授权，仲裁就缺乏权力来源，执行法院在向上一级法院报核同意后裁定不予执行。因数量巨大的网络仲裁案件进入执行程序，重庆、湖北、湖南、广西、云南5个省(区、市)的涉仲裁裁决不予执行比率均在50%以上，超过49.35%的全国平均数。

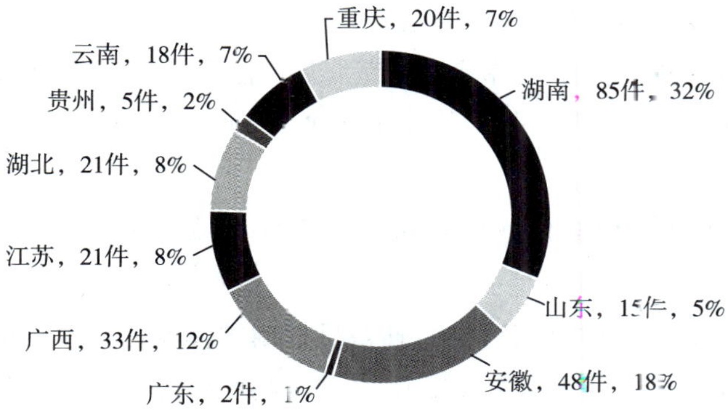

图5　2021年涉仲裁裁决不予执行案件数量前十名省份法院案件数

〔1〕《仲裁法》第4条规定，当事人采用仲裁方式解决纠纷，应当双方自愿，达成仲裁协议。没有仲裁协议，一方申请仲裁的，仲裁委员会不予受理。

（三）被执行人下落不明终止本次执行程序

在执行实务操作中，对一些预留联系的手机号码经拨打后是空号或者多次能够拨通但无人应答的被执行人，通过冻结其银行卡及移动支付工具仍未与执行员联系，再深入被执行人户籍所在地村（居）民委员会进行实地调查，通过其家属多方联系被执行人。对被执行人及其家属仍拒绝联系的，一定程度上反映被执行人主观可能有骗取借款的故意。对于没有财产可供执行而被执行人又拒不联系的案件，终止本次执行程序，并对被执行人采取限制高消费措施甚至纳入失信人名单。

三、源由透视：法院拒绝执行部分仲裁裁决的原因分析

（一）部分接受仲裁协议被申请人是格式合同强加的结果

从仲裁方面来看，仲裁处理诉争方式发轫于地位平等的民商事双方，为了避免繁杂的司法程序而平等商定仲裁方式及仲裁机构，共同选择仲裁员。意思自治是仲裁的精髓与灵魂，地位平等的双方当事人共同协商仲裁条款是仲裁有效性和合法性的前提。仲裁协议应彰显契约规则和精神，而现在的部分仲裁协议已经异化变味，被执行人双方处于不平等地位，包括选择仲裁方式解决争议和选择哪一家仲裁机构基本不是出于被执行人的真实自愿意思表示。在绝大多数网络借贷合同中，仲裁申请人事先约定采用仲裁方式解决争议，继而制定条款约定对其有利的仲裁机构，甚至规定采用书面审理和简易程序，快速让自己“心仪”的仲裁机构批量制作出仲裁裁决去法院申请执行。不少被执行人完全没有法律风险意识，缺乏对格式合同的法律理解和判断能力，不理解格式借贷合同中有关一裁终局的法律后果，看到繁复而冗长的格式合同不明就里签署对自己颇为不利的仲裁条款，被执行人一开始就处于不利的地位，让自己变为待宰的“羔羊”。

（二）个别仲裁机构与仲裁申请人可能存在利益输送关系

不同于诉讼程序等“强制型公断”，仲裁程序属于一种“自愿型公断”，需要仲裁双方意思自治。在大量的网络仲裁中，仲裁机构的选择就是仲裁申请人在格式合同中不可更改的“禁脔”。有的网络仲裁中，仲裁机构不在仲裁当事人任何一方住所地或者常住地，甚至远隔千里之外，且仲裁机构实质就是一方通过格式合同强加另一方的产物。如在鹰潭仲裁委员会作出的（2020）鹰仲字第 1456 号裁决书中，申请人青岛趣牛牛不良资产处置有限公司住所地在青岛市黄岛区，被申请人在兴宾区寺山镇，约定在鹰潭仲裁，裁决书中也没有明确是网络仲裁方式，对双方来说都没有体现就近原

则。据不完全统计,鹰潭仲裁委员会独任仲裁员彭华为[1]系任职于鹰潭市司法局的公职律师,从(2020)鹰仲字第523号裁决[对应执行案号为(2021)桂13执52号]到(2020)鹰仲字第1478号裁决[对应执行案号为(2021)桂13执49号],他和书记员晁莉君在2020年10月20日共计裁决946件案件。每个案件收费100元,一天收费近10万元。由此可见,在某些仲裁员眼中,仲裁不仅是一项定分止争的裁决权能,而且是一项收入可观的交易。如在北京仲裁委员会(2021)京仲裁字第3168号裁决中,北京仲裁委员会裁决被申请人向宜信惠琮国际融资租赁有限公司支付租金53799.99元和15000元违约金,支付仲裁员报酬12000元和机构费用5000元,仲裁费用占租金和违约金之和的24.71%。其中,在该仲裁书中写明仲裁员报酬12000元,占仲裁机构收取费用的70.59%,也使人对裁决的公平客观性产生疑问。而在(2021)深国仲裁裁决1103号裁决书中,深圳国际仲裁院裁决被申请人返还劳务费30860元、律师费5000元和以30806元按LPR标准自2021年1月13日计算违约金,而收取仲裁费10584元,占支持请求的29.51%左右。

(三)少数仲裁机构滥用制定仲裁规则的权利

意思自治系仲裁程序生命力之源。在网络仲裁中,几乎都是采用电子送达、独任仲裁、缺席审理和简易程序等方式。很多程序权利都采用推定方式,假设当事人已经知道或者应当知道。如《北海仲裁委员会/北海国际仲裁院仲裁规则》第13条规定"规则、名册以指明在北海仲裁网站上获取即视为送达",涉案《借款合同》约定"如采用短信或电子邮件的方式,则乙方或争议解决机构系统记录的发出短信或电子邮件的时间即为送达时间","无论是否最终为甲方所知悉,均根据本合同约定推定已有效送达甲方并为其所知悉"。而案件在法院诉讼过程中,承办法官一般会穷尽其他一切送达措施包括去被执行人户籍地或者常住地留置送达仍下落不明的,才采取公告送达方式。如果一件网络仲裁案件缺席审理,有可能是当事人拒绝出庭。如果几乎所有的网络仲裁都是缺席审理,一方当事人都不来参加审理并拒绝履行裁决结果,从社会治理的角度应当反思是不是仲裁机制出现了问题?

(四)法院审级职能定位不明影响仲裁执行质效

从四级法院审级职能定位方面来看,现在有关法律规定一审仲裁案件统一由中级人民法院受理和执行,目前仲裁案件一裁终局,案情较为简单。一部分案件进入高

[1] 《江西省司法厅关于准予鹰潭市司法局公职律师办公室设立的决定》,载江西省人民政府官网,http://www.jiangxi.gov.cn/art/2018/12/14/art_5078_442519.html。

级法院复议或者报核，造成中高级法院不堪重负，把大量的时间分散到普通仲裁案件上，浪费了中高级法院宝贵的司法资源。从目前我国四级二审制审级职能定位来说，“从设计的一般原理是，越靠近塔顶的程序，在制定政策和服务公共目的方面的功能越强，越靠近塔基的程序在直接解决纠纷和服务于私人方面的功能超强”，[1]四级法院应当各司其职，权责分明，科学合理地确立四级法院的审级职能作用，既让基层法院贴近群众便利诉讼和高效公正司法，又公正权威发挥上级法院办理区域性疑难复杂案件和统一裁判尺度职能作用。

四、出路探索：多措并举理顺仲裁裁决与强制执行的关系

2021年7月30日，司法部发布《仲裁法(修订)(征求意见稿)》，广泛收集和听取社会公众意见。仲裁裁决与法院强制执行关系十分密切，一份公正客观的仲裁裁决是强制执行的重要依据。完善四级法院职能定位是一项系统工程，司法权的优化和下沉是四级法院职能定位改革的基本方向。本文从强制执行角度阐述对修改《仲裁法》的不成熟的意见，供有关立法和职能部门参酌。

(一)四级法院以职能改革中不同审级职能定位科学对待仲裁案件

1. 建议将国内仲裁裁决下放到基层法院执行。《仲裁法(修订)(征求意见稿)》规定仲裁裁决结果由中级法院执行，[2]这一做法值得商榷。根据最高人民法院《关于人民法院办理仲裁裁决执行案件若干问题的规定》，中级法院在上级法院批准以后可以将部分案件下放到基层法院执行，[3]河南省高级人民法院明文规定将小额仲裁裁决案件由基层法院执行。[4] 2019年11月21日广东省高级人民法院颁布的《关于规范网络仲裁裁决执行的通知》第10条也有类似规定。《仲裁法(修订)(征求意见

---

〔1〕 参见傅郁林：《审级制度的建构原理——从民事程序视角分析》，载《中国社会科学》2002年第4期。

〔2〕 《仲裁法(修订)(征求意见稿)》第82条第1款规定：“当事人应当履行裁决。一方当事人不履行的，对方当事人可以向有管辖权的中级人民法院申请执行。”

〔3〕 最高人民法院《关于人民法院办理仲裁裁决执行案件若干问题的规定》第2条第2款规定：“符合下列条件的，经上级人民法院批准，中级人民法院可以参照民事诉讼法第三十八条的规定指定基层人民法院管辖：(一)执行标的额符合基层人民法院一审民商事案件级别管辖受理范围；(二)被执行人住所地或者被执行的财产所在地在被指定的基层人民法院辖区内。”

〔4〕 河南省高级人民法院《关于规范网络借贷仲裁裁决执行及司法审查工作的通知》第12条第1款规定：“对于小额网络借贷仲裁裁决执行案件，中级人民法院可按照河南省高级人民法院《关于全省法院办理小额仲裁裁决指定执行工作办法》(豫高法〔2018〕187号)的规定，将部分案件指定辖区基层人民法院执行。”

稿)》仍然规定仲裁案件由中级法院执行,将与全国法院正在探索开展的四级法院审级职能定位改革精神不符。[1] 根据目前四级法院审级职能定位改革的总体思路,[2]改革现在四级法院受理案件主要依据诉讼标的额和四级法院均受理一审案件的做法,突出中级法院、基层法院解决纠纷和化解矛盾的功能,将案件主要集中在基层法院审理和执行。基层法院应发挥快速处理案件和多元化解纠纷的优势,而现在中级法院受理的国内仲裁执行案件,大多案情简单明了,90%以上都适用缺席审理、独任审判和简易程序审理。对于目前基层法院能受理1亿元以下的诉讼案件而言,[3]网络仲裁裁决并没有表现更多的疑难复杂性。除涉外仲裁裁决需要慎重对待仍由中级法院受理外,国内仲裁案件仍规定由中级法院执行,没有实现执行资源的优化配置,也不符合中级、基层法院审级职能定位改革的要求。过去要求中级法院把仲裁裁决下放到基层法院执行,需要高级法院批准的做法,[4]既增加了办案流程,延宕了办案时间,也不符合当前法院实际工作需要。建议将该法条修改为:“一方当事人不履行仲裁裁决的,对于涉外仲裁案件,对方当事人可以向有管辖权的中级人民法院申请执行;国内仲裁裁决由基层人民法院受理。”

2. 仲裁裁决撤销案件,目前暂时由中级法院受理。中级法院处于我国金字塔形

---

[1] 2021年8月20日第十三届全国人民代表大会常务委员会第三十次会议通过《关于授权最高人民法院组织开展四级法院审级职能定位改革试点工作的决定》,授权最高人民法院在本院和北京、天津、辽宁、上海、江苏、浙江、山东、河南、广东、四川、重庆、陕西12个省、直辖市的人民法院组织开展四级法院审级职能定位改革试点工作。

[2] 根据最高人民法院《关于完善四级法院审级职能定位改革试点的实施办法》,基层人民法院的职能定位为明辨是非、定分止争;中级人民法院的职能定位重在解决事实、法律争议,实现二审终审;高级人民法院的职能定位统一裁判尺度,依法纠错;最高人民法院职能定位制定规则,统一法制等。

[3] 落实四级法院民事审判职能分层原则,最高人民法院于2021年9月17日出台《关于调整中级人民法院管辖第一审民事案件标准的通知》提高中级法院管辖民事案件的诉讼标的额。按照最新标准,当事人住所地均在或者均不在受理法院所处省级行政辖区的,中级法院管辖诉讼标的额5亿元以上的第一审民事案件,当事人一方住所地不在受理法院所处省级行政辖区的,中级法院管辖诉讼标的额1亿元以上的第一审民事案件。基于此,诉讼标的额在5亿元或者特定情形下1亿元以下的民事案件由基层法院管辖,诉讼标的额高于5亿元或者特定情形下1亿元以上低于50亿元的民事案件由中级法院管辖。

[4] 最高人民法院《关于人民法院办理仲裁裁决执行案件若干问题的规定》第2条第2款规定:“符合下列条件的,经上级人民法院批准,中级人民法院可以参照民事诉讼法第三十八条的规定指定基层人民法院管辖:(一)执行标的额符合基层人民法院一审民商事案件级别管辖受理范围;(二)被执行人住所地或者被执行的财产所在地在被指定的基层人民法院辖区内。”

法院半腰的部位，作为基层法院和高级法院的桥梁，发挥着联系上下的作用。对于仲裁裁决的撤销，牵涉对仲裁裁决公正性的整体评价，需要慎重对待，目前还是由中级法院受理，严格把关。《仲裁法（修订）（征求意见稿）》对此作了明确规定。随着中级法院审级职能“解决争议，二审终审”定位改革的进一步明确和仲裁裁决文书质量的总体提升，将来仲裁裁决撤销案件，也要下放要基层法院审理。中级法院要完善案件提级管辖机制，[1]参照民事、刑事和行政案件提级管辖的做法，同时中级法院可以对疑难复杂仲裁新类型仲裁案件、涉及重大公共利益仲裁案件、具有较为普遍的指导意义的仲裁案件、3 年内同案不同判的仲裁案件和由中高级法院更公正审理的仲裁案件提级执行，达到“审理一件指导一片”的指导示范作用。

3. 对不予执行仲裁裁决需向上一级法院报核的，将报核程序进行诉讼化改造。对经中级人民法院审查拟撤销仲裁裁决或者不予执行的案件，需要报请高级人民法院审核同意，方可作出裁定。[2]《仲裁法（修订）（征求意见稿）》对撤销仲裁裁决进行了诉讼化改造，[3]由过去的上一级法院报核修改为上一级法院复议。建议对不予执行也进行诉讼化改造，可向上一级法院申请复议。通过听取申请执行人的当面陈述和抗辩，有利于查明案件事实，作出公正客观的裁决。实践中仍有不少由基层法院裁定不予执行的案例［安徽黄山市黄山区法院（2021）皖 1003 执 373 号、江苏高邮法院（2021）苏 1084 执 1984 号等］，有少量基层法院直接受理审查仲裁裁决执行申请，并自行作出驳回执行申请、不予执行裁定［如江苏无锡惠山法院（2020）苏 0206 执 2887 号之二，湖北团风法院（2021）鄂 1121 执 266 号，安徽黄山市黄山区法院（2021）

---

[1] 《关于完善四级法院审级职能定位改革试点的实施办法》第 4 条第 1 款规定：“基层人民法院对所管辖的第一审民事、刑事、行政案件，认为属于下列情形之一，需要由中级人民法院审理的，可以报请上一级人民法院审理：（一）涉及重大国家利益、社会公共利益，不宜由基层人民法院审理的；（二）在辖区内属于新类型，且案情疑难复杂的；（三）具有普遍法律适用指导意义的；（四）上一级人民法院或者其辖区内各基层人民法院之间近三年裁判生效的同类案件存在重大法律适用分歧，截至案件审理时仍未解决的；（五）由中级人民法院一审更有利于公正审理的。”

[2] 最高人民法院《关于仲裁司法审查案件报核问题的有关规定》第 2 条第 2 款规定：“各中级人民法院或者专门人民法院办理非涉外涉港澳台仲裁司法审查案件，经审查拟认定仲裁协议无效，不予执行或者撤销我国内地仲裁机构的仲裁裁决，应当向本辖区所属高级人民法院报核；待高级人民法院审核后，方可依高级人民法院的审核意见作出裁定。”

[3] 《仲裁法（修订）（征求意见稿）》第 81 条规定：“当事人对撤销裁决的裁定不服的，可以自收到裁定之日起十日内向上一级人民法院申请复议。人民法院应当在受理复议申请之日起一个月内作出裁定。”

皖 1003 执 209 号、373 号,湖南郴州北湖法院(2021)湘 1002 执 521 号][1]。随着审级职能定位改革的进一步深化,将来撤销仲裁裁决和不予执行案件全部下放到基层法院审查以后,进行复议或者报核在中级法院进行,高级法院这一方面案件极大减少。高级法院要努力实现"统一裁判尺度,依法纠错"的职能作用,通过优化审判职能和作用,改变以纠纷解决职能为主,转变为审判监督和调查研究普遍性法律适用问题并加强指导为主,对全省作出有示范性和借鉴性的判决。

4. 最高人民法院对仲裁裁决司法审查和执行统一法律适用。现在最高人民法院受理大量的申诉案件和部分二审上诉案件,不堪重负。根据审级职能定位改革的要求,要将最高人民法院从大量的具体案件审理工作中解脱出来,着力强化"制定规则,统一法制"的统率作用,解决纠纷的功能进一步弱化,规则治理的功能进一步凸显。最高人民法院作为解决全国重大法律争议和统一法律适用的中枢部门,通过审判监督程序审理一些疑难复杂和新类型案件,直接创设可供全国法律类推参酌的示范性判决。广东省高级人民法院的《关于规范网络仲裁裁决执行的通知》和河南省高级人民法院的《关于规范网络借贷仲裁裁决执行及司法审查工作的通知》对规范网络仲裁司法审查和执行,发挥了非常重要的作用。最高人民法院在借鉴下级法院经验做法的基础上,通过制定司法解释,发布典型案件和指导性案例,创新政策和规则,统一仲裁裁决案件的司法审查和执行。建议召开包括仲裁裁决方面专家参与的专题座谈会或者论证会,研究制定修改有关涉仲裁裁决审理或执行办案规则,在全国范围内统一对仲裁裁决执行的法律适用,在全国范围内维护社会主义法制的统一。

(二)建议继续保留不予执行仲裁裁决制度

对仲裁裁决开展司法审查是法院强制执行中反映法律公正性的具体体现。尽管仲裁裁决是由民间性质的仲裁机构作出,但提交法院强制执行,通过法院审查和确认,一旦出现执行偏差就由法院承担相应责任。法院是维护社会公平正义的最后底线,法院只有对仲裁裁决依法进行审理才能交付执行。《仲裁法(修订)(征求意见稿)》对不予执行仲裁裁决作了重大修改,[2]对《民事诉讼法》规定的 6 种可以裁定不

---

〔1〕《2021 年度中国仲裁司法审查实践观察报告——主题三:仲裁裁决执行审查制度实践观察》(上)。

〔2〕《仲裁法(修订)(征求意见稿)》第 82 条第 2 款规定:"人民法院经审查认定执行该裁决不违背社会公共利益的,应当裁定确认执行;否则,裁定不予确认执行。"

予执行情形全部废除〔1〕,仅规定违背社会公益利益的,裁定不予执行。国内专家学者对于撤销仲裁裁决与不予执行的争论非常激烈,对《仲裁法》中废除《民事诉讼法》6 种情形不予执行持反对看法的专家学者较多,〔2〕结合国外制度和国内传统,认为应保持不予执行的相关论述也比较到位,〔3〕本文主要从执行实务角度提出反对看法和建议。现在很多网络仲裁裁决,基本上是电子送达、独任仲裁裁决、缺席审理、书面审理和简易程序,被执行人自始至终没有参与仲裁裁决程序,选择仲裁裁决方式解决争议和仲裁机构的约定基本是格式合同事先约定、不能修改的。由于大部分被申请人自始对仲裁裁决结果处于"不知情"状态,也没有在《仲裁法(修订)(征求意见稿)》由原来 6 个月缩短的 3 个月期限内提出撤销仲裁裁决申请。进行执行程序以后,被执行人的移动支付工具和银行卡被冻结以后,特别是执行小标的额案件,被执行人强烈要求"不予执行"仲裁裁决。面对显失公正或者存在比较重大瑕疵但又不是违背社会公共利益的网络仲裁裁决,执行员到底是"助纣为虐"违心执行网络仲裁裁决,还是法律赋予被执行人有申请"不予执行"的程序救济权利,值得思考。如果被执行人没有参与仲裁裁决,也没有在法定期限内提出撤销仲裁裁决申请,该被执行人应当受到法律的惩处。如果绝大多数被执行人都没有行使诸此权利,我们是否应当反思制度是否失灵了呢?成千上万的被执行人被限制高消费或者纳入失信黑名单,是否会对经济社会产生不可估量的负面影响?综上所述,考量到目前网络仲裁裁决存在种种问题,从目前仲裁裁决整体案件质量来说,应当采用较为严格的司法审查措施,以保障网络仲裁裁决的健康发展。〔4〕建议保留《民事诉讼法》第 248 条规定的 6 种不予执行仲裁裁决情形,赋予被执行人网络仲裁裁决执行相应的救济权利。

(三)加强法官与仲裁员的业务交流

1. 共同召开仲裁裁决司法审查与执行研讨会。建议司法厅或者高级法院每年召

---

〔1〕《民事诉讼法》第 248 条第 2 款规定:"被申请人提出证据证明仲裁裁决有下列情形之一的,经人民法院组成合议庭审查核实,裁定不予执行:(一)当事人在合同中没有订有仲裁条款或者事后没有达成书面仲裁协议的;(二)裁决的事项不属于仲裁协议的范围或者仲裁机构无权仲裁的;(三)仲裁庭的组成或者仲裁的程序违反法定程序的;(四)裁决所根据的证据是伪造的;(五)对方当事人向仲裁机构隐瞒了足以影响公正裁决的证据的;(六)仲裁员在仲裁该案时有贪污受贿,徇私舞弊,枉法裁决行为的。人民法院认定执行该裁决违背社会公共利益的,裁定不予执行。"

〔2〕参见杨飔飔:《论提高仲裁裁决执行力》,载《现代商贸企业》2012 年第 48 期。

〔3〕参见邵长茂:《论〈仲裁法〉的修改完善》,载《中国审判》2021 年第 18 期。

〔4〕参见张卫平:《现行仲裁执行司法监督制度结构的反思与调整——兼论仲裁裁决不予执行制度》,载《现代法学》2020 年第 1 期。

开仲裁员代表与仲裁裁决司法审查、强制执行业务关联密切的法官代表参加的座谈会，就网络仲裁裁决的裁决标准、撤销网络仲裁裁决或者不予执行网络仲裁裁决的司法审查标准及执行仲裁裁决遇到的困难和问题充分开展交流和探讨，努力构建法律职业共同体。

2. 定期开展业务培训。从自治区级层面聘请国内资深仲裁裁决或者执行方面的专家学者、参与过《仲裁法》修订的法学专家就当前仲裁裁决司法审查与执行方面存在较大分歧的理论和实务问题进行培训交流，统一裁审尺度，不断增强仲裁裁决的公正性和权威性。

（四）加强对仲裁员的监管力度

1. 制定完善仲裁员网络仲裁裁决惩戒标准。目前已经逐步建立对法官办案责任终生追究责任制度，而对仲裁员在刑罚以下的责任追究阙如。[1] 建议由司法厅会同有关部门制定仲裁裁决惩戒的具体规定，织密防范仲裁员行为失范的制度之网。

2. 颁布全国统一的《互联网仲裁规则》。各地仲裁委员会利用制定仲裁规则的权利，出台了五花八门的仲裁规则，大量使用推定方式剥夺被申请人的程序权利，饱受专家学者诟病。2020 年 10 月，广州市仲裁委员会出台全球首个《互联网仲裁推荐标准》。建议司法部在借鉴全国网络仲裁先进经验的基础上，制定一部充分保证各方程序权利、彰显网络文明成果的《互联网仲裁规则》，为全国野蛮生长的网络仲裁提供制度标准。

3. 加大对仲裁员仲裁质效的通报和惩处力度。建议由司法厅每季度通报仲裁员被法院裁定撤销仲裁裁决、不予执行和驳回执行申请案件情况及被当事人和有关部门投诉处理情况，并纳入仲裁质效考核体系。对多次被法院裁定撤销仲裁裁决、不予执行和驳回执行申请，要深入开展“一案双查”，查摆仲裁特别是网络仲裁是否存在质量瑕疵，是否存在违法违纪问题，视情节给予警告、停业整顿和除名等惩戒，涉嫌违法犯罪的移送司法机关查处。

五、结语

随着立案登记制的推行，大量的案件潮水般涌入法院，法院收结案逐年增长，法院和法官超负荷运行，迫切需要动员社会各方力量多元化解社会纠纷。仲裁具有悠

---

〔1〕 参见张卫平：《现行仲裁执行司法监督制度结构的反思与调整——兼论仲裁裁决不予执行制度》，载《现代法学》2020 年第 1 期。

久历史的社会矛盾化解方式,对维护社会和谐稳定发挥了重要作用。要紧紧抓住当下四级法院审级职能定位改革和修改《仲裁法》的历史机遇,突出四级法院审级职能定位改革的总体安排和具体要求,坚决落实“一审民事案件主要由基层人民法院审理、少量由中级人民法院审理”的改革方向和目标任务,打通仲裁与法院强制执行的堵点和痛点,切实提高仲裁质量,不断创新“仲诉衔接”“仲执衔接”工作机制,不断提升仲裁的既裁力和执行力,开创仲裁事业的美好未来。

异化与规范

——不动产强制拍卖中非法租赁合同的审查与规制*

何鹏祖**

摘要：强制拍卖负担租赁权的不动产，是法院执行程序中最常见的执行措施之一，也是利益博弈的"角斗场"，关乎债权人、债务人和承租人三方的切身利益。近年来，随着案件的逐量上升，实践中新问题不断涌现。特别是在"买卖不破租赁"规则的影响下，承租人"试图"给非法的租赁合同披上合法的外衣，致使拍卖程序的渠道运行不畅。本文以反思非法租赁合同在拍卖程序中面临的困境为视角，对租赁权异化的理由与租赁合同审查标准的疏漏进行分析，并对租赁权立法的规范化作出建议，以期为如何审查与判断合法租赁合同提供参照标准。对合法租赁合同，确立五项法定条件作为审查的依据；对非法租赁合同，通过全新的非法租赁关系排除程序进行构建，除了细化操作规范，还引入三个规则作为确定租赁合同审查的标准。

自最高人民法院发布的司法解释确立财产处置方式以网络拍卖为原则、以传统拍卖为例外的拍卖模式后，各地法院推进网络司法拍卖工作取得了良好效果。但是，设定非法租赁关系的不动产在"买卖不破租赁"规则的庇护下制约着拍卖工作的开展。实践中，部分法院对法律规

---

* 本文在中国执行论坛论文评选获三等奖。

** 何鹏祖，广西壮族自治区南宁市西乡塘区人民法院执行局员额法官。

定的理解与适用存在差异，给执行实务带来较多困惑。本文试图以非法租赁合同为立足点，重点探讨合法有效的租赁合同的法定条件，力求构建更完善的租赁权审查标准及非法租赁关系排除程序。

一、执行程序中拍卖设定非法租赁关系的不动产的实践困境

涉不动产的拍卖几乎是执行程序中最普遍、适用范围最广，又是适用法律问题争议较多的一类执行。一方面，不动产几乎是债务人最有价值的财产；另一方面，不动产又是负担各类权利最多的财产之一。承租人的租赁权、抵押权人的抵押权等，各种利益相互交织，所涉及的法律适用也比较复杂，尤以不动产上设定非法租赁关系为最。笔者通过案例进行筛查，拍卖不动产时涉非法租赁关系以租赁合同为载体，主要存在两个方面。

1. 虚假的租赁合同。在我国现有社会诚信危机的社会情境下，由于笔迹鉴定技术还不完善，极易为债务人与承租人伪造笔迹或倒签合同提供土壤。于是，倒签合同现象层出不穷，虚构合同现象屡禁不止。以笔者所在的法院为例，2021年该院受理拍卖案件数为476件，其中涉房产（不含车位）拍卖案件数为312件，存在租赁权的房产为150件，占比48%。其中，涉及虚假租赁合同的案件数占比1/5。这不仅给法院的强制拍卖程序带来障碍，也严重影响法院强制执行的公信力。

2. 非正常形态的租赁合同。主要表现有两类：一是租赁合同期限畸长，特别是一次性签订10年以上期限的租赁合同，而且租金交付的方式异常。承租人一次性全额交付租金或无支付凭证（仅有书面收据），这与实践中预付租金、分阶段支付租金等交易习惯相违背。二是“以偿代租”“一房多租”等似是而非的租赁关系越发常见，甚至租赁关系双方关系密切，或是亲戚关系或是关联关系，明显与生活常理不符。

为此，当拍卖涉不动产的承租人向法院提交租赁合同，而租赁合同真伪难辨，是否合法有效存疑时，法院如何审查？由于现有法律体系下缺乏相应规定，致使实践中出现理解上的分歧和困惑。主要表现在以下三个方面：

其一，执行人员对租赁关系的认定混沌模糊；如果是租赁关系，是非法占用还是合法占用认定不清。如在执行一起民间借贷纠纷案件中，甲法院拟拍卖被执行人刘某名下房产，在调查中发现房屋为刘某的前任丈夫张某出租给王某居住。刘某声称，房产为其婚前财产，离婚后为了孩子的抚养权作出了妥协而允许张某居住在该处房屋。王某坚称其为承租人，因信赖刘某与张某的夫妻关系，与张某签订了租赁合同。法院据此认定该租赁合同合法有效。

其二，面对形形色色的合同，执行人员往往感到无所适从，甚至避重就轻，对租赁合同不进行审查，一律“带租拍卖”。此类情况尤以拍卖商铺居多，另外还出现住宅用房对外经营出租等现象。如乙法院在拍卖黄某名下某处房产时，黄某声称该房已出租给A公司用于办公。A公司也向法院提交了书面的租赁合同。执行人员即对上述房屋“带租赁拍卖”。申请执行人杨某提出异议，认为该租赁不合法。后法院经调查发现，房屋内除了一些办公用品，还存在大量用于日常生活的必需品，如床铺、衣柜等家具。另经调查发现，A公司的法定代表人为黄某。

其三，执行人员对租赁关系的认定存在瑕疵，导致承租人、债权人和债务人之间矛盾频发，拍卖成交后又引发新的纠纷。例如，丙法院在拍卖被执行人李某的某处房产中，执行人员对租赁关系的认定存在偏差，导致未能通知承租人赵某享有优先购买权，房产拍卖成交后赵某以损害其合法权益为由拒绝搬离，导致房产不能按时交付给买受人方某。最终，引发赵某、方某四处信访。

上述三起案件是实践中比较典型的案例。如何判断这些租赁关系合法、有效，执行过程中由于缺乏具体的审查标准，成为执行法院面临的新难题。

二、难题成因分析——租赁权制度的异化与租赁合同审查标准的疏漏

实践中存在以上诸多困难和问题，主要是租赁合同的审查机制疏漏，但本质上是租赁权的相关法律规定存在制度缺陷。

（一）租赁权法律规定存在制度缺陷

1.“买卖不破租赁”规则的异化。首先，该规则良性运行的前提是交易双方和承租人都是诚信和理性的，但在利益博弈剧烈化和诚信危机的社会情境下，这种假定的诚信和理性恐怕难以契合实际。由于该规则的滥用，导致债务人与承租人恶意串通，虚构、倒签租赁合同。其次，该规则比较模糊、原则。以法院为拍卖主体的拍卖措施是否能突破规则的限制？依据最高人民法院的观点，拍卖财产上原有的租赁权及其他用益物权不因拍卖而消灭。[1] 概括地说，该理论采用“承受主义”的原则。此为“买卖不破租赁”的法律规定在执行拍卖程序中的具体体现。拍卖程序既然未突破该规则的限制，换言之，带着长期租约的房产，在某种程度上亦可能构成租赁物拍卖时的价格决定因素，最终致使竞买人望而却步进而导致流拍。该规则旨在保护“先租后卖”情形下承租人的利益，而对债权人（申请执行人）的利益却置若罔闻。立法“厚

〔1〕 最高人民法院《关于人民法院民事执行中拍卖、变卖财产的规定》第31条的规定。

此薄彼”,从法理上未能平衡承租人和债权人的利益冲突。

2. 对租赁物物权化的价值取向认定不清,而法律并未加以明确。随着市场经济的发展,物权与债权的区别界限越来越模糊。租赁权具备债的基本属性,这使它区别一般的物权;但它以物权为基础,具有虽物权定命运的属性,又区别不同的普通之债。债权与物权二分在法律适用上的不彻底留下异形地带,而法律又未配置相应的规则进行规制。最明显的特征是现有租赁权公示制度不完备。现阶段,我国部分地区出台的地方性法规,对不动产租赁合同采用的是登记备案的方式,但这种登记制度在实践中更多运用于行政管理和行政征收。[1] 法律既然规定“买卖不破租赁”、案外人异议程序等特殊规则保护承租人的合法权益,却没有相对应配套的公示要件。公示效力的模糊,人们很难判断真正的权利人,这就导致不动产租赁在现实生活中出现很多问题,也给拍卖程序带来更多挑战。

(二)非法租赁合同的审查机制疏漏

1. 对于承租人向法院请求排除租赁物的执行异议,《民事诉讼法》第236条虽然肯定了执行部门具有审查权,但具体应该如何审查?应当形式审查还是实体审查?学术界可谓众说纷纭。既有实体审查说,也有否定实体审查说。实践中,执行人员也是莫衷一是,执行程序面临进退维谷的窘境。因此,执行审查权的界限与租赁合同审查的标准,理论上仍有待进一步明确和规范。

2. 认定非法租赁关系存在偏差。一是执行人员能动意识不足,拍卖前对租赁合同缺乏审查、判断。受传统“重审判轻执行”的思维影响,执行人员未树立实体判断权的习惯及主动审查的意识。二是执行人员在审查租赁关系时,应当遵循怎样的标准进行判断,并无统一适用的依据和准则。当债权人对租赁合同是否合法有效提出质疑时,往往引导当事人提起执行异议。三是执行人员判断承租人是否合法占有,还存在诸多问题。因为占有存在多样性,有直接占有和间接占有、自主占有和他主占有等情形。仅凭“占有”外观,执行人员无法知悉其真实状态。

三、正本清源——寻求租赁权立法规范化的理论基础

综上,拍卖设定非法租赁关系的不动产已严重制约执行工作的有序开展。究其原因,租赁合同是产生异化的外在表现,而租赁权公示制度的缺失才是异化的内在根源。在理论上如何弥补该规则的缺陷,是实务中必须面对的问题。

---

〔1〕 如《商品房租赁管理办法》第14条与《城市房屋租赁管理办法》第13条。

(一)租赁权公示制度的意义

租赁权应以何种形式予以公示,有无法律依据,有必要在现有法律体系的框架内寻找突破口。最高人民法院《关于人民法院办理执行异议和复议案件若干问题的规定》第31条给我们一些启示。该规定调整的是合法有效的租赁合同的承租人占有权和买受人的返回原物请求权之间的利益冲突。《民法典》合同编对"买卖不破租赁"规则作了新的表述,即租赁物在承租人依据租赁合同占有期限内发生所有权变动的,不影响租赁合同的效力。[1] 以上规定都强调了租赁合同中"占有"的意义。这不是偶然的,这是有现实意义的。物权的对抗性源自其公示产生的公信力。所以,租赁合同容易造假,但租赁物的实际占有却很难造假。认清这一事实,将有利于破解倒签、虚构合同等现实困境。

在比较法的视野下,域外各国及地区关于租赁权公示制度显得丰富而多样,或可为我们提供有益的参考(见表1)。

表1　域外各个国家及地区租赁权公示制度类型

国家及地区	租赁权公示制度类型
韩国	登记
奥地利	登记
瑞士	登记
我国台湾地区	交付或公证
英美法系地区	占有
日本	交付
德国	交付或例外情况

(二)租赁权公示以登记为形式的法理探析

相较于占有这一事实的公示作用,登记更具有更高的物权公信力。对诸如租赁权等当事人约定之债,能否进行登记,法律规定比较模糊。为此,学术界和实务部门存在争议和分歧。从对不动产预告登记,将债权请求权予以登记,使其具有物权的效力的规定来看,法律并没有作否定评价,而且在保护交易安全上产生积极的作用。

租赁权作为一种特殊的债权,受到了"物权化"的特殊保护。这是由租赁关系物

[1] 在原《合同法》第229条的规定上,《民法典》增加"占有期限内",即以"占有"作为"买卖不破租赁"规则的前提条件。

权、债权属性的二分性质决定的。如何规范、有序地将两者联系在一起,从而对以租赁权的物权化为代表的债权与物权二分现象予以合理解读,并加以完善?与之相类似的规范,源自瑞士民法学的“物上之债”对此有借鉴意义,其较好地填补了债权和物权二分不彻底遗留的缺口,从而为租赁权公示以登记为形式提供法律依据的支撑。〔1〕

四、完善构想——规范租赁权的运行机制与租赁合同的审查标准

如果对非法租赁合同不加规范,不仅损害债权人的合法权益,还将扰乱正常的租赁市场秩序。笔者认为,可从立法上对租赁权予以规制以及完善租赁合同的审查标准。

(一)租赁权运行机制的立法完善

通过以上分析,与租赁权所依附的租赁物以登记的形式取得法定公示手段相比,租赁权以占有形式的公示效力很弱。而“买卖不破租赁”规则出于保护作为弱势群体的承租人角度,赋予承租人占有、使用的权利,却对其占有的事实未在法律层面上进行评价,有顾此失彼之嫌,所以立法上应予以矫正。

1. 从立法上保障“占有”作为公示作用的意义

一般来说,租赁合同属诺成性合同,不以转移占有作为生效要件。而不动产物权的设立,以登记为生效要件。在我国当前租赁登记备案并未完善的前提下,占有这一事实具有强烈的物权公信力,具有更高的信赖利益价值。实务中,已经有学者指出,应对“买卖不破租赁”规则作限缩解释,将租赁权的成立限制于占有租赁物之后,以“占有”作为认定租赁权成立与否的标准。〔2〕 租赁合同签订即成立,但这与租赁权的生效并不矛盾。在今后修订立法时,可考虑租赁合同以“占有”作为租赁权成立的生效要件,可极大避免倒签、虚构租赁合同等乱象的发生。

2. 建立和完善租赁权登记的公示制度

较之以占有作为公示而言,采登记的公示方式简易明确,公示效力更高,便于第三人查询,实务操作简便,也利于执行人员与查封时间节点的比较。另外,部分地方性法规和部门规章对于房屋租赁、土地租赁已建立起登记制度,故不存在法律规定上

〔1〕 物上之债,是指那些既有相对性,又能约束物权受让人的债。其产生的依据,有法定和意定之分,通常与物权并立,遵循法定原则、公示原则等物权法基本规范。

〔2〕 参见刘贵祥:《执行程序中租赁权的认定与处理》,载《人民法院报》2014年5月28日,第8版。

的障碍和立法的技术问题。[1] 至于是否采登记对抗主义，我国《城市房地产管理法》第54条规定租赁合同应当登记备案，但未明确未登记的租赁合同不具有对抗第三人的效力。[2]

笔者认为，采取登记生效主义的模式下，会导致大量租赁合同不发生效力，不方便当事人，也不利于租赁市场的发展。而《民法典》合同编也否定了登记作为合同成立的生效要件。[3] 同时，新增关于租赁合同——“登记备案手续”等字眼，虽是语焉不详，但从立法层面上开始探索租赁合同采登记主义。作为折中的做法，采登记对抗主义符合法律实践及我国国情。参考英国《土地登记法》第27条的规定，关于租赁权的对抗效力有效性，租赁期限为21年以上的，必须要登记；租赁期限为21年以下的，由其他制度保护。[4] 对于短期租赁合同而言，基于成本、社会需要等考量，加之当事人自愿登记的意愿不强，现阶段也不适合“一刀切”。为此，在今后颁布的涉及《民法典》合同编的司法解释中，对于承租人的权利可作适当限制。比如，可作以下类似的规定，对于租赁期限较长的租赁合同，未经登记的，“买卖不破租赁”规则不能对抗第三人。

3. 长期租赁合同的立法完善

对于债权人而言，对长期租赁合同造成的利益侵害是否只能束手无策？因此，进一步明确长期租赁和短期租赁的界限及审查标准变得势在必行。

（1）关于长期租赁合同的界定。根据笔者观察，用于住宅的不动产租赁往往是一年一签，极少一次承租时间超过5年。而作为经营性的办公楼（商铺），为了保持商业的稳定性，这类合同租赁时间可能较长。另外，商业租赁更注重外观主义。如营业执照登记地址的变更、装潢的时间、对外招商的时间节点等方面，更容易判断租赁关系的真实性。但是界定用于住宅或者商业比较笼统。鉴于此，如立法上能对长期租赁合同予以进一步规范，将其与短期租赁予以区分，必将大大降低非法租赁合同在执行程序中的纠纷数量，为拍卖负担租赁权的不动产提供更多的可预测性。因我国未完

---

〔1〕 住房城乡建设部制定的《商品房屋租赁管理办法》第14条第1款规定：“房屋租赁合同订立后三十日内，房屋租赁当事人应当到租赁房屋所在地直辖市、市、县人民政府建设（房地产）主管部门办理房屋租赁登记备案。”

〔2〕 参见陈鸣：《异化与规则：不动产强制拍卖中的“买卖不破租赁”规则》，载贺荣主编：《公正司法与行政法实施问题的研究》，人民法院出版社2014年版，第892页。

〔3〕 《民法典》合同编第706条的规定。

〔4〕 参见姚鄂：《论不动执行中恶意租赁》，西南政法大学2018年硕士学位论文。

善租赁登记制度,为保障承租人对租赁物安定使用的权利,现阶段认定长期租赁合同的期限为5年较为合理。待租赁登记制度不断完善之后,对此期限再作调整。

(2)对长期租赁合同作限制性条件。笔者认为,对长期租赁合同需要限制条件,如必须书面、登记等(前文已作论述),有利于维护租赁市场和谐健康发展。这与《民法典》合同编规定的6个月的租赁合同应签订书面合同,其背后蕴含的法理是一致的。对长期租赁合同和短期租赁合同区分后,又对长期租赁合同作出限制,是考虑短期租赁合同可能对拍卖程序造成影响,并针对漏洞进行的完善。在执行实践中,关于短期租赁合同,"带租拍卖"对拍卖的影响已经很小。因为法院按拍卖程序进行信息公示和特别提示,竞买人竞买前充分了解租赁物的现状、评估成本,会依据其形成的预期利益作出是否竞拍的判断,其实质对买受人和债权人的利益未造成实际损害。

(3)债权人对长期租赁合同的权利救济。按照《民法典》撤销权的规定,债权人可以对债务人无偿处分财产权益的行为予以撤销。相应地,租赁物被查封后影响债权人债权的实现的,立法应赋予债权人撤销该租赁合同的权利。有观点认为,既然法院可以依法处置查封的租赁物,立法强制让债权人撤销租赁合同的权利,似乎有"用药过量"之嫌。但实践中,被执行人的不动产不仅设立租赁权,还设定抵押权。设置参与分配的程序下,这些普通债权难言全部实现。故今后出台新的司法解释可参照撤销权作出如下规定:债务人对债权人的债务届满1年内,债务人与第三人订立长期的未经登记的不动产租赁合同,债权人有权请求人民法院予以撤销。此项规定虽然无法判断债务人是否恶意规避债务,但对于长期租赁合同,基于上文分析,债权人认为对债权的实现有影响的,赋予其撤销之权利,也有利于督促承租人依法进行长期租赁合同的登记手续。

(二)完善租赁合同审查的标准

对于拍卖程序中涉及的租赁障碍,除了立法上对租赁权进行规范,还需要完善相关的租赁合同审查制度,细化操作规范,为拍卖程序提供可鉴参考的标准。

1. 执行异议的判断标准

由执行部门对租赁关系进行实体审查,有无法律依据?笔者认为,应肯定执行部门有实体审查权。究其原因,其一,最高人民法院《关于人民法院执行工作若干问题的规定(试行)》第83条赋予执行部门一定程度的裁决权。其二,执行部门处理案外人异议、追加被执行人主体的判断等事项,需要采用合议制进行审查,性质上更接近审判权。其三,新《民事诉讼法》第236条规定执行异议设置初步审查的前者程序,而审查的结果以裁定的形式作出,不具有既判力,当事人可依据相关程序进行救济。因此，执行程序既然无法对实体权利争议进行认定，为确保执行的效率和程序的效益，对执行异议中租赁关系的审查一般是采用形式审查为原则与实质审查为例外相统一的审查标准。

依据审判程序与执行程序之间价值的区别，审判部门侧重证据的效力和法律依据。执行部门的立足点除了依据现有的法律体系，更侧重于当事人的行为是否符合事物发展的客观规律，排除一切合理怀疑的角度考量。[1] 既考虑双方签订合同的动机和目的，又考虑是否出于善意、遵循公序良俗等原则，以及结合各种因素进行综合考察，而不是仅判断证据的证明效力。适用以上标准比较模糊，可操作性不强，必须辅助相应操作规范加以完善，下文将详细分析。

2. 判断合法的租赁合同的法定条件

依据最高人民法院《关于人民法院办理执行异议和复议案件若干问题的规定》第 31 条给我们的启示，设定合法有效租赁合同的形式应符合以下条件：(1)存在租赁关系；(2)租赁期；(3)书面；(4)占有；(5)合法、有效。这五个条件必须满足，缺一不可。

关于“存在租赁关系”，即双方当事人必须存在租赁的法律关系，签订租赁合同，排除如仓储合同，名为租赁实为借贷担保，或者以租代偿等关系等有名或无名合同。关于“租赁期”，排除了不在租赁期内的合同，但是也极易给倒签或虚构租赁合同提供“温床”，所以必须结合其他几个条件进行考量。关于“书面”，即租赁合同必须是书面签订的，排除不定期租赁。关于“占有”，法律未对租赁权采“登记”主义模式下，应对“占有”作限缩解释，即以“直接占有”“自主占有”作为租赁权成立的生效要件，而且这种“占有”必须有连续性、排他性。[2] 判断租赁权产生对抗性的时间点为“占有时”。[3] 排除一房多租或者非法侵占不动产的现象。关于“合法、有效”，判断是否有效，可依据租赁期限的长短、租金数额高低、租金的交付凭据、承租人的资信状况等因素进行判断；判断是否合法，应当符合《民法典》第 143 条民事法律行为的三个有效条件。

---

〔1〕 参见胡闻韬：《不动产强制执行中“长期租约”问题的审查与处理研究》，华东政法大学 2019 年硕士学位论文。

〔2〕 参见刘京勇、邓辉：《论不动产租赁权登记制度的构造》，载《中国不动产研究》（2018 年第 1 辑），法律出版社 2018 年版。

〔3〕 参见乔宇：《论强制拍卖中的瑕疵担保》，载《法律适用》2016 年第 10 期。

3. 租赁权审查的基础规则

为有利于遏制倒签、虚构合同侵害债权人的合法权益，笔者建议在一般民事活动应遵循的公平、诚信原则的基础上，以如下标准进行审查。

（1）权利平衡规则。第一，加重承租人的义务。法院在张贴拍卖公告时（应当现场张贴），应阐明相应的法律关系和不提交证据或不主张权利的法律后果，以及虚假提供证据应承担的法律责任。承租人应当在限定时期内如实提交存在租赁关系的证据，即租赁合同、租金交付凭证等证据材料。关于租赁物占有的事实，适用责任倒置的举证原则。如不能达到"高度盖然性"的证明标准，承租人将承担举证不能的法律后果。第二，加强债权人的权利救济保障机制。发挥执行工作人员的主观能动性，实地走访调查租赁物的现状，严格落实现场查封制度。第三，赋予债权人相应的救济权利，如上文提及的撤销权。第四，如果债务人与承租人订立的租赁合同属于恶意串通，对债权的实现有影响的，债权人可以在执行程序中向执行法院申请追加承租人为被执行人。承租人在已支付租金的范围内承担责任的，法院应予支持。因该权益涉及承租人的实体权益，其不服法院作出追加裁定的，按照现行执行异议的相关规定，承租人可提起执行异议之诉。有观点认为，因被执行人与承租人虚构租赁关系，给申请执行人造成损害的，可另行提起诉讼要求被执行人、承租人予以赔偿。[1] 该观点有可取之处，但通过新的诉讼程序，增加当事人的诉累，而根据不告不理原则，申请执行人很难提供受到损害的确切证据及承租人虚构租赁合同的事实，会在诉讼中因举证困难诉求得不到法院支持。

（2）推定规则。实践中常见的情形，被执行人下落不明或故意逃避债务，其名下的房产由亲戚朋友居住或被执行人因负债房产被债权人占有等现象不胜枚举。在某一动产是否由被执行人居住（使用）并不明确、是否存在租赁关系真伪不明的情况下，出于提高执行效率的角度考虑，推定为被执行人居住（使用）。执行部门对拟拍卖的不动产有权采取控制性强制措施。为此，债务人或承租人有异议的，可以提出相反的有效证据支持其主张，由执行部门进行审查。这样过滤了许多非法占用房产的情形，有利于杜绝非法占有房产乱象的发生，也有利于保障债权人权益的快速实现。适用该规则难免遗漏少数真实合法的承租人。因此，如果确实需要除去租赁权的，法院作出除去租赁权的行为应以裁定方式作出，而不宜在执行法律文书中直接认定租赁

〔1〕 参见金殿军：《论案外人对执行标的物主张租赁权的诉讼程序》，载《财经法学》2016 年第 4 期。

合同无效或者解除租赁合同。[1] 因执行程序中通过裁定作出的方式不具有既判力，承租人可通过案外人异议之诉予以救济，下文将重点讨论。

(3)奖惩原则。第一，奖励方面，鼓励善意承租人进行租赁合同的登记。比如经登记的长期租赁合同的承租人，在子女教育、就业等方面可参照市场化商品房的相关政策。另外，强化合法承租人优先购买权的意义。对于租赁权发生在法院查封之后但属于善意的，可以保障善意承租人的优先购买权。同时，允许买受人与承租人在协商一致的情形下，租赁期届满后，限定一定期限内交付租赁物。第二，惩罚方面，对恶意承租人，与被执行人串通的，应当追加妨碍执行的法律责任。同时，可采取对承租人纳入失信名单、限期缴纳罚款，或者情节严重的，予以拘留等强制措施。这样可以增大行为人的违法成本，督促行为人自觉履行相应的法律义务，间接促进不动产租赁管理制度的有序运行。在保护合法承租人优先购买权的同时，相应地，对查封后设定租赁关系的承租人的优先购买权持否定态度或设置限制性条件。

4. 规范非法租赁关系的排除程序

为除去承租人的“肆意”侵害，在完成拍卖房产的清洁交付前，对非法租赁关系应当首先进行排除。笔者认为，实践中可采用“列举+排除”为主，三项基础规则为辅加以确定的原则。即“列举”时，依据上述的法定条件，反之，“排除”时，再结合主观和客观两个方面进行判断(见图1)。

(1)主观方面。须遵循善意、诚信原则，排除恶意串通、胁迫等行为。这点比较难把握，须结合客观事实进行判断分析。

(2)客观方面。首先，不能以明显不合理的低价承租。参照原《合同法》第74条，租金达不到市场价70%的，即可认为以明显不合理的低价承租。其次，交付租金的证据是真实的。这需要执行人员在审查租赁合同的时候，应重点围绕合同订立的时间，租金交付的时间、方式、过程等细节进行审查，从而形成内心确信。最后，承租人的资信状况良好。可依据是否正常生产经营，营业执照地址与办公地址是否一致，是否支付水、电、物业费等方面作出判断。事实上，有些地方法院已依据相关法律规定作出解答，在查封前从是否就租赁关系提起诉讼或仲裁、是否已办理租赁合同公证、是否缴纳相应租金税、是否办理租赁登记等方面进行列举。[2] 另外，法院查封后

[1] 最高人民法院《关于人民法院能否在执行程序中以被执行人擅自出租查封房产为由认定该租赁合同无效或解除该租赁合同的答复》。

[2] 浙江省高级人民法院《关于执行非住宅房屋时案外人主张租赁权的若干问题解答》。

的租赁物具有对世效力,依照查封主观效力的原理,对债权人和受让人不发生效力,当然排除租赁关系。[1]

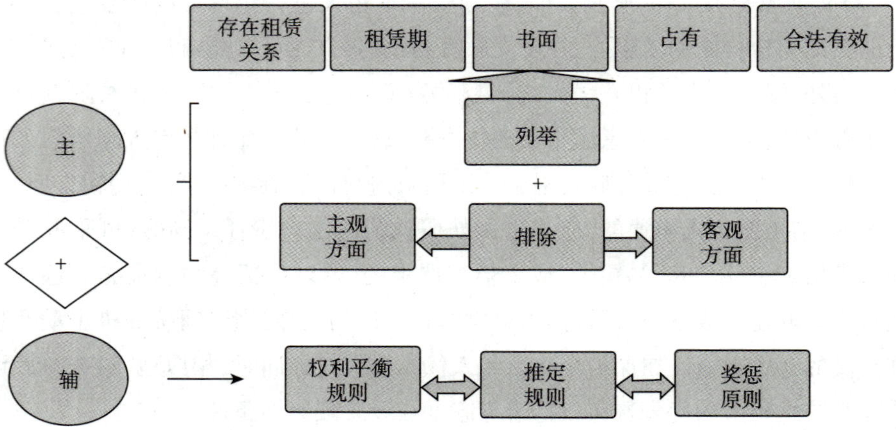

图1　非法租赁关系排除程序的运行机制

(三)承租人的权利救济途径

承租人认为法院的拍卖行为侵犯其权利的执行异议,适用执行行为异议还是案外人异议?借鉴德国赫尔维希建立的实体请求权基础上的传统诉讼标的理论、罗森贝克的以基础事实和诉的声明为双重识别要素的"二分肢"说理论,而非单纯从异议理由来识别。[2] 笔者认为,租赁权本质上属于承租人对执行标的物依法享有占有、使用等权利,这种权利属于实体法的权利,具有排除法院对标的物强制执行的效力。当然,对案外人异议的事项,是阻止法院对租赁物的执行还是阻却法院对执行标的物的执行,需要进行区分。前者属于执行行为异议,后者属于当事人实体异议,该执行标的物为租赁权。只要执行不影响承租人对租赁物的占有、使用的权利,承租人就无权请求排除对租赁物的强制执行。[3] 承租人不同意法院处置租赁物的,属于无诉的利益,法院应裁定驳回。

五、结语

只有将非法租赁关系依法排除,才能有效保障拍卖工作的有序开展。因此,租赁

〔1〕 参见范向阳:《不动产执行》,2010年法院执行理论与实务讲座。

〔2〕 参见范向阳、朱元清:《论执行程序中案外人异议标的的识别》,载《人民司法(应用)》2013年第11期。

〔3〕 参见金殿军:《论案外人对执行标的物主张租赁权的诉讼程序》,载《财经法学》2016年第4期。

合同合法的审查标准对拍卖程序有着至关重要的意义。管中窥豹,笔者对目前租赁市场的现状保持谨慎态度。基于此,本文希望通过规范租赁权的运行机制,为立法上不断完善租赁权提供一些有益借鉴和参考。唯有如此,才有利于畅通强制执行的拍卖程序,同时还能维护正常的租赁市场秩序,保护更多的利益主体。

公平与效率：强制执行程序中预告登记不动产相关主体的权利衡平及处置规则*

——以裁判文书网300例文书为切入点

黄　剑**

摘要：预告登记不动产的司法处置涉及开发商与被执行人间的买卖合同关系、放贷银行与被执行人间的金融借款合同关系、开发商与放贷银行间的保证合同关系、申请执行人与被执行人间的债权债务关系。囿于权利保护的倾向不同，司法实践中对上述多边权利关系如何进行调整未形成较为统一的做法，亟待从理论层面对不同的权利属性进行明辨，平衡各方利益，以期达到完善立法之目的，破解预告登记不动产的司法处置困局。

为保障不动产买受人将来得以实现物权，原《物权法》第20条〔1〕对不动产预告登记作出了规定，然而不动产预告登记的效力问题在现行法中并未加以明确，《民法典》物权编依旧沿用了原《物权法》的规定。在

---

* 本文在第十一届中国执行论坛论文评选获三等奖。

** 黄剑，广西壮族自治区玉林市福绵区人民法院党组成员、执行局局长。

〔1〕原《物权法》第20条规定："当事人签订买卖房屋或者其他不动产物权的协议，为保障将来实现物权，按照约定可以向登记机构申请预告登记。预告登记后，未经预告登记的权利人同意，处分该不动产的，不发生物权效力。预告登记后，债权消灭或者自能够进行不动产登记之日起三个月内未申请登记的，预告登记失效。"

执行法院将预告登记不动产作为预告登记权利人的责任财产予以预查封[1]时,相关主体为维护各自的利益不可避免产生诸多冲突。在“切实解决执行难”的背景下,如何化解处置预告登记不动产时的权利冲突,对不同法院间的现有处置方式进行反思及优化,提升执行效率,解决预告登记不动产的处置难题[2]已然具有较强的现实意义。

一、现状勾勒:预告登记不动产强制处置的实证考察

在预告登记不动产被执行法院视为预告登记权利人的责任财产予以预查封后,能否进一步进行变价处置,不同法院的处理方式出现两极悖逆的现象。部分法院对预查封不动产的处置持保守态度,认为需待预告登记转为本登记[3]、预查封转为正式查封后才可以处置,理论界持相同观点的学者认为:“即便买受人办理了预告登记,但预告登记并未完成本登记,预告登记的权利人尚未取得不动产所有权,法院不能采取强制拍卖或者变卖等处分性执行措施。”[4]司法实践中,处置预查封不动产的法院也不在少数,江苏省高级人民法院对此持肯定态度,对被执行人购买的预售商品房应如何执行作出了相关解答。[5]

(一)处置预告登记不动产的必要性分析

笔者认为,在提升执行质效的前提下,为最大限度地维护预告登记不动产权利人的债权人的利益,且以不损害其他相关主体的利益为限,法院在预查封预告登记不动产后应进行变价处置,理由如下:

1. 责任财产的执行扩张

通常而言,在金钱债权执行中,被执行人的责任财产应限定为其名下的财产,但为了最大限度维护债权人的利益,执行力在某些前提下存在一定程度的扩张。执行

---

〔1〕 预查封制度最早见于最高人民法院、原国土资源部、原建设部《关于依法规范人民法院执行和国土资源房地产管理部门协助执行若干问题的通知》,该通知第15条规定:“下列房屋虽未进行房屋所有权登记,人民法院也可以进行预查封:(一)作为被执行人的房地产开发企业,已办理了商品房预售许可证且尚未出售的房屋;(二)被执行人购买的已由房地产开发企业办理了房屋权属初始登记的房屋;(三)被执行人购买的办理了商品房预售合同登记备案手续或者商品房预告登记的房屋。”

〔2〕 因将预告登记不动产作为登记义务人的责任财产进行处置时,最高人民法院《关于人民法院办理执行异议和复议案件若干问题的规定》第30条已赋予买受人相关救济途径,本文不讨论该种情形。

〔3〕 本登记即物权变动条件成就时将预告登记转为正式登记。

〔4〕 李锡鹤:《物权论稿》,中国政法大学出版社2016年版,第514-515页。

〔5〕 参见江苏省高级人民法院《关于执行难疑难问题的解答》(苏高法〔2018〕86号)第3条。

力扩张是超过执行依据所确定的义务范围而进行执行的司法行为。[1] 事实上，在我国现行法律体系中也存在执行力扩张的表现，譬如对被执行人到期债权的保全与执行[2]及未到期债权的保全[3]。亦有学者认为，物或权利的交付请求权显然具有财产价值，也不存在执行障碍的特殊规定，理当成为强制执行的标的。[4] 预查封以被执行人为预告登记权利人的不动产，实质上是限制了被执行人对该不动产享有的给付请求权，本质上这是一项财产性权益，存在变价的可能及必要性。

2. 提升执行效率的必然要求

若要满足将预告登记转为本登记这一条件后才对预查封不动产进行变价处置，在司法实践中变得极其困难，因为现行法并未赋予申请执行人能代替被执行人将预告登记转为本登记的代位权利，而法院亦不可依职权进行强行变更。被执行人出于规避执行的心理往往怠于履行将预告登记转为本登记的义务，或是因利害关系人的介入使不动产本登记的进程受阻，预查封无法转为正式查封，结果自然是预查封的作用被削弱甚至是形同虚设。

（二）处置中相关主体的权利冲突

在论证预查封不动产可直接变价处置的前提下，处置过程中不可避免产生相关主体的权利之争，笔者以“预告登记、执行异议”为关键词在中国裁判文书网进行检索，共检索到 20455 篇文书，[5] 为保证文书样本的地域性、代表性、随机性，在除去最高人民法院的 172 例文书、西藏自治区的 1 例文书以及新疆维吾尔自治区高级人民法院生产建设兵团的 21 例文书后，再从其余 30 个省（自治区、直辖市）高级人民法院及下级人民法院中各随机选取 10 例文书为样本，发现预告登记不动产在司法处置过程中呈现以下的争议特点（见表 1）。

---

〔1〕 参见刘书星：《我国执行力扩张制度研究》，载《法学杂志》2015 年第 7 期。

〔2〕 最高人民法院《关于适用〈中华人民共和国民事诉讼法〉的解释》第 159 条规定：“债务人的财产不能满足保全请求，但对他人有到期债权的，人民法院可以依债权人的申请裁定该他人不得对本案债务人清偿。该他人要求偿付的，由人民法院提存财物或者价款。”第 499 条第 1 款规定：“人民法院执行被执行人对他人的到期债权，可以作出冻结债权的裁定，并通知该他人向申请执行人履行。”

〔3〕 最高人民法院《印发〈关于依法制裁规避执行行为的若干意见〉的通知》第 13 条规定：“依法保全被执行人的未到期债权。对被执行人的未到期债权，执行法院可以依法冻结，待债权到期后参照到期债权予以执行。第三人仅以该债务未到期为由提出异议的，不影响对该债权的保全。”

〔4〕 参见马强伟：《预查封制度质疑及物上期待权的执行》，载《法学》2019 年第 10 期。

〔5〕 检索日期为 2020 年 5 月 24 日。

表1　预告登记不动产的争议特点

样本数量300件	预告登记抵押权银行请求优先受偿	出售开发商请求解除买卖合同	申请执行人请求强制执行	其他利害关系人请求中止执行
案件数	112件	35件	3件	150件
所占比例	37.3%	11.7%	1%	50%

笔者以提出主张的异议人的不同类型展开分析：

1. 各类主体间关系交错复杂

由于预告登记不动产的实际权属尚不明确，在实践操作中一旦发生被执行人逾期还贷的情形，且法院又采取预查封措施后，各类主体间的关系将变得错综复杂。如申请执行人为实现债权主张对预查封不动产进行变价处置；开发商因被执行人逾期还贷后承担阶段性担保义务而主张行使合同解除权；放贷银行因已进行抵押权预告登记而主张优先受偿；被执行人为规避执行而怠于将预告登记转为本登记或被执行人希望通过拍卖预告登记不动产以清偿债务（见图1）。

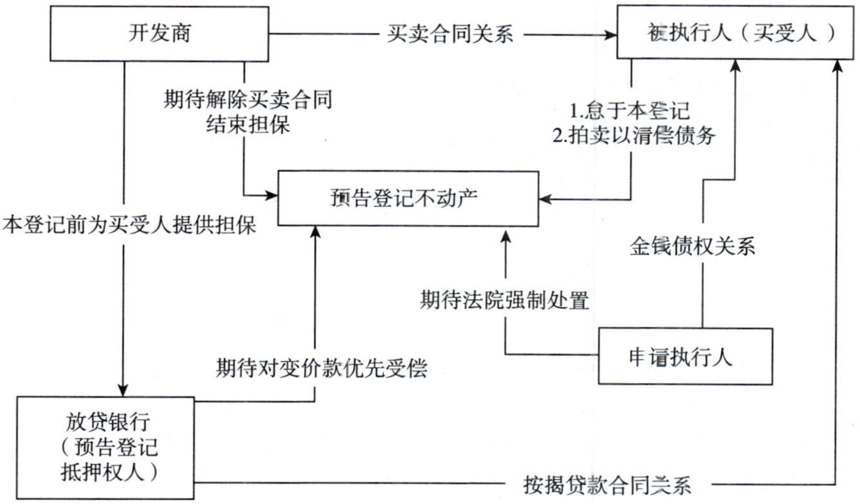

图1　预告登记不动产上各类主体间的关系

2. 申请执行人提出主张

申请执行人能否要求将权利人为被执行人的预告登记不动产视为被执行人的责任财产要求法院予以处置，在现行法中有据可循，如最高人民法院《关于人民法院民事执行中查封、扣押、冻结财产的规定》(以下简称《查扣冻规定》)第17条[1]规定出售人未受偿的剩余价款得以支付的,法院可以对相关不动产进行处置。但同时也应看到,该规定还要求满足被执行人实际“占有”该不动产这一客观条件,且出售人如果依据该规定第16条[2]赋予的合同解除权予以反驳的,出售人在实践中也会得到法院的支持。[3] 可以说,申请执行人提出的执行主张能否得以实现处于不明确的状态,呈现司法困局。

3. 预告登记义务人提出主张

若预告登记不动产系被执行人通过按揭方式购买,被执行人逾期还贷后开发商通常需要向放贷银行承担阶段性担保责任,开发商为规避风险往往选择另案起诉解除买卖合同,之后持解除合同的生效法律文书向执行法院提起执行异议,要求解除强制处置措施。对此,各地法院的做法不一,[4]这一现象也导致预告登记不动产在处置进程中的预告登记义务人权利保护处于不明确状态,同样凸显了司法困局(见表2)。

表2　不同法院对出售人行使合同解除权时的处理方式不一

方式1:认可合同解除,中止执行,解除预查封措施	方式2:认可合同解除,但预查封的标的从涉案不动产转化为被执行人对开发商已实际支付的价款	方式3:尽管已有生效法律文书确认买卖合同解除,但生效法律文书的作出在预查封执行裁定书之后,不能产生对抗效力	方式4:解除合同仅适用于保留所有权的特殊约定,如无特殊约定,不能解除合同

[1] 《查扣冻规定》第17条规定:“被执行人购买需要办理过户登记的第三人的财产,已经支付部分或者全部价款并实际占有该财产,虽未办理产权过户登记手续,但申请执行人已向第三人支付剩余价款或者第三人同意剩余价款从该财产变价款中优先支付的,人民法院可以查封、扣押、冻结。”

[2] 《查扣冻规定》第16条规定:“被执行人购买第三人的财产,已经支付部分价款并实际占有该财产,第三人依合同约定保留所有权的,人民法院可以查封、扣押、冻结。保留所有权已办理登记的,第三人的剩余价款从该财产变价款中优先支付;第三人主张取回该财产的,可以依据民事诉讼法第二百二十七条规定提出异议。”

[3] 如(2020)琼96民终628号民事判决书,海南省第一中级人民法院认为出售人有权依据2004年《查扣冻规定》第18条行使合同解除权。

[4] 笔者以“预告登记、执行异议、买卖合同解除”为关键词在中国裁判文书网进行检索,不同法院对出售人主张买卖合同解除时主要存在四种处理方式。

续表

(2019)甘执异38号、(2019)浙0783执异136号、(2019)桂0902民初3288号等持该观点	(2019)浙民再244号、(2019)琼民终366号等持该观点	(2018)赣01民终2726号、(2019)苏0205执异130号、(2019)豫01民终24994号等持该观点	(2018)川民申5834号等持该观点

4. 预告登记抵押权人提出主张

在预告登记不动产被司法处置时,放贷银行作为预告登记抵押权人自然要主张其权利。如果放贷银行在处置过程中无法实现优先受偿权,那么其只能要求开发商承担保证责任或与其他债权人一同按债权比例对不动产的变价款进行受偿。一般来说,开发商的保证金账户金额有限,在开发商履行多宗担保责任的情况下,银行会存在较大风险。另外,银行欲对案涉不动产的变价款参与分配时需取得生效法律文书为债权依据,在案涉不动产已进入变价程序但银行未取得债权依据时,其已尚失受偿的机会。虽然我国现行法上并未赋予预告登记抵押权人有优先受偿的权利,但部分法院从设立预告登记不动产抵押权制度的价值考量,亦认可预告登记抵押权人享有优先受偿权。[1] 可以说,预告登记抵押权人能否在强制执行程序中享有优先受偿权争议较大,使上述司法困局更为复杂。

(三)现行体系下预告登记不动产处置方式的不同走向

在现行执行体系下,根据各阶段的处置方式不同,预告登记不动产在进行预查封后的走向概况主要有以下几种类型(见图2)。

如图2所示,若预查封后、本登记条件成立前,执行法院不主动对预告登记不动产进行处置,将可能导致不动产买卖合同被开发商通过诉讼程序予以解除,开发商将获得高额违约金及不动产出售后的增值利益;也可能出现因被执行人怠于进行本登记而使预告登记不动产被免于变价处置的尴尬境地。另外的情形是,若预查封后执行法院直接对预告登记不动产进行处置,在被执行人停止按揭后如果开发商已向银行承担保证责任,开发商往往会选择解除买卖合同,但是否允许解除买卖合同在不同法院间的做法不一;在被执行人停止按揭后如果开发商未向银行承担保证责任,银行会请求优先受偿,或提出异议中止执行,银行的请求是否得以获许,不同法院对此也

〔1〕 如浙江省高级人民法院(2015)浙民申字第810号民事裁定书、福州市中级人民法院(2015)榕民终字第5965号民事判决书的观点认为,尽管涉案房产抵押权仅办理了预告登记,不直接产生物权的效力,但银行对预告登记无法转为正式登记抵押权没有过错。

是做法不一。因不同法院的执行方式、对法律的理解适用以及对各权利间的价值保护取向的不同,预告登记不动产被预查封后的处置结果出现南辕北辙之别。要解决这一复杂问题则必须在整体构架上对各方的权利属性进行剖析,平衡法律的制度价值、社会效益及公平原则。

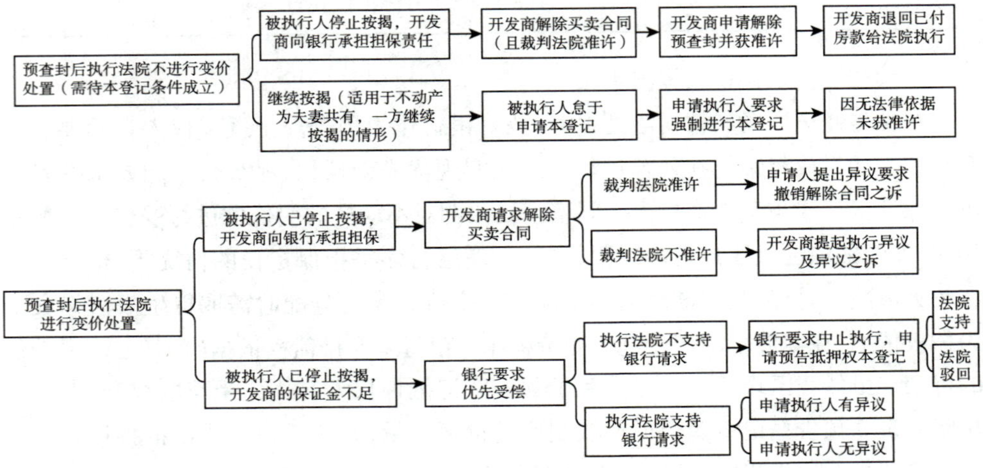

图 2 法院对预告登记不动产的处置方式不同导致执行结果大相径庭

二、“瓶颈”探析:预告登记不动产相关主体的权利主张分析

要解决预告登记不动产在变价处置进程中的权利冲突问题,必须厘清实体上各权利主体间的权利位阶,并分析现行法下各主体的权利主张是否得当。

(一)预告登记义务人的权利分析

开发商为避免向放贷银行承担阶段性保证责任会选择解除买卖合同,但解除买卖合同将直接损害申请执行人及被执行人的利益。

1. 行使合同解除权有失公平

在预告登记不动产未被预查封的情形下,不动产出售人有权以买受人单方违约而行使合同解除权。但若出售人已通过放贷银行获得预售不动产的全部价款,在不动产被预查封后,如允许开发商以解除合同为由中止执行,导致的后果会是因被执行人违约而使开发商间接获益。一方面,开发商解除合同后将获取高额的违约金;另一方面,开发商能以更高的市场价格再次出售不动产,独享不动产的增值利益,导致申请执行人可受偿的债权相应减少,也导致被执行人可偿还债权的能力减弱,不符合公平原则。

2. 特殊情形下物权不具有绝对效力

除行使合同解除权外，预告登记义务人或以其享有原始登记物权为由提出中止执行。事实上，为了兼顾执行效率，现行法对物权的绝对效力进行了一定的突破，如《查扣冻规定》第 17 条[1]便已明确，如开发商可获取已售不动产的全部对价的，法院可以强制执行。

3. 债权的平等性

在被执行人、开发商、放贷银行签订按揭贷款合同的情形下，开发商已获得不动产出售额的全部对价，开发商承担阶段性担保时也已预知该风险，且其以营利为目的并愿意承担该种风险，开发商的担保责任在属性上属于一般债权，并不优于申请执行人的债权。为了解除其担保责任而行使合同解除权，实质是为了满足自身债权而损害了其他债权人利益，破坏了债权的平等性。

综上，笔者认为，虽预告登记义务人享有原始登记物权，其有权在执行程序中提出中止执行的主张，但在保证其获得已售不动产对价的情况下，其所提主张不应予以支持。

（二）预告登记抵押权人的权利分析

在被执行人停止向银行偿还按揭款，银行又无法通过开发商追偿时，放贷银行只能向执行法院主张优先受偿的权利。在强制执行程序中，银行该种权利具有特别属性。

1. 特殊优先受偿权

放贷银行为保证不动产在进行本登记后，其享有第一顺位的抵押权而在登记机构进行预告登记加以公示，但抵押权预告登记并非正式的抵押登记，关于其效力如何认定，在司法实践中有两种观点。

持否定说的观点认为，不动产的物权变动方式具有法定性，抵押权预告登记并不是抵押权成立的法定公示方法，不能产生成立抵押权的效力。[2] 这也是最高人民法

[1] 《查扣冻规定》第 17 条规定："被执行人购买需要办理过户登记的第三人的财产，已经支付部分或者全部价款并实际占有该财产，虽未办理产权过户登记手续，但申请执行人已向第三人支付剩余价款或者第三人同意剩余价款从该财产变价款中优先支付的，人民法院可以查封、扣押、冻结。"

[2] 参见王利明：《论民法典物权编中预告登记的法律效力》，载《清华法学》2019 年第 3 期。

院的倾向性观点。[1]

持肯定说的观点认为,尽管抵押权预告登记并不直接产生设定物权的效力,但是预告登记抵押人对预告登记无法转为正式抵押登记并无过错的,应享有优先受偿权,有利于平衡保护各方当事人利益,保障交易安全和稳定。

根据物权法定的原则,预告登记抵押权并不具有优先受偿效力。但司法实践中之所以产生承认该种权利有优先受偿的效果,系因为这类案件在处理进程中被设置了一个特殊前提,即执行法院已将预告登记不动产视为预告登记权利人的财产进行处置。在这一特殊前提下,等于承认预告登记权利人是预告登记不动产的实际所有人,与预告登记已转为本登记的法律效果一致,而本登记条件成就时,抵押权预告登记应转为抵押权本登记。故在这种情形下,如果不认可预告登记抵押权人的优先受偿权,无异于因强制执行力的介入损害了预告登记抵押权人的担保物权期待权。

基于上述逻辑,笔者认为在预告登记不动产作为预告登记权利人的责任财产予以强制执行时,预告登记抵押权人应享有特殊优先受偿权。

2. 阻却执行的特殊权利

从权利属性上说,抵押权属于担保物权,系物权的一种类型。根据原《物权法》第 20 条[2]的规定,预告登记抵押权人应视为预告登记权利人之一,处分预告登记不动产的,应取得预告登记权利人的同意。故预告登记抵押权人基于抵押权的预告登记有权提出异议阻却执行,进而通过法院裁判实现抵押权本登记的请求权,将抵押权预告登记转为抵押权本登记。在现阶段规则缺位的情形下,这种做法对预告登记抵押权人而言不失为一种合法之举。

(三) 申请执行人的权利分析

在执行法院对以被执行人为权利人的预告登记不动产进行预查封后,申请执行人期待法院直接进行变价处置,而非待本登记条件成立后。

---

〔1〕《最高人民法院公报》2014 年第 9 期登载的“光大银行上海青浦支行诉上海东鹤房地产公司、陈某绮保证合同纠纷案”中的倾向性观点,需要说明的是,该案中的买卖合同因无效而被依法解除,案涉财产属初始登记人。

〔2〕原《物权法》第 20 条规定:“当事人签订买卖房屋或者其他不动产物权的协议,为保障将来实现物权,按照约定可以向登记机构申请预告登记。预告登记后,未经预告登记的权利人同意,处分该不动产的,不发生物权效力。”

1. 程序法上的权利之争

如前文所述，申请执行人可依据《查扣冻规定》第17条[1]的规定对被执行人已形成占有状态的预告登记不动产申请强制执行，且仅需保证预告登记义务人获得已售不动产的对价即可。但预告登记义务人能否依据该规定的第16条[2]行使合同解除权而排除执行存在争议。对此笔者持否定态度，理由是该规定第16条和第17条看似矛盾，但适用范围并不相同，第16条仅是一般性规定，只要出售人依法解除合同就可以排除执行，但第17条是特殊规定，适用于第三人出售尚未办理产权过户登记手续的不动产，且该不动产已由买受人占有，这是执行程序法上设定的特殊规则，是物上期待权予以优先保护的表现。

2. 代位执行的缺失和许可执行的必要

遗憾的是，现行法对第三人已出售尚未办理过户登记的不动产，而买受人又尚未对不动产实现"占有"的情形该如何处置没有作出规定。对申请执行人而言，物权期待权这种可期待利益能否由其代替被执行人行使尚存疑问，因为在现行法的代位执行[3]制度中并未赋予申请执行人该种权利。但不可否认，对登记在第三人名下的不动产或者权利，申请执行人应有申请"许可执行"之权利。

三、程序再构：预告登记不动产的处置规则及立法完善的建议

（一）处置规则的一般规定

1. 以支付对价为变价处置的前提

在前文已论述预告登记不动产被预查封后可变价处置的基础上，笔者认为，参照《查扣冻规定》第17条的内容，执行法院要进行变价处置必须要满足出售人可获得相应对价这一基础条件。而被执行人是否已实际"占有"预告登记不动产，则不应作为变价程序启动的必要条件，因为此时申请执行人是基于被执行人的物上期待权而取

---

〔1〕《查扣冻规定》第17条规定："被执行人购买需要办理过户登记的第三人的财产，已经支付部分或者全部价款并实际占有该财产，虽未办理产权过户登记手续，但申请执行人已向第三人支付剩余价款或者第三人同意剩余价款从该财产变价款中优先支付的，人民法院可以查封、扣押、冻结。"

〔2〕《查扣冻规定》第16条规定："被执行人购买第三人的财产，已经支付部分价款并实际占有该财产，第三人依合同约定保留所有权的，人民法院可以查封、扣押、冻结。保留所有权已办理登记的，第三人的剩余价款从该财产变价款中优先支付；第三人主张取回该财产的，可以依据民事诉讼法第二百二十七条规定提出异议。"

〔3〕代位执行仅适用于金钱债权。

代了被执行人的地位,而非要通过“占有”状态保障被执行人的居住权利。事实上,物上期待权的特殊保护规则在现行法中也有所体现,如最高人民法院《关于人民法院办理执行异议和复议若干问题的规定》第 30 条[1]就保留了预告登记权利人进行本登记的权利,当然这种权利得以保留也必须以支付已售不动产的对价为基础。

2. 针对不同对价支付类型的处理方式

在变价处置前,执行法院的首要步骤是查明预告登记不动产的对价支付情况,具体包含以下两种情形:

情形 1:预告登记权利人无按揭情形且已全额支付。

该种情形下开发商和银行都不是利害关系人,不存在权利冲突的问题,执行法院可直接进行变价处置,不应等待本登记条件成立。

情形 2:预告登记权利人按揭支付且义务人已承担保证责任。

该种情形下,执行法院在进行预查封后应立即向开发商和银行发函,查明被执行人是否已逾期还贷,如已逾期还贷的,银行是否因被执行人逾期还贷而要求开发商承担阶段性保证责任。若开发商已承担保证责任的,开发商的保证责任属何种类型,即开发商系以按月承担保证责任,还是银行已提前终止贷款合同,一次性从开发商保证金账户扣除被执行人未还的贷款总额。

此查询状况极为重要,因为从表面上看,开发商已收到银行的按揭款,不动产的全部对价含被执行人的首付款已支付完毕,但假如银行要求开发商履行保证责任的,开发商则不得不将已收付的按揭款返还至银行,开发商在实质上并未获得所售不动产的全部对价。

3. 需保证预告登记抵押权人的期待性权益

处置预告登记不动产时不得为实现一般债权而损害了预告登记抵押权人的抵押权期待利益,在银行的放贷风险无法从开发商的保证责任中得到全部满足时,银行有权期待预告登记抵押权转为本登记抵押权,故未经得银行同意或在不能保证银行在变价处置后享有优先受偿权时,执行法院不应经行处置,否则有公权力损害私权益之嫌。

---

[1] 最高人民法院《关于人民法院办理执行异议和复议案件若干问题的规定》第 30 条规定:“金钱债权执行中,对被查封的办理了受让物权预告登记的不动产,受让人提出停止处分异议的,人民法院应予支持;符合物权登记条件,受让人提出排除执行异议的,应予支持。”

4. 预查封后开发商不可解除买卖合同

以执行法院对预告登记不动产进行预查封的时间为分界点，开发商在此节点前可以行使合同解除权，但此节点后再行使合同解除权则损害了申请执行人的利益，该种合同解除权应为禁止。

此外，执行法院在对不动产进行预查封的同时应及时告知开发商以下事项：一是若开发商另行起诉解除买卖合同的，该裁判有被撤销的法律风险；[1] 二是开发商擅自向被执行人退款的应承担赔偿责任；三是开发商主张解除买卖合同的，应提起执行异议。

（二）变价所得的分配顺序

为兼顾执行效率与实现各方利益间的平衡，笔者认为，变价所得应优先满足银行的预告登记抵押权，其次是出售人尚未获得的对价，最后是申请执行人的债权，如仍有剩余的则返还于被执行人。亦即在权利位阶上：银行 > 开发商（仅限于满足已售不动产的对价支付）> 申请执行人 > 被执行人。

设计该分配顺序的理由如下：

满足银行的优先受偿权并非基于银行享有抵押权，而囿于其抵押权的保全效力及其享有的担保物权期待权。在现有执行模式下，如因银行提出异议而中止执行，进而由银行基于抵押权请求权而申请法院强制将抵押权预告登记变更为本登记，之后方恢复执行继续进行变价处置，执行效率已大打折扣。如前文所述，满足银行优先受偿权的分配规则并非违反物权法定原则和物权公示原则，而是基于强制执行程序的特殊考量，更为重要的是确保了预售不动产按揭模式的良性发展，符合商事实践的要求，有利于金融秩序的稳定，也避免了特殊领域如公积金贷款失去抵押保障的公共资金风险。

开发商对变价款有次顺位的优先受偿权，但仅限于其因出售不动产后未实际获得全部对价的部分。要使预告登记不动产能视为被执行人的责任财产加以变价处置，必须要确保不动产买卖合同的持续性效力，即不动产买卖合同未被依法解除，其中的关键点在于出售人已实质性收取了已售不动产的全部对价。在开发商承担阶段性保证责任的情形下，如被执行人逾期还贷，开发商因履行保证责任而扣除的保证金应视为未收取的不动产对价，故在开发商已承担保证责任的范围内，开发商享有优先

〔1〕 最高人民法院《关于执行权合理配置和科学运行的若干意见》第 26 条规定："……在执行局查封、扣押、冻结后确权的，应当撤销确权判决或者调解书。"

于申请执行人的受偿权。

(三)对现行程序法的完善建议

为使预告登记不动产的处置规则在实践中有据可循,结合现有的执行程序规范,笔者建议在程序法上可再加以完善。

1. 对《查扣冻规定》第 17 条加以完善,增加条款如下:

"第十九条之一:

被执行人购买需要办理过户登记的第三人的财产,已经支付部分价款,虽未办理产权过户登记手续,但剩余价款可从该财产变价款中优先支付的,人民法院可以变价处置。

争议财产被查封后,第三人请求解除合同,人民法院不予准许。人民法院在争议财产被查封后已确认解除合同的,应当予以撤销。"

2. 对最高人民法院《关于人民法院办理执行异议和复议案件若干问题的规定》第 30 条亦加以完善,增加条款如下:

"第三十条之一:

金钱债权执行中,对被查封的办理了受让物权预告登记的不动产,受让人之债权人提出停止处分异议的,人民法院应予支持;符合物权登记条件,受让人之债权人提出排除执行异议的,应予支持。"

四、结语

预告登记不动产的司法处置关联到多方利益,涉及的关系十分复杂,由于现行法对预告登记不动产上多边权利关系的冲突应如何调整未加以明确,不同法院对相关权利保护的取向不同,导致司法实践的处置规则不尽统一。本文从权利衡平与效率提升的角度进行逻辑分析与可行性探究,以期抛砖引玉,回应司法实务之关切。

形实兼备：论保全案件案外人实体异议的有限实质审查*

——以《执行异议复议规定》第28条、第29条为中心

黄启平**

摘要：保全案件案外人实体异议准用《执行异议复议规定》第28条、第29条确立的物权期待权保护规则。但物权期待权处在债物二分理论模糊地带，其权利优先顺位亦不明晰，司法实践中出现公正与效率二元价值背反现象，有悖执行异议制度初衷。有限实质审查适用民事诉讼基本原则，在执行异议等程序性审查方面具有一定实践积累，理论上有学说、原则方面探索，具备深厚的理论渊源。形实兼备的有限实质审查运用要件事实分类说证明责任分配理论，对不同要件事实采取有差别的审查策略，满足执行程序效率优先、兼顾公平的审查要求：首封法院管辖、程式化审查思维可以提高审查效率，而分类听证、规范裁定主文样式可以化解实质争议，统一裁判尺度。

在保全执行案件中，案外人依据最高人民法院《关于人民法院办理执行异议和复议案件若干问题的规定》（以下简称《执行异议复议规定》）第28条、第29条提出实体异议，实质上是请求准用物权期待权保护规则对其异议进行审查。而保全执行法院采取何种方式审查案外人

---

* 本文在全国法院第三十五届学术讨论会论文评选获优秀奖。

** 黄启平，广西壮族自治区来宾市中级人民法院执行局执行第二庭庭长。

实体异议,实践中存在争议,学界亦鲜有论及。本文以142份裁判文书[1]为样本,提出并论证有限实质审查可行性,尝试建构保全执行异议案件审查规则体系。

一、现状:理论争鸣与实践异化

我国物权期待权发轫于司法实践,理论上尚未形成统一认识。

(一)理论争鸣:物权期待权认识之惑

对于物权期待权的优先顺位问题,司法实践仍存在争议。[2] 有学者甚至认为,我国物权期待权不是完整的权利,不应成为实体法基础。[3]

1. 权利性质:债权抑或物权

债物二分体系是区分财产性权利的理论根基,物权期待权因效力特征有悖物权优于债权的基本理论,同时缺少实体法依据,引发学界对其性质认识方面的争议:其一,物权期待权属于债权请求权范围,不属于物权、法定优先权或债权中的任何一种;[4]其二,物权期待权权能是一个动态过程,不动产买受人的实质权利由债权向物权转移过渡,直至登记取得物权为止;[5]其三,物债二分体系并未涵摄所有的财产性权利,物权期待权属于物债权利体系以外的其他权利。[6] 在现阶段,物权期待权突破了物债二分理论体系,从而引发对其性质的争议。物权期待权是司法实践中对不动产买受人客观存在权利的主观认知,必然随着司法实践的发展而不断深化。

2. 优先顺位:优于物权的超级权利

对物权期待权优先顺位认识也有不同认识:一是认为在物债二分体系内,物权期待权优先顺位介于物权和普通债权之间;[7]二是认为物权期待权总体上优于法定优

---

[1] 以"案由:财产保全+案件类型:执行案件+裁判理由:商品房"为检索条件,于2023年6月19日在裁判文书网进行检索,检索出结果后,限定法院层级为中级及以上人民法院,筛选后得到142份文书样本。

[2] 参见姜宇轩、贾宏斌:《民事权利冲突司法认定研究——以执行异议之诉中不动产物权期待权与抵押权冲突为视角》,载《江汉论坛》2020年第12期。

[3] 参见罗亚文:《不动产物权期待权实体法外溢的反思与厘正——基于31份二手房"先卖后抵"判决书之整理》,载《法治研究》2023年第3期。

[4] 参见龙骞:《执行异议中不动产物权期待权探究》,载《山东法官培训学院学报》2017年第6期。

[5] 参见申光伟:《案外人涉房执行异议之诉及其主要权利类型》,载《人民司法》2019年第22期。

[6] 参见温世扬、武亦文:《物权债权区分理论的再证成》,载《法学家》2010年第6期。

[7] 参见潘勇锋、李予霞:《〈王岩岩诉徐意君、北京市金陛房地产发展有限责任公司案外人执行异议之诉案〉的理解与参照——最高人民法院〈关于人民法院办理执行异议和复议案件若干问题的规定〉第28条、第29条的选择适用关系》,载《人民司法》2022年第17期。

先权、抵押权、普通债权但适用上需具体分析;[1] 三是认为应当区分普通商品房消费者和一般不动产买受人的物权期待权,前者优于建设工程优先权、抵押权,后者不然。[2] 《执行异议复议规定》第28条、第29条未囊括所有的可能性,不符合该规定并不必然产生不能排除执行的法律后果。

3. 保护理由:生存权价值至上抑或交易信赖保护

在权利保护的价值取向上,生存权优于一切其他权利,需要优先保护。不动产买受人因实际支配控制不动产而具备物权公示性,因而优先保护。[3] 不动产作为群众基本生活资料,在高房价的特殊国情下,物权期待权形成的商事交易信赖有别于普通债权,具备特殊保护的社会基础。[4] 人权与秩序都是法的基本价值,以法律形式保障住有所居,既是保护人权,也是确立保护弱者的社会秩序。对物权期待权的优先保护,体现了法保护人权、安定秩序的基本价值取向。生存权和发展权都是首要保障的基本人权,保护房屋买受人基本生存权应当是物权期待权的正当性基础。

4. 适用范围:仅限于金钱债权执行

物权期待权保护限于金钱债权执行,而非金钱债权执行竞合时情况更为复杂,留待专门规范解决。[5] 在142份样本中,有11份样本引用最高人民法院《关于人民法院办理财产保全案件若干问题的规定》(以下简称《保全规定》)第27条作为裁判依据,被保全不动产所涉的诉讼系属包括建设工程施工合同、民间借贷、房屋买卖合同等债权纠纷。而房屋买卖合同纠纷有可能会涉及非金钱债权的执行,认识上存在分歧。

诉讼系属外的不动产买受人对诉讼系属内被保全的不动产提出实体异议的,只能以利害关系人身份提起复议,不能适用执行异议程序进行救济,但保全实施中利害关系人可以适用执行程序相关规定提出异议。[6] 《保全规定》第27条规定在保全实施过程中,不动产买受人可以案外人身份提出实体异议,但范围限于诉讼争议标的以外的财产。

---

〔1〕 参见龙骞:《执行异议中不动产物权期待权探究》,载《山东法官培训学院学报》2017年第6期。

〔2〕 参见王毓莹:《不动产买受人提起的执行异议之诉的处理》,载《人民法院报》2019年2月21日,第7版。

〔3〕 参见刘贵祥、范向阳:《〈关于人民法院办理执行异议和复议案件若干问题的规定〉的理解与适用》,载《人民司法》2015年第11期。

〔4〕 参见龙骞:《执行异议中不动产物权期待权探究》,载《山东法官培训学院学报》2017年第6期。

〔5〕 参见龙骞:《执行异议中不动产物权期待权探究》,载《山东法官培训学院学报》2017年第6期。

〔6〕 参见最高人民法院修改后民事诉讼法贯彻实施工作领导小组编著:《最高人民法院民事诉讼法司法解释理解与适用》,人民法院出版社2015年版,第490－493页。

（二）实践异化：公正与效率价值的二元背反

司法兼具公正与效率二元价值，实体审理程序重在公正价值，执行程序中注重效率价值。保全案件案外人实体异议审查失范问题，既未体现司法公正价值，也未顾及司法效率价值，出现二元背反情形。

1. 公正背反之一：保全申请人与案外人利益失衡

利益平衡是执行异议审查基本原则之一，[1]《执行异议复议规定》第28条、第29条给予案外人倾斜保护，若在司法审查中任意放宽审查标准，必然出现利益失衡现象。如图1所示，保全案件案外人实体异议审查出现宽任现象：一是客体范围由住房扩大到商铺、车位及土地，超出生存权保障需要；二是不动产数量不限于1套，如有要求排除执行197套住房的个例。同时，从样本审查结果来看，驳回案外人异议或异议请求33份，支持案外人异议108份，后者为前者3倍之多。物权期待权泛化保护现象，损害保全申请人正当权利。

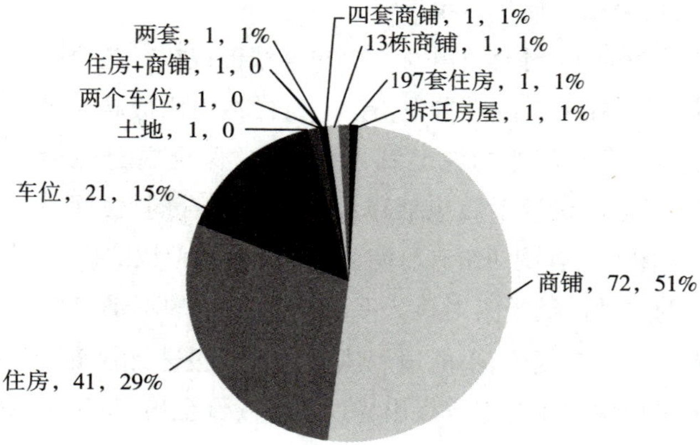

图1　142份样本中不动产具体类型及占比

2. 公正背反之二：审查尺度不统一

以合同要件、无过错要件审查为例，各地法院审查尺度并不统一，如表1所示，在案例一[2]和案例二[3]中，同一个法院采取双重标准，案例一审查合同效力，而案例

---

〔1〕参见江必新、刘贵祥主编：《最高人民法院关于人民法院办理执行异议和复议若干问题规定理解与适用》，人民法院出版社2022年版，第19－20页。

〔2〕参见四川省绵阳市中级人民法院执行裁定书，(2018)川07执异166号。

〔3〕参见四川省绵阳市中级人民法院执行裁定书，(2019)川07执异32号。

二审查合同效力。在案例三[1]和案例四[2]中,不同法院对合同是否备案适用不同标准,案例三以未备案为由驳回申请,案例四则未审查合同备案情况。合同备案并非法律规定的审查标准,合同是否备案仅可作为旁证参考,不应成为主要定案依据。

表 1　部分案例合同要件审查

序号	法院代码	认定事实	裁判理由	审查结果
案例一	川 07	签订未注明订立时间的书面合同;不动产备案登记信息	查封前签订合同,但需通过诉讼程序确认其效力	驳回案外人的执行异议
案例二	川 07	签订书面合同;不动产备案登记信息	查封前签订了合同	撤销协助执行事项,解除对房屋的查封
案例三	云 31	签订认购书,约定房屋位置、价款等内容	无商品房合同备案登记	驳回案外人的异议
案例四	粤 06	签订书面合同	合同签订时间早于查封时间	中止对案外人房屋的保全执行

表 2　部分案例无过错要件审查

序号	法院代码	认定事实	裁判理由	审查结果
案例五	湘 13	合同约定交付后 365 个工作日内完成初始登记,初始登记后 365 个工作日内办妥	合同约定较长登记时间,其间因查封无法办理过户	中止对案外人房产的执行
案例六	川 01	未认定相关事实	未办理登记非其自身原因	中止对案外人车位的执行
案例七	粤 06	案外人支付办证费;出卖人委托中介收集办证资料并已集中申报批量办证	因查封未办理过户登记	中止对案外人车位的保全执行

据表 2 所示,无过错要件审查尺度亦不统一。

---

〔1〕 参见云南省德宏傣族景颇族自治州中级人民法院执行裁定书,(2019)云 31 执异 51 号。

〔2〕 参见广东省佛山市中级人民法院执行裁定书,(2018)粤 06 执异 215 号。

案例五[1]查明了当事人关于办证时间的约定事实，结合查封事实推定未办理过户登记非当事人自身原因。案例六[2]直接认定非自身原因未办理登记。案例七[3]则认定买受人办证的积极事实，但因查封未能继续办理，从而直接认定非因买受人原因未办证。对比而言，案例六审查认定非因买受人原因未办理过户登记缺乏事实依据。

审查尺度不统一，尤其是同一法院在不同案件中采取不同的审查标准，无疑加重社会对司法恣意的认识偏见，有损司法公信力。

3. 效率背反之一：异议解决用时过长

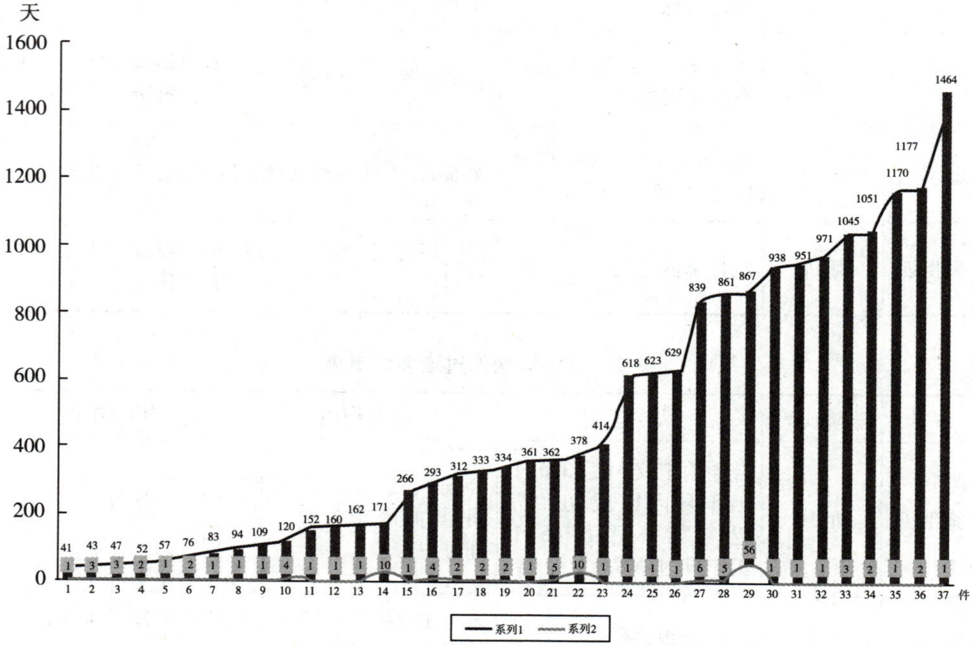

图 2　142 份样本异议解决时长

由图 2 可知，从查封之日至执行法院作出裁定，整个周期长短不一，短则 41 天，长至 1464 天，平均时间 607 天。

---

[1] 参见湖南省娄底市中级人民法院执行裁定书，(2020)湘 13 执异 3 号。

[2] 参见四川省成都市中级人民法院执行裁定书，(2019)川 01 执异 2221 号。

[3] 参见广东省佛山市中级人民法院执行裁定书，(2020)粤 06 执异 141 号。

参照案件审理期限，将不同异议解决时长分为六个区间：3 个月、6 个月、12 个月、24 个月、36 个月、48 个月。

表 3　样本案例异议解决用时区间

区间名	区间一	区间二	区间三	区间四	区间五	区间六
区间范围（月）	0 ~ 3	4 ~ 6	7 ~ 12	13 ~ 24	25 ~ 36	37 ~ 48
区间样本（份）	13	19	17	14	78	1
累积样本（份）	13	32	49	63	141	142

从表 3 来看，区间一样本占比不到 1/3；而区间一、区间二、区间三样本占比不到一半。由此可见，现有审查模式解决异议效率不高。究其原因，一是案外人难以通过正式渠道知悉不动产被查封信息。如案例七，审查文书记载，案外人在查封后 3 个多月才获悉不动产被查封事实。二是普遍存在超审限现象，由此引发执行信访及增加申诉信访工作量。陷入恶性循环。在执行异议审查中解决实体正义，严重拖沓审查期限。

4. 效率背反之二：存在重复审查的程序漏洞

部分执行法院套用实体审理程序审查执行异议，与异议之诉形成重复审查。如表 4 所示，该文书和一审判决书内容几乎一样，仅在听证、诉辩意见回应部分有细微差别。

表 4　案例七审查文书样式

标题	法院名称	× × 中级人民法院
	文书名称	执行裁定书
	案　号	（2020）粤 06 执异 × × 号
正文	首　部	1. 案外人、保全申请人、保全被申请人及其代理人信息；2. 案件由来；3. 审查经过，包括立案、听证时间、听证到庭情况等
	事　实	1. 异议请求、事实和理由；2. 保全申请人答辩意见；3. 案外人举证及保全申请人质证情况；4. 保全申请人举证及案外人质证情况；5. 法院对证据的认证意见；6. 法院审查查明的事实
	理　由	1. 争议焦点；2. 裁判理由
	裁判依据	《民事诉讼法》第 154 条第 1 款第 11 项、第 227 条、《民事诉讼法解释》第 465 条第 1 款第 2 项，《执行异议和复议规定》第 28 条
	裁判主文	中止对 × × 的保全执行
	尾　部	告知事项
落　款		1. 署名；2. 日期

执行法院采用同实体审理一样的标准进行程序性审查，大大加重了法院工作负担。

不同保全查封法院之间的重复审查。案例八〔1〕审查文书载明，执行法院轮候查封案外人不动产，并受理案外人因此提出的执行异议。根据《民事诉讼法》第236条的规定，执行异议由执行法院专属管辖。轮候查封法院受理案外人异议有悖执行法院的专属管辖。

由于案外人执行异议裁定并无既判力，〔2〕案外人异议获支持后面临多次重复异议的困境。如案例九，〔3〕在另案异议成立并解除查封的情况下，轮候查封生效，案外人又需要重新提起执行异议。

二、探索：有限实质审查理论渊源

有限实质审查理论渊源来自以下三个方面：一是民事诉讼的基本原则，是最重要的理论渊源；二是执行异议审查中"有限实质审查说""有限实质审查原则"的理论探索；三是司法实践中存在"有限实质审查"或"有限的实质审查"裁判观点，为理论跃升提供源泉。

（一）遵循民事诉讼基本原则

有限实质审查适用民事诉讼基本原则，这些基本原则也是其重要理论渊源。

1. 自由处分原则

执行过程中，执行法院发现被保全财产存在其他权利负担时，应当及时告知利害关系人相关执行事项，但不应主动审查。利害关系人可以选择不同的程序进行救济，只有明确提出排除执行的请求时，才能适用执行异议程序进行救济。

2. 利益平衡原则

立法者出于维护社会实质公平正义，对不动产买受人进行特殊倾斜保护。执行法院在审查中，不应采取与司法解释同样的宽松立场，而是应当严格把握释法解释规定的法律要件事实，审慎处理各方当事人利益冲突，确保审查结果公正。

3. 禁止权利滥用原则

执行法院应当对是否存在重复救济情况进行审查，避免权利滥用。对于不动产买受人同时以利害关系人身份提出保全复议和以案外人身份提出执行异议的，应当

---

〔1〕 参见北京市第三中级人民法院执行裁定书，(2020)京03执异456号。

〔2〕 参见乔宇：《执行异议复议与异议之诉》，中国法制出版社2018年版，第57－58页。

〔3〕 参见广西壮族自治区高级人民法院执行裁定书，(2019)桂执异1号。

由本诉合议庭分别依照相关规定进行审查,并分别作出裁定。对通谋实施虚假诉讼行为的,应当依法制裁。

4. 证据裁判原则

执行异议前置程序具有对证据进行形式审查、明确各方证明责任的作用。[1] 执行异议审查程序牺牲了一部分正义价值,以保全程序效率价值。但审查程序仍应遵循证据裁判原则,对当事人要件事实主张及所提供证据的证明力进行审查认定。

(二)有限实质审查理论探知

当前研究中,相关理论包括有限实质审查说和有限实质审查原则。

1. 有限实质审查说

"有限实质审查说"主张执行机构可以有限度地处理实体问题或实质争议。[2] 该学说对于实质化解执行争议,优化执行效果有较大参考价值。但其采用"有限度地"模糊用词,增加认识上的理解分歧,适得其反。同时,在执行程序中对相关实体问题或实质争议的处理,是否享有同实体审理程序相同的法律效力,值得商榷。

2. 有限实质审查原则

有限实质审查原则主张对案外人权利能否排除执行作出实质判断。[3] 为提高执行效率,执行程序仅依法权利外观等进行形式审查。《执行异议复议规定》第 28 条、第 29 条对不动产买受人物权期待权作了特别规定,属于特别规则而非普遍适用的审查原则,因而该理论存在逻辑矛盾缺陷。

(三)有限实质审查司法实践

涉及"有限实质审查"或"有限的实质审查"的裁判文书,分布在行政登记、行政安置补偿、民事特别程序和执行程序的案由中。

1. 行政诉讼案由

行政登记案件中的有限实质审查是指登记机关审慎审查当事人提交材料,并在疑点范围内进一步核实。[4] 行政安置补偿案件中有限的实质审查是指对行政行为合法性进行审查,如是否经过相应审批程序或者符合经过审批的方案要求,不审查行

---

〔1〕 参见邓和军、罗娜:《论案外人执行异议之诉的证明责任》,载《海南大学学报(人文社会科学版)》2018 年第 5 期。

〔2〕 参见胡婷、王亚新:《共有不动产执行中的争议处理——兼论执行立法草案相关条文的内容构成》,载《西南政法大学学报》2020 年第 2 期。

〔3〕 参见唐金翎:《论到期债权执行中次债务人的异议权》,载《扬州教育学院学报》2021 年第 1 期。

〔4〕 参见江西省抚州市中级人民法院行政判决书,(2019)赣 10 行终 19 号。

为结果。[1] 其实质内涵包括:一是审慎审查以排除合理怀疑;二是合法性审查。

2. 民事特别程序案由

实现担保物权案件中的有限实质审查是指人民法院仅审查法律规定的权利保护条件及是否减损他人合法权利,对实质性争议不予审查。[2] 在申请撤销司法确认调解协议中,有限实质审查是指仅对协议是否违法或者违反公序良俗、自愿原则,以及损害国家、集体、第三人利益进行审查。[3] 其实质内涵包括:一是法律要件审查,排除实质审查;二是违法要件审查,未出现违法要件即推定为合法。

3. 执行异议案由

执行异议以形式审查为原则,对是否符合法律规定的排除执行条件作有限实质审查。[4] 执行异议以形式审查为主,辅以有限的实质审查,不对仲裁实体进行审查。[5] 对权属判断以形式审查为原则,只有在无登记或占有表征时根据证据作有限实质审查。[6] 其实质内涵包括:一是法律规定要件以外的补充审查;二是以形式审查为主的辅助审查;三是以形式审查为主的例外审查。

有限实质审查理论探知和司法实践形成鲜明的认知分野:理论上更重视处理实体问题或解决实质争议,力图突破程序性审查的拘囿;而司法实践因受制于15天审查期限,仍强调在形式审查范围内解决相关实体争议问题。

三、建构:有限实质审查理论证成

法律对多元利益的平衡,通过正义原则、法益衡量和价值差序达致规则秩序,总体上向弱势群体倾斜。[7] 有限实质审查具有深厚的理论渊源,符合正当程序要求,适用我国民事诉讼举证责任分配理论即要件事实分类说,形实兼备的审查策略亦能满足执行程序效率优先、兼顾公平的原则。

(一)符合正当程序要求

程序审查追求效率,实体审理则更加注重公正,两者都应通过正当程序查明案件

---

〔1〕 参见重庆市第二中级人民法院行政判决书,(2016)渝02行终411号。

〔2〕 参见上海市松江区人民法院民事裁定书,(2018)沪0117民特78号。

〔3〕 参见陕西省彬州市人民法院民事裁定书,(2018)陕0427民特监1号。

〔4〕 参见广东省深圳市福田区人民法院执行裁定书,(2023)粤0304执异160号。

〔5〕 参见山西省太原市中级人民法院执行裁定书,(2020)晋01执异206号。

〔6〕 参见湖北省武汉市中级人民法院执行裁定书,(2016)鄂01执监16号。

〔7〕 参见马长山:《法治的平衡取向与渐进主义法治道路》,载《法学研究》2008年第4期。

事实,确保被救济权利的真实性、合法性和有效性。

1. 排除执行障碍以满足执行效率需要

执行程序在价值取向上,更加注重效率而非实体公正。[1] 执行异议是执行中的一个环节,也应当坚持效率优先的价值取向。保全案件中的实体异议,缺失生效裁判作为判定异议是否成立的依据,因而需要适当延长审查期限。在强制执行法草案中,把现有的15天审查期限延长至30天,总体上仍坚持追求效率的原则。

案外人应当及时行使异议权利,超出时限后不予支持其异议请求。保全阶段虽未处分被保全标的,但已实际影响到案外人对不动产的处分,其应当及时提出权利救济请求,至迟不得超过被保全财产执行处置完成之日。

2. 防止权力滥用以平衡诉讼两造利益

执行异议在保护案外人利益的同时,也对保全申请人胜诉以后的权利兑现造成冲击。若未进行实体异议上的审查,就会促使保全被申请人滥用执行异议权利,阻碍执行。执行异议作为执行异议之诉的前置程序,可以通过实体审查,过滤一些明显不成立的异议事由。在有限的审查期限内,执行法院只能通过程序性条件限制,规制滥用诉权的行为:其一,按专属管辖规定,案外人只能向执行法院提出执行异议,轮候查封法院收到执行异议请求时应当告知其向首封法院申请;其二,严格执行《执行异议复议规定》第15条规定,对同一执行行为有多个异议事由,或者对同一执行标的,只能享有一次异议救济机会;其三,合理分配举证责任,对待证事实的证明程度应达到排除合理怀疑的标准;其四,对案外人与保全被申请人通谋虚假诉讼行为进行处罚。

(二)要件事实证明责任分配

执行程序是公法程序,执行法院在执行程序中不能保持消极中立,而是积极地为胜诉当事人兑现胜诉权益。财产保全程序也是广义的执行程序,执行法院应当采取积极审查的方式,及时处理权利冲突,确保程序运行顺畅。

1. 消极事实

如在消极事实的证明上,理论上和实践中都存在消极事实主张举证责任转移的现象,使举证责任分配实际成为决定当事人请求是否成立的关键。参照危险领域

---

[1] 参见肖建国:《执行标的实体权属的判断标准——以案外人异议的审查为中心的研究》,载《政法论坛》2010年第3期。

说[1]的特殊证明责任分配规则，采取依职权有限查明措施：其一，对于在执行实施中已经查明的足以认定相关事实的证据，不要求案外人或者其他当事人重复举证，直接通过调阅卷宗方式审查认定；其二，对于房地产开发企业应当知悉并掌握相关事实的，要求其提供相应证据，如合同签订情况、未及时办理不动产登记的原因、付款凭证等；其三，对于案外人不便于举证或者取证花费时间较长的不动产登记信息等，应当通过执行信息查询系统，依职权调取相应证据。

2. 积极事实

对于积极事实，案外人对其主张，应当举证证实。合同要件、付款事实要件，均为积极事实，案外人应当提供充足证据证实，未能举证或者所举证据不足以证明法律要件事实的，应当承担相应的不利后果。在合同要件方面，若所签订的合同符合商品房销售合同网络备案审查条件的，案外人应当提供备案审查证据，未提供的，人民法院应当释明举证不能的法律后果。在付款事实方面，单纯的收据、发票不足以证明存在真实的交易，应当提供相应的付款凭证，主张现金支付的，还应当提供旁证。

3. 清单式举证指引

结合 142 份裁判文书样本，对常见证据进行了归类，区分了直接证据和间接证据的类型，以回应司法实践中对证据认定方面存在的标准尺度不统一问题，具体如表 5 所示。

表 5 证明责任分配清单

当事人	要件事实	直接证据	间接证据
案外人	合同要件	合同文本	备案证明、认购协议、预告登记
	付款要件	支付凭证	收据、合同约定、以物抵债协议、发票、出卖人出具的付款说明材料、缴款明细、纳税证明
	占有要件	不动产交接材料、水电费及物业费支出票据	委托经营合同、其他交付资料、实际居住证明材料、出入卡、实物照片等
	无过错要件	缴纳办证费用票据、委托办证协议、备案证明、预告登记等	合同关于办证时间约定
	唯一住房要件	不动产查询证明	—

〔1〕 参见王晓牛：《危险领域证明责任分配与法律要件分类说的适配——以 2019〈民事证据规定〉修改为视角》，载《沈阳大学学报（社会科学版）》2020 年第 5 期。

续表

当事人	要件事实	直接证据	间接证据
保全申请人	占有要件	—	不动产初始登记材料、生效裁判
保全被申请人	合同要件	合同文本	备案情况或未备案证明
	付款要件	银行流水、收入明细	发票、款项支付说明、纳税证明
	占有要件	房屋交付文书、物业使用记录	钥匙等实物交接照片或确认资料
	无过错要件	办证费用支付记录、业务回执等办证凭据	合同关于办证约定、未能办理权属登记原因说明及凭证

根据最高人民法院《关于适用〈中华人民共和国民事诉讼法〉的解释》(以下简称《民事诉讼法解释》)第91条的规定,案外人承担主要举证责任。但在保全被申请人熟悉的合同签订、付款、房屋交付等事实,其也应当担负相应的举证责任。保全申请人可就占有要件举证抗辩。

(三)形实兼备满足效率优先兼顾公平的价值取向

执行异议审查总体上坚持外观主义的形式审查原则,但在适用《执行异议复议规定》第28条、第29条时,应当结合实质审查方式进行审查。

1. 形式审查之一:要件事实齐备性

案外人主张适用《执行异议复议规定》第28条、第29条,必须对相关要件事实主张是否成立承担举证证明责任。在立案审查环节,应当逐一对照相应要件事实,核实是否已经举证,未举证的,一次性告知补充材料后受理,拒不提供材料的,不予受理。要件事实主张是否成立,则由执行法院审查部门审查认定。

2. 形式审查之二:证据材料一致性

证据材料必须真实合法,与事实一致,没有明显的伪造、编造等缺陷、瑕疵。关联证据内容上必须保持一致,不存在明显的冲突、矛盾之处。证据材料反映的各方民事法律行为原因、事实、结果必须合乎生活经验法则,相互矛盾之处需要作出合理解释。

3. 实质审查之一:实体权利真实性

案外人依据《执行异议复议规定》第28条取得实体权利的合法依据包括:一是双方存在债权合意,签订了书面合同;二是已经履行了合同主要义务,支付了全部价款或者将未支付的价款交付执行;三是积极主张合同权利,并以合法方式占有不动产。

案外人依据《执行异议复议规定》第29条取得实体权利的合法依据包括:一是双

方存在债权合意，签订了书面合同；二是已经履行了合同主要义务，付款达到 50% 以上比例；三是案外人名下在设区市范围内无其他商品房；四是被保全查封的商品房数量超过一套的，只能支持其中一套的异议请求。

案外人依据其他民事实体法主张权利的，应当按照实体法规定认定其权利是否真实存在。

4. 实质审查之二：权利优先顺位

对于案外人符合《执行异议复议规定》第 28 条、第 29 条规定的真实权利，其依法取得比金钱债权、被保权不动产设定的抵押权及施工人建设工程价款优先权更为优先的权利顺位，足以对抗前述金钱债权执行。案外人依据其他民事实体法主张权利或者以前述物权期待权对抗非金钱债权、物权执行的，应当按照物债二分规则，合理确定权利优先顺位。

四、进路：有限实质审查实现路径

结合以上问题分析及论证结果，有必要建构有限实质审查模式，以提高保全案件案外人实体异议的处理效率，从程序性保障审查结果的公正性。

（一）要件事实审查重点

我国民事法律事实证明责任分配采用了法律要件分类说作为理论依归，并以德国学者罗森贝克提出的规范说为基本遵循。[1] 我国《民事诉讼法解释》第 91 条依据规范说确定了法律要件事实的证明责任。在《执行异议复议规定》第 28 条规定合同、付款、占有、无过错四个要件，第 29 条规定除合同、付款要件外，还有唯一住房要件。前述五个要件中，除无过错要件属于权利妨碍规范外，其余都属于权利发生规范要件，但按证明责任理论，都需要案外人进行举证。消极事实的证明上，"危险领域说"理论和司法实践中都存在消极事实主张举证责任转移的现象。[2] 对五个要件的审查，区分不同情况，分别适用全面审查和有限审查措施。

1. 合同要件：合同效力

《执行异议复议规定》第 28 条、第 29 条均规定了合同要件审查标准：在查封前签订合法有效的书面合同。两个条文均明确了合同要件审查的四个具体要点：一是合同签订时间早于查封时间；二是合同主体、形式、内容合乎法律规定；三是合同效力需

---

〔1〕 参见李浩：《规范说视野下法律要件分类研究》，载《法律适用》2017 年第 15 期。

〔2〕 参见杨剑、窦玉梅：《论消极要件事实的证明　以法律要件分类说为基础》，载《法律适用》2007 年第 7 期。

在有效状态;四是合同形式为书面形式。除合同效力外,其余三个要点均容易把握。合同效力是物权的原因行为,直接影响到物权归属,在发生争议时,应当经过司法裁判确认其效力。但在执行异议审查程序中,应坚持外观主义审查标准,在没有证据证明存在合同无效事实的情况下,推定合同合法有效,主要理由为:一是程序审查期限短,效率要求高,不宜等待另案判决;二是在合同各方当事人未对合同效力提出质疑的情况下,为了程序性审查需要衍生出其他案件,与司法公正与效率价值相违背;三是执行异议之诉提供了进一步的实体审理机会,法律不应给予当事人重复救济的机会;四是烦琐的程序,实质上鼓励保全被申请人通过执行异议程序拖延执行,引发更多权利滥用行为。

2. 付款要件:真实性

付款要件审查的具体要点有两个:一是存在真实的付款行为;二是付款要达到一定比例。在付款真实性方面,支付凭证是直接证据,可以不依赖其他证据即可认定付款事实。而发票、收据、以物抵债协议等,则只是间接证据,需要当事人进一步举证证实或结合占有等其他案件事实予以确认。

3. 占有要件:合法性

占有属于物权公示方式之一,与登记的强公示相比,占有属于弱公示。占有需要审核两个方面要点:一是占有时间方面,要早于查封时间;二是占有形式要合法。由于实际占有的隐蔽性,故这两个审核要点,需要运用生活经验法则加以判定。而对于在建工程或者未验收工程,在占有问题方面存在不同观点。[1] 表6反映实践中的不同裁判观点:案例五认为有关工程质量的法律规范,其效力不及不动产买受人。而案例十则认为在建工程不具备合法占有的要件,不能排除执行。虽然相关法律规范并非效力性管理规范,拘束对象并非不动产买受人,但建筑工程质量关乎不动产买受人自身生命安全,不应鼓励类似自力救济行为,应认定此情形下的占有缺乏合法性基础,不能排除保全执行。

---

[1] 参见司伟、王小青:《执行异议之诉中不动产买受人排除强制执行的要件审查》,载《人民司法》2019年第23期。

表6 在建工程审查观点分歧

序号	法院代码	认定事实	裁判理由	审查结果
案例五	湘13	案外人提供商铺验收交接表,载明受委托公司经验收合格,认为商铺达到交付条件,同意接收房产	《合同法》第279条及《建筑工程质量管理条例》第16条规范建设单位,不应成为否定合法占有的理由	中止对案外人房产的执行
案例十	川01	申请保全答辩,案涉项目处于停工状态,所涉楼盘尚未竣工,属在建工程	属于在建项目,不能排除执行	驳回案外人的异议请求

4. 无过错要件:排除合理怀疑

《执行异议复议规定》第28条第4项规定:非因买受人原因未办理过户登记。未办理过户登记属于事实状态,可以通过不动产信息查询予以证实。而非因买受人原因,则属于消极事实,需要当事人举证证实。当事人可以通过间接事实进行推导,也可以请求法院根据举证责任转移规则,重新分配证明责任。需要注意的是,该条从文义上理解,其要求买受人有登记行为,并非达到完成登记的事实状态。因此,买受人仍然可以通过有登记行为这个积极事实进行举证。

5. 唯一住房要件:生存权保护

唯一住房要件审查时还存在难点:一是对于一次性购买多套住房的,如何确定排除执行的房屋;二是部分市级行政区域不动产信息尚未联网,当事人需要到多个不动产登记部门进行查询,加大了举证难度;三是对于面积较小的住房,若按套数认定唯一住房,有失公允,若按面积认定,则要花费大量精力查实其家庭实住人口,加大审查难度;四是对特定用途的房屋,如婚房,若严格按照唯一住房标准把握,裁判结果与社会公众正常认知产生冲突,易累积不稳定因素。对于这些难点,可以把握如下处理尺度:一是对于多套住房的,一般只保留面积较大的一套,或者按案外人意愿选取地段较好、价值较高的一套;二是对于刚需用房,不应局限于房屋套数,但至多保留两套;三是对于婚房等特定用途住房,可以认定为独立家庭住房,从而得以排除执行;四是在执行异议阶段,只需提供市辖区及不动产所在地的无房证明即可。

(二)有限实质审查实现路径

结合上述分析,从三个方面实现有限实质审查:一是严格执行专属管辖,避免重复审查和权利滥用;二是理顺案件审查流程,提高审查效率;三是规范审查结果,维护程序公正。

1. 首封法院管辖

在执行异议立案审查方面，首先，确定受理法院是否有管辖权。根据《民事诉讼法解释》的规定，执行异议由执行法院专属管辖。在保全案件中，只有首封法院的保全裁定发生法律效力，因此执行法院为首封法院，有权受理执行异议；而轮候查封法院的保全裁定并未发生法律效力，不属于执行法院，不能受理执行异议，应当告知案外人向首封法院提出。其次，要明确保全案件实体异议主体范围，《执行异议复议规定》第 28 条、第 29 条均明确必须在查封前签订合法有效的书面合同，实质上限定了其主体范围只能是不动产买受人，即不动产买卖合同的合同向对方。最后，保全案件实体异议的审查对象是物权期待权能否对抗保全执行，因此执行异议请求只能是请求中止保全执行（见图 3）。

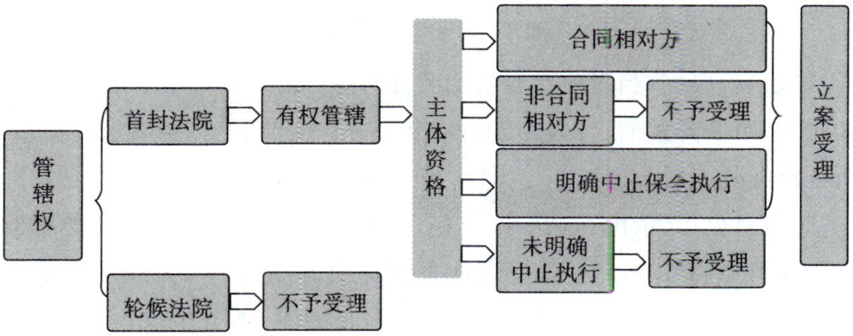

图 3　保全案件执行异议受理审查流程

2. 分类听证

对于听证，听证分为审判型听证和辨明型听证，前者按法定程序进行，后者只给予陈述意见的机会。[1] 从 142 份样本来看，有 131 份为系列案，占比超过 92%，即大部分保全执行异议案件，均为涉众型案件，需要谨慎处理。而听证则是有效回应各方诉求，获取当事人信任的重要途径。目前我国法律对执行异议听证程序没有明确规定，执行法院参照开庭程序进行听证，或者仅让当事人陈述意见（见图 4、图 5）。

〔1〕 参见向莉：《对专利实质审查中如何把握听证原则的思考》，载《中国发明与专利》2012 年第 11 期。

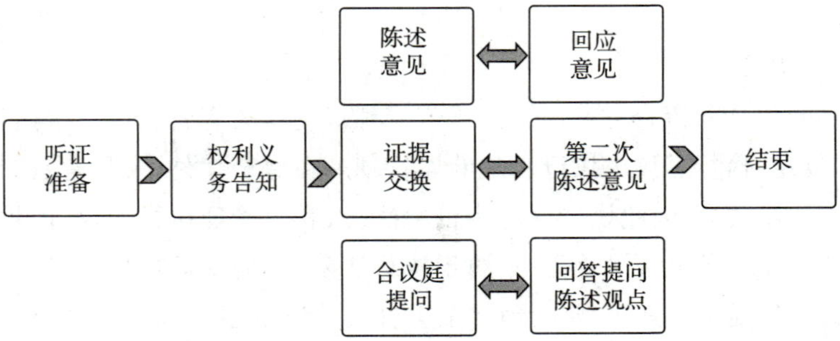

图 4　审判型听证流程

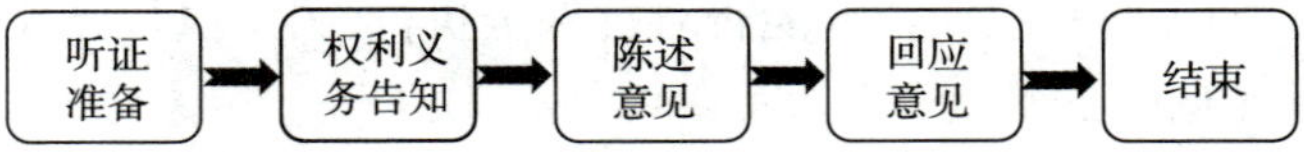

图 5　辨明型听证流程

在听证准备阶段，应当提前 3 日告知听证时间、地点及合议庭组成人员。在权利义务告知阶段，听证开始前，合议庭告知权利义务，并询问是否需要合议庭成员回避。辨明型听证由案外人、保全申请人、保全被申请人依次就是否中止保全执行陈述意见，合议庭听取意见后，依前述顺序回应各方观点，听证结束。而审判型听证，则在各方第一次陈述意见后，由合议庭先行组织证据交换，再由各方结合所提交的证据情况第二次陈述意见。如有必要，合议庭还可以就证据材料、各方争议焦点询问当事人或由当事人就特定问题陈述观点和意见。

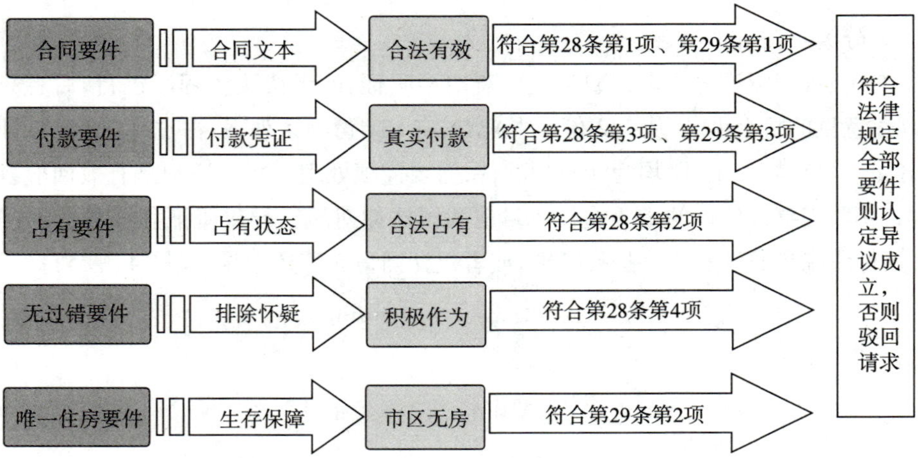

图 6　要件事实程式化审查思维

3. 程式化审查思维

在要件事实审查中,事实认定并未脱离法律解释范畴。从《执行异议复议规定》第28条、第29条剥离出来的五个事实要件,结合证据认定相关要件事实是否成立。在要件事实成立基础上,通过法条内容的解释,确立相关事实要件与法律规定的后果之间的对应关系,最后形成审查结论。

4. 裁定主文样式

表7　执行异议裁定主文样式

审查结论	主文样式
不符合受理条件	驳回案外人的异议
执行异议不成立	驳回案外人的异议请求
执行异议成立	中止对标的物的保全执行

按照审执分离改革规定,执行权分为执行实施权和执行裁判权,两权分别由不同的执行人员行使。执行异议审查属于执行裁判权,不应由原执行实施人员审查,审查结果也不应超出执行裁判权的范围。因此,样本中直接裁定解除查封措施的案例,有违甚至分离改革原则,应予纠正。

扩张+限缩:民事合同与商事合同在执行中的检视与补正*

——以借名人排除强制执行为视角

杨赵禹**

摘要:法院在审理借名人排除强制执行裁判规则中审查路径和尺度不统一,现有裁判依据缺位,导致借名人在实体权益对抗中缺乏有效的法律保障。借名行为存在“名”与“实”不符的现象,需要正视隐藏行为的存在和效力,借名人内在追求与外观形态的脱节,导致借名人与出名人以及第三人之间的权益冲突。尝试融入民事合同和商事合同的价值理念,肯定隐藏行为在交易模式中的正价值,区分借名行为所指向的客体,界定用于生活需要的房屋范畴。借名人享有的请求权属于债权请求权,在法律位阶上不具备优先申请执行人的债权,但涉及借名人生存权益保障时,通过设定例外规则,赋予借名人排除强制执行的权利。

引　言

就借名登记类型而言,分为不动产借名登记、动产借名登记、特定权利借名登记等形式,而不动产借名登记普遍存在于日常生活中,这是当事人基于人情世故考量、规避政策目的、逃避某种措施或者获取某种优

---

* 本文在全区法院系统第三十四届学术讨论会论文评选获三等奖。

** 杨赵禹,广西壮族自治区柳州市城中区人民法院执行局四级法官助理。

惠等原因所构造的交易模式,[1]这种“名”与“实”不符的外观与内在的割裂,极易产生法律纠纷。

见微知著,本文以借名人在借名买房领域主张排除强制执行为视角,重点围绕借名人排除强制执行行为展开。粗略地看,借名买房行为是指借名人与出名人就购买的不动产权属达成协议,双方约定以出名人的名义购买不动产,由借名人实际出资并占有、使用、收益、处分不动产,不动产登记在出名人的名下。[2] 借名人与出名人达成的约定或协议,依据合同相对性原理仅能约束合同双方当事人,出名人的处分行为或出名人因债务关系导致登记在名下的不动产被法院查封,借名人需依据《民事诉讼法》相关规定主张排除法院的强制执行。借名买房行为中“名”与“实”不符是导致借名人、出名人以及案外人三方利益发生冲突的原因(见图1),其实质是借名人构建的隐藏借名行为与第三人的权益发生冲突与对抗,如何判断作为隐藏行为的借名行为具有的法律效力。法院在审理涉及此类借名买房的案件时,对借名人主张排除强制执行的请求,四级法院引用的法律规范与说理方式不同导致裁判结果迥异。这导致借名人甚至普通民众对借名行为的裁判产生困惑,牵涉社会公众法的价值情感、外观信赖利益保护、生存权利的保障以及法律逻辑与商业逻辑的冲突。

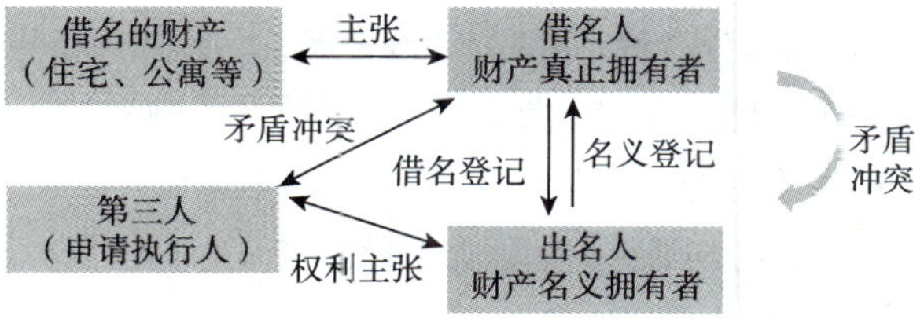

图1　借名人行为中涉及的法律关系

本文以借名人排除强制执行为视角,围绕借名买房行为中借名人排除强制执行展开,以民事合同与商事合同作为交叉视角融入全文分析过程,探究借名行为中涉及的法律价值理念、法律构造、逻辑思路与商业规则的冲突与碰撞,以期寻找借名人排除强制执行的路径,合理地保障各方当事人的权益。

---

〔1〕 参见张新:《私法中法律规避的概念与本质——兼论我国民法典编纂中的立法取舍》,载《载江汉学术》2019 年第 3 期。

〔2〕 本文探讨借名人排除强制执行围绕借名买房行为作为主题,重点分析借名人排除出名人的债权人实现金钱债权的强制执行,而出名人的债权人实现非金钱债权的强制执行不属于本文的探讨范畴。

一、起始:借名人排除强制执行司法裁判路径的检视与思辨

源于我国社会有着重人情世故的特征,借用他人名义做登记的行为,在生活中广泛使用。[1] 由于我国住房制度改革,在改革过渡阶段,借名人通过亲戚、朋友等中间介质获取了购买集资房、福利房等资格,而囿于不动产登记变革以及其他原因,导致借名人无法办理房屋不动产权证明,以此引发的纠纷进入司法程序,法院作出的裁决对借名人权益影响极大,也影响公众的价值判断。

(一)借名人提出排除强制执行的情境与类型

从借名买房的字面意思作文义解释,借名人通过借名方式将财产登记在出名人的名下,依据法律的公示和公信原则,该财产从外观上判断归属出名人。这种"名"与"实"不符的行为极易导致诉争,使公众预期缺乏期待,造成法律秩序的不稳定。

借名买房行为是一元化模式抑或多元化模式?是割裂评价还是整体评价?通过案例检索,借名人借亲戚或其他人的名义,购买的不动产有的是住宅,有的是商业性质的公寓甚至是工业性质的厂房,借名人可能是自然人,也可能是法人或者其他组织。可见,就借名买房而言,缘于多种法律关系构成的整体,很难用单一的概念涵括,使该行为呈现类型化的特征,而更深原因在于不同利益主体追求的价值相互渗透、碰撞与冲突。借名人的权益因执行程序的介入受到冲击,其权利亟待救济。[2] 基于执行程序的救济模式是单向性而非多元性的模式,通过分析现有的司法裁判案例,窥探借名人权益能否得到法律的充分保障。

(二)法院裁判规则的实践检视与风险镜鉴

通过中国裁判文书网,以"借名买房""执行异议之诉"作为关键词,选取法院层级为"最高人民法院"以及"高级人民法院",检索到 162 份因借名买房提起的执行异议之诉的裁判文书。[3]

对检索的文书采取法律分析,因借名买房行为导致的执行异议之诉的裁判尺度不统一,最高人民法院与各地高级人民法院支持与不支持借名人排除强制执行主张的比例为 1:4。此外,法院的裁判结果预期不稳定,二审或者再审的发回或者改判率

---

〔1〕 参见王凤兰:《不动产借名登记契约之探讨》,台湾铭传大学 2022 年硕士学位论文,第 123 页。

〔2〕 参见《民事诉讼法》第 236 条,该条规定案外人提出执行异议的程序;《执行异议复议规定》第 25 条、第 28 条、第 29 条规定权利人排除强制执行的要件。

〔3〕 参见中国裁判文书网的检索,以关键词"借名买房""执行异议之诉",审理层级法院选择"最高人民法院"及"高级人民法院",检索日期截至 2023 年 8 月 10 日。

较高。主要存在以下两个问题：

1. 审查角度：法院裁判的审查规则、路径

最高人民法院作出的19份涉及借名买房行为的裁判文书，支持与不支持借名人排除强制执行诉求的比例为12∶7。可见在最高人民法院内部，裁判者对此类案件的纠纷没有形成统一的观点。

表1选取最高人民法院审理的具有典型性的裁判文书，列举观点及相应的裁判理由[1]（见表1），发掘法院在审理此类案件中的法律适用及说理路径。

表1　最高人民法院典型案例裁判文书及理由

案号	是否支持借名人	审理程序	理由	备注
(2021)最高法民申3543号	支持借名人	再审审查	借名人享有的权益足以排除强制执行	
(2020)最高法民再328号	支持借名人	再审	借名人为规避国家限购政策而借名买房，并通过生效判决的执行完成了不动产登记，成为涉案房屋所有权人。在再审中出现的新事实，已经从根本上改变了案涉房屋的权属关系，借名人提供的证据足以支持其主张	规避国家政策的借名买房行为违反公序良俗。但该情形消失后不影响之前合同的效力
(2020)最高法民申1892号	支持借名人	再审审查	借名人为房屋实际所有权人，能够阻却法院的强制执行	强调实质性的审查
(2020)最高法民申4号	支持借名人	再审审查	房屋产权登记仅具有权利的推定效力，并不具有不动产实际归属的确定效力	强调实质性的审查
(2021)最高法民申3498号	不支持借名人	再审审查	借名人未提交充分证据证明其对案涉房屋享有所有权或其他足以排除强制执行的民事权益	由借名人承担相应的举证责任

[1] 参见中国裁判文书网的检索案例，检索日期截至2023年8月10日。

续表

案号	是否支持借名人	审理程序	理由	备注
(2021)最高法民申 311 号	不支持借名人	再审审查	借名人仅享有普通债权，并不能对涉案房产主张物上请求权，不能排除强制执行	裁判说理部分融入“债权说”观点
(2020)最高法民再 378 号	不支持借名人	再审	借名人提供的证据无法支持其主张	
(2020)最高法民申 5818 号	不支持借名人	再审审查	借名人享有的为债权请求权，不能直接确认借名人享有房屋权属	“债权说”观点在裁判中的体现

2. 裁判角度：法院决策模式

梳理上述检索的裁判文书，目前法院对借名买房行为中借名人提出的执行异议之诉大致区分为以下三种审查模式：

(1)否定式：法院不对借名人与出名人之间的借名买房事实进行全面审查，而是认为无论当事人之间存在何种法律行为，借名人依据借名合同所享有的债权请求权无法阻却强制执行。该种审查方式简单明了，但显得过度机械主义，不适应案件的多样情形，可能损害到公众对法律裁判的情感。

(2)要件审查式：法院援引最高人民法院《关于人民法院办理执行异议和复议案件若干问题的规定》(以下简称《执行异议复议规定》)第 28 条或第 29 条，采取要件式审查模式，如果借名人的主张符合构成要件，则借名人具备排除强制执行的权利，反之无法排除强制执行。此种方式符合司法裁判过程中的形式逻辑，但该条文规定的主体是买受人排除强制措施的情形，借名人有意为之构造的借名行为与买受人是否有区别？能否直接援引该规定适用借名人的行为仍存在争议。[1]

(3)价值判断式：法院在审理此类案件时，分为两个步骤审查。第一步查明“借名买房”的事实：首先，界定出名人与借名人签订的借名买房合同的性质，判断借名事实是否成立；其次，查清涉案房屋的权属状况；再次，综合事实与房屋权属判断借名买房行为的效力；最后，判断借名人的权益能否排除强制执行。[2] 第二步评判借名买

〔1〕 参见王毓莹：《“借名买房”案外人执行异议之诉裁判规则再审视》，载《国家检察官学院学报》2022 年第 5 期。

〔2〕 参见马一德：《借名买房之法律适用》，载《法学家》2014 年第 6 期。

房行为，又区分为四种情形：第一，若认定借名人享有债权，则借名人的债权无法排除强制执行，此种评判是对“否定式”审查方式的补正与完善；第二，若借名人为涉案房屋真实权利人，则借名人可以排除强制执行，例如最高人民法院在（2019）最高法民终370号判决书中提出应当寻找立法价值的初衷的观点；[1]第三，基于生存权的考量，援引优先权益保护的理念，支持借名人排除强制执行；第四，综合考量各权利主体的诉求，分析借名人的生存权与申请执行人的债权冲突的具体情况，判断借名人能否排除强制执行。

除了“否定式”审查模式仅考量单一元素，“要件审查式”模式与“价值判断式”模式均涉及案件事实的认定及法律适用的问题。但“要件审查式”模式无法涵盖借名买房的类型。“价值判断式”的审查模式会根据案情不同，依据法律伦理，考量借名人缔造此种行为的内因，探索借名行为的内在逻辑结构，借名行为是否损害公共利益，是否违背公序良俗，是否规避法律等因素，如果隐藏的借名行为能够促进交易，则予以肯定性的评判。[2] 此种方式有助于个案的处理，但面临难以形成统一的裁判标准，且存在不确定性的法律预期问题。[3]

（三）现实之困境：裁判依据缺位与公共视野的矛盾

前文分析，法院在审理此类案件时援引《执行异议复议规定》第28条的比例很高，但是该规定是执行程序中当事人提出的执行异议的法律规定，并不是审理执行异议之诉的法律规定，执行异议程序和执行异议之诉程序在价值导向不同，目前我国法律体系中没有直接规定执行异议之诉的内容，相当一部分法院在审理借名买房行为案件中只能援引《执行异议复议规定》的相关规定作出裁决。另外，法院倾向于援引原《物权法》第9条第1款（现《民法典》第209条第1款[4]）作为说理依据，若法院认为借名买房行为属于法律另有规定的但书情形，法院支持借名人排除法院强制执行。

借名人排除强制执行在于借名人缔造的借名行为出现纰漏，可能是出名人的原

〔1〕 参见最高人民法院民事判决书，（2019）最高法民终370号。

〔2〕 参见最高人民法院民事判决书，（2020）最高法民再328号，最高人民法院认为“规避国家限购政策而借名买房，有违公序良俗原则，案涉借名买房合同应认定为无效，但其嗣后通过消除限购政策障碍补正了合同效力”。

〔3〕 参见马强：《借名购房案件所涉问题之研究——以法院裁判的案件为中心》，载《政治与法律》2014年第7期。

〔4〕 《民法典》第209条第1款规定了不动产物权登记的效力，该款规定了但书情形。

因导致,也可能是外部第三人的行为导致房屋遭受司法查封。借名行为中多元化的构造模式涉及众多主体的交易模式,且各主体之间追求价值不同,有的借名人追求房屋的居住权,有的借名人追求商业上的获利,有的借名人追求法律上的获益。由此,机械式援引相关法律法规或者司法解释作出判决,则可能出现裁判结果与公共视野下公众的法价值观念偏差,借名人追求的“名”与“实”不符的行为得不到有效的规制,不利于公众对借名行为的预判,进而影响到法律的可靠与权威,不符合能动司法的内在核心要义。

二、剖析:借名人排除强制执行要素之语境与争鸣

徒法不足以自行,过分强调法律强制规制要素而忽视公众具体语境,将导致法律适用与社会规制脱节,不符合法律追求的价值。针对借名人排除强制执行在法律适用过程中存在的难题,剖析借名行为的内在属性特征与逻辑结构,寻找多元主体的利益冲突焦点。借名买房行为中最重要的角色应属借名人,借名人处于核心主导地位,相关行为均以借名人的构造行为展开。

(一)叩问:借名行为中性质之先决基点

借名买房行为中存在何种主体?主体之间存在何种法律关系?这是解决借名买房行为争议的先决基点。将借名行为视为整体,借名人、出名人以及第三人参与其中。

借名买房行为中当事人缔结的合同是债权合同,这是毋庸置疑的。《民法典》合同编中没有规定借用他人名义签订的合同的章节,因此借名行为属于无名合同。在民事合同和商事合同的交叉视角下,[1]当事人缔结的合同界定为民事合同仍存争议,借名人与出名人可以基于买卖、赠与、信托等方式转移财产所有权,如果借名人与出名人缔结的合同是基于居住需求,双方之间的合同属于民事合同。若借名人是基于商业需求或规避法律等考量,借用出名人的名义是为了商业上的考量,此时将借名人与出名人缔结的合同归于民事合同存在争议。因此,用交叉视角分析借名行为的内在交易与逻辑结构,有助于对借名行为进行类型化分析,有助于解决个案矛盾与冲突,妥善保障借名人的权益。

在界定性质的基础上,可以将借名买房行为中当事人之间的关系区分为两大类:第一类是借名人本身拥有财产,以出名人的名义作登记;第二类是借名人通过第三人

〔1〕 参见崔建远:《民事合同与商事合同之辨》,载《政法论坛》2022 年第 1 期。

将财产登记在出名人的名下。

(二)梳理:内部与外部法律关系之语境透析

第一类:借名人与出名人达成借名登记的约定,双方依据合同约定,借名人以出名人的名义登记,借名人仅负有将财产的物权做转移登记,并不负担财产的给付;出名人则是仅出借名义,也不负担财产物权移转后发生的金钱给付,双方只是登记名义上完成相应的要式行为,没有发生真正的物权变动后果。在此种类型中,在法律关系上可以判断,借名人是财产的真正所有人,出名人仅是财产名义上的权利人。

第二类:借名人通过第三人将财产登记在出名人名下,涉及财产的所有权来自第三人(无论第三人是自然人还是法人),如果出名人知道借名人的存在,那么法律关系如图2所示。

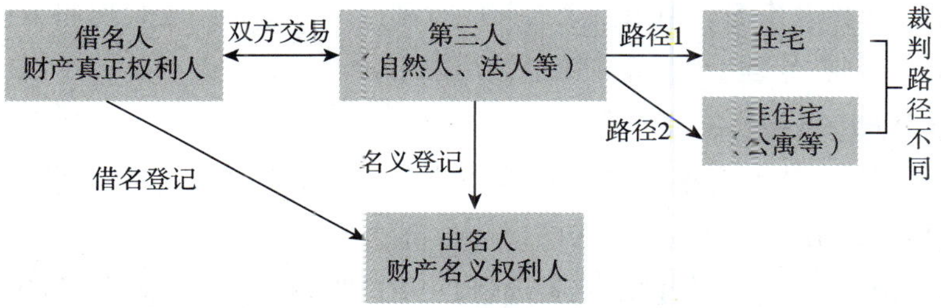

图2　存在第三人的借名买房法律关系

此种模式下,第三人依据借名人的指示,将不动产所有权转移到出名人的名下,由于出名人与第三人并不存在通谋虚伪表示,第三人与出名人之间的合同成立并生效。借名人与出名人约定房屋所有权归属,以我国不动产登记主义的原则,出名人为房屋权利人。借名人追求的“名”与“实”不相符的行为,如果将缔结的合同归于民事合同,从法律逻辑上分析易产生重大误解,遭到法律的否定性评价。借名人既然知道这种交易模式存在风险,为什么仍追求该种模式?以商事合同中的价值理念分析,借名人可能为了迎合政策或者避税需要,或存在某种信托关系,或是追求交易上的便捷,借名人将财产登记在出名人的名下。进一步区分此种交易对象是住宅性质与非住宅性质,此时交易的对象被法院采取司法查封措施,借名人排除强制执行的权利来源是不同的。

若第三人不知道借名人的存在,第三人直接与出名人进行房屋交易,出名人所实施的行为是借名人的真实意思,此种行为可以适用委托行为法律关系,其法律关系如图3所示。

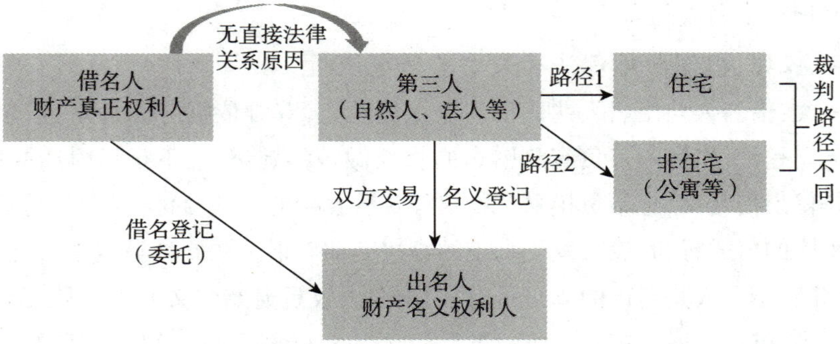

图 3 第三人不知借名人存在的借名买房法律关系

此种交易模式简单，第三人不知道借名人的存在，出名人与第三人之间缔约的行为约束双方，不涉及借名人与第三人之间的权利与义务关系。无论房屋为何种属性，依据合同的相对性原理判断，法律效果仅约束出名人与第三人。

（三）审视：法益的冲突与矛盾

借名买房行为中存在第三人的情形，区分第三人是否知悉借名人借名买房的事实，分析借名人、出名人与第三人的内部与外部法律关系，法益发生碰撞与冲突的实质是在多元模式下法律如何判断或者规制、涵射此种行为，法律是否可以穿透合同的相对性从而认定相应的法律效果，法律是否对商业逻辑予以考量以及法律如何平衡借名人的民事权益与案外人的民事权益。[1] 现有的裁判基于传统学说与新发展的学说得出的结果迥异（见表 2）。

表 2 相关学说理论与依据

学说	理论依据	裁判路径	裁判结果	备注
债权说	合同的相对性	借名人与出名人缔结的合同只能约束双方，无法约束外部第三人的行为[2]	不支持借名人排除强制执行的请求	债权说容易造成法律效果和社会效果的脱节
物权说	物债二分理论	借名人享有的请求权为物权请求权，物权优先于债权[3]	借名人享有排除强制执行的权利	违背物权公示与公信理论

〔1〕 参见王轶、关淑芳：《物权债权区分论的五个理论维度》，载《吉林大学社会科学学报》2014 年第 5 期。

〔2〕 参见常鹏翱：《〈民法典〉中真实物权的判断标准》，载《浙江工商大学学报》2020 年第 5 期。

〔3〕 参见崔建远：《论外观主义的运用边界》，载《清华法学》2019 年第 5 期。

续表

学说	理论依据	裁判路径	裁判结果	备注
风险分配的经济理论说	经济交易理论运用	借名人与出名人的约定不能对抗第三人，否则使交易费用和风险增加〔1〕	根据第三人是否知道借名的事实判断借名人享有的权利	区分情况，有助于个案的裁判
外观主义的限制与发展说	利益平衡理论	关注权利外观的同时更应该实质性审查真实权利人〔2〕	实质性审查借名人是否对涉案标的享有权利	着重实质性审查
生存权作为例外的规制说	生存权益的保护	坚持债权说的基础上，将“生存权”作为例外要素〔3〕	根据房屋的性质，判断借名人是否享有排除强制执行的权限	保障借名人的生存权

各级法院采用债权说审理借名买房案件的比重较大，如最高人民法院的（2020）最高法民申 5818 号，论述借名人的债权行为不影响物权变动，借名人的债权行为不得对抗申请执行人。但是随着司法理念中新学说的发展，在审理过程中对于此类案件开始融入外观主义的限制与发展学说以及生存权作为例外的规制学说的理论。针对多元主体的价值冲突，在不同价值的指引下，法院针对此类案件作出的裁判结果不统一，甚至有些裁判结果违背社会公众朴素的价值感。因此，尝试在民事合同与商事合同的视角下分析借名人的行为，运用能动司法的价值理念，妥善地处理个案的矛盾与纠纷。

三、扩张：借名行为在特定场域下的价值原理与逻辑架构

厘清借名行为的性质以及借名行为中内部与外部的法律关系，检视现有理论学说支撑下的裁判结果异化。相较于单独合同中清晰、明了的主体与对应诉求，借名行为作为有机整体涉及多元主体及不同的权益主张，借名行为中各方利益相互交织、渗透和融合，产生冲突与碰撞。借名人构造的“名”与“实”不符的情况，更类似法律的

〔1〕 参见王毓莹：《“借名买房”案外人执行异议之诉裁判规则再审视》，载《国家检察官学院学报》2022 年第 5 期。

〔2〕 参见陈永强：《未登记已占有的房屋买受人的权利保护》，载《环球法律评论》2013 年第 3 期。

〔3〕 参见张力、莫杨燊：《论借名买房者对强制执行的排除力》，载《中国不动产法研究》2022 年第 2 期。

类型特征，需借助民事与商事合同交叉融合的视角对借名行为进行审视与补正。

（一）证成：借名行为中的交易模式与逻辑

借名人构造的借名行为对其有价值，否则借名人无须耗费心思搭建交易方式并承担未知法律后果。依据价值分析法的范式，借名人构建的合同是当事人意思自治的体现，在某种程度上“名”与“实”不符的模式促进商业的繁荣与发展。[1] 借名行为的交易方式、模式构造与逻辑结构，相较于普通民事合同的交易习惯，借名行为渗透出商事合同的特征。

民事合同中的交易与商事合同的交易有别，囿于借名行为的隐藏模式，区分借名行为中是否存在第三人，借名行为指涉的对象区分为住宅与非住宅。如果借名行为中仅存在借名人与出名人，借名人将财产转移到出名人名下，可以认为借名人是出名人名下财产的真实权利人，依据财产的权属，判断借名人是否具有排除强制执行的权利。[2] 若借名行为中存在第三人，第三人是财产的所有权人，无论第三人是否依据借名人的指示行为，抑或知道借名事实的存在与否，都不宜直接认定借名人是财产的真实权利人，应当分步骤认定：首先，肯定借名行为中因买卖、赠与、信托等行为缔结合同的效力，只要当事人的约定不违反法律、行政法规的效力性强制性规定，均赋予其相应的法律效果。其次，分析借名人的权益能否得到法律的保障，若判定借名行为所涉的财产归属于借名人，借名人才具备排除强制执行的权利，此时考量相应的因素，包括房屋的属性是否为住宅，借名人的动机是否为了居住等因素。

（二）考察：不确定模式下类型化思维模式的运用

借名行为无法用概念涵括，在借名人、出名人、第三人等主体相互博弈的情况下，针对借名行为中的交易模式，依据学说不同会得出不同的价值评判结果，导致当事人权益保障的侧重点不同。例如，风险分配的经济理论说融入商事的理念，强调对交易的保护，主张在裁判过程中注重商业逻辑的地位和作用。生存权作为例外的规制说强调对借名人生存权的保护，主张生存权在法益上具有更高的位阶，借名人的权益在法律位阶上优先一般债权人的权益。

观察借名人的主体，借名人可以是自然人，也可以是法人或者其他组织。随着市场经济日益发达，新的交易模式呈现，交易方式的完善，法律应当更注重市场交易主

---

〔1〕 参见张新：《私法中法律规避的概念与本质——兼论我国民法典编纂中的立法取舍》，载《江汉学术》2019年第3期。

〔2〕 参见冉克平：《论借名实施法律行为的效果》，载《法学杂志》2014年第2期。

体权益的保护，充当“守门人”的角色。[1] 就交易模式来说，自然人之间的借名行为关系清晰，但自然人与法人或法人之间的借名行为，相较于自然人之间的法律关系而言呈现复杂形态。因此，在民事合同与商事合同交叉的视角下，强调在借名合同法律关系中对借名人权益的保护问题。[2]

为了便于裁判规则的应用，区分借名买房的客体，借名买房的对象区分为住宅或者非住宅，其中非住宅包括公寓、商铺等业态。在裁判过程中应关注权利的外观，更应审查权利的实际归属，考量作为隐名的借名人权益保护问题。[3] 观察借名人的视角，在强制执行阶段，申请人的权益在价值保护上占据天然的优势，申请人的债权可以对抗第三人债权，具体在借名买房行为中，申请人的债权优于借名人的债权，只有在借名人享有的权益达到优先于申请人享有的权益时，借名人才能实现排除强制执行的效果。[4]

（三）媒介：排除强制执行的进路与范式

法院审理借名人排除强制执行的案件通常援引《执行异议复议规定》第28条的规定，寻找借名买房的事实并适用法律规定从而得出裁判结论。然而，无论是在审理执行异议还是在执行异议之诉的过程中，法院未能充分释明借名人可以取得类似于《执行异议复议规定》第28条中买受人权利的理由，且因借名人的借名行为在逻辑上责难于借名人，很难论证借名人具有《执行异议复议规定》第28条第4项“非因自身原因未办理过户登记”。买受人排除强制执行尚且需要满足《执行异议复议规定》第28条的严苛构成要件，对于借名人来说，其承担的举证责任更重。因此，除非有更强大的客观理由，否则借名人无法享有更优的保护，[5] 这是现有裁判援引的法律大前提路径上必须直面的问题。

澄清借名行为的事实，借名买房中的主体与客体，有针对性地探讨其中内在的交易模式，考察借名行为中存在的多元化样态，在认定借名买房效力以及借名买房涉案

---

〔1〕 王毓莹、李志刚等：《隐名权利能否阻却法院执行：权利性质与对抗效力的法理证成》，载《人民司法（应用）》2017年第31期。

〔2〕 参见王毓莹：《“借名买房”案外人执行异议之诉裁判规则再审视》，载《国家检察官学院学报》2022年第5期。

〔3〕 参见方遴：《真实合法的权利是案外人提起执行异议之诉的基础》，载《人民司法》2021年第29期。

〔4〕 参见冉克平、黄依畑：《借名买房行为的法律效果研究》，载《财经法学》2020年第2期。

〔5〕 参见姚辉、阙梓冰：《不动产隐名权利的私法保护——以案外人执行异议之诉为视角》，载《中国人民大学学报》2021年第2期。

房屋的权属的基础上,必须解决申请执行人享有的债权与借名人享有的债权发生冲突时作何抉择?[1]我国不动产采用登记生效主义,借名买房所指的客体是不动产,不动产采取登记生效主义。换言之,当申请人申请强制执行时,借名人不能排除法院的强制执行。原则之外存在例外情形,当涉及保护借名人的生存权,才能创设例外规则。借名人为自然人,如果强制执行指向的对象为住宅,且该住宅为借名人唯一的住房,基于优先保障生存权的法益出发,借名人能够排除法院的强制执行。[2] 对于借名人购买的是用于居住需要的房屋,与借名人购买的是用于商业投资性的房屋作区别的类型对待,从案件事实中寻找借名人的目的。作为居住需求的房屋,法律优先保护借名人的生存权,对于借名人基于商业等投资需要,则需要借助商法的价值理念探讨,结合借名买房交易过程的法律关系,判断借名人能否具有排除强制执行的权利。

四、限缩:借名人排除强制执行裁判规则之厘清与再造

在特定场合视域下,借助民事与商事合同的价值理念与逻辑进行交叉分析,厘清借名行为中的交易模式与逻辑,通过类型化借名人借名的客体范畴,区分不同的保护路径。借名人因借名行为享有债权请求权,在特殊情形下需要引入生存权作为例外情形以保护借名人的权益,在事实认定与裁判思路重构的二元理论下厘定此类案件的裁判规则。[3]

(一)谦抑:利益衡量与价值判断

学者通过法学方法论中的反对解释论述了借名人不享有物权请求权,也不享有物权期待权,同时借名人不受信赖利益保护。[4] 借名人对于出名人享有的权利性质为债权,借名人享有债权请求权。因为物权和债权的性质差异,其适用的范畴、对象、效果并不相同。就借名人与出名人通过书面或者口头等其他形式缔结的合同而言,借名人对出名人享有协助办理过户及变更权属的请求权,而非确定涉案财产权属请

---

〔1〕 参见王若冰:《无权处分与善意第三人的保护——兼论〈合同法〉第 51 条与〈物权法〉第 106 条的关系》,载《法学杂志》2012 年第 12 期。

〔2〕 参见林诚二:《不动产物权变动登记之实与虚——以我国台湾地区借名登记契约之相关问题为说明》,载《北方法学》2014 年第 1 期。

〔3〕 参见黄德圣:《不动产借名登记之理论与实务——以实体与程序交错适用为核心》,台湾国立政治大学 2015 年硕士学位论文,第 89 页。

〔4〕 参见司伟:《借名买房排除强制执行的法律规则——基于学说与案例的分析与展开》,载《法治研究》2021 年第 4 期。

求权。[1]

发掘民法与商法原理以及民法中私法自治的逻辑，考虑到裁判的原则与例外情形，缓和多元主体的矛盾与冲突。[2] 在法律伦理上不能无限扩大对借名人权益的保护，在强制执行程序中，普通债权不具有排除强制执行的效力，除非存在例外的法益优先于强制执行权的情形。因此，借名人享有的债权请求权无法排除强制执行，但这并不表明借名人的权益得不到法律保障，借名人仍可以依据借名合同向出名人主张承担相应的违约责任，只是这种路径下借名人的保障缺乏实现的可能性。[3]

（二）回归：引入生存权考量下裁判规则的路径、结果

在强制执行阶段，借名人与普通债权人都享有债权请求权，借名人享有的债权对于申请人享有的债权不具有权利的优先性。借名买房行为中各种法的价值发生激烈碰撞，其中深层原因在于房屋附带基本生存权和居住权的价值，正是此种特殊属性的价值，导致利益主体产生激烈的价值碰撞。并且，由于借名买房行为中借名人主观上追求"名实不符"的形式导致"物权期待权利益保护"理论无法适用。但是在司法裁判中不加考量蕴含在期待权理论之后的"生存权"利益，势必会导致裁判结果与普通公众的一般价值观念相违背。

考虑到生存权作为法律保障的最基本的权利，在借名买房行为中，应当引入"生存权"的理念作为例外规定情形，参照法律体系对商品房消费者生存权特别保护的理念，引入对借名人权益的保障中，借名人基于生存权拥有排除强制执行的权利。

梳理在民法体系中对于生存权的特别保护规定，最先规定在2002年最高人民法院批复中[4]，2005年最高人民法院《关于人民法院民事执行中查封、扣押、冻结财产的规定》[5]明确购房者排除强制执行的情形，2014年《最高人民法院针对山东省高级人民法院就处置济南彩石山庄房屋买卖合同纠纷案请示的答复》[6]明确了购房款返还请求权优先工程价款优先权，2015年《执行异议复议规定》第28条与第29条，从司法解释层面上确立了司法做法，2023年最高人民法院《关于商品房消费者权利

---

〔1〕 参见孙宪忠：《再谈物权行为理论》，载《中国社会科学》2001年第5期。

〔2〕 参见李德通：《规避限购令之借名购房行为的性质与效力探讨》，载《法治研究》2012年第4期。

〔3〕 参见赵申豪：《借名购房行为效力判定路径之辨识》，载《法治研究》2017年第4期。

〔4〕 参见最高人民法院《关于建设工程价款优先受偿权问题的批复》第1条、第2条。

〔5〕 参见最高人民法院《关于人民法院民事执行中查封、扣押、冻结财产的规定》第17条。

〔6〕 参见《最高人民法院针对山东省高级人民法院就处置济南彩石山庄房屋买卖合同纠纷案请示的答复》。

保护问题的批复》再次强调对消费者权利予以保护的问题。最高人民法院逐步通过司法解释、规范性文件、相关判例和政策，构建起保护商品房消费者的规范群，赋予商品房消费者权益优先于建筑工程价款、抵押权和其他债权的法律顺位。法律将消费者保护置于民事权益保护的优先地位，这是考量消费者购买用于自身居住的房屋涉及基本生存权问题，而生存权作为最基本权利，在法律权利顺位上优先于建筑工程款优先权。[1]

在借名买房行为中，借名人在满足相关条件下，通过拥有的生存权从而产生对抗申请人的债权的权利，此时，着重分析借名买房行为中生存权保护的特殊性。借名买房行为中借名人主张排除强制执行与消费者主张排除强制执行最大的区别在于借名买房中“名”与“实”不符的行为是借名人故意为之，因此根据“要件说”判断，借名人并非基于自身原因未办理过户，故借名人主张排除强制执行应限缩其要件：其一，在借名买房行为中保护的借名人仅限于借名人因生存权购买的房屋，借名人为自然人主体，不得是非自然人之外的主体，购买房屋是为了居住需求，不能扩张至借名人购买非因居住需要购买的不动产的其他类型；其二，借名人支付的价款应为全部价款，而不能仅支付部分价款。[2]

（三）完善：“事实的认定+裁判思路”的重构

引入生存权保护理念作为例外情形从而保障借名人的权益，使借名人在对抗强制执行中趋于劣势地位达到借名人享有的债权在法益上优于申请人债权的路径。因此，本文着重认定借名买房的事实，通过类型化确定借名买房事实能够排除强制执行的要素，构建统一的裁判思路。

借名买房事实的认定。判断“借名房屋”的用途，在借名买房行为中，借名人购买的房屋按照不动产规划用途不限定于住宅，也可以涵括公寓、商住房屋等形态。对于不动产规划上属于住宅性质，认定住宅为借名买房行为中的对象没有争议，但是对于类似公寓以及商住用房等是否也属于借名买房行为中的对象存在争议，一种观点认为公寓、商住等业态为商业投资，不具备居住的基本属性，因此不能排除强制执行；另一种观点认为公寓、商住等业态在外观上为商业投资，但是由于具体情况其价格可能相较于住宅更低，如果在具体案件中借名人确实为了生存而购买此类业态，则可以排

［1］ 参见阙梓冰：《购房人优先权的价值理念与解释路径》，载《法律适用》2020年第11期。

［2］ 参见王毓莹：《“借名买房”案外人执行异议之诉裁判规则再审视》，载《国家检察官学院学报》2022年第5期。

除强制执行。就我国实际情况而言，根据个案认定涉案对象是否为居住用房，以涉案房屋的实际用途作为认定标准更加符合现实情况。

借名人名下房屋情况的核查。对借名人的保护是建立在保障借名人生存权的基础上，检索相关司法判例，主要从涉案房屋的主体、数量以及地域等方面进行考量。[1] 首先，核查涉案房屋的主体，按照目前我国司法惯例，应当以家庭为单位作为判断房屋的主体；其次，核查房屋数量，借名人家庭名下的房屋达到满足基本居住的需求，此种基本居住需求不要求限定为一套房屋，如果家庭成员众多，为了改善居住环境，即使借名人家庭名下超过一套房屋，仍可以认定为满足基本居住需求；最后，核查房屋地域，借名人的生存权依赖于某一特定的区域或者场所，应当将核查"家庭"房屋数量限制在特定区域，可以以地级市的行政范围作为区域判定标准。[2]

综上所述，在认定借名买房事实，核查借名人房屋情况下，因借名买房行为引起的执行异议之诉，首先，在界定出名人与借名人签订借名买房合同的性质基础上，判断借名买房的事实是否成立；其次，判断涉案房屋的权属状况；再次，借名买房行为不具有无效的情形，则应肯定借名买房合同的效力；最后，运用价值分析法，对借名买房行为进行价值判断，引入生存权保护理念，量化生存权要素。综合考量案件情况，判断借名人能否就涉案房屋排除强制执行。

五、结语

本文梳理了因借名买房之行为引起的借名人执行异议之诉，归纳并总结了现阶段我国法院裁判规则、路径与结果。尝试在借名行为中融入民事合同和商事合同的价值理念分析视角，肯定隐藏行为在交易模式中的正价值，区分借名行为中的主体范畴以及所指向的客体，探索借名人排除强制执行的理论与路径。借名人因借名行为享有请求权属于债权请求权，原则上不具备优先于申请执行人债权的位阶，但涉及借名人基本生存权益保障的情形，赋予借名人基于生存权而排除强制执行的权利。通过量化借名人生存权保护的具体要素，构建统一裁判思路。本文基于借名人排除强制执行的视角，挖掘整个借名行为中纷繁复杂的理念价值与构造路径以及处理进路，考虑公众朴素法的价值需求，检视与补正现阶段的裁判规则，以期为司法工作赢权威、赢民心、赢尊重。

---

〔1〕 参见最高人民法院民二庭编著：《〈全国法院民商事审判工作会议纪要〉理解与适用》，人民法院出版社2019年版，第532页。

〔2〕 参见王毓莹：《"借名买房"案外人执行异议之诉裁判规则再审视》，载《国家检察官学院学报》2022年第5期。

单方负债型夫妻共有财产执行的路径构建

刘力菁*

摘要:当前《民事强制执行法(草案)》第173条在认可地方司法实践的基础上,明确规定了单方负债型夫妻共有财产执行的前提条件、协议分割和执行分割以及份额确定方式。但在执行中呈现出"事前审查标准不一,事中分割规则不明,事后救济程序不清"的现状,这主要受到审执分离学说、申请执行人和配偶间权利平衡的困扰。为提高执行的准确性和稳定性,实现效率价值和人道价值要求,本文从两个环节出发探索优化路径:在执前审查环节,必须充分把握比例原则,满足正确辨析《民法典》"重大理由"的适用规则和夫妻共有财产的界定标准(合目的性),确立"相对执行不能说"理念和优先执行第一责任财产规则(必要性)、遵循缓和的审执分离学说和尊重配偶意思自治(适当性)三个条件。在执行处置环节,一方面,应当明确协议分割必须符合合目的审查和合法性审查规则,确定执行分割的具体方式和分割方法;另一方面,必须充分保障配偶的知情权和程序参与权,及时为配偶行使优先权注入"强心剂",明确不绝对失效权,为配偶权益受损配备案外人异议、案外人异议之诉、不当得利返还之诉等程序进行救济。

引 言

共同财产制是我国婚姻财产的法定财产制度。原则上,夫妻婚姻关系存续期间所得的财产是夫妻的共同财产,归夫妻共同所有。当夫妻一

---

* 刘力菁,桂林市中级人民法院执行局法官助理。

方作为被执行人时,如何执行夫妻共有财产成为强制执行程序的难题。根据最高人民法院《关于人民法院民事执行中查封、扣押、冻结财产的规定》(以下简称《查冻扣规定》)第12条之规定,法院在执行单方负债型夫妻共有财产时,可以采用协议分割和诉讼分割两种方法,执行程序不能直接强制分割。

目前,我国司法实践开辟了执行分割方法,即执行法院直接对夫妻共有财产进行处置并分配份额。2016年广东省高级人民法院《关于执行案件法律适用疑难问题的解答意见》问题十二的答复为共有人没有协议分割或诉讼分割的,法院可继续推进执行,依照法律规定并结合案件具体情况对共有份额进行强制分割。2017年浙江省台州市黄岩区人民法院在执行连某与管某(2017)浙1003执2379号一案中,因共有人逾期未提交财产分割协议,也未提起析产诉讼,合议庭直接裁定执行分割。同年,在(2017)最高法民申2083号张某与高某等案外人执行异议之诉中,最高人民法院以直接拍卖处置共有财产不得损害另一方财产分割间接认可了执行分割方法。2022年《民事强制执行法(草案)》第173条进一步以法律形式支持了地方司法实践的做法,亦规定了在收到通知之日起15日内未能协商一致的,法院可以处置共同共有财产,并按照出资额、等额分割的顺序确定份额。但是,具体到个案中,强制执行仍受到实体主义与程序主义、理论学说与司法实践、当事人与案外人权益冲突的掣肘,直接影响单方负债型夫妻共有财产执行的效率价值、人道价值和安定价值的实现。如何规制适用程序和救济规则,明确协议分割和执行分割的具体操作流程,便是立意所在。

一、单方负债型夫妻共有财产执行的现状扫描

在共同财产制背景下,夫妻婚姻关系存续期间所得共有财产作为被执行人的责任财产之一,有可能面临被强制执行的风险。目前,单方负债型夫妻共有财产的执行呈现出"事前审查标准不一,事中分割规则不明,事后救济程序不清"的现状,造成价值功能错位,严重制约执行效率。

(一)"事前审查标准不一"影响执行准确度

1. 夫妻共有财产存在审查理念分歧

学理上,共同共有包含身份关系,是具有较高信赖基础的复数主体对特定物享有不明确份额的所有权,体现了所有物的整体价值。[1]《民法典》第1062条规定夫妻

[1] 参见李锡鹤:《究竟何谓"共同关系"——再论按份共有与共同共有之区别》,载《东方法学》2016年第4期。

共有财产的范围应当依据共同关系确定。然而,根据执行形式化原则要求,执行法官在判断财产是否属于夫妻共有财产时,不应突破财产外观的界限。最高人民法院《关于人民法院办理执行异议和复议案件若干问题的规定》(以下简称《执行异议复议规定》)第 25 条明确规定财产权利人的判断标准为财产外观主义标准。

就此,夫妻共有财产的认定在强制执行程序中表现为实体诉讼的实质审查和执行程序的形式审查之间的分歧,降低了执行准确度,也使强制执行程序面临同案异判(执)的司法困境。若仅考虑形式审查,登记在夫妻一方名下的财产即为该方一人所有的财产,申请执行人的债权实现和夫妻双方财产权的维护将处于不确定状态,既背离了我国婚姻财产制的根本立足点,又易引发执行异议、复议审查程序,更不利的可能性便是涉及执行回转或国家赔偿纠纷。

2.“不足以清偿债务”存在界定标准分歧

被执行人个人财产不足以清偿债务,是执行夫妻共有财产的前提条件。关于何为“不足以清偿债务”,理论界存在“彻底执行不能说”和“相对执行不能说”两种观点。〔1〕“彻底执行不能说”主张必须穷尽对被执行人个人财产的执行并达到严格的执行不能,符合终结本次执行程序或终结执行的程度,执行法院才能考虑执行共有财产。〔2〕部分学者认为,囿于执行高效原则要求,在目前执行信息化水平还不能完全掌控被执行人个人所有的财产情况下,只要法院穷尽调查手段,确认被执行人名下无其他可供执行的财产,甚至其他可供执行财产存在(严重)执行不能或执行不便的,即可视为不足以清偿债务,执行法院就可以执行共有财产。〔3〕

基于此,执行法院对不同观点的接受程度决定了执行方式的差异,强制执行规则准确度的偏差也使执行效果和社会效果大不相同。若执行法院采取严格执行不能说,坚持达到彻底执行不能才能执行夫妻共有财产的,申请执行人债权的实现将止步不前。执行法院若认同相对执行不能说,那么申请执行人债权的保障便指日可待,但是若该法院对被执行人个人财产审查不严格,则有可能损害配偶的财产安全感和生活安宁感,破坏和谐稳定的夫妻关系。

---

〔1〕 参见赵大伟:《共同共有财产的执行程序分割——兼评〈民事强制执行法(草案)〉相关条款》,载《甘肃政法大学学报》2023 年第 2 期。

〔2〕 参见张海燕:《民事补充责任的程序实现》,载《中国法学》2020 年第 6 期。

〔3〕 参见叶名怡:《夫妻债务的清偿顺序》,载《法学研究》2023 年第 4 期。

(二)"事中分割规则不明"制约执行效率性

1. 分割方法缺乏明确规则

《查冻扣规定》第 12 条明确了夫妻共有财产分割的两种方式,并确定了协议分割和诉讼分割的适用条件。但是,对于协议分割的时限、向法院递交协议的时间、法院是否可以参与、具体的分割内容、是否审核协议具体内容,以及诉讼分割的管辖法院、诉讼地位、举证责任、申请执行人提起代位析产的时间、是否明确处置方式,协议分割和诉讼分割的适用顺序等均未作出明确规定。

在司法实践中,协议分割不可避免出现规避执行和拖延执行的问题,夫妻双方可能会选择延缓推进、迟迟不达成分割协议或者分割协议对财产划分含混不清、阻碍执行的进程;同时,基于保护纯粹财产属性和居住权益等期待利益,夫妻达成的分割协议极易出现不利于申请执行人利益的倾向。另外,申请执行人对分割协议也可能持反对意见,希望执行法官能够直接给予公正评价。关于(代位)析产诉讼,学界也有不同的看法。有学者认为,(代位)析产诉讼在婚姻关系存续期间是否可行是存疑的,诉讼分割是对《民法典》第 1066 条婚内分割需满足法定重大事由要求的扩大解释、类推解释,夫妻任何一方均不应当享有请求权,申请执行人更不能享有代位请求权。[1]有学者认为,代位析产诉讼赋予了申请执行人参与夫妻分割共有财产份额的特权,使局外人成为拆散夫妻双方财产共同体的导火索,明显违背了婚姻本质。[2] 另外,诉讼分割加重了案涉当事人的诉累,严重背离执行效率原则。

2. 分割比例缺乏统一规定

对于财产被采取强制执行措施后,配偶一般会基于所有权的归属和共有财产的分割比例主张权利。当所有权已经明确界定为夫妻共有财产后,对于分割比例的确定就成了单方负债型夫妻共有财产执行的关键问题。2014 年浙江省高级人民法院《关于执行生效法律文书确定夫妻一方为债务人案件的相关法律问题解答》第 7 条规定,被执行人所有或名下财产不足清偿的,可执行夫妻共同财产中的一半份额。2016 年浙江省高级人民法院执行局《关于执行共有财产若干疑难问题的解答》第 4 条规定:有登记公示的,以登记公示记载为准;没有登记但有书面约定的,依据书面约定;没有约定或约定不明的,按照出资额确定;不能确定出资额的,视为等额享有。2018

---

〔1〕 参见夏吟兰:《婚姻家庭编的创新和发展》,载《中国法学》2020 年第 4 期。

〔2〕 参见贺剑:《论婚姻法回归民法的基本思路——以法定夫妻财产制为重点》,载《中外法学》2014 年第 6 期。

年江苏省高级人民法院《关于执行疑难问题的解答》第 4 条在分配规则中排除了书面约定的适用，同时增加了对于被执行人配偶单方名下和双方名下的夫妻共有财产，原则上以 1/2 份额为限执行。在司法实践中，更为普遍的做法是以 1/2 份额比例清偿个人债务。

（三）“事后救济程序不清”限制执行稳定性

1. 配偶竞买成交存在理解“悖论”

优先购买权是为了满足对标的物的特殊利益而设立的权利，在夫妻共有财产强制执行中，一方的优先购买权适用于按份共有的规定。在婚姻关系存续期间，除配偶承受夫妻共有财产的情形外，对于被执行人承受共有财产、整体变价分割等引发拍卖行为的，若配偶竞买取得了财产，该财产的所有权是否会产生婚姻法律关系和物权法律关系的悖论。究竟属于个人所有还是夫妻共有成为配偶行使权利前时常咨询法官的问题：该行为是否会被定性为夫妻共同行为，存在再次被执行的风险，或因购买行为产生的法律行为是否也将被定性为共同意思表示，对非购买方产生义务和民事责任。

2. 配偶权益救济存在竞合分歧

对于案外人异议和案外人异议之诉的救济程序是否竞合，学理上有肯定说和否定说两种观点。[1] 竞合肯定说认为，程序性救济和实体性救济是并行的救济程序，选择权应当由当事人或利害关系人享有。否定说分为前置程序说和绝对否定说，前置程序说主张案外人异议优先，案外人异议之诉终局救济；绝对否定说主张执行行为侵害其所有权或其他足以排除执行标的转让、交付的实体权利，应直接适用诉讼程序救济。目前，立法机关对于如何构建案外人排除强制执行请求的模式历经了从“异议模式”向“异议前置模式”的转变，但学界更多还是支持“直接起诉模式”，在配偶主张权利时亦存在如是救济程序分歧。

二、单方负债型夫妻共有财产执行的问题归因

如肖建国教授所言，民事执行法作为争议解决和权利实现的终端，是法律与社会、实体与程序、理论与实践交错、碰撞最为激烈的领域，是各种复杂权利冲突最后决战的战场。[2] 单方负债型夫妻共有财产执行也同样体现了价值和权利的冲突。

---

〔1〕 参见庄诗岳：《论被执行人实体权利救济的路径选择》，载《河北法学》2018 年第 10 期。

〔2〕 参见肖建国：《民事强制执行法专题研究》，中国法制出版社 2020 年版，第 1 页。

(一)审执分离理念的认识冲突

1. 审执分离理念的学说冲突

审判权和执行权的体制机制改革一直是我国强制执行领域司法改革的重点。《中共中央关于全面推进依法治国若干重大问题的决定》和《人民法院第四个五年改革纲要(2014-2018)》要求推进实行审判权和执行权相分离的体制改革试点,《人民法院第五个五年改革纲要(2019-2023)》进一步要求深入推进审执分离体制改革,深化执行体制机制改革。对于审执分离界限,理论界存在严格的审执分离学说和缓和的审执分离学说。[1] 严格的审执分离学说主张实体公正远高于执行效率,要求审判程序和执行程序必须严格分开,实体权利的判断应当完全从执行程序中抽离出来,即审判机构负责强制执行中出现的实体纠纷,执行机构根据审判结果开展执行中具体实施工作。在执行夫妻共有财产问题上,执行法院应当中止执行,等待(代位)析产诉讼的结果,不能适用执行分割方式。缓和的审执分离学说则认为,在司法实践中,实体事项和程序事项并没有如银河般泾渭分明;如果一味固守严格的审执分离理论,强制执行中将会面临一碰到实体事项就中止执行,全面回归审判程序,直至审判结果明辨是非后再继续执行的不良后果,甚至出现先终本再恢复执行的任意性选择,无疑拉长了执行时效,违背了执行高效原则要求。况且,强制执行程序的价值取向只是偏向效率价值,并没有不追求公平价值,应当允许执行程序有一定实体判断权,只要将这种实体判断权限定在初步判断、非终局判断,救济程序享有推翻该判断的“生死大权”。[2] 故执行分割方法应当成为共有财产执行的方法之一。

2. 审执分离理念的实践冲突

在实体上,婚姻保护、意思自治和交易安全的“三角关系”构成了夫妻财产法规则的分析框架,[3]优先级在婚姻法律关系中较难抉择。在司法实践中也是各有千秋,在执行共有财产时,有不少法院以该共有财产系被执行人与案外人共有,暂不符合处置条件等,将分割矛盾推向(代位)析产诉讼程序,例如(2021)沪0115执36848号一案。更多法院认为执行法院有权执行并分割共有财产,例如在案外人刘某对申请执行人某公司与被执行人张某(2017)最高法民申3819号案中,最高人民法院认为

---

〔1〕 参见易夕寒:《单方负债型夫妻共有房屋强制执行问题研究》,载《中国不动产法研究》2022年第2期。

〔2〕 参见肖建国:《执行标的实体权属的判断标准——以案外人异议的审查为中心的研究》,载《政法论坛》2010年第5期。

〔3〕 参见冉克平:《论夫妻债务的清偿与执行规则》,载《法学杂志》2021年第3期。

刘某作为房产的共有权人,享有行使析产分割或协商分割的权利,但其在未行使权利的情况下直接主张50%份额的要求不足以排除执行行为。同时,从域外法视角分析,采取夫妻共同责任模式的国家多规定由债务人的个人财产来承担,并以共有财产的半数或者应得份额承担补充责任,例如意大利《民法典》第189条就规定了夫妻一方在婚姻关系存续期间未取得配偶必要同意的、特殊管理行为承担的债务,当个人财产无法清偿全部债务时,可以用夫妻共有财产清偿,但只限于应有财产份额。〔1〕故此,单方负债型夫妻共有财产的执行需要实现实体和程序的统一、公正与效率的结合,在考虑婚姻稳定和配偶财产安全时,更要思量以最大限度保障交易安全和债权人的合法权益,惩罚被执行人意思自治后的不诚信行为的价值优益性,而不是固守单一价值导向。

(二)债权人与共有人的权利冲突

1.共有物权应当优于债权执行

夫妻共有财产的执行天然存在保障申请执行人债权和维护配偶权利的冲突。夫妻共有财产不仅是被执行人的责任财产,更是夫妻人格权益和婚姻幸福安全的象征。曾有观点认为,法院应禁止执行共同共有财产。例如,杨与龄教授曾认为,债权人若只是共同关系中一人的债权人,不能申请执行共同共有财产。〔2〕谢在全教授曾进一步主张,若仅为一方债权人的,其不仅不能申请执行共有物,而且不能申请执行债务人应得的部分,不过申请执行人可以就债务人在共有物上产生的盈余分配、孳息分配等独立财产权主张请求权。〔3〕还有学者认为,只有在取得对全体共有人的执行依据,并且是基于共同关系或共有财产发生债务的,才能执行共有财产。〔4〕实践中,有法院认为在不符合法律规定的婚内分割事由时,执行法院不能强行要求夫妻分割共有财产,并且由于份额不明,执行法院也不能强制执行该共有财产。也有法院直接以终本结案,告知申请执行人提起代位析产诉讼确定份额后再申请恢复执行。〔5〕

---

〔1〕参见田韶华:《论共同财产制下夫妻债务的清偿》,载《法律科学(西北政法大学学报)》2019年第5期。

〔2〕参见杨与龄编著:《强制执行法(最新修正)》,中国政法大学出版社2022年版,第455页。

〔3〕参见谢在全:《民法物权论》(上册),中国政法大学出版社1999年版,第329-330页。

〔4〕参见房绍坤:《实体与程序双重视角下优先购买权在强制拍卖中的适用》,载《政法论坛》2023年第3期。

〔5〕参见云南省高级人民法院民事判决书,(2016)云民终619号;南通市崇川去人民法院执行裁定书,(2021)苏0602执1047号。

2. 共有物权不能成为债权执行壁垒

当前,在婚姻关系存续期间禁止执行夫妻共有财产的观点已经被理论和实践修正,夫妻共有财产可以被强制执行。例如广州省佛山市人民法院在(2016)粤06民终151号析产纠纷案中认为,确认共有财产的份额属于执行法官作出具体执行事实行为的情形,应当在执行程序中具体解决,无须另行诉讼。理论上,责任财产原则上应是被执行人的所有财产,我国婚内共同财产制更是给予了夫妻任一方平等享有共有财产的权利。因此,不能将共同财产完全排除在执行范围之外,否则,共同财产制就成为夫妻一方躲避债务的避风港。

但是,遵循债权人中心主义这并不意味着申请执行人的债权相比配偶的权利更胜一筹,强制执行权的行使应当奉行谦抑原则,以选择对配偶最少侵害原则衡量执行行为,避免对配偶的实体性人权造成不必要的压缩。最高人民法院《关于在执行工作中进一步强化善意文明执行理念的意见》第1条明确执行过程要严格规范公正保障各方当事人合法权益,避免过度执行。2022年《民事强制执行法(草案)》第5条以公平、合理、适当原则确定民事强制执行应兼顾各方当事人和利害关系人的合法权益。

三、单方负债型夫妻共有财产执行的理论前提

如前文所述,在单方负债型夫妻共有财产执行基础概念尚存审查差异的情况下贸然启动处置程序,将导致执行结果出现同案异执的后果,执行程序的合法性和公平性将受到质疑。因此,确定夫妻共有财产的基本认知,应成为开展单方负债型夫妻共有财产执行程序的前提,也是实现程序公正不可或缺的基本要求之一。

(一)共有财产的基本认识:"重大理由"的正确理解

夫妻共同财产的分割多发生在婚姻关系消灭的事实之下,仅在满足《民法典》第1066条规定的两种情形之一时,才能在婚姻关系存续期间请求法院分割共有财产。故对于单方负债型强制执行中涉及需要处置夫妻共有财产的问题,理论界存在不同的认识。有学者认为,这不符合财产分割的法定事由,配偶无权在婚姻关系中请求分割被查封的共有财产。[1] 有观点主张,夫妻个人债务的强制执行不应扩大理解,不能扩及共有财产中债务人的潜在份额,这是《民法典》第1066条的题中之义。也有学者认为,目前分割的法定范围过于狭窄,应当将一方财产不足以清偿个人债务视为法

---

〔1〕 参见刘征峰:《夫妻债务规范的层次互动体系——以连带债务方案为中心》,载《法学》2019年第5期。

定分割情形之一。[1] 从域外视角出发,德国、瑞士、法国等国的民法典采取了列举方式,将一方对外过度举债、债台高筑或者不能有效管理共有财产,致使另一方财产利益遭受严重损害的情形视为对婚姻财产积累的消极贡献,应当被作为共有财产分割的理由之一。[2] 梁慧星教授在主持的《中国民法典草案建议稿附理由·亲属编》第1692条中也将夫妻一方的财产不足以清偿个人债务,或者夫妻一方在共同财产中的应有部分已被法院扣押的情形作为列举之一。[3] 有学者指出,基于公平价值、平等保护各方主体利益的基本要求,建议将夫妻一方个人财产不足以清偿个人债务,导致夫妻共有财产被执行视为宣告非常法定制的条件之一。[4]

从法律规范的表象理解,关于"重大理由"的可选择范围已经被限定在"一方隐藏、转移、变卖、毁损、挥霍或伪造夫妻共同财产等严重损害共同财产利益"和"一方负有法定扶养义务的人患重大疾病需要医治,另一方不同意支付"两种情形中。然而,《民法典》第1066条只是原则上禁止夫妻一方婚内提起析产之诉,但并没有禁止双方在婚内协议共有财产,更未阻止法院强制分割婚内共有财产份额的行为。

(二)共有财产的界定标准:形式审查和实质审查相结合

从个人责任角度来看,私法之所以能实行意思自治,就在于结果是由意思主体自行承担,而不是由其他人来承担,这种结果包括积极和消极两个方面。也就是说,夫妻一方的债务应当由其以个人的所有财产来承担无限(财产)责任。[5] 从认识角度出发,分割共有财产并执行是债务人承担责任的必然结果。

正因如此,若司法实践仅以物权公示主义作为判断夫妻个人财产和共有财产界限的唯一依据,明显不足以应对实践中出现的各种情形,且不符合我国婚姻财产制度的基本架构。故此,夫妻共有财产的界定应当力求在执行公平和执行效率之间达到平衡,即需要作为执行法官跳出严格的形式主义的固有框架,发挥主观能动性,遵循缓和的审执分离学说,坚持以物权公示主义和权利外观主义为原则,并以法律规定的其他形式性审查方法为补充。[6] 例如,浙江省温州市中级人民法院在(2017)浙03执异117号执行异议审查一案中认为,虽案涉房地产和车辆均登记在配偶一方名下,

---

〔1〕 参见黄薇:《中华人民共和国民法典释义》(下),法律出版社2020年版,第2013-2014页。

〔2〕 参见范吉祥:《我国婚内分割夫妻共同财产法律制度研究》,山西财经大学2022年硕士学位论文。

〔3〕 参见梁慧星:《中国民法典草案建议稿附理由(亲属编)》,法律出版社2013年版,第89-90页。

〔4〕 参见陈法:《论我国非常法定夫妻财产制的立法建构》,载《现代法学》2018年第1期。

〔5〕 参见高永周:《债权平等:逻辑、风险与政策》,载《北方法学》2021年第3期。

〔6〕 参见黄忠顺:《案外人排除强制执行请求的司法审查模式选择》,载《法学》2020年第10期。

但属于婚姻关系存续期间取得，属于夫妻共同财产，执行法院查封前述财产的行为符合法律规定。

（三）共有财产的分割前提："相对执行不能说"的确立

基于夫妻财产与身份的交织以及责任财产的多重层次性，被执行人与配偶的共有财产虽属于责任财产行列，但是这并不意味着执行法院享有任意选择权。执行法官必须先执行被执行人个人所有的财产，即第一责任财产。只有当"被执行人个人所有的财产不足以清偿本案债务"时，执行法官才能伸长执行之手，即夫妻共有财产是第二责任财产，其并非充分且必要执行的财产，应当劣后执行。

对于"不足以清偿本案债务"的理解，应当坚持"相对执行不能说"标准，这是由衡平原则、效率原则和执行有限性所决定的。一方面，夫妻共有财产的执行实则将案外人（配偶）及其财产牵扯其中，当共有财产不可分时，配偶将不可避免地丧失居住权、占有权等权利。当被执行人虽有其他财产，但确属不便执行或尚未实际控制的，执行法官也必须衡量申请执行人的债权利益，处置夫妻共有财产，这也是强制执行效率原则的必然要求。另一方面，执行法院强制执行程序的开展需要多部门的协力配合，目前还不能实现仅靠执行法院就能查控被执行人名下所有财产。此时，当部分财产尚处于未控阶段，而且当地执行能力在短期内无法实现控制时，可控范围的夫妻共有财产便上升为第一顺位先予执行。

（四）共有财产的限制条件：严格遵守比例原则

有学者指出，如果说及时、高效、持续地进行是债权人中心主义执行观的必然要求，那么比例原则则体现了执行程序的文明和人道观念。[1] 比例原则衍生于控权规则，要求有权机关的行为必须满足目的达成（合目的性）、产生最少侵害（必要性）、目的和侵害之间不显失均衡（适当性）三个条件。[2] 在单方负债型夫妻共有财产执行中表现为，当不可避免处置共有财产时，执行法官应当选择对配偶产生最少侵害的方式达到保障申请执行人利益的目的。

从婚姻法视角来看，一方面，配偶身份性是夫妻财产制的核心特质，夫妻关系存在潜在的对等和平衡。夫妻一方为被执行人时，执行法院不能任意突破执行力的主

〔1〕 参见吴英姿：《论执行裁决权运行的正当程序——以〈民事强制执行法（草案）〉为对象的讨论》，载《政治与法律》2023 年第 3 期。

〔2〕 参见蒋红珍：《比例原则适用的规范基础及其路径：行政法视角的观察》，载《法学评论》2021 年第 1 期。

观范围,[1] 随意将执行之手伸入夫妻共有的"茅草屋",直接将单方债务视为夫妻共同债务。更不能任意追加配偶为案件被执行人,或对配偶名下所有财产尽职调查,并且民事强制执行应当注重对案外人权益进行及时性救济。[2] 另一方面,婚姻关系中的主体不仅是理性经济人,还是伦理情感人。[3] 若配偶主动协助执行或自愿承担的,在没有胁迫的可能性时,执行法院可以直接调查其提供的财产或执行配偶个人财产,此举易可提高执行资源利用效率,节约执行资源。

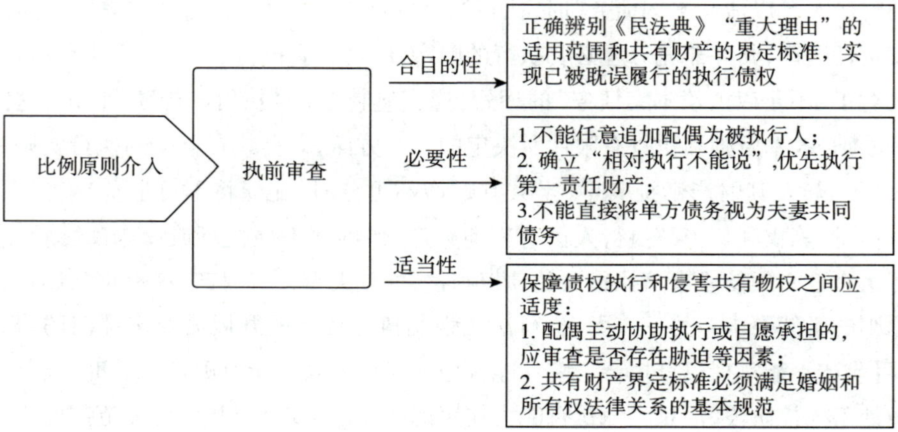

图 1　夫妻共有财产执行的审查规则

四、单方负债型夫妻共有财产执行的程序规制

在对夫妻共有财产的分歧达成基本共识下,为规范执行权运行,遵循效率、人道、安定价值的要求,应当进一步规制夫妻共有财产的处置程序和救济规则,给予执行相对人"及时的正义"。[4] 2022 年《民事强制执行法(草案)》在共同共有财产分割方式上排除了诉讼分割模式。故此,单方负债型夫妻共有财产的分割路径将集中考虑协议分割和执行分割模式。

〔1〕 参见王庆宇:《夫妻财产执行:理论、实践与规则》,载《时代法学》2020 年第 4 期。

〔2〕 参见黄忠顺:《以人民为中心的民事强制执行立法:逻辑起点、价值理念及关键环节》,载《深圳大学学报(人文社会科学版)》2022 年第 1 期。

〔3〕 参见邹小琴:《夫妻财产约定制度的司法困境及解决路径》,载《河北法学》2021 年第 7 期。

〔4〕 参见马登科:《民事强制执行中的人权保障》,中国检察出版社 2011 年版,第 197 – 198 页。

（一）单方负债型夫妻共有财产执行的分割路径安排

1. 协议分割模式的路径安排

协议分割作为夫妻共有财产分割程序的最优分割方法，其实现效果类似于执行和解，既达到尊重各方主体意愿的目的，又能减缓执行分割带给涉案主体的强制性和压迫感，消除强制执行的负面影响。2022 年《民事强制执行法（草案）》第 173 条在《查冻扣规定》第 12 条的基础上明确了具体分割方法和协议达成的截至时间，但仍留有不少空白。

第一，通知的具体方式。由于《民事强制执行法（草案）》没有对通知的具体方式作出规定，司法实践中可采取书面通知或者口头通知，而且应当以书面通知为原则，口头通知为补充。当前，不少法院选择在送达查封裁定书时附带执行告知书，可以释明：（1）告知将依法处置已查封的共有财产和初步估价（一般为询价结果）；（2）告知可以提交与不动产权属、份额有关的证明材料（如买卖合同、贷款合同、首付款凭证、银行流水、贷款还款记录）；（3）通知可与申请执行人就已查封的共有财产进行协议分割或者协议定价，并最迟于收到执行告知书之日起 15 日内提交至执行法院；（4）告知在规定时间内未能就分割协议协商一致并提交的，执行法院将依法执行分割，依据出资额、等额均分顺序确定份额；（5）告知配偶可主张优先购买权，最迟在法院规定的优先权登记截至日期前提出；（6）告知执行异议权。若执行法院以口头方式通知的，应当制作执行笔录并经当事人确认或者使用执法记录仪全程记录在册，充分保障当事人，特别是配偶知情权和程序参与权。

第二，协议分割的审查规则。协议分割行为虽为私法行为，但其实质是强制执行权向私法领域处分权的让步，这种让步必须保持“不得损害司法权威、不得损害国家利益或者社会公共利益、不得侵害他人的合法权益”的底线。[1] 对协议分割内容进行审查的目的不是要参与或者干涉协议分割事实，更不是对分割内容进行司法确认，所以由执行实施法官进行形式审查即可。审查内容应注重于合目的性审查和合法性审查，一方面，应当核实分割协议内容是否为三方真实意思，是否有虚假签名或虚假确认行为，是否受到欺骗、威胁，其分割行为是否导致执行不畅。在实践中，可能存在被执行人欺骗或威胁配偶签字确认或者代签配偶名字等行为，此时若执行法官不经核实就直接执行将导致配偶利益受到严重损害，引发执行信访。也可能存在夫妻联合欺骗申请执行人，使本案执行的共有财产成为无益执行或者不便执行的共有财产，

---

〔1〕 参见谭秋桂：《论民事执行和解的性质》，载《法学杂志》2020 年第 11 期。

此时,执行法官应告知申请执行人法律后果,若其仍然表示同意该分割协议的,依照分割协议处理。另一方面,应当审查分割协议内容是否损害了司法权威、国家利益或者社会公共利益,特别是他人的合法权益。在实践中,当本案的被执行人或者配偶又是其他案件的债务人时,本案达成的分割协议有可能出现夫妻任一方个人财产的不当(故意)减损,致使该方的其他债权人的债权权益实现受限。执行法官应阻止此类分割协议假借司法之手实现不法目的,维护其他案件当事人的合法权益,维护正常的执行秩序。

2. 执行分割模式的路径安排

当协议分割无法达成或者经形式审查协议内容违反合目的性和合法性原则的,对于单方负债型夫妻共有财产将直接进行执行分割程序。2022 年《民事强制执行法(草案)》第 173 条第 3 款就执行分割的前置条件和处置份额进行了规范,但未明示具体方式和确定份额的方法。

第一,分割的具体方式。《民事强制执行法(草案)》第 171 条第 2 款详细规定了按份共有财产的协议分割方式,第 3 款明确了协商不成的由法院根据案件情况裁定实物、折价或变价分割。其同样适用于夫妻共有财产的执行分割程序。但要注意的是,不能使共有财产陷入"共有物利用僵局",滋生更严重的社会问题和法律问题。[1]具体来说:(1)实物分割:必须限定在共有财产可以空间分离、彼此互不影响、能单独办证,以及不会对后续使用价值造成重大影响,[2]例如实物分割不动产的,原则上应当为楼栋结构,各单元间可以实现物理分离、彼此独立,即便共用楼(电)梯也不会对彼此生活造成重大影响。另外,实物分割应当征询各方意见,特别是综合考虑配偶意见。如整体处置符合各方利益的,可以选择对实物进行整体变价。(2)折价分割:如配偶自愿承受的,考虑到配偶居住权益和常年生活习惯,执行法院可以优先考虑由配偶承接夫妻共有财产并支付被执行人份额的折价款。但是,必须建立在不侵害申请执行人权益的前提上,执行法院应当征得申请执行人(明示或默示)同意,配偶也应当依规及时交纳折价款。若在规定时间内未交纳的,执行法院可以依职权或依申请执行人申请直接变价。(3)变价分割:包括实物分割归被执行人部分的、被执行人承受共有财产的、共有财产整体变价分割三种类型。依照《民法典》第 305 条的规定,无

---

〔1〕 参见邵长茂、周青松:《民法典背景下不动产共有份额的执行变价》,载《法律适用》2022 年第 4 期。

〔2〕 参见金殿军:《被执行人共有财产的执行路径——以申请执行人代位分割之诉为中心》,载《法律适用》2023 年第 1 期;裴桦:《夫妻共同财产制研究》,法律出版社 2009 年版,第 27 - 33 页。转引自赵大伟:《共同财产制下夫妻个人债务执行程序的规则构建》,载《交大法学》2022 年第 2 期。

论配偶是否主张过折价分割，只要共有财产进入拍卖阶段，配偶都应当享有优先购买权。即执行法院必须依法告知配偶优先购买权、权利行使期限以及可能的法律后果。

第二，份额的确定方法。界定份额是单方负债型夫妻共有财产执行的关键环节，关系到申请执行人债权实现多寡，更关系到配偶权益大小。有学者认为，夫妻共同财产制准用共同共有的规定，其虽与一般的共同共有不同，但具有共有的共同特征，本质上属于有份额的共有。有学者指出，我国法定夫妻财产制的基本要求就是以均等分割为原则。[1] 德国财产净益分配制度连财产增值都力求平均分配。[2]

2022年《民事强制执行法（草案）》第173条第3款规定共有财产执行款的分配优先依照被执行人和共有人的出资额确定，等额均分作为后备选项。这就要求执行法院主动调查共有人在夫妻共有财产中的出资比例，例如调查不动产的，可以向不动产登记部门查询购房合同、抵押贷款合同、购房发票、完税证明等，可以向贷款方调取还款流水。当然被执行人或配偶应当主动提交佐证材料，执行法院应审核材料的真实性，最终确定夫妻共有财产的真实出资比例。若经过执行法院调查、申请执行人提供线索或夫妻提交证据仍不能确定出资比例的，等额均分也就成为必然选择。实际上，《民法典》在关于共同共有以及夫妻共同财产制度规定中已经包含了分割应均等的含义，执行法院在适用中遵循等额均分符合夫妻共同财产制的价值取向。[3]

（二）单方负债型夫妻共有财产执行的救济规则选择

1. 配偶竞买成交的救济选择

除《民法典》第1063条规定的应归属于夫妻一方的个人财产和约定分别财产制外，我国夫妻婚后财产均视为共有财产。从性质上讲，夫妻共同财产制的时间界限为婚姻关系的存续，婚姻关系是夫妻共同财产的基础关系。那么，配偶在婚姻关系存续期间行使优先购买权能否引起夫妻共同财产性质发生根本改变？配偶购买行为，产生了根据《民法典》第1062条仍为夫妻共同财产和《民法典》第209条为个人财产的逻辑悖论。实际上，协议分割或执行分割已经事实上形成了非常财产制，即就分割行为引发的财产单独所有制。即便从普通人一般认知和社会善良风俗理念出发，配偶行使购买行为已发生了物权变动，法院的法律文书更是物权变动的“强心剂”。若此

[1] 参见薛宁兰、邵阳：《中国夫妻财产制的社会性别分析——以离婚夫妻财产分割为侧重点》，载《妇女研究论丛》2006年第S2期。

[2] 参见陆静：《德国夫妻财产制的特色》，载《理论导报》2013年第7期。

[3] 参见最高人民法院民法典贯彻实施工作领导小组主编：《中华人民共和国民法典婚姻家庭编继承编理解与适用》，人民法院出版社2020年版，第310页。

时其他债权人基于生效法律文书要求法院强制执行该财产的,配偶据此抗辩,避免多次重复执行。

另外,必须意识到,婚后夫妻关系以夫妻别体主义为基础,夫妻始终人格独立、地位平等,[1]非因日常生活之必需的法律行为不能当然对另一方产生法律效力。因此,根据《民法典》第 1064 条的规定,配偶购买行为产生的法律关系应归结于配偶,除能够证明该债务用于共同生活或基于共同意思。例如,配偶借债行使优先购买权的,应视为配偶一方的个人债务。

2. 配偶权益受损的救济选择

由于权利表象与真实物权之间可能存在实际分离,当配偶认为其所有权或足以排除执行的实体权益受到侵害时,有权寻求救济。关于程序模式的选择,理论上各有分说,有学者认为执行效率原则本质上要求异议前置,[2]也有学者以执行救济二元构造理论倡导直接提起异议之诉。[3] 最高人民法院《关于适用〈中华人民共和国民事诉讼法〉的解释》第 302 条和第 303 条明确规定,当案外人的执行异议申请被法院裁定驳回后,其有权提起执行异议之诉。2022 年《民事强制执行法(草案)》第 89 条也同样遵循程序性救济优先,实体性救济后置。

一方面,从法技术层面考虑,我国法定权利公示方法与权利实际状态存在高度吻合,故案外人异议往往可以达到真实性;另一方面,从法政策层面考虑,受到执行程序及时、高效、持续原则影响,案外人执行异议先行有其现实需要。但是,因不能归咎于本人原因,而使生活和财产陷入执行框架的案外人对强制执行程序不负有容忍强制执行的义务。换句话说,若将强制执行程序理解为执行法院对被执行人不诚信行为的惩罚或纠正,那么作为平等保护原理的"避免误伤他人""防止因加速执行而毫无顾忌干预第三人利益"也应当成为善意文明执行观念的基本共识。[4] 故若案外人在法律规定时间内未能提起案外人异议或异议之诉的也不绝对失权效,待执行程序终结后仍可以通过不当得利返还之诉、侵权损害赔偿之诉,或请求国家赔偿主张合法权利。

---

〔1〕 参见薛宁兰:《中国民法典夫妻债务制度研究——基于财产权平等保护的讨论》,载《妇女研究论丛》2018 年第 3 期。

〔2〕 参见百晓锋:《论案外人异议之诉的程序构造》,载《清华法学》2010 年第 3 期。

〔3〕 参见张卫平:《执行救济制度的体系化》,载《中外法学》2019 年第 4 期。

〔4〕 参见黄忠顺:《涉案外人权益的民事强制执行制度研究——以〈民事强制执行法(草案)〉涉案外人权益条款为中心》,载《河北法学》2022 年第 12 期。

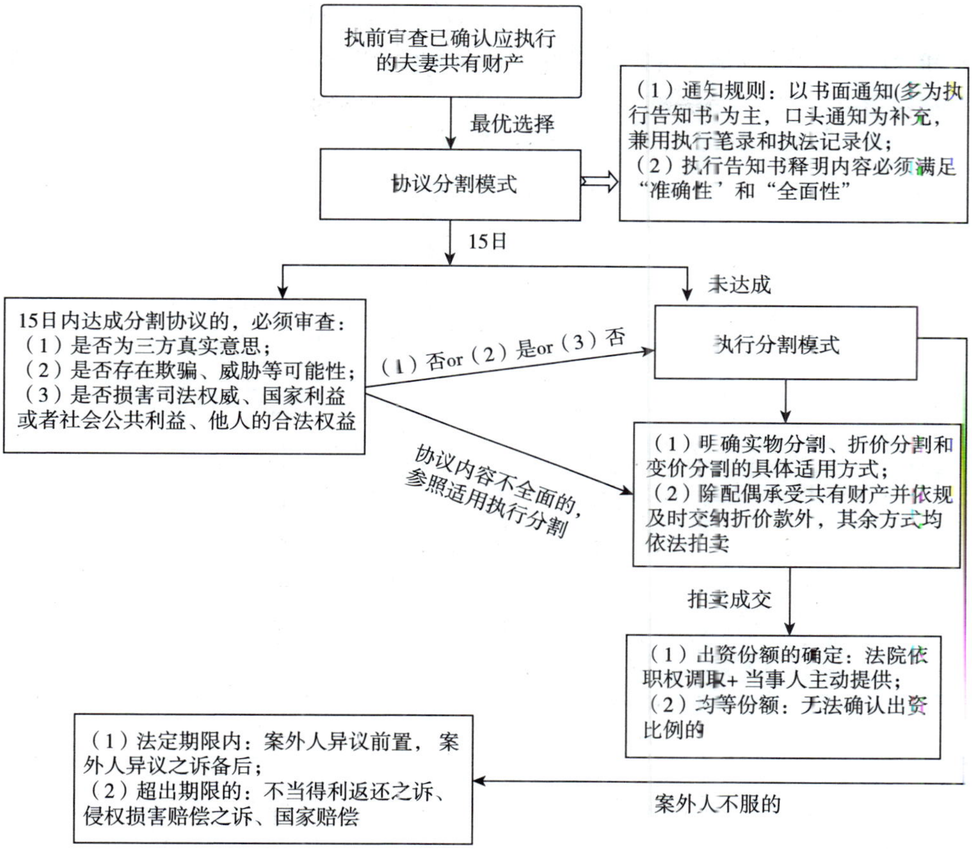

图2　夫妻共有财产执行的程序规制

五、结语

单方负债型夫妻共有财产的执行规则应顾及配偶的婚姻安全和身份关系，更要维护整个社会的交易安全和诚信价值建构。当前《民事强制执行法（草案）》第173条就协议分割和执行分割进行了具体规范，在认可地方司法实践的基础上确定了分割中具体问题的解决思路。但是，夫妻共有财产的强制执行仍在准确性、效率性和稳定性上存在问题，这主要受到审执分离学说以及申请执行人和配偶间权利平衡的困扰。这就要求在执前审查环节，必须充分把握比例原则，正确理解《民法典》“重大理由”的适用规则，准确界定夫妻共有财产的范围，并以“相对执行不能说”明确执行前提；在执行处置环节，应当明确分割协议的审查标准，确定执行分割的具体方式和分割方法，采用不绝对失权效进一步完善执行救济程序，切实保障配偶的知情权和程序参与权，以期为单方负债型夫妻共有财产执行的正当性提供具体的规则和流程指引。

案例分析

覃某某诉靳某某、柳州市市政工程集团有限公司案外人执行异议之诉案

——实际施工人不能排除债权人对工程款债权的强制执行

欧韦苇*

【执行要旨】

实际施工人对工程款所享有的权利不宜突破合同相对性，不具备专属性、优先性和排他性，不能排除其他债权人申请的强制执行。

[一审：(2021)桂0204民初8570号，合议庭成员：向手子、刘杏、朱建军；二审：(2022)桂02民终3868号，合议庭成员：谭皓匀、曾庆斌、侯海丽]

【基本案情】

原告覃某某诉称：原告系官塘大桥路面沥青工程的实际施工人，依据与柳州市市政公司签订的合同已完成全部施工内容，并已决算工程款总价，柳州市市政工程集团有限公司（以下简称柳州市市政公司）至今尚欠付890487.96元工程款，且作为前手的分包人中铁上海五公司仍有

---

* 欧韦苇，广西壮族自治区柳州市柳南区人民法院执行局员额法官。

890487.96元未付,故原告对于中铁上海五公司应付柳州市市政公司官塘大桥工程款具有特定款项的付款请求权,相对优先于被告靳某某对柳州市市政公司的债权。原告在发现法院对柳州市市政公司在中铁上海五公司处到期债权进行冻结后,向法院提出执行异议,执行异议申请被驳回后诉至法院,请求:不得执行柳州市市政公司在中铁上海五公司的890487.96元应收工程款,并解除对该工程款的冻结及扣押。

被告靳某某辩称,无论是从涉案工程款的交付占有状态,还是从生效法律文书的判决结果,原告均不是涉案工程款的权利人,不能排除法院执行。

第三人柳州市市政公司述称,该公司已于2022年3月8日经柳州市中级人民法院裁定进入破产程序,本案原告、被告均向破产管理人申请了债权,中铁上海五公司并非本案发包方,原告不能突破合同相对性主张该到期工程款属于原告。

法院经审理查明:柳州市市政公司将柳州市官塘大桥路沥青工程施工工程转包给覃某某。覃某某主张发包人柳州市中铁东投公司、承包人中铁上海集团公司、分包人中铁上海五公司、转包人柳州市市政公司承担支付工程款责任,柳州市鱼峰区人民法院于2022年2月11日作出(2021)桂0203民初6754号民事判决,判决柳州市市政公司向覃某某支付工程款890487.96元及利息,驳回覃某某的其他诉讼请求。柳州市中级人民法院于2022年5月31日作出(2022)桂02民终2514号民事判决,判决驳回上诉,维持原判。

靳某某依据另案文书向柳州市柳南区人民法院申请强制执行,法院裁定冻结被执行人柳州市市政公司在中铁上海五公司处的到期债权,中铁上海五公司收到法院发出的履行到期债权通知书后认可债权但又未履行,法院裁定向中铁上海五公司执行其应当向柳州市市政公司履行的890494.96元。覃某某对此执行措施向一审法院提出书面异议。一审法院于2021年9月17日作出(2021)桂0204执异54号执行裁定,裁定驳回覃某某的异议请求。覃某某于2021年9月22日收到该裁定,于2021年10月8日向法院提起案外人执行异议之诉。

柳州市中级人民法院于2022年3月裁定受理柳州市市政工程集团有限公司破产清算一案,覃某某于2022年5月22日进行债权申报。

【裁判结果】

广西壮族自治区柳州市柳南区人民法院于2022年7月26日作出(2021)桂0204民初8570号民事判决:驳回原告覃某某的诉讼请求。宣判后,原告覃某某提起上诉。

广西壮族自治区柳州市中级人民法院于2022年10月21日作出(2022)桂02民

终 3868 号民事判决:驳回上诉,维持原判。

【裁判理由】

法院生效判决认为:案涉执行标的为柳州市市政公司对中铁上海五公司享有的到期工程款债权,根据合同相对性原则,享有付款请求权的是柳州市市政公司而非覃某某。根据覃某某就该工程提起的建设工程施工合同纠纷案件的生效判决可知,覃某某与中铁上海五公司之间不存在合同关系,其要求中铁上海五公司承担工程款支付义务的诉讼请求并未得到支持,其应得的工程款应由柳州市市政公司支付,故覃某某所享有的工程款付款请求权的相对方是柳州市市政公司而非中铁上海五公司,该付款请求权已在另案得到保护,而案涉执行标的系基于柳州市市政公司与中铁上海五公司之间的债权债务关系产生,与覃某某并无关联,覃某某并非该到期债权的所有权人,不享有足以排除执行的民事权益,不能排除本院对该到期债权的执行。一审法院作出民事判决:驳回原告覃某某的诉讼请求。

广西壮族自治区柳州市中级人民法院同意一审法院裁判意见,认为覃某某作为多层转包和违法分包关系中的实际施工人对柳州市市政公司享有的工程款支付请求权与靳某某作为柳州市市政公司债权人享有的权利都是债权,均不具有优先受偿的权利,靳某某早在 2013 年就根据生效调解书申请了强制执行,且在覃某某于 2021 年 9 月就该工程提起诉讼之前法院已采取了执行措施,覃某某不享有足以排除执行的民事权益,不能排除法院对该到期债权的执行。

【案例注解】

该案例系典型的实际施工人申请排除债权人对转包人在分包人处的应收工程款强制执行的案件。该类执行异议之诉案件涉及的法律关系往往十分复杂,而法律适用在司法实践中尚存在争议。尤其在现行关于审理建设工程纠纷的司法解释中,也在一定条件下赋予实际施工人直接向发包人主张工程款的权利。因此,如有第三人对承包人的应收工程款申请执行,实际施工人能否以其对工程款享有的债权排除该执行,是执行异议之诉案件中的难点问题。

一、权益冲突:债权人代位权与实际施工人工程款请求权的冲突

债权人因享有胜诉债权,可申请法院强制执行被执行人对第三人的到期债权,属于债权人依法享有的代位权。第三人到期债权执行,是指被执行人不能清偿债务,但

对案外第三人享有到期债权的，人民法院可以依申请执行人或被执行人的申请，向第三人发出履行到期债务的通知，第三人在履行通知指定的期限内没有提出异议，而又不履行的，执行法院有权裁定对其强制执行。本案中，债权人靳某某可申请法院强制执行债务人柳州市市政公司于中铁上海五公司处的到期应收工程款。

实际施工人是指依照法律规定被认定无效的施工合同中，实际完成施工义务的单位或个人，如施工企业、施工企业分支机构等法人、非法人组织、自然人等，包括转包合同的承包人、违法分包合同的承包人以及借用资质施工的单位或个人。实际施工人享有对工程款的请求权，在一定情境下有权突破合同相对性向其他主体主张应收工程款。本案中，覃某某作为实际施工人，主张其可越过转包方柳州市政公司直接对分包方中铁上海五公司享有应收工程款。

在本案中，发包方柳州市中铁东投公司将柳州市官塘大桥工程 PPP 项目施工承包给中铁上海集团公司，该工程由中铁上海五公司组织施工，中铁上海五公司将该工程中的道路沥青工程施工作业分包给柳州市市政公司，后柳州市市政公司又将该工程转包给覃某某。对该案例中法律关系加以整理，可得如下关系（见图 1）。

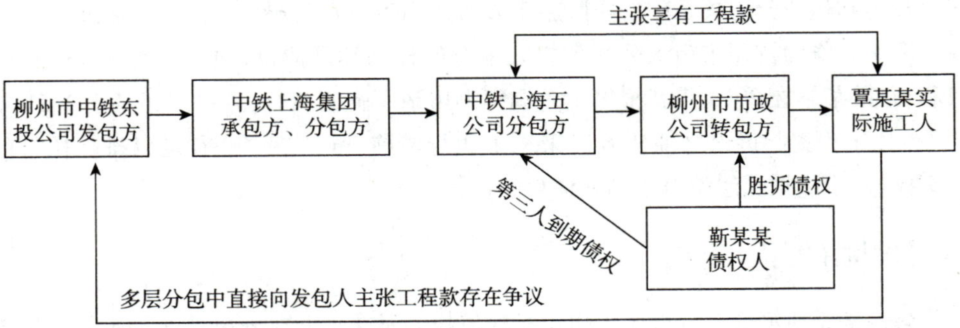

图 1　案例法律关系梳理

由图 1 可知，本案的争议焦点在于，当以上两种请求权发生冲突时，在强制执行程序中，实际施工人能否以其对工程款享有的权利，排除其他债权人对到期工程款债权的执行？

二、审查思路：实际施工人不能以其对工程款享有的债权排除其他债权人对到期工程款债权的执行

结合本案，笔者认为实际施工人不能以其对工程款享有的债权排除其他债权人对到期工程款债权的执行，主要从以下三点进行考量。

（一）实际施工人主张权益仍应遵循合同相对性原则

合同相对性原则是处理合同纠纷首要考虑和严格遵循的基本原则。当事人通过缔结合同为各方设定权利义务，其效力及于缔约各方。《民法典》第465条第2款规定："依法成立的合同，仅对当事人具有法律约束力，但是法律另有规定的除外。"突破合同相对性的例外，需要通过法律进行明确规定。

从建设工程施工合同纠纷案件司法解释规定的演变来看，实际施工人突破合同相对性制度总体呈现出逐步明确、限缩的趋势。实际施工人主张权利突破合同相对性的发展历程如表1所示。

表1　实际施工人主张权利突破合同相对性发展历程

2004年最高人民法院《关于审理建设工程施工合同纠纷案件适用法律问题的解释》	法释〔2004〕14号第26条	实际施工人以转包人、违法分包人为被告起诉的，人民法院应当依法受理。 实际施工人以发包人为被告主张权利的，人民法院可以追加转包人或者违法分包人为本案当事人，发包人只在欠付工程价款范围内对实际施工人承担责任
2018年最高人民法院《关于审理建设工程施工合同纠纷案件适用法律问题的解释》	法释〔2018〕20号第24条	实际施工人以发包人为被告主张权利的，人民法院应当追加转包人或者违法分包人为本案第三人，在查明发包人欠付转包人或者违法分包人建设工程价款的数额后，判决发包人在欠付建设工程价款范围内对实际施工人承担责任
2020年最高人民法院《关于审理建设工程施工合同纠纷案件适用法律问题的解释（一）》	法释〔2020〕25号第43条	实际施工人以转包人、违法分包人为被告起诉的，人民法院应当依法受理。 实际施工人以发包人为被告主张权利的，人民法院应当追加转包人或违法分包人为本案第三人，在查明发包人欠付转包人或者违法分包人建设工程价款的数额后，判决发包人在欠付建设工程价款范围内对实际施工人承担责任
最高人民法院民事审判第一庭2021年第20次专业法官会议纪要		可以突破合同相对性原则请求发包人在欠付工程款范围内承担责任的实际施工人不包括借用资质及多层转包和违法分包关系中的实际施工人
最高人民法院民事审判第一庭2021年第21次专业法官会议纪要		实际施工人不享有建设工程价款优先受偿权

实际施工人突破合同相对性的演变呈现以下三个阶段：

第一阶段，2004 年最高人民法院《关于审理建设工程施工合同纠纷案件适用法律问题的解释》（以下简称 2004 年建工解释）第 26 条第 2 款明确规定了实际施工人以发包人为被告主张权利，人民法院可以追加转包人或者违法分包人为本案当事人。之所以突破合同相对性作如此规定，其立法本意是通过赋予相对处于弱势的实际施工人直接向发包人主张支付建设工程价款的权利，以达到保护农民工利益的目的。

第二阶段，最高人民法院通过指导性案例、专业法官会议纪要、对特定案件的回复等形式，反复强调要准确理解、限缩适用法释〔2004〕14 号第 26 条第 2 款规定，严守合同相对性原则，不能随意扩大该条第 2 款规定的适用范围。

第三阶段，2020 年最高人民法院《关于审理建设工程施工合同纠纷案件适用法律问题的解释（一）》（以下简称 2020 年建工解释）第 43 条，系对前述司法解释的技术性整合。2021 年最高人民法院民一庭第 20 次专业法官会议进一步明确，借用资质、多层转承包人和违法分包的实际施工人无权向发包人起诉主张支付工程款。

自此，有权突破合同相对性主张发包人承担欠付责任的，从最初理解的包括挂靠、转包（含多层转包）、违法分包（含多层分包）在内的实际施工人，限缩为仅第一手的转包和分包的两类实际施工人。

同时，司法实践中，在转包、违法分包中的实际施工人并不能直接突破合同相对性，直接对承包人主张权利。（2021）最高法民申 1358 号民事裁定书中明确论述了实际施工人与承包人之间不存在合同关系，实际施工人无法依照合同主张案涉工程款。

2004 年建工解释的起草者之一冯小光法官在其发表的文章《回望与展望——写在〈最高人民法院关于审理建设工程施工合同纠纷案件适用法律问题的解释〉颁布实施三周年之际》中指出："原则上不准许实际施工人提起以不具备合同关系的发包人、总承包人为被告的诉讼，只有在实际施工人的合同相对方破产，下落不明等实际施工人不提起以发包人或者总承包人为被告的诉讼就难以保障权利实现的情形下，才准许实际施工人提起以发包人或总承包人等没有合同关系的当事人为被告的诉讼。"

从实际施工人突破合同相对性的观点演变及司法实践可知，主流实务观点对实际施工人所享有的应付工程款请求权突破合同相对性呈限缩态度，仅在严格条件下，才能突破合同相对性向发包人主张其对工程款享有的权利。

本案中，涉案工程经过多层转包和违法分包，形成了中铁上海五公司与柳州市市政公司、柳州市市政公司与覃某某之间等多个合同关系。根据合同相对性原则，各方当事人应当根据各自之间签订的合同来处理相关权利义务,即柳州市市政公司应当向中铁上海五公司主张债权、覃某某应当向柳州市市政公司主张债权。事实上,覃某某已通过另案诉讼向柳州市市政公司主张工程款债权,并得到支持。

(二)2020 年建工解释第 43 条第 2 款规定不宜在执行异议之诉中当然适用

实际施工人的概念是于 2004 年建工解释中创设,并特别赋予了实际施工人突破合同相对性主张发包人在欠付工程款范围内承担支付责任的权利。该制度的创设及适用具有特定场景性,一般而言,仅限于建设工程施工合同纠纷案件中,对实际施工人身份的认定、是否可以突破合同相对性判决发包人承担责任、工程款的具体范围等内容予以审查及认定。而在执行异议之诉中,不宜以此作为法律依据直接认定实际施工人的身份,进而认定其对被执行到期工程款是否具有债权请求权。

同时,建设工程施工合同纠纷中的请求权指向,无论能否突破合同相对性,均限于建设工程各主体内部的法律关系,各主体之间存在一定利益牵连。允许实际施工人突破合同相对性主张权利,是基于利益牵连下实体正义及弱者倾斜保护,对建设工程内部主体的权益与价值所进行重新分配与选择的过程。而在执行异议之诉中,除涉及工程内部主体之间关系外,还涉及另案债权人等外部法律关系。在平等的多元权益及请求权的冲突中,不再存在倾斜保护的价值判断基础,因此,对于实际施工人突破合同相对性主张权益不能在执行异议之诉中当然适用。

(三)实际施工人享有的权益尚未达到排除另案执行的程度

1. 从权利的优先顺位来看,实际施工人不属于"建设工程价款优先受偿权"的权利主体

在实际施工人提起的案外人执行异议之诉中,虽然实际施工人主张排除执行申请人的债权,但由于执行申请人实行的是对承包人享有的代位权,因此实质上仍然是实际施工人对发包人的债权与承包人对发包人的债权进行顺位排序。《民法典》第 807 条及 2020 年建工解释第 35 条均规定享有建设工程优先受偿权的主体是与发包方订立合同的承包人。在未有明确法律依据的情况下,实际施工人与其他债权人对发包方的债权均属于普通债权,不享有优先受偿权,其债权请求权反而应当严格限制适用条件。因此,当两方债权发生冲突时,应当以承包人的债权有限为宜。本案该笔工程款仍存在于分包人的账户中,覃某某与分包人不具有合同关系,不能根据合同相对性向分包人主张债权,也不是该笔工程款的所有人,对该工程款不具备专属性和排他性。

2. 从法益保护角度来看，实际施工人的权利不具有当然合法性

基于"有效优于无效"原则，有效合同产生的债权应当得到优先保护，而"实际施工人"的概念本身建立在挂靠、转包、违法分包等违法行为基础上，其身份本身具有一定的违法行为，相应的承包合同也属于无效合同，其所主张的工程价款也是按照合同无效的原则进行确定。从长远看，对建筑业各主体应坚持平等保护原则，司法应当回归法律、法理本意，不宜因强调对实际施工人及农民工的特护保护，从而损害有资质的建筑施工企业、发包人、其他债权人的合法权益。故基于无效合同所产生的实际施工人的债权，不应当优先于其他债权人在有效合同中所享有的债权。

3. 从维护社会诚信来看，保护合法权益是法律的一项重要价值

法律规则应当作为司法实践中在排除合法特别规定之外应当坚守的信条和原则，不遵守法律甚至违反法律的个体及行为，应当承受不受法律保护甚至会被追究法律责任的风险。实际施工人不能因违法分包、转包等法律法规明令禁止的行为，获得与合法转包或劳务分包相比更大的利益，否则有违诚信原则，不利于维护合法的建筑市场秩序。不仅如此，在司法过程中还应当加大对建筑工程领域违法行为的打击力度，发现转包、违法分包等违法行为，应当积极向相关行政部门签发司法建议书，建议行政机关查处涉及名义施工人和实际施工人的违规行为，并给予实际施工人和承包方相应处罚，提高建设工程领域违法行为的违法成本，从源头解决建设工程违法分包等乱象。

综上所述，本案中案涉工程款优先受偿权的主体是直接与中铁上海五公司订立合同的柳州市市政公司，而柳州市市政公司与覃某某之间的转包合同因违法而无效，其对该到期工程款所享有的债权请求权仅为一般债权，不具有优先性、专属性及排他性。故覃某某对案涉工程款不享有足以排除执行的民事权益，不能排除法院对该到期债权的执行。

柳州光能科技有限公司诉黎某某、柳州市银阳房地产开发有限公司执行异议之诉案

——商品房消费者物权期待权对抗抵押权的审查规则

杜星霖*

【执行要旨】

在申请执行人对执行标的享有抵押权的情况下，案外人要想排除强制执行，须举证证明其同时符合最高人民法院《关于人民法院办理执行异议和复议案件若干问题的规定》（以下简称《执行异议复议规定》）第29条规定的三个要件。该规定的核心审查标准为：当且仅当强制执行房屋将剥夺消费者的生存权、将导致无房可栖的"弱者"情形下，才能突破适用。

［一审：（2020）桂0204民初8165号，合议庭成员：蔡坤宏、陆红华、梁澜馨；二审：（2022）桂02民终2211号，合议庭成员：丘洪兵、周琳、余深］

【基本案情】

原告柳州光能科技有限公司（以下简称光能公司）诉请：判决准许执行拍卖被告柳州市银阳房地产开发有限公司（以下简称银阳房开）所有的位于柳州市航五路2号盛世中华A栋×号房屋。事实与理由：2020年10月28日，柳南区人民法院向原告送达（2020）桂0204执异38号执

---

* 杜星霖，广西壮族自治区柳州市柳南区人民法院执行局法官助理。

行裁定，裁定停止对柳州市航五路 2 号盛世中华 A 栋 × 号房屋的执行，并告知如不服可提起诉讼。原告认为该裁定错误，应予以纠正，理由如下：(1)生效判决已确认华融公司对本案案涉 9 –1 号房屋享有抵押物权，并有权就房产拍卖、变卖所得价款优先受偿。(2)现有证据不足以证明被告黎某某对 9 –1 号房屋享有物权所有权，即便有生效判决认定被告黎某某与银阳房开签订的《商品房买卖合同》合法有效，也不足以推翻上述生效判决认定的原告享有的抵押权。首先，本案 9 –1 号房屋抵押公示在前，合同备案在后，应当要保护在前的抵押权。其次，黎某某与银阳房开签订的《商品房买卖合同》只是物权变动的原因行为，不能直接发生物权变动的法律后果，不能据此确认 9 –1 号房屋归黎某某所有，也不能就此推翻原告对 9 –1 号房屋的抵押权。最后，本案也不存在法律规定的合同权利优先于抵押权的情况。(3)黎某某提供的其与银阳房开签订的《商品房买卖合同》等证据存在诸多矛盾，不能作为定案依据。①备案证明具有公示效力，应当以合同备案证明上的时间作为定案的依据。②被告黎某某交付“购房款”存在诸多疑问。③柳南区人民法院于 2020 年 10 月 23 日作出的(2020)桂 0204 执异 38 号执行裁定书，是根据广西壮族自治区高级人民法院作出的(2020)桂执监 129 号执行裁定书作出，原告也已经通过法定程序请求予以撤销。④被告是在本案诉争房产抵押期内与银阳房开签订了抵押合同。银阳房开销售在建工程抵押的房屋没有经过原抵押权人的同意，销售在建工程抵押房屋的房款也未按照约定支付给原告用以抵扣银阳房开的欠款。综上所述，原告在先的抵押权应受到法律保护，案涉房屋应准许执行拍卖，用以优先清偿原告的债权，请法院依法判处。

被告黎某某辩称：(1)被告对涉案房产享有足以排除人民法院强制执行的权利，符合《执行异议复议规定》第 28 条、第 29 条规定的排除执行的情形。(2)华融公司和银阳房开恶意串通将银阳房开早已出售且交付的房产用于为银阳房开多年前所借的华融公司的款项提供抵押担保，涉案房产抵押属恶意抵押。

被告银阳房开未到庭参加诉讼。

法院经审理查明：(1)执行依据及执行异议的脉络情况。2015 年 11 月 4 日作出的(2015)南民初(二)字第 33 号民事判决书，判决：银阳房开向华融公司清偿债务欠款本金 5500 万元及重组收益，并支付违约金；李某某负连带清偿责任；华融公司对抵押物，即位于柳州市航五路 2 号盛世中华 33 套房屋(含本案案涉房屋在内)等在折价或拍卖、变卖所得价款内享有优先受偿权。该案于 2014 年 12 月 8 日对包括案涉房屋在内的财产进行了查封。案涉房屋建筑面积为 357.67 平方米，于 2012 年 7 月 3 日办理在建工程抵押给权利人华融公司。华融公司向本院申请执行，依据《债权转让协议》将裁定变更光能公司为该案的申请执行人。黎某某对执行拍卖涉案房屋提出书面异议，请求本院停止执行。法院作出（2017）桂0204执异5号执行裁定书，驳回黎某某的异议请求。黎某某不服，向广西壮族自治区高级人民法院申诉。广西壮族自治区高级人民法院作出（2020）桂执监129号执行裁定书，裁定：撤销柳南区人民法院（2017）桂0204执异5号执行裁定书；发回柳南区人民法院重新审查并作出裁定。法院于2020年10月23日作出（2020）桂0204执异38号执行裁定书，裁定停止对案涉房屋的执行，并告知当事人可自裁定书送达之日起15日内向本院提起诉讼。光能公司签收后向本院递交起诉状，提起执行异议之诉。（2）黎某某与银阳房开买卖案涉房屋纠纷认定的相关事实。2019年1月4日，黎某某提起诉讼，要求确认其与银阳房开于2014年4月11日就案涉9－1号房屋所签订的《商品房买卖合同》有效；请求确认案涉房屋归其所有；请求银阳房开继续履行合同，办理过户手续。本院作出（2019）桂0204民初226号民事判决书，驳回其全部诉讼请求。该判决认定的事实包括：黎某某与银阳房开签订了落款时间为2014年4月11日的《商品房买卖合同》，约定由黎某某购买案涉9－1号房屋，购房价为400万元。黎某某于2014年1月23日向银阳房开法定代表人李某某账户转账60万元；于2014年3月7日向李某某转账40万元；于2014年2月21日通过其妹黎某1向李某某转账250万元，并备注摘要信息为"购房款"。银阳房开于2015年11月23日向黎某某出具了案涉房屋的不动产销售发票，金额为400万元。黎某某于2014年4月15日签订了案涉房屋交房单，随后装修入住。2015年1月6日，双方预售商品房合同在房产登记部门进行了备案登记，备案登记的购房日期为2015年1月6日。黎某某不服上述判决结果，提起上诉。柳州市中级人民法院作出（2019）桂02民终4631号生效判决，确认了一审判决认定的事实。二审判决：撤销（2019）桂0204民初226号民事判决书，确认黎某某与银阳房开签订的落款时间为2014年4月11日的《商品房买卖合同》有效，驳回黎某某的其他诉讼请求。

【裁判结果】

广西壮族自治区柳州市柳南区人民法院于2021年11月25日作出（2020）桂0204民初8165号民事判决：继续执行银阳房开所有的位于柳州市航五路2号盛世中华9栋×号房屋。宣判后，黎某某提出上诉。

广西壮族自治区柳州市中级人民法院于2022年8月3日作出（2022）桂02民终2211号民事判决：驳回上诉，维持原判。

【裁判理由】

法院生效裁判认为:《执行异议复议规定》第 27 条规定,“申请执行人对执行标的依法享有对抗案外人的担保物权等优先受偿权,人民法院对案外人提出的排除执行异议不予支持,但法律、司法解释另有规定的除外”,该条规定的除外情形应仅限于最高人民法院《关于建设工程价款优先受偿权问题的批复》第 1 条“人民法院在审理房地产纠纷案件和办理执行案件中,应当依照《中华人民共和国合同法》第二百八十六条的规定,认定建筑工程的承包人的优先受偿权优于抵押权和其他债权”、第 2 条“消费者交付购买商品房的全部或者大部分款项后,承包人就该商品房享有的工程价款优先受偿权不得对抗买受人”规定的情形,必须依法从严把握,以免动摇抵押权的优先性基础。而《执行异议复议规定》第 29 条明确规定了商品房消费者对抗抵押权人优先受偿的条件。

《执行异议复议规定》第 28 条规定了在金钱债权执行中,买受人对登记在被执行人名下的不动产提出异议,获得人民法院支持所要满足的四个要件,该条是对无过错不动产买受人物权期待权保护条件的规定,但该条规定仅能对抗对被执行人享有普通债权的债权人。

结合最高人民法院《关于建设工程价款优先受偿权问题的批复》第 1 条、第 2 条和《执行异议复议规定》第 27 条、第 28 条、第 29 条的规定可知,执行案件中的权利保护顺位为:商品房消费者生存权 > 在建工程价款优先受偿权 > 抵押权人优先受偿权 > 善意买受人物权期待权 > 普通债权。从法律逻辑上看,房屋买受人若要排除抵押权人的强制执行,就必须符合《执行异议复议规定》第 29 条规定的情形。

根据 2020 年最高人民法院《关于适用〈中华人民共和国民事诉讼法〉的解释》第 311 条规定:“案外人或者申请执行人提起执行异议之诉的,案外人应当就其对执行标的享有足以排除强制执行的民事权益承担举证证明责任。”故执行异议人即本案被告黎某某应对其享有足以排除强制执行的民事权益承担举证责任。本案中,原告对于执行标的享有的抵押优先权已经生效的法律文书确定,被告黎某某关于原告与银阳房开恶意串通、将案涉房屋恶意抵押给原告的意见与生效判决认定不符,法院对其该项抗辩意见不予采纳。在原告对执行标的享有抵押优先权的情况下,被告想要排除原告债权的强制执行,则必须举证证明其同时符合《执行异议复议规定》第 29 条规定的三个要件:(1)在人民法院查封之前已签订合法有效的书面买卖合同;(2)所购商品房系用于居住且买受人名下无其他用于居住的房屋;(3)已支付的价款超过合同约定总价款的50%。上述必要条件之一是被告购买执行标的系用于居住且其名下无其他居住用房，但被告在本案中并未对此进行举证，则应由被告承担举证不能的不利后果。同时，被告所购买的案涉9-1号房屋建筑面积为357.67平方米，该房为别墅，已经超出基本居住需要的合理范畴。

《执行异议复议规定》第29条规定的是商品房消费者排除执行的请求权，第28条规定的是一般买受人排除执行的请求权。法律对房屋消费者物权期待权的保护，是基于对消费者生存权这一更高价值的保护，赋予消费者对买受房屋的物权期待权以排除执行的效力。房屋消费者物权期待权优于建筑工程价款优先权、抵押权、一般债权，但此种情形是法律为保护消费者生存权而作出的例外规定。物权优先于债权是民法的基本原则，只有基于居住利益至上的考虑，才能作特别的突破，因此应当避免扩大范围，以免动摇抵押权具有优先性的基本原则。故消费者购房人的权利应当优先于抵押权，一般买受人的权利不应优先于抵押权。如前文所述，黎某某不符合消费者购房人的认定条件，因此即便其符合《执行异议复议规定》第28条规定的条件，其权利也仅能对抗一般债权人，而不能对抗抵押权人。

综上所述，被告未能举证证明其属于《执行异议复议规定》第29条规定的商品房消费者，其对案涉房屋享有的民事权益不足以排除本案执行。原告诉请要求执行案涉房屋符合法律规定，法院予以支持，故法院应对案涉9-1号房屋继续执行。

【案例注解】

本案是一起典型的商品房消费者物权期待权申请对抗抵押优先受偿权的案件。此类案件涉及人民群众“住房”即生存权这一最根本的权利保障，矛盾冲突尖锐，案情复杂且认定主观性强，是当前人民法院执行、审判工作中的重点与难点。

2023年4月20日，最高人民法院作出《关于商品房消费者权利保护问题的批复》对商品房消费者物权期待权与抵押权的优先顺位进一步予以明确。但在变动不居的市场经济中，存在类似购房者名下有其他纯经营性房产、预登记房产等各类法律规则难以面面俱到涵盖的特殊情形，致使执行、审判实践中对商品房消费者物权期待权的审查仍存在法律适用难度大、裁判尺度不一等困境，需对《执行异议复议规定》第29条的核心理念予以锚定。

一、认定难点：商品房消费者物权期待权的多层考量

（一）裁量主观性强，法律效果面临类案同判挑战

虽然《执行异议复议规定》第27条、第28条、第29条对一般购房者物权期待权、

商品房物权期待权、抵押权等权利顺位进行规定,但对于上述三条条文的适用选择以及第 29 条中规定的三项成立要件认定主观性较强、自由裁量空间较大、法律适用难度高,在审判、执行实践中对适用规则存在不同理解,导致案件在执行、审判程序中反复流转,亦导致同案不同判问题突出,法律效果有待进一步提升。笔者通过中国裁判文书网以《执行异议复议规定》第 29 条为关键词进行检索,选取两件具有代表性案件为例(见表 1)。

表 1 案例分析

案例	一审裁判观点	二审裁判观点
金某、吉林省洋帆置业有限公司等案外人执行异议之诉案[(2022)皖03 民终 2190 号]	金某与洋帆置业公司仅签订《房屋定购协议》,不符合法律规定的商品房买卖合同的主要内容,故不能排除执行,应当继续执行	《房屋定购协议》已经明确了拟购商品房的位置、面积、价款等主要内容,该定购协议并未明确约定为预约合同,且已经实际履行,故撤销了一审法院判决,中止对涉案房屋的执行
朱某、北京盛远世纪房地产开发有限公司等案外人执行异议之诉案[(2022)京 03 民终 16323 号]	朱某与王某二人家庭名下现已拥有一套住房,不符合《执行异议复议规定》第 29 条规定的情形,不能排除执行,应当继续执行	朱某的配偶王某取得房屋的不动产登记证是在二人登记结婚之前。夫妻双方在婚前取得的财产可根据自己的意愿用于家庭生活,也可以不用于家庭生活,不能将夫妻一方在婚前取得的房产直接作为可以满足家庭生活需要的住房。故撤销了一审法院判决,中止对案涉房屋的执行

(二)权益冲突尖锐,社会效果成为重要考量因素

商品房买卖的行为在社会中十分普遍,商品房消费者在购置商品房时,一般不会主动查阅不动产登记簿,导致大量商品房买卖置于抵押权设定日期之后。商品房销售往往是以楼盘为单位进行的统一销售行为,存在较多的商品房买受人。当案涉房地产开发销售公司无法清偿债务,抵押权人行使其对涉案商品房享有的抵押权时,商品房买受人为维护自己的权益,容易出现一定规模的集体诉讼现象。同时,在目前房价居高不下的情况下,许多消费者穷其一生的收入和积蓄购买居住之所。当其所购买房屋存在被强制拍卖的情况下,即便其享有追究房地产开发销售公司违约责任的权利,但此时的房地产开发销售公司往往已陷入债务危机不具备违约赔偿的能力。因此,该类纠纷矛盾极为尖锐,极易引发群体性信访事件或极端事件。

(三)事关民生根本,政治效果是价值选择的根基

"安得广厦千万间"是我国人民群众的传统观念。房屋是个人遮风挡雨的港湾,

既具有房屋本身的财产权属性，又兼顾精神领域的需要，是人民群众为拥有一个“家”而奋斗的根本。司法为民是我国司法的根本价值追求，任何司法活动都应当围绕这一基本价值展开。商品房消费者物权期待权的设立，是法律倾斜保护的结果，对其准确适用是司法为民的具体体现。一定条件下的商品房消费者与房地产开发销售公司、抵押权人相比处于弱势地位，而其享有的生存居住权处于绝对优先位阶，基于商品房销售领域的不平等关系，以及该关系所产生的侵害性，使规范认定商品房消费者物权期待权具有社会治理与政治意义。

因此，商品房消费者物权期待权的审查应当坚持政治效果、社会效果与法律效果的统一，规范谨慎地对该类案件进行审查。本案的争议焦点为：(1)被告黎某某能否依据《执行异议复议规定》第 28 条、第 29 条之规定，排除抵押权人申请对抵押物的强制执行；(2)是否符合《执行异议复议规定》第 29 条规定中商品房消费者物权期待权对抗抵押权的要件。

二、适用前提：《执行异议复议规定》第 28 条与第 29 条的区别与选择

《执行异议复议规定》第 28 条属于普适性条款，对所有类型的被执行人均可适用；第 29 条是专门针对被执行人为房地产开发销售企业而规定的特别条款，二者是一般规定与特别规定的关系，并非相互排斥，商品房消费者可以选择适用《执行异议复议规定》第 28 条或第 29 条对抗人民法院对案涉房屋的执行。但当房屋上设定有抵押权的情况下，只有符合第 29 条情形，商品房消费者才能据此对抗强制执行。

具体而言，《执行异议复议规定》第 28 条是对无过错不动产买受人物权期待权保护条件的规定，适用条件之一要求买受人在买受过程中无过错。显而易见，买受人在购买房屋前未尽到查阅不动产登记簿这一注意义务，不符合无过错的认定要件，无法对抗登记公示的抵押优先受偿权。

《执行异议复议规定》第 29 条中对商品房消费者物权期待权进行了规定。对该权利的保护，也称为“弱者保护”，是指在执行程序中，基于对消费者生存权这一根本价值的维护，赋予消费者对买受房屋的物权期待权以排除执行的效力，是法律对消费者最基本的生存权设置的例外保护机制。故第 29 条采取的是更为严格的消费者保护标准，既不要求主观上无过错，也不要求交付全部价款，更不要求占有房屋。因此，第 29 条作为抵押优先、公示公信等原则的例外，能够对抗在先登记抵押权。

结合 2020 年建工解释第 36 条、最高人民法院《关于商品房消费者权利保护问题的批复》第 1 条、第 2 条和《执行异议复议规定》第 27 条的规定可知，当抵押登记在

先，房屋买卖在后，执行案件中的权利保护顺位为：商品房消费者生存权 > 在建工程价款优先受偿权 > 抵押权人优先受偿权 > 善意买受人物权期待权 > 普通债权。从该法理逻辑上看，房屋买受人若要排除在先抵押权人的强制执行，就必须符合《执行异议复议规定》第 29 条规定的情形。

因此，基于商品房消费者物权期待权强大的排他性，法官在审查具体案件时需严格把握，防止因消费者保护权的滥用，动摇抵押权优先的基本原则。

三、观念锚定：《执行异议复议规定》第 29 条以“弱者保护”为核心价值

《执行异议复议规定》第 29 条对商品房消费者物权期待权的构成设置三项要件，但该三项要件在实践中仍存在较大主观认定空间，需谨慎审查。

（一）在人民法院查封之前已签订合法有效的书面买卖合同

商品房买卖合同的合法、有效是首要条件，也是民事法律关系能够产生的基础。对于合同成立日期，不应以合同备案时间为标准，而应当以双方书面达成买卖合意之日作为适用标准。

本案中，黎某某与银阳房开于 2014 年 4 月 11 日签订《商品房买卖合同》，案涉房屋于 2014 年 12 月 8 日被法院查封，商品房备案之日为 2015 年 1 月 6 日。因此应当认定在案涉房屋被查封之前，双方签订了合法有效的《商品房买卖合同》。

（二）所购商品房系用于居住且买受人名下无其他用于居住的房屋

该项是执行、审判实践中的审查难点，其适用标准也是《执行异议复议规定》第 29 条“弱者保护”的核心价值体现。该项要件的判断准星在于商品房买受人是否符合“弱者保护”中的“弱者”身份。其法理在于，在目前房价居高不下的情况下，许多消费者穷其一生的收入和积蓄购买居住之所，其购房的利益属于生存利益，是最基本的人权。故当且仅当强制执行房屋将剥夺消费者的生存权、将导致无房可栖的“弱者”情形下，法律才将消费者的生存权提位至优先于具有公示公信力的抵押权。

1. 该条文限定于“商品房”。其一，消费者是相对于经营者而言，只有从经营者接受商品的人才能称为消费者，而二手房交易的买受人显然不能成为消费者。二手房买卖双方为相对平等的民事主体，并不存在倾斜保护的必要性与迫切性。其二，消费者保护的标准，既不要求主观上无过错，也不要求交付全部价款，更不要求占有房屋，总体上比较宽泛。如果放宽到所有的房屋，将造成对消费者保护的泛滥。对于房地产经营者开发的商品房销售而言，由于有比一般民事主体相对严格的监管制度，一般都签订有规范的商品房销售合同，绝大部分还要办理销售合同备案、网签或者预登记

手续,易于判断。

2. 商品房需用于居住。实践中,部分买受人购买的房屋位于商业中心,房屋性质属于商住两用房,甚至有纯粹的经营用房。买受人从事生产经营活动的场所和其居住的场所可能为同一场所,甚至一开始就是出于经营加居住的目的购买了商品房。对此,"商品房用于居住"这一条件,应当从实质层面进行认定,不以房屋的登记属性作为认定买受人的房屋用途是否属于居住的标准。部分案件中,虽然买受人在该房屋中从事经营行为,但若其名下无其他可供居住的不动产时,仍应视其为"商品房消费者"。

3. 买受人名下无其他用于居住的房屋。对于该构成要件的审查,按照文义解释的方法,只用考虑买受人名下是否存在其他住房。但实践中的情形通常较为复杂。

买受人已有的房屋无法满足其居住需求的,不能保障其生存权。实践中,往往存在相关房屋并未登记在买受人名下,但可能发生该房屋仍由其居住的情况,即该房屋为其配偶、父母、子女所有。对于该条文的适用,应当作扩大解释,才能更符合社会生活体验和保护生存权益的立法宗旨。何为"无其他用于居住的房屋",需要从实体正义的个案角度来判断。依据最高人民法院裁判观点,对现有住房不能仅以套数计算。如果原来的住房不能解决目前的居住压力,需要重新购置房屋以改善生活需求,那么仍然是符合生存权利的恰当领域。或者虽有住房,但居住面积过小,不能满足其基本居住需要的,亦可视为其名下没有其他用于居住的房屋。

以此为审查原则,对于购买房屋的目的、房屋的面积及性质、家庭成员名下是否有其他房屋、房屋为商住两用型房屋或纯经营性房屋、名下有其他预售登记房屋等实践中常见疑难情形的审查困境,则能迎刃而解。

本案中,虽在执行异议之诉审查时,黎某某名下仅有案涉房屋,但在案涉房屋被查封之时,黎某某名下登记有其他别墅类型房屋。其在纠纷发生过程中将其他房屋转移登记的行为,难以排除其为了本案诉讼而人为故意形成名下仅有案涉房屋事实的合理怀疑。同时,案涉房屋为别墅,面积为 357.67 平方米,已经超出基本居住需要的合理范畴。对于普通商品房消费者而言,常见商品房套内面积一般约为 100 平方米,在发达城市,为了生存而购置房产的面积更低。本案中,黎某某在通常意义上来看并不属于弱者的范畴,对该房屋的强制执行,并不必然导致其失去基本的生存权。本案因此认定黎某某不符合《执行异议复议规定》第 29 条第 2 项的情形,驳回了黎某某的诉讼请求。

(三)已支付的价款超过合同约定总价款的 50%

实践中,具体的付款比率通常并非争议焦点,难以认定的在于是否确已付款。为了防止案外人与被执行人勾结从而逃避执行，法院一般对案外人主张的已经支付的价款，采用更为严格的判定标准。仅凭商品房消费者提交的银行转账凭证、发票等原始凭证，或主张以现金付款的，即使被执行人表示同意，亦无法达到高度盖然性的证明标准，法院将会根据资金来源、交易习惯等其他因素进行判断。此外，对于涉及大额资金的商品房买卖，双方多半约定了贷款或分期付款方式。尽管买受人并未支付 50% 的款项，但如果在规定期限内支付剩余购房款，会在一定程度上纾解执行压力，当然也就没有理由拒绝保护商品房买受人的权益。最高人民法院《关于商品房消费者权利保护问题的批复》第 2 条对该问题予以明确，允许只支付部分价款的消费者，在一审法庭辩论终结前实际支付剩余价款的，可以对抗建设工程价款优先受偿权与抵押权。该条规定并未强调 50%，是对《执行异议复议规定》第 29 条适用情形的拓展，给予各方案件参与人更大的选择空间，以更好地维护各方当事人的合法权益。

朱某花案外人执行异议案

——比例原则在唯一住房拍卖中的规范化适用构建

邓　媛*

【执行要旨】

1. 拍卖被执行人名下唯一住房时，应当根据比例原则，依次审查拍卖的适当性、必要性及衡量性。若有其一不符合，则不宜对被执行人名下唯一住房予以拍卖。

2. 适当性要求执行措施的选取必须达到满足执行标的到位之目的；必要性要求所选择的执行措施必须对债务人造成的侵害最小；衡量性要求执行措施不但满足适当性和必要性原则，而且要求所采取的执行措施给公民造成的权利损害与所欲达成的目的之间均衡。

［执行：(2022)桂0204执异37号，合议庭成员：潘秋宇、邓媛、覃诗亮；复议：(2022)桂02执复60号，合议庭成员：段建军、黄敏、谢建华］

【基本案情】

2013年4月10日，案外人朱某花与被执行人覃某共同以办理银行按揭方式购买位于柳州市柳江区拉堡镇农市街某小区9幢1单元×××室房屋一套，房屋面积98.23平方米，总购买金额为489081元，购买时首付为总价款的30.07%，总房款的69.93%即342000元办理银行按揭贷

* 邓媛，柳州市柳南区人民法院执行局副局长。

款。该房屋为案外人朱某花与被执行人覃某的唯一不动产。案外人朱某花与被执行人覃某育有3名子女,其中2名未成年子女就近就读于附近学校。

2021年12月29日,广西壮族自治区柳州市柳南区人民法院以销售伪劣产品罪,判处覃某有期徒刑1年,并处罚金6万元。因覃某未能支付罚金,柳南区人民法院刑事审判庭移送强制执行。法院在执行被执行人覃某罚金一案中,裁定查封涉案×××室房屋,并作出(2022)桂0204执445号执行裁定书,裁定对涉案×××室房屋进行拍卖。

案外人朱某花对柳南区人民法院查封、拍卖裁定不服,向柳南区人民法院提出执行异议,主张:涉案房屋是其与覃某共有,房屋设有较高金额抵押,且为其夫妻二人与3名未成年子女的家庭唯一住房,子女就近就读,拍卖房屋对其家庭成员生存及子女就读影响巨大,要求解除对涉案×××室房屋的查封及停止拍卖。

【裁判结果】

广西壮族自治区柳州市柳南区人民法院于2022年7月8日作出(2022)桂0204执异37号执行裁定书,裁定:驳回案外人朱某花的异议请求。

广西壮族自治区柳州市中级人民法院于2022年9月13日作出(2022)桂02执复60号执行裁定书,裁定:中止(2022)桂0204执445号执行裁定对柳州市柳江区拉堡镇农市街某小区9幢1单元×××室房产的拍卖。

【裁判理由】

法院生效裁判认为:根据最高人民法院《关于人民法院民事执行中查封、扣押、冻结财产的规定》(以下简称《查扣冻规定》)第4条的规定:"对被执行人及其扶养家属生活所必需的居住房屋,人民法院可以查封,但不得拍卖、变卖或者抵债。"

关于拍卖的适当性,拍卖涉案房屋并不能达成执行目的。鉴于该涉案房屋系复议申请人生活必需的唯一住所、房屋面积小、实际出资价值低和银行按揭等实际,如拍卖处置,支付银行按揭和复议申请人50%的相应份额后,再作出保障被执行人及所扶养家属维持生活的安置方案,所剩无几,可能无法执行完毕6万元的罚金。

关于拍卖的必要性,拍卖涉案房屋并非对被执行人造成最小侵害的方式。现被执行人覃某已刑满释放,可中止拍卖行为,由被执行人提供执行担保或做出其他履行方案。

关于拍卖的衡量性,拍卖涉案房屋造成的损害与执行目的之间不成比例。复议申请人主张涉案房屋是其与被执行人在婚姻存续期间购买的，属于夫妻二人平均共有的唯一生活住房，二人无其他房产，涉案房屋日常居住人为被执行人、申请人及其3名未成年子女，其中2名未成年子女就近就读于附近学校，是一家5口人生活必需的唯一住所。涉案房屋套内面积为98.23平方米，总房款的69.93%需银行按揭，涉案房屋是保障复议申请人和被执行人及其共同扶养家属最低生活标准所必需的居住房屋和普通生活必需品，拍卖涉案房屋将损害复议申请人及家人的基本权利。

综上所述，复议申请人对执行标的涉案房屋解除查封、拍卖的理由部分成立。法院对复议申请人主张涉案房屋为其和被执行人及所扶养家属生活所必需的居住房屋中止拍卖的主张予以支持。

【案例注解】

《民事强制执行法(草案)》第5条规定，“民事强制执行应当公平、合理、适当，兼顾各方当事人和利害关系人的合法权益，不得超过实现执行目的所需的必要限度”，该规定普遍被认为系将比例原则作为执行基本原则的顶层确定。[1] 执行实践中，各层级以及各地执行规范中均将比例原则作为执行基本原则之一。

然而，该原则在执行实践中的贯彻实施面临诸多困难，目前比例原则仅有高度概括性的抽象规范，没有统一明确的适用标准，适用路径不清，致使各法院做法、尺度不一，争议较多。本案作为适用比例原则对被执行人名下唯一住房中止拍卖的典型案例，运用比例原则内涵对中止拍卖决定进行了充分论证与回应，为规范适用比例原则提供了一个重要分析样本。结合相关理论与实践经验，笔者从本案例出发，探索比例原则在拍卖被执行人唯一住房场景中的规范化适用模式构建，期望以此为视角对比例原则在具体执行行为规范化建设中有所裨益。

一、比例原则在唯一住房拍卖中的适用现状

根据最高人民法院《关于人民法院办理执行异议和复议案件若干问题的规定》(以下简称《执行异议复议规定》)第20条之规定，金钱债权执行中，符合特定情形的，被执行人以执行标的系其本人及所复议家属维持生活必需的居住房屋为由提出异议的，人民法院不予支持。其中第3种情形为“申请执行人按照当地廉租住房保障面积标准为被执行人及所抚养家属提供居住房屋，或者同意参照当地房屋租赁市场

---

[1] 参见蒋红珍：《比例原则适用的范式转型》，载《中国社会科学》2021年第4期。

平均租金标准从该房屋的变价款中扣除五至八年租金的”。

该条规定为拍卖被执行人唯一住房提供了明确具体的操作指引，彻底打破了“不执行被执行人唯一住房”的实践禁锢，但同时亦使执行法院常以此为依据，对案外人以唯一住房为由的异议申请一概驳回，使执行“从一极端走向另一极端”。本案中，执行法院在(2022)桂0204 执异 37 号执行裁定书中亦依据该条规定，认为在保障被执行人及所扶养家属维持生活制订相应安置方案后，即可对涉案房屋采取执行措施。

由此，笔者于中国裁判文书网中以“比例原则”“房屋拍卖”对执行裁定书进行检索，共得到 737 份执行裁定书，抽选其中 300 份执行裁定书观察所得如图 1、图 2 所示。

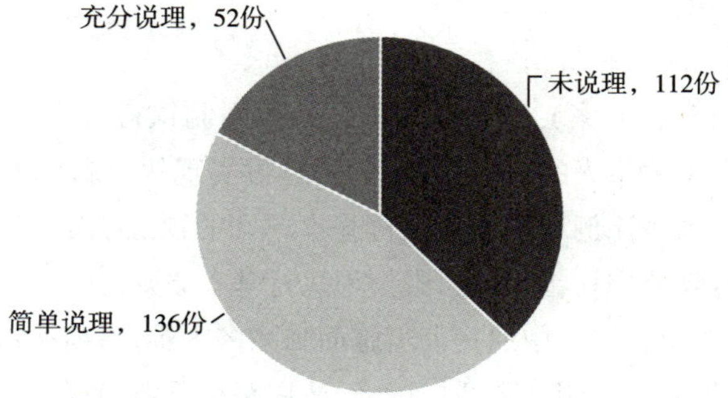

图 1 是否以比例原则对裁定结论回应说理

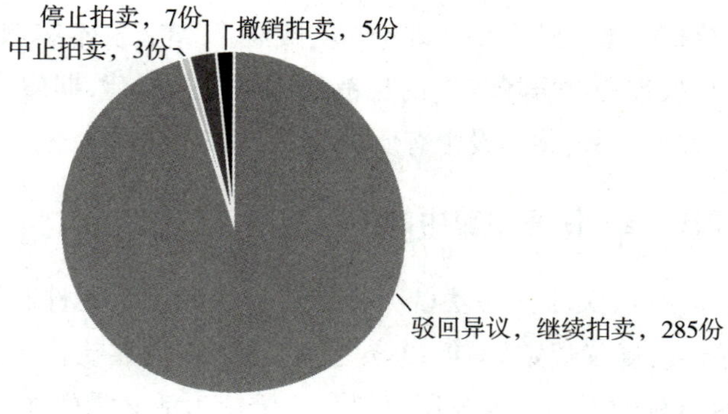

图 2 房屋拍卖的裁定结果

从图 1、图 2 中可知，虽被执行人在拍卖异议中明确以比例原则提出主张，但裁定结论压倒性倾向于继续拍卖，且大部分裁定未对比例原则进行回应说理。笔者以一则民间借贷纠纷执行复议案件为例(见表 1)。同时，类似本案例，实践中大量存在未明确提出“比例原则”字样,但实质依据比例原则提出异议或运用比例原则分析说理的案件,亦存在上述实践困境。

表 1　民间借贷纠纷执行复议案件分析

案号:(2020)粤 06 执复 333			
基本案情	执行异议请求	执行裁定说理	执行复议说理
招某诉刘某、吴某民间借贷纠纷一案,民事判决判令,刘某、吴某向招某清偿借款本金 10.5 万元及利息。招某申请执行。涉案房产登记为刘某、吴某共同共有。执行过程中,法院裁定拍卖涉案房产	拍卖房屋不符合比例原则。(1)涉案房产的市场估价达 220 万元,本案执行拍卖额仅有 147 万余元,轻率拍卖必将导致财产价值的重大贬损;(2)本案执行标的仅 11 万余元,该金额占比拍卖物市场价值太小;(3)涉案房产为复议申请人唯一住房,且有两个年幼的孩子挂靠户口,并将在附近公办学校读书,如被拍卖会导致两个孩子失去公办学校免费义务教育学位,严重影响未成年人成长;(4)复议申请人与申请执行人一直有联系,并可做出协议分期偿还债务这一具有法律效力的书面承诺	被执行人未按执行通知履行法律文书确定的义务,人民法院有权根据不同情形变价被执行人的财产。吴某以所谓“执法比例原则”为由主张排除执行其财产没有法律依据,与上述法律规定相悖,法院不予采纳。 即使涉案房产如吴某所述为吴某及其所扶养家属唯一住房,在保障其维持最低生活标准所必需的居住房屋后,法院仍应予以执行。以涉案房产为其唯一住房主张终止执行的异议理由不充分、不合法	涉案房产为刘某、吴某共同财产,由于二人没有履行法律文书所确定的义务,对其采取执行措施符合法律规定。 关于复议申请人及其所扶养家属的居住及生活所必需,执行法院所作安排并无不当。故对吴某的复议请求不予支持。 至于吴某的第三点、第四点复议请求理由,并非本案审查的内容,法院不予审查

上述案例中,对被执行人提出的同住未成年受教育安宁、可替代履行方式等比例原则相关内容主张,执行法院以“比例原则不能排除强制执行”、复议法院以“复议请求理由并非本案审查内容”为由,未对被执行人提出的比例原则主张作实质回应。

二、规范适用比例原则在唯一住房拍卖中的价值阐释

规范适用比例原则并非仅系功能主义视域下的强制执行的法律依据,其本身具有充分的理论支撑与诸多现实裨益。

(一)法理支撑:多元权益冲突下价值选择的公权约束

在强制执行中,冲突的权利之间往往为“零和关系”,无法通过私权意思自治予

以调和,执行法官不得不进行非此即彼的选择。在是否拍卖被执行人唯一住房的场景中,是或否的选择均必然导致其中一方主体利益的丧失。予以拍卖可能导致被执行人的生存权、居住权等基本人格权利遭受挑战;不予拍卖可能导致申请执行人的胜诉权益落为空文。相较于其他领域的权利冲突,被执行人唯一住房拍卖中权利冲突更加尖锐。此时,需要执行公权对冲突双方进行利益衡量。

利益衡量,也称法益衡量,是指在法律所确认的利益之间发生冲突时,由法官依照一定规则或原则,对冲突的利益确定其轻重而进行的权衡与取舍活动。[1] 此时,执行法官的自由裁量权得以凸显。因自由裁量结果直接限制一方公民权利,可能损害公民利益,应当对该类依公权行使的自由裁量权予以约束。比例原则的逻辑起点是人权保障,本质是对限制公民权利的国家权力的限制,有学者将其简称为"权利限制的限制"[2]。因此,将执行程序中对价值选择的自由裁量公权,关进比例原则的"笼子",是在拍卖被执行人唯一住房自由裁量执行行为中适用比例原则的法理基础。

(二)正当基础:当事人基本权利的必要保障

民事执行机构并非完全是债权人行使权利的"代理机构",强制执行并非以实现申请执行人一方权益为唯一目标,对被执行人基本人权,如被执行人生存权、生活安宁权、人身权以及人格尊严等基本权利,同样应当予以重视且不能无限让渡。拍卖被执行人唯一住房场景中,被执行人及其家属等案外人的基本权利应当得到充分重视及保障。

在执行程序中,作为代表国家公权力行使的法院往往站在债权人一方,运用国家强制力强制债务人履行其义务。部分法官将加大执行力度片面理解为加大执行措施适用的力度,过度追求通过"唯拍以执""以拘代执"的形式强制被执行人履行债务,可能构成对被执行人基本权利的侵犯。在债务人限缩和让渡自身权利的强制执行过程中,若不以比例原则作为执行底线,极易导致权力行使的恣意性,突破具有单项强制性的强制执行权的合理行使边界,直击被执行人的基本权利。因此,发挥比例原则在具体适用场景中的基本价值功能,以此为基础厘清执行程序中被执行人的基本权利保障边界,是比例原则规范适用的正当基础。

(三)功能价值:实现个案正义与高效执行的统一

法律原则是用来证立、整合及说明众多具体规则的普遍性规范。作为抽象的评

---

[1] 参见胡玉鸿:《关于"利益衡量"的几个法理问题》,载《现代法学》2001 年第 4 期。

[2] 参见刘权、应亮亮:《比例原则适用的跨学科审视与反思》,载《财经法学》2017 年第 5 期;赵宏:《限制的限制:德国基本权利限制模式的内在机理》,载《法学家》2011 年第 2 期。

价标准，法律原则未规定具体的行为构成要件，仅以高度的灵活性与不确定性来表明特定的价值理念。虽存在一定适用模糊性难题，却能够扩展执行程序中价值衡平、基础价值保护的适用范围。这一特性有助于回应当前拍卖唯一住房执行程序中内容繁多且变动不居的权利诉求，与强制执行规则互为补充：执行规则能够清晰、准确地提供实施操作程式，但其效力范围相对有限且难以涵盖现实全部冲突类型；而相对模糊的比例原则，却可以将执行程序中许多难以列举的具体情形涵盖进来。通过规范适用比例原则，对机械适用执行规则予以纠偏，从而实现个案正义这一终极目标。

同时，执行效率原则要求在执行程序中及时、快速地将被执行人的责任财产予以变现清偿，尽可能缩减执行决定所耗时长。被执行人名下唯一住房涉及多方权益主体，利益主体需求复杂且强烈。秉持效率原则即应当尽可能使比例原则依照一定的规范化模式予以适用，以使程序趋于稳定，让权利归于确定，从而凸显执行效率，实现公正与效率的统一。

（四）现实必要：回应型司法与规范化执行的需求

“努力让人民群众在每一个司法案件中感受到公平正义”的回应型司法理念，亦应当在执行程序中予以彰显。强制执行作为司法程序的最后一环，是对当事人权益的直接处置，更应当秉持透明、公开的执法原则，对当事人的需求予以充分回应。对拍卖被执行人名下唯一住房的决定是否规范、说理是否充分，影响当事人对执行决定的接纳程度，进一步影响执行的法律效果与社会效果。在执行实践中，拍卖被执行人唯一住房的执行裁定中存在适用法律机械、缺乏回应说理、忽视价值位阶判断等困境，导致当事人因不理解执行决定而产生激烈对抗或执行信访。因此，通过规范适用比例原则，对是否拍卖被执行人唯一住房决定的综合考量因素、价值选择过程予以充分展示，充分彰显法院执行中的善意文明、衡平保护、基本权益保障等价值取向，对申请人与被执行人均充分回应，以回应促规范，是新时代法院执行工作的现实必要。

三、比例原则在唯一住房拍卖中的规范化适用构建

在执行过程中，从债权人和债务人之间利益衡量的视角出发，在保障债权人的权利充分、迅速地得到实现的基础上把债务人的痛苦降到最低点应当是强制执行的终极目标所在。[1] 比例原则之内涵具体包含适当性原则、必要性原则以及衡量性原则，即狭义比例原则三个子原则。三个子原则层层递进、环环相扣。

---

〔1〕 参见赵秀举：《论现代社会的民事执行危机》，载《中外法学》2010 年第 4 期。

总体而言,应当遵循“适当性原则—必要性原则—衡量性原则”的审查顺序,如具体执行行为已然不满足适当性原则,则无须对必要性原则与衡量性原则予以审查,可对该执行行为不符合比例原则作出论断。以此延续,可知具体执行行为中若三个子原则有其一无法满足,即不符合比例原则,构成执行裁量权的滥用。同时,比例原则作为法律原则,亦应当遵循穷尽法律规则,方得适用法律原则的基本规律(见图 3)。

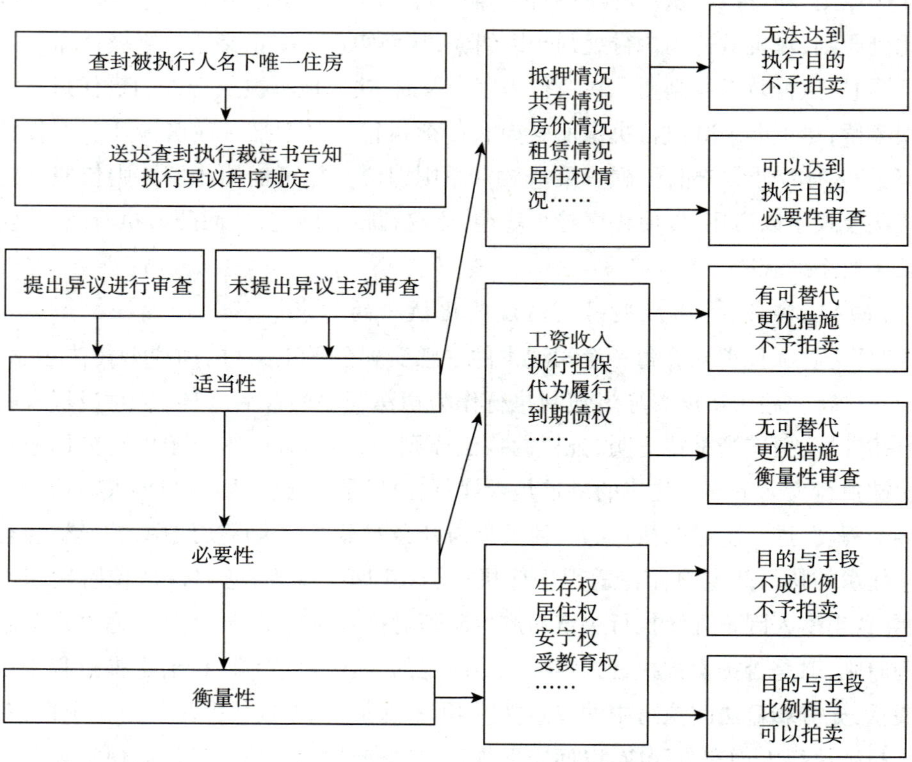

图 3　比例原则法律适用基本规律

(一)第一步:适当性原则

适当性原则要求执行措施的选取必须达到满足执行标的到位之目的,是适用比例原则对具体执行措施审查的第一步。该项子原则属于目的导向范畴,只要手段能够满足目的之需要,便可满足适当性的要求。[1] 从目的与手段的关系来看,适当性

〔1〕　参见梅扬:《比例原则的适用范围与限度》,载《法学研究》2020 年第 2 期。

原则从本质上要求在执行程序中为解决权益冲突而采取的手段必须或者有助于目的的达成。

从执行角度而言，本案为罚金类执行案件，能够对被执行人财产包括变现不动产在内予以处置从而足额缴纳罚金，是具体执行措施的行为目的。从刑罚角度而言，罚金刑作为一种财产刑，主要目的是剥夺犯罪行为人一定数额的金钱，以达到惩罚、威慑、补偿、预防犯罪的作用，是罚金类执行的根本目的。

本案中，涉案房屋面积为98.23平方米，参照同地段小区房屋一般市场价格，涉案房屋仅价值45万元左右，扣除案外人朱某花所共有的50%份额以及银行抵押贷款后，所剩无几。在近年来房地产市场持续低迷的背景下，二手房价格偏低，法拍房屋常见以70%评估价二拍交易甚至以更低价格变卖处置的情形。如对涉案房屋拍卖处置，极大可能无法留有剩余价值予以支付罚金。同时，覃某作为刑满释放人员，给予其一定程度的司法宽容，帮助其顺利回归社会是激发其生活积极性的应有之义，也是有效预防再次犯罪、维护社会稳定的必要手段。强制执行其名下唯一住房并不利于以上目的的实现，不符合适当性原则。

（二）第二步：必要性原则

必要性原则要求所选择的执行措施必须对债务人造成的侵害最小，也即最小手段原则，属于后果审视的范畴，是适用比例原则对具体执行措施审查的第二步。适用必要性原则，要求具体执行决定应当从经济性、时间性、法律预见可能性与明确性程度的高低，以及与结果无关的副作用等诸方面综合考虑，选择其他替代执行措施，在提升执行效率、满足执行目的过程中将对被执行人基本权利的限制或者侵害降到最低。如对被执行人所有的动产、银行存款等财产的强制执行应当优先于被执行人所有的不动产以及其他财产。

本案中，被执行人覃某于2022年6月29日刑满释放，其具有通过劳动获取收益的能力。覃某在执行异议程序中，亦承诺以劳动收入分期缴纳罚金。6万元并不属于合理期限内不可能创造之巨大款项。因此，可通过由被执行人或案外人提供执行担保，抑或同意分期履行并跟进分期履行情况等其他履行方案予以执行，在案件执行中即刻对被执行人名下唯一住房予以拍卖并不具备必要性。

（三）第三步：衡量性原则

衡量性原则即狭义比例原则，要求执行措施不仅满足适当性和必要性原则，而且要求所采取的执行措施给公民造成的权利损害与所欲达成的目的之间均衡，是适用比例原则对具体执行措施审查的第三步。本质在于手段与目的的“合比例性”，其要求手段与由其实现的目的之间必须合理、适度、成比例，不能因小失大，得不偿失，即要多手段的成本和目的实现的收益之间进行对比。[1]

本案中，拍卖涉案房屋的目的为缴纳6万元罚金，金额与房屋总价值相比相对较小，但拍卖涉案房屋将严重危及覃某及其家人的生存权、安宁权及受教育权。涉案房屋为案外人朱某花与被执行人覃某及其3名子女的唯一住房，面积仅为98.23平方米，人均面积未超过当地人均住房面积的60%，且其中2名未成年子女就近就读附近学校。如拍卖涉案房屋，将直接累及其5人的居住生存、安宁及未成年人的学习教育。同时，覃某作为经济犯中的从犯，主观恶性并不大，刑事判决根据罪罚相当原则，并未苛以重罚。如因罚金执行致使其家庭陷入基本权利受损的泥沼，明显偏离应受刑罚之程度。因此，拍卖涉案房屋以支付罚金的目的，与拍卖行为给覃某及其家人造成的权利损害之间不成比例。

四、结语

"有恒产者有恒心"，住房不仅具备财产属性，更是我国民众为拥有一个"家"而奋斗的根本。涉及对被执行人名下唯一住房进行拍卖，应当更加谨慎、谦抑地对各方权益以比例原则为总体框架予以审查，找准双方利益平衡点。通过规范适用比例原则，公正保障各方当事人合法权益，是能动司法中关于"发挥司法能动"与"规范自由裁量"二者辩证统一关系的具体体现。

---

[1] 参见纪海龙：《比例原则在私法中的普适性及其例证》，载《政法论坛》2016年第3期。

吕某某与肖某民间借贷纠纷执行异议案

——涉租赁房屋拍卖的救济路径选择与处置规范构建

邓　媛　邓承峰　潘秋宇*

【执行要旨】

1. 申请执行人对认定“带租拍卖”执行行为合法的执行异议裁定不服的，应当允许其提起执行异议之诉。

2. 执行程序中对租赁是否成立应当以“存疑即涤除”为标准进行形式审查，如对租赁关系成立存在合理怀疑，应当作出涤除租赁拍卖裁定。

［(2022)桂02执监3号，合议庭成员：黄敏、韦飞宇、谢建华］

【基本案情】

申请执行人吕某某提出异议称：对执行法院裁定带租拍卖位于柳州市桂中大道98号碧桂园A栋×××号不动产不服，请求执行法院对该不动产涤除租赁拍卖。

被执行人肖某未提出答辩意见。

法院经审理查明：肖某系柳州市桂中大道98号碧桂园A栋×××号房屋的所有权人。2019年10月22日，吕某某、张某某登记为上述案涉房屋的抵押权利人。吕某某于2021年1月12日向法院起诉肖某民间借贷纠纷，法院经审理判决肖某向吕某某偿还借款本金400000元并

---

* 邓媛，柳州市柳南区人民法院执行局副局长。邓承峰，柳州市柳南区人民法院执行局法官助理。潘秋宇，柳州市柳南区人民法院执行局员额法官。

支付利息。上述民事判决书生效后，肖某未履行生效法律文书义务，吕某某向执行法院申请强制执行。执行过程中，在对拟拍卖的案涉房屋进行先期财产状况调查时，案外人李某某向法院申报租赁权，并提供了一份落款日期为2019年1月10日的《房屋出租协议》，合同约定肖某将案涉房屋出租给李某某，租赁期限自2019年1月10日起至2034年1月9日止，租金为13500元每季度。2021年2月23日，双方就上述《房屋出租协议》在柳州市房产交易所进行了房屋租赁合同登记备案。后执行法院作出执行裁定：以"带租拍卖"形式拍卖被执行人肖某名下案涉房屋一套。吕某某对上述"带租拍卖"裁定不服，向法院提出执行异议，请求对案涉房屋涤除租赁拍卖。

【裁判结果】

柳州市柳南区人民法院于2022年3月24日作出（2022）桂0204执异16号执行裁定：驳回异议人（申请执行人）吕某某的异议请求。如不服本裁定，可以自本裁定书送达之日起10日内，向柳州市中级人民法院申请复议。

柳州市中级人民法院于2022年11月11日作出（2022）桂02执监3号执行裁定：（1）撤销广西壮族自治区柳州市柳南区人民法院（2022）桂0204执异16号执行裁定；（2）本案由广西壮族自治区柳州市柳南区人民法院重新审查处理。

【裁判理由】

法院生效裁判认为：申请执行人吕某某对法院执行拍卖的案涉房屋上附带租赁权提出异议，是对执行标的提出的异议；涉及主张租赁权的案外人与被执行人之间是否存在真实有效的租赁合同、案外人主张的租赁权能否对抗申请执行人的债权等实体权利义务争议，应将主张租赁权的案外人追加为异议案主体；并适用《民事诉讼法》第234条规定，告知案外人、当事人，对异议裁定不服的，可以提起诉讼。柳南区人民法院未将案外人列为本案主体；且适用《民事诉讼法》第232条规定，告知当事人不服异议裁定可申请复议，遗漏案件主体且适用程序有误。

【案例注解】

民事强制执行程序中，对涉租赁不动产拍卖是否涤除租赁权，将直接影响申请执行人债权能否实际兑现，以及房屋承租人租赁权能否保障，一直是强制执行中的难点。在被执行人为大型菜市、商场所有人的系列案件中，承租人群体容易与申请执行人、不动产买受人等产生对抗性极强的矛盾冲突，影响社会经济秩序稳定。

最高人民法院《关于人民法院办理执行异议和复议案件若干问题的规定》第31条规定了案外人主张不动产租赁权异议的审查标准,并给予案外人不服执行异议裁定可提出执行异议之诉的救济程序。但对于执行程序中径直作出“带租拍卖”的执行裁定,且申请执行人对“带租拍卖”的执行裁定不服提起执行异议之后,执行异议程序中给予申请执行人的救济程序选择,法律却没有明确规定。这就导致各地对该问题的处置做法不一、尺度各异,致使程序空转,损害当事人合法权益。

本案从各方当事人利益需求和争议实质出发,提出对认定带租拍卖执行行为合法的执行异议裁定不服,应当允许申请执行人提起执行异议之诉的路径,为保证执行异议程序的价值实现提供一种可行思路。

一、实证观察:制度规范与司法实践

从制度规范方面来看,对申请执行人不服维持“带租拍卖”执行裁定的异议裁定的救济途径选择存在差异。部分法院认为应当区分申请执行人与案外承租人,申请执行人对“带租拍卖”异议裁定不服的,应当申请复议;案外承租人对“去租拍卖”裁定不服的,应当提起执行异议之诉。部分法院认为无论申请人还是案外承租人,均应当提起异议之诉(见表1)。

表1　地方司法文件内容示例

地区	文件名称	条文内容	对申请执行人不服异议裁定的救济路径
江苏省高级人民法院	《关于执行不动产时承租人主张租赁权的若干问题解答》	四、在法院带租、除去租赁关系拍卖两种情形下,申请执行人、承租人如何救济? 答:带租拍卖时,申请执行人提出应当除去租赁关系,对带租拍卖提出异议,法院依据《民事诉讼法》第二百二十五条规定处理。除去租赁关系拍卖时,承租人提出应当带租拍卖,对除去租赁关系拍卖提出异议,法院依据《民事诉讼法》第二百二十七条规定处理。	申请复议
浙江省高级人民法院	《关于执行非住宅房屋时案外人主张租赁权的若干问题解答》	五、对问题一所述情况,程序上应如何处理?当事人和案外人如何救济?	提起执行异议之诉

续表

地区	文件名称	条文内容	对申请执行人不服异议裁定的救济路径
		答:执行实施人员根据本解答第十条的规定进行现场查封时已经发现有案外人依据租赁合同占有案涉房屋的,在处置前应告知申请执行人拟带租拍卖。申请执行人提出异议的,移送执行审查机构参照《民事诉讼法》第二百二十七条的规定进行处理。 根据本解答第十条的规定发布拍卖预告后,有其他案外人主张租赁权的,执行实施人员应向其告知虚构租赁关系对抗执行的法律后果。如案外人坚持其主张的,告知其提交异议书和相应证据材料,并移交执行审查机构依照《民事诉讼法》第二百二十七条的规定进行审查处理。申请执行人或案外人对执行审查机构作出的裁定不服的,可依法提起执行异议之诉。	

从司法实践方面来看,审判业务部门与执行实施部门的观点不一。执行异议审查程序中,裁定申请执行人的救济途径为提起执行异议之诉,而在执行异议之诉中合议庭则认为不属于执行异议之诉的受理范围予以驳回。在执行异议审查程序中,给予申请执行人申请复议的救济程序后,执行监督程序合议庭则认为应当给予申请执行人提起诉讼程序救济。如图1所示,本案在收到执行监督裁定后,在重新作出执行异议裁定书时无可适从,如按照执行监督裁定所示给予申请执行人提起执行异议之诉的救济路径,则可能进入案件A[1]的程序空转当中。

可见,为避免“类案不同判”的产生,避免诉讼程序在执行与审判之间反复空转、申请执行人实体权益得不到有效救济,以及避免产生影响社会经济稳定的尖锐冲突事件,亟须对申请执行人不服“带租拍卖”异议裁定的救济途径问题予以明确。

〔1〕 (2021)桂0204执异60号执行异议,戴某某申请执行廖某某民间借贷纠纷案。

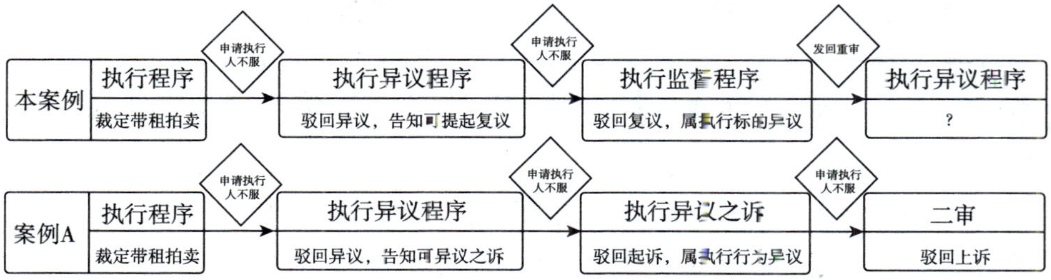

图1　不同救济路径选择导致程序空转

二、理论证成：应当允许申请执行人提起执行异议之诉

结合本案，笔者认为对认定带租拍卖执行行为合法的执行异议裁定不服，应当允许申请执行人提起执行异议之诉。

（一）异议之诉与复议双轨设定强调对实体权益的救济

“买卖不破租赁”使租赁权实现物权化，从而强化了债权效力，增减了其对抗在后发生的物权变动的效力。承租人的租赁权作为实体权利，应当受到法律关于保护民事主体合法权益、维护社会经济秩序和人民群众的生活秩序的保护。因此，虽执行拍卖中带租抑或涤除的选择从表面来看属于执行措施或行为，法院作出带租拍卖裁定而非中止执行，与最高人民法院《关于适用〈中华人民共和国民事诉讼法〉的解释》第304条关于申请执行人提起执行异议之诉的要件看似不相符合，但我国执行救济制度中对执行异议之诉与执行复议的双轨设定，其本意在于通过程序区分，对执行行为违法以复议的方式即坚持“效率优先，兼顾公平”原则作形式审查，对实体权利保护以异议之诉的方式即坚持“公平优先，兼顾效率”原则作实体审查。对带租拍卖异议裁定是否正确进行审查，虽申请执行人是以债权兑现的角度对裁定提出不服，但审查必然直接涉及承租人租赁权的认定与保护。因此，对于实体权益，理应通过执行异议之诉予以实体审查。

（二）允许申请人提出异议之诉凸显程序价值与诉权保障

允许申请执行人提起执行异议之诉能保障当事人程序权利。司法公正的实现，有赖于程序制度与理念的不断发展与完善。为实体正义提供有效的程序保障，是法治的应有之义。对于不服执行异议裁定的救济路径选择，是作为申请执行人开启救济的入口，承载着诉权保障、司法公正与效率价值。同时，对于租赁关系是否成立，实践中常常涉及笔迹形成时间鉴定、追加案外人等诉讼程序，以及证据证明力对比、事实认定自由心证及价值判断自由裁量等实体判断，而执行复议作为执行程序范畴，以效率原则为首要原则，15 日的审查期难以承载对实体法律关系认定的重任，故而仅以执行复议审查租赁关系成立与否难以为当事人提供有效的程序保障。

（三）允许申请人提出异议之诉意在平等保护涉诉当事人

案外承租人对维持去租拍卖异议不服的权利救济可通过异议之诉予以保障，对此在执行实践中已经基本达成共识。作为租赁关系实体审查的一体两面，无论审查带租拍卖还是去租拍卖，均是对租赁关系的真实性进行审查判断，应当以相当程度的救济程序开展实体审查。同时，执行实践中，房屋拍卖中常见租赁期限长、租金偏低等形式租赁，导致房屋难以拍卖成交，即使以物抵债后亦难以获取所有权收益，实际架空债权人的胜诉权益。仅对带租拍卖决定进行执行复议形式审查，难以满足胜诉债权人对司法程序兑现裁判文书的期待。因此，申请执行人亦应享有与案外承租人同等保护权利，允许申请执行人提起执行异议之诉符合平等保护原则。

（四）允许申请人提出异议之诉具备现实可行性

虽顶层设计中对该问题未作明确规定，但综观各地的相关规定，多为允许申请执行人提起执行异议之诉，各地司法实践对提起执行异议之诉进行了较多有益尝试，以异议之诉对当事人实体权益予以保护具备可行性。以本案为契机，执行部门与审判部门对申请人救济路径选择问题进行联席商谈，对后续同类案件，允许执行申请人通过执行异议之诉进入实体审查达成了一致意见。

本案中，申请执行人吕某某对“带租拍卖”异议裁定提出异议，是对执行标的提出的异议，争议焦点在于审查是否存在真实有效的租赁合同，应将主张租赁权的案外人追加为异议案主体才能查明。虽执行异议审查中，形式审查初步判断涉案房屋存在租赁权，但就实体审查的标准而言仍存在待证事实。租赁合同落款日期虽在抵押登记日之前，但是否存在倒签应当允许申请执行人提起相关司法鉴定；吕某某于 2021 年 1 月 12 日起诉肖某民间借贷纠纷，肖某与李某某随即于 2021 年 2 月 23 日将租赁合同在不动产登记部门备案，且合同约定 15 年租赁期内租金均不做任何递增，存在恶意加设租赁规避执行的可能。以上均需在实体审查中予以查实及认定。因此，柳州市中级人民法院认为柳南区人民法院作出的执行异议裁定中告知当事人不服异议裁定可申请复议，属于适用程序有误，作出撤销执行异议裁定，重新审查并适用《民事诉讼法》第 234 条规定，告知案外人、当事人，对异议裁定不服的，可以提起诉讼。

三、规范处置：执行实施形式审查标准及规范化处置模式

执行效率原则要求在执行程序中及时、快速地将被执行人的责任财产予以变现清偿，尽可能缩减执行决定所耗时长，故应当对执行实施审查标准予以明确，并构建涉租赁房屋拍卖的规范化处置模式。

结合本案，笔者认为应当以“存疑即涤除”为形式审查标准。其一，由于租赁合同没有登记制度，执行程序中如何识别租赁权的真实性存在难题，实践中常见被执行人和案外承租人恶意串通规避执行的问题。而带租拍卖对申请执行人权利兑现影响较大，故对此需持谨慎态度，以保障申请执行人权利兑现。其二，以“存疑即涤除”为标准进行形式审查，符合执行效率原则，能引导后续程序由承租人提起，利于后续异议之诉程序的对接，避免审判部门以申请执行人提起执行异议之诉不符合受理要件而驳回起诉的尴尬。其三，对租赁合同是否真实成立而言，承租人作为租赁合同当事人更具举证优势，而申请执行人往往难以举证证实租赁合同不成立。其四，作出涤除拍卖裁定后，承租人往往会提起执行异议之诉对租赁关系进行实体审查，故并不会剥夺承租人关于买卖不破租赁的租赁实体权益。

执行实务中，可从以下五个方面进行形式审查：(1)是否存在书面租赁合同；(2)租赁合同签订是否早于抵押、查封之前；(3)是否由承租人实际占有使用，如是否有物业费、水电费缴费票据等；(4)是否有实际的租金支付，如转账记录，其中对于以现金形式支付租金以及手写收据应当持谨慎态度；(5)租赁对价是否符合一般租赁市场的交易习惯，在未来时间所有权人能否获取收益，是否对申请执行人权利兑现有重大影响，如租金相较同地段租赁市场价格明显偏低、一次性支付长期租金、租金标准长期不变动等。如执行人员在审查涉租赁拍卖房产时，对以上任一事项存疑，即可作出涤除拍卖裁定。

综上，对于涉租赁房屋拍卖的规范化处置模式构建如图2所示，以期为涉租赁房屋拍卖执行及异议处理提供些许思路。

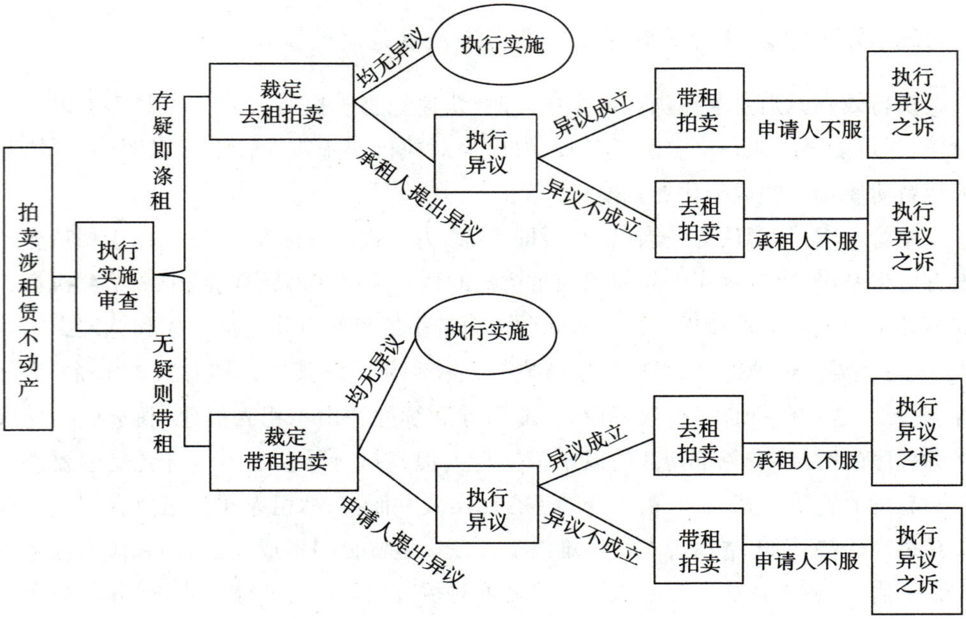

图 2　涉租赁房屋拍卖的规范化处置模式

调研报告

关于广西法院执行源头治理工作情况的调研报告

广西壮族自治区高级人民法院调研组*

习近平总书记深刻指出，“法治建设既要抓末端、治已病，更要抓前端、治未病”“要推动更多法治力量向引导和疏导端用力”“把非诉讼纠纷解决机制挺在前面，从源头上减少诉讼增量”。围绕深入开展学习贯彻习近平新时代中国特色社会主义思想主题教育，贯彻习近平总书记关于“抓前端、治未病”的司法理念精神，广西壮族自治区高级人民法院咨询委员会了解到，近年来全区法院执行案件量持续高位运行，囿于无财产可供执行案件退出机制尚未完善，执行案件总数从2018年的16.1万件上升至2022年的42.5万件（上升163个百分点），执行领域案多人少矛盾十分突出，加强执行源头治理、从源头上减少执行案件数量，已然成为我区法院当前迫切任务，也是推动执行工作良性循环亟待解决的重要问题。

一、全区法院开展执行源头治理的主要做法

2020年以来，自治区高级法院部署开展“尽可能一次性解决纠纷”

---

* 调研报告相关成员：广西壮族自治区高级人民法院咨询委员会主任梁梅，副主任林秋慧、周腾，秘书长何艳斌，相关委员刘广新、杨柳六、彭久玉、梁文华、张培健。高级法院审判委员会专职委员刘拥建，高级法院执行局综合处处长何厚伟，高级法院执行局综合处副处长钟瑛嫦，高级法院执行局二级法官助理游开军。

活动，以解决案结事未了、衍生案件多等问题为主，力争通过司法审判执行尽可能一次性解决当事人之间的纠纷，避免不必要的后续司法程序，避免“按下葫芦浮起瓢”的现象，增强人民群众对司法公正与效率的获得感。活动开展期间，多地法院重视对“尽可能一次性解决纠纷”理念在诉讼执行领域的延伸落实，结合执行源头治理的主题要求，围绕突出问题探求解法成效初显，2024 年以来部分法院执行收案总量增幅放缓，全区法院执行案件增幅 10% 以下的法院分别有南宁为 2.8%，河池为 3.61%，梧州为 6.57% 等，部分法院甚至出现负增长，如柳州市法院受理执行案件同比下降 7.36%。主要做法是：

其一，推进执行难综合治理，健全执行源头治理工作格局。近年来，自治区党委、人大高度重视解决执行难工作，自治区党委全面依法治区委员会出台《关于加强综合治理从源头切实解决执行难问题的实施意见》、自治区人大常委会出台《关于推进人民法院切实解决执行难问题的决议》，为切实解决执行难提供了强有力的制度保障。广西全面深化政法委书记、法院院长担任执行指挥中心“双指挥长”工作机制，加强对执行工作的组织领导。2023 年以来，自治区政法委组织召开 2023 年度广西执行指挥中心联席会议，审议通过《关于进一步完善广西执行联动机制的实施意见》，同意自治区高级法院印发广西平安建设（解决执行难）考评实施细则，进一步细化考评内容、夯实各执行联动部门职能职责，形成综合治理执行难工作格局，并在执行源头治理中发挥积极作用。强化特殊主体自动履行表率示范作用，自治区高级法院主动向党委政法委请示报告，重点治理涉党政机关案件执行问题，推动将党政机关履行生效判决情况纳入自治区政府治理“新官不理旧账”专项行动的考评内容，推动涉党政机关执行案件工作重心由“后端强制执行”转变为“前端自动履行”。2021 年以来，该类案件总体呈下降趋势，部分法院如柳州、贺州涉党政机关强制执行案件实现阶段性清零。

其二，强化立审执各部门职责，促进当事人自动履行。自治区高级法院在 2023 年全区法院执行工作推进会上明确要求要加强立审执协调配合，在新修订的《审判质量管理指标体系》中将“二审服判息诉率”“民事裁判申请执行率”纳入案件质效考评指标范畴，推动从审判阶段强化执行源头治理。各地法院积极响应，如柳南区人民法院针对调解案件，采取“预执行登记制度”跟踪督促主动履行，崇左江州区等法院执行部门与审判部门衔接将主动履行义务及拒执风险告知附于判决尾部，增强不自动履行强制执行后果预告。多数法院目前已在执行程序中运用“一督促六预告措施”（向债务人或被执行人发放督促履行通知书、预限制消费、预纳入失信、预审计、预罚款、预拘留决定书和涉嫌拒执犯罪预告书），在采取强制措施前做好预告预警，强化震慑效果以及督促自动履行。

其三，前移审查关口，源头减少“执行不能”案件。自治区高级法院在全区执行工作会议以及执行局局长座谈会上多次要求，要认真甄别审查“执行不能”案件，科学应对处理，对于确无财产可供执行的情况，要与当事人或相关机关充分释明沟通，通过健全管理机制避免进入执行程序空转。其中，重点研究解决刑事涉财产执行到位率较低问题，2023 年出台《刑事涉案财物立案、审判及执行工作规程》，严格各办案环节的财物查控移交管理，倒逼前端办案机关穷尽查控措施。2022 年刑事涉财产执行收案数降幅 0.18%，开始出现负增长。针对大量被执行人已无财产的涉金融债权执行案，部分法院如柳州鱼峰区法院积极探索与当地金融监管机构协作试行“预查废机制”，对经过在一个案件中查找确无财产的被执行人出具《预查废证明》，简化金融机构核销债务程序。

其四，借鉴诉源治理经验，引入第三方督促化解执行案件。多地法院落实自治区高级法院要求，将诉源治理延伸到执行环节，共享社会资源实质化解纠纷。如桂林七星区人民法院引入专业调解组织，由调解员主动联系被执行人，督促主动履行，将纠纷化解于执行程序前。2023 年上半年，该法院引入执前督促、调解金融案件 4743 件，调解成功 637 件。柳南区人民法院与当地劳动监察大队建立联动工作机制，解决劳动争议纠纷，通过“诉前联动调解、诉中联动和解、执中联动督促”实现全程全域跟踪。

其五，探索“法庭 + 执行”模式，强化立审执一体贯通。自治区高级法院 2021 年印发《关于基层人民法院人民法庭办理执行案件的通知》，鼓励符合条件法院派出法庭先行先试“法庭 + 执行”模式，如柳州鱼峰区雒容法庭探索简易案件“一站式解纷执行”，贺州法院建立“乡镇（街道）政法委员 + 人民法庭（兼职）执行员 + 村（社区）网格员协助执行”“三员网格”机制，融入基层治理推动解决“执行难”。

二、存在的主要问题

2023 年以来，执行案件呈现增长放缓和局部地区已经出现执行案件负增长现象，但全区法院执行案件基数大，总体上仍处于上升态势，执行案件收案总数与上年同期相比仍上升 14.92 个百分点，部分地区如百色（上升 54.89%）、北海（上升 43.2%）、桂林（上升 30.56%）等地的执行案件涨幅仍较为突出，“执行源头治理”仍需进一步加强。从案件构成看，执行源头治理“案多”“案难”的重点体现在以下五个方面：

其一，执行联动机制的落地落实尚有差距。执行联动机制上热下冷，联动机制落实缺乏硬性约束配套机制，“联而不动、动而乏力”问题依旧存在，特别是协同解决查人找物、财产变现、失信惩戒、打击拒执犯罪等力度需要加大。部分基层法院反映扣押车辆仍存在困难，如青秀区人民法院近三年累计查询查封涉案车辆7057辆，但实际扣押仅154辆，扣押率2.18%。自然资源、税务、公安等部门与法院执行联动运行情况衔接不够，土地、房屋等不动产的处置效率不高；拒不执行判决、裁定罪立案标准认识不一，公安、检察联合法院打击拒执犯罪力度不大；信用联合惩戒应用系统与各单位信息系统、“互联网+监管”系统的互联互通不够，信用修复、守信激励和信用惩戒救济等机制的联动建设尚未健全。

其二，民事案件占比突出，进入执行程序前保全案件比例逐年下降。从2020—2022年三年数据来看，首执案件数分别为190721件、262495件、310348件，民事执行占首执案件总数比例分别为88.52%、73.74%、82.52%。根据案件量较大法院的统计分析，案由位列前三的分别为借款合同、信用卡合同、买卖合同纠纷。因此，解决好民事案件进入执行程序的源头尤为重要，目前财产保全制度在诉前、诉中发挥仍不够充分，且出现下降趋势。2020—2022年，在进入执行程序前采取保全措施的案件数分别为80510件、85842件、93523件，占一审民事新收案件比例分别为21.2%、16.5%、18.9%，占比不高且呈下降趋势，不利于自动履行和执前和解。部分案件裁判文书质量不高，一审、二审服判息诉率总体偏低，当事人对民事裁判不认可，导致后期不愿履行，对审判环节的不满延伸至执行程序。部分裁判文书判项不明确，引发后续执行难。

其三，“诉源治理”成效未充分传导到“执行源头治理”，执行压力有增无减。从近三年的数据来看，全区法院调解结案数分别为96365件、100853件、88927件，调解结案后进入执行程序的分别为25828件、38050件、41163件，分别有26.8%、37.7%、46.3%的调解案件未自动履行，调解案件进入执行程序的案件占比日益增多，未真正实现案结事了。以仲裁为执行依据案件明显增长，2020—2022年案件量分别为11565件、14078件、16225件，此类执行案件属于中级人民法院管辖范围，而不规范仲裁引发的执行依据合法性不足、信息不完整等问题突出，也导致执行陷入被执行人难找、财产难查、执行不能等困境，增加了中级人民法院办案压力。

其四，终本程序案结事未了，“积”旧案“生”新案。一方面，终本案件客观上是查无财产后中止执行，但也存在有的法院为追求结案率而简单终本的现象，2020—2022年，首执终本案件数分别为97068件、132260件、150450件，首执案件终本率达

50.9%、50.4%、48.5%。同时，由于"执转破"衔接不畅，符合条件的终本案件难以有序退出。另一方面，部分终本案件恢复执行后"衍生"新的恢复执行案件，分别为27114件、35873件、39435件，恢复执行后以终本方式结案数量分别为10734件、13921件、14951件，执恢终本率分别达到39.5%、38.8%、37.9%，占用大量执行资源但并未给群众带来真金白银的获得感。

其五，执行行为引发的执行异议复议案件增多，存在一案执多案生现象。执行过程中，当事人针对执行法院程序规范性、执行标的物权属、查封拍卖、追加被执行人等问题均可通过异议程序寻求救济，若对异议结果不服，还可以通过复议程序、监督程序继续予以救济。2020—2022年，全区法院执行审查类案件总数分别为7018件、10353件、10569件。其中，执行异议案件数分别为5430件、8443件、8776件；执行复议案件数分别为1020件、1401件、1402件；执行监督案件数分别为568件、509件、391件。执行行为需要进一步规范。

三、加强执行源头治理的对策建议

张军院长强调，执行源头治理总体是审判工作的问题。全区法院要坚持系统思维，坚持从执行看审判，坚持共治共享，在制度构建上坚持从立审执全局把握，系统共建，数据共享，问题齐抓，从顶层设计上抓好"执行源头治理"。同时，执行源头治理在执行环节也要坚持"前端提升信用治理、中端突出执行刚性、后端规范有序退出"思路，实现案件存量动态清底。

其一，健全完善党委领导下的执行联动工作机制，打通落实"最后一公里"。一是推动党委领导执行工作具体化。建议参考借鉴浙江丽水经验，推动建立党政主要领导包案机制，统筹化解执行难题；通过市、县、乡、村四级党组层层发动，各级部门高效联动，干部群众广泛参与，集中攻坚"终本出清"。借鉴浙江"数智枫桥"经验，通过系统联动，构建纠纷"全景掌握 + 风险监控 + 预测预警 + 分流化解 + 反哺治理"的闭环治理生态，实现纠纷矛盾不出县、镇、街道，推进基层社会矛盾风险治理由"事"向"制""治""智"升级。二是抓牢绩效考评，扭转联动执行观念。健全综合治理执行难工作大格局，扭转执行联动部门从"要我协助执行"转变为"主动履行法定协助执行义务"，建议推动将各部门执行联动工作职责落实情况嵌入对各地市、各部门的绩效考评、营商环境等考评体系，推进综合治理执行难制度化、机制化、长效化。三是重点解决关键环节突出问题。加强与公安机关联动，县市一级公安机关与法院建立常态查人找物系统连接，着力提升查人找物能力。加强与公安、检察机关协作，统一拒执犯罪立案标准,加大打击拒执犯罪力度。加强与司法行政部门协作,加强对仲裁机构、公证机构关于文书送达、仲裁公证程序的规范管理,有效减少因不规范仲裁、公证导致的执行难题。加强与诉前综合治理平台沟通衔接,将主动履行调解方案、兑现权益纳入调解人员工作考评范围。

其二,加强法院内部立审执协调配合,完善内部"执行源头治理"工作机制。一是注重诉讼保全率考评,引导用好保全制度。加大对各级法院"诉讼案件财产保全率"案件指标考评力度,推动加强立案、审判环节的诉讼保全,特别是对小标的额案件当事人做好诉讼保全的释明提示,将诉讼、执行风险特别是"执行不能"风险告知和提示贯穿立案、审判全过程,引导当事人申请财产保全、提供财产线索,提升诉前和诉中财产保全比例,为自动履行和执前和解打下基础,以保全促调解、促和解、促履行。二是注重调解案件主动履行完毕率考核,强化调解案件自动履行。树立调解是高质量审判、案结事了意识,强调对诉前、诉中调解案件的考评应包括是否主动履行完毕义务,诉前、诉中调解协议内容应当明确具体,达成调解的,尽可能促成当场履行、尽快履行,不能当场履行的,指导人民调解组织、引导当事人在调解协议中增加有利于自动履行的保障性、约束性条款,倒逼督促债务人自动履行调解协议,减少债务人借调解协议拖延、逃避履行。三是建立审判执行法官"双向列席"机制,畅通化解判决"可执行性"问题。审判法官和执行法官可以跨部门参与法官会议,构建内部"执行建议"制度,特别是当事人、利害关系人对执行依据主文有争议的案件、刑事涉财执行案件须对财产性质予以甄别的案件、有重大信访隐患或重大社会影响的案件等开展会商研究,推动在审判前端防范解决"可执行性"问题。四是注重"二审服判息诉率""生效裁判申请执行率"考评,建立判后督促履行制度。加大"二审服判息诉率"案件指标考评力度,将生效裁判申请执行率纳入法院绩效考评范围,将法官办理案件的自动履行情况及参与其他执行源头治理的相关工作纳入业绩考评范围。建立"谁办理、谁审理,谁负责督促履行、谁负责补充解释协调"机制,推进执行通知程序前置,在民事裁判文书中明确不履行的法律后果,判后一并向履行义务人发送《自动履行提示书》《自动履行催告书》,督促提醒当事人及时履行义务。五是完善执转破机制,推动终本案件常态出清。树立"企业法人无终本"理念,完善执转破工作机制,不断提升"执转破"工作成效,推动"僵尸企业"市场出清。对于被执行人为企业确无财产可供执行、又无挽救可能的案件,及时移送转入破产程序、有序出清,避免大量涉企案件沉积在终本库中。六是落实司法建议制度。针对审判执行中发现的涉及信用卡纠纷、校园网络借贷、"三产"用地等高发执行不能案件,及时提出司法建议,源头防范纠纷产生，减少执行不能案件。

其三，筑牢执行根基，加强执行自身建设。一是加强执行规范化建设。强化"一案执行到底""一案审查监督到位"原则，尽可能一次性执行到位，避免终本案件与恢复执行案件无序衍生。健全完善执行各环节行为规范、管理机制等方面的规范指引，组织开展针对案款发放、终本案件管理、执行监督、评估拍卖等重点环节专项督查，源头防范减少执行领域不规范行为。强化执行刚性，明确用足用尽查控措施后方能终本的前提，控制终本结案案件数量，明确终本结论由合议庭作出，执行裁定由院领导审签。定期筛查终本案件库，梳理全区法院符合条件的"执转破"案件，审执部门联合专项攻坚。在执行异议、复议、监督等审查案件中要坚持尽可能一次纠错改正、做好释疑解答原则，用穿透式思维理念把握和解决当事人诉请实质问题。二是强化队伍建设，强化人财物保障。根据执行案件增长和占比情况，确定合理的"人案比"，进一步优化执行资源配置，尤其解决案件量增速较快的主城区法院的人案矛盾问题。选优配强各级法院执行局领导班子，推进审判、执行人员常态化交流轮岗机制，严格落实入额前原则上有 1 年执行工作经历要求。加强执行警务保障，加强执行威慑力。加强对执行工作的财力支持，确保执行信息化持续更新建设，实现执行领域人、案、事、财物的全流程全方位各环节线上管理。三是大力推行执行实施案件繁简分流。深化执行实施案件"事务集约、繁简分流"执行权运行机制改革，推进执行指挥中心实体化运行，在执行案件较多的法院设立执行事务中心，科学设置快执团队、精执团队，准确区分执行案件难易、推动执行事务集约办理，实现简案快执、繁案精执，公正高效办理执行实施案件。四是科学设置执行考评指标。建议推动最高人民法院科学设计执行质效考评指标，简化执行考核指标设置，突出核心重点指标，让法官集中精力在解决群众获得感的指标上下工夫。客观看待源头治理与案件办理的联动关系，设计合理的计算标准及参考值区间，如执行完毕率、执行到位率不应当仅将进入执行程序执行完毕的案件作为分子，还应当考虑将法院参与执行源头治理督促当事人自动履行完毕案件纳入执行完毕案件一并考核，否则如果诉源治理、执行源头治理做好了，进入执行程序的都是骨头案、难案，势必影响所在法院执行标的到位率、首次案件执行完毕率，从而削弱法院参与推进执行源头治理的积极性。

涉行政机关执行案件的司法统计分析

——以2021—2022年广西法院案件作为研究对象

广西壮族自治区高级人民法院课题组*

摘要：本课题主要围绕涉行政机关执行案件的诉讼案由、败诉情况、执行过程的难点等内容进行分类分析，区分研究以金钱给付类与非金钱给付类涉行政机关执行案件特点，从行政机关、执行法院、当事人不同维度梳理案件执行不畅的堵点、难点，归纳总结妥善处理涉行政机关执行案件应遵循的四项规律"执行对象涉及的'公权'与'私权'相区分""执行力量复合性""纠纷化解的实质性""矛盾缓解的必要性"，据此从源头预防、纠纷多元化解、执行环节督促履行、裁判文书优化等各环节切入提出健全和完善现有制度的有关思考和建议。

引　言

2022年全区法院一审行政诉讼行政机关败诉案件2469件，再审后改判、发回重审以及撤销原判并驳回起诉共51件，行政机关败诉案件共2418件，行政执行案件302件，行政机关败诉后自动履行生效裁判文书比率已达87.5%。从加强法治政府建设，推动实现涉行政机关执行案件源头清零的目标来看，我区法院及各部门仍有努力的空间。据此，本

---

* 该课题为2022年度全国法院司法统计分析重点课题，评定结果为良好。课题主持人：刘拥建，广西壮族自治区高级人民法院审判委员会专职委员，二级高级法官。撰写人：钟瑛嫦，广西壮族自治区高级人民法院执行局综合处副处长，四级高级法官助理，法学博士。

课题以2021年至2022年广西三级法院涉行政机关执行案件作为研究对象，统计案件的执行用时、结案方式、被执行人的层级、部门领域以及所在区，执行标的以及标的额等项目要素情况，主要分析执行用时与其他各因素之间的关联，通过到中级法院、基层法院以及部分行政机关部门进一步调研了解、深入剖析影响行政机关作为被执行人的案件执行难的原因，找准症结所在。同时，检视已有制度的运行情况以及所发挥的实际效用，探寻解决该类案件执行困难的路径，修正或完善制度、机制，提出具体可行措施办法，形成制度常态化有效运行，促使行政机关主动及时履行债务，通过建立良好的外部制度环境实现该类案件的"零强制执行"效果，最终达到法治政府水平提高与营商环境优化的双实效。

一、涉行政执行案件的实务样态及特点

(一)收案数量出现下降，行政执行案件降幅较大

本课题研究的2021年案件样本为693件，2022年案件样本为535件。其中，2021年民事执行案件276件，行政执行案件346件，刑事涉财产执行1件。2022年民事执行案件232件，行政执行案件302件，刑事涉财产执行1件。从案件样本情况看，2022年与2021年相比，总数上呈下降趋势，民事执行案件相差44件，同比下降约16%，行政执行案件相差44件，同比下降约12.7%。

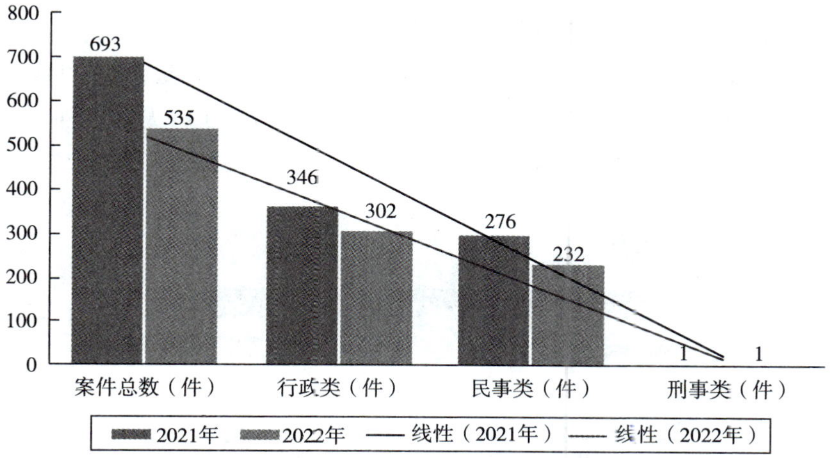

图1　涉行政机关执行案件总数

(二)各区域法院案件数量基本均衡

铁路运输法院受理案件主要系由高级人民法院指定或接收移送管辖，被执行人

均为南宁相关行政机关。两年以来，桂林案件数量显示最大，系因包括 2021 年全州县出现系列征地补偿、强拆赔偿案件共 52 件，占半数以上；2022 年共有 17 件执行诉讼费案件和 37 件驳回申请案件。各市法院受理的案件数与县（区）数量基本呈正相关关系，南宁、百色、桂林、柳州数量相对较大，梧州、来宾、防城港等地相对较小。

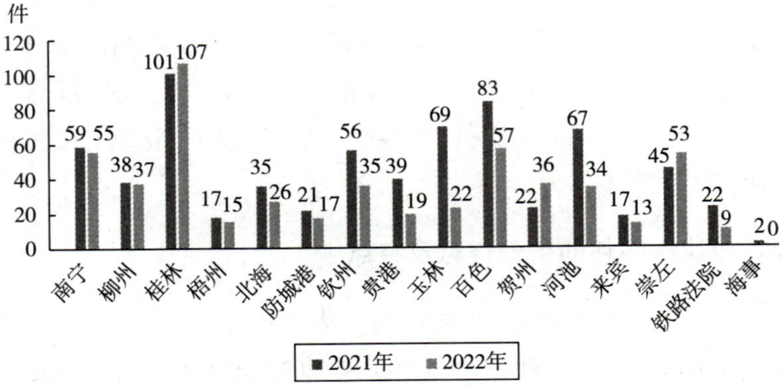

图 2　各法院案件数量分布情况

（三）被执行人属县（区）级行政机关占比较大

从被执行行政机关层级来看，2021 年，行政机关属于自治区一级的 7 件，主要是涉及自治区机关的分支机构，属于市一级的 92 件，属于县（区）一级的 494 件，属于乡镇一级的 93 件，涉及街道办事处的 7 件。2022 年，属于自治区级的 2 件，属于市级的 37 件，属于县（区）级行政机关的执行案件共 442 件，属于乡镇级单位的 48 件，属于军事单位的 6 件。从比例上看，县（区）级行政机关作为被执行人的案件占比最大，2021 年占比 71.3%，2022 年达 82.6%。

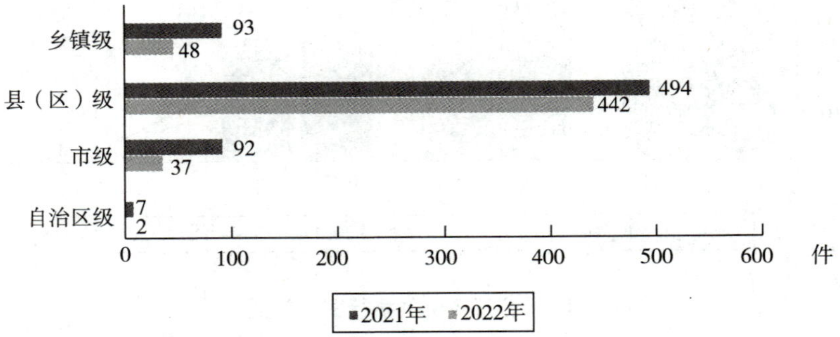

图 3　所涉行政机关的层级分布情况

（四）金钱给付类案件集中在城建类强制拆除违法赔偿、征地拆迁类补偿以及建设工程的款项支付等方面

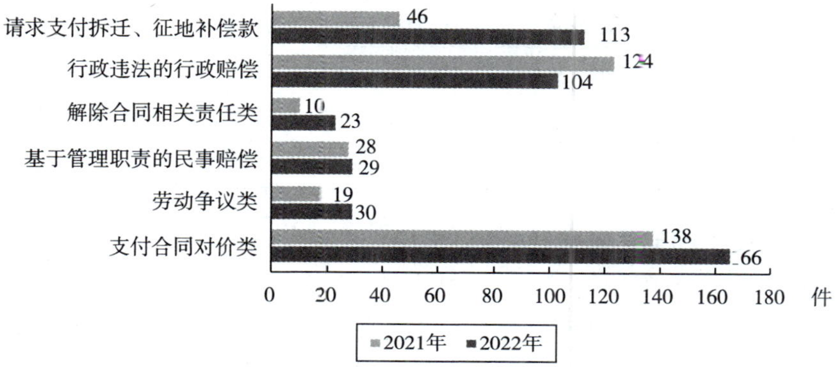

图4　金钱给付类执行案件主要类型数量分布

以金钱给付为执行内容的案件2021年共509件，2022年共425件。民事执行方面，以金钱给付为内容的案件类型主要涉及工程款支付、买卖合同、服务合同等方面的合同对价款支付，该类案件2021年约166件，其中支付工程款127件，占比较高；2022年约138件。涉及劳动争议，2021年30件，2022年19件；涉及合同解除、违约承担相应责任的，2021年约23件，2022年约10件；涉及基于管理职责对当事人人身损害或财产损害承担赔偿责任的，2021年约29件，2022年28件。从行政执行方面来看，以金钱给付为内容的主要涉及因行政机关强制拆除或其他违法强制执法导致的赔偿，2021年约104件，2022年约124件；涉及请求支付拆迁、征地补偿款的，2021年113件，2022年46件。

（五）非金钱给付类案件集中在请求政府履职的行为请求权类型

非以金钱给付为内容的主要涉及实物给付和行为履行，2021年非金钱给付案件共184件，2022年共110件。其中2021年以请求给付实物为内容的共15件，2022年共3件，主要涉及请求行政机关履行拆迁补偿协议提供安置房，少量涉及因行政行为撤销后需返还当事人财物。行为履行方面主要涉及行政机关依法正确及时履职，2021年，涉及请求行政机关对当事人申请作出处理的共约97件，包括作出补偿决定、确权、撤销登记等内容；涉及需要行政机关重新作出处理的约35件，该类属于行政审判直接纠正行政机关原错误行政行为；涉及撤销行政机关原行政行为的约23件；请求行政机关处理山林、土地权属纠纷的约13件。2022年，涉及请求作出赔偿决定或作补偿处理类型的，共43件；请求对山林土地权属进行确权，共19件，其他数量相对

较小的类型有请求公开信息、确认资格、办证撤证等事项。

表 1　非金钱给付类主要类型数量

	实物给付	请求作出处理	重新作出处理
2021 年	15	97	35
2022 年	实物给付	请求作出决定	土地山林确权
	3	43	19

（六）结案方式呈现强政策导向

自 2006 年起，最高人民法院、中央社会管理综合治理委员会办公室将法院执行工作纳入社会治安综合治理目标考核范围，并印发实施《最高人民法院平安建设考评办法（执行难综合治理及源头治理部分）》。该考评办法中第 8 条、第 9 条是针对涉行政机关案件的考评，主要对超过 1 年且无正当理由未执结，或因未建立健全沟通协调机制导致无法定事由长期未能执结的案件进行扣分。在自治区对各市的考评中，该项内容已经演变为要求年内涉行政机关执行案件必须结案清零，由此，该类案件一般不存在长期未结案件，呈现出较强的政策引导、绩效考评牵引的特点。

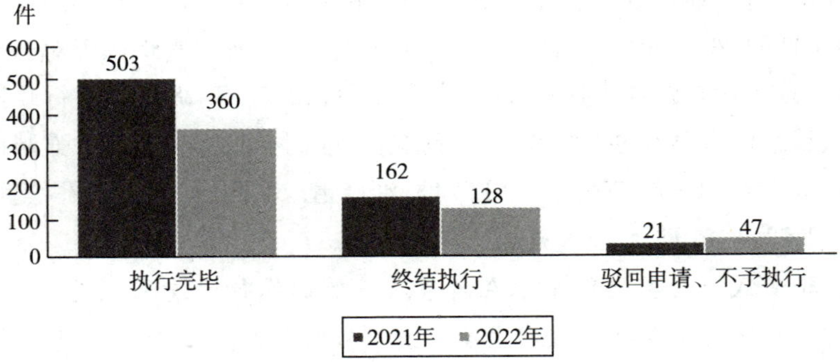

图 5　结案方式分布情况

同时，基于被执行主体作为行政机关的特殊性，该类案件的结案方式与一般案件也不同。行政机关与自然人以及其他组织不同，其即使因机构改革撤并导致原主体灭失，其债务或相关义务内容也会由其他行政机关主体承接，具有较强的兜底性，客观上不存在履行不能，亦不会出现“无财产可供执行”而终本的情形。由此，该类案件主要存在“执行完毕”和“终结执行”两种方式，其中，终结执行的方式主要是通过双方当事人达成和解、申请人撤回申请完成。从样本案件情况来看，2021 年以“执行完毕”方式结案的案件有503件，占比72.6%，2022年有360件，占比67.3%；2021年以“终结执行”方式结案的有162件，占比23.4%，2022年128件，占比23.9%。部分案件因执行法院认定无执行内容而被裁定“驳回”或“不予执行”，2021年该类案件有21件，2022年有47件。同时，有少量因登记问题而作销案处理。

（七）强拆或强清违法赔偿类案件执行用时较多，尤其是以终结执行结案的案件反映双方争议及分歧较大

关于执行用时的情况，[1]由于执行案件是否能够办理完结受外部环境影响较大，在结案方式上存在完毕、终结、终本几种模式。本质上，只有首次执行完毕案件的执行用时能够直接反映一个执行案件自始至终所用时间，其他类型通常仅反映某一环节用时，由此，本研究主要以首次执行案件的执行用时作为分析参考。

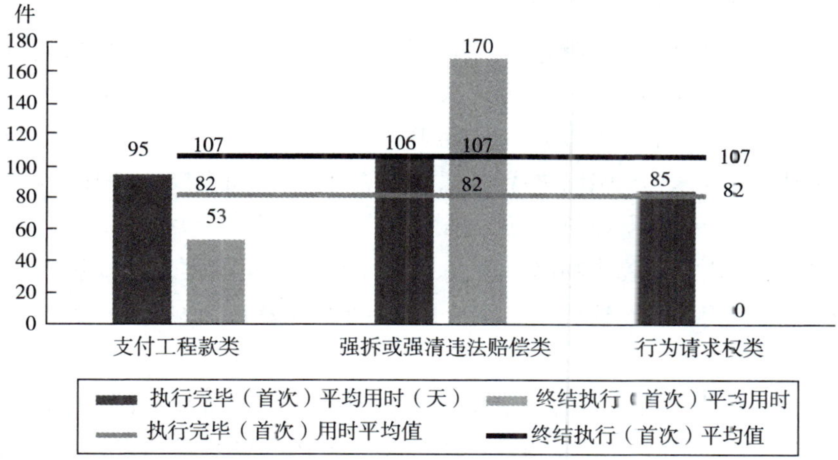

图6　数量较大案件类型的执行用时

从整体上看，2022年以执行完毕结案的346件首执案件中，平均执行用时为82天。以终结执行的112件首执案件中，平均用时107天。其中平均用时最少的类型有以诉讼费为内容的执行案件、驳回申请以及不予执行案件，平均天数小于10天。金钱给付类中，支付工程款类执行案件，执行完毕（首次）共37件，平均用时95天，终结执行（首次）53件，平均用时108天。强制拆迁或清理违法赔偿的案件94件，执行

[1] 需要说明，关于执行用时的分析，因系统问题，2021年案件用时的数据无法全部采集，故主要分析2022年案件的执行用时。

完毕(首次)90 件,平均用时 106 天,终结执行(首次)4 件,平均用时 170 天。行为类执行案件执行完毕(首次)共 55 件,平均用时 85 天。以上数据分析反映出金钱给付类执行案件普遍比行为类执行案件用时高,其中强拆、强清赔偿类用时相对较长。从区域情况来看,部分案件数量相对较少且重视该类案件处理的地区如贺州法院 36 件平均用时 43 天,在各市中平均用时最少,主要采取提级集中办理的方式,将涉行政机关案件由中级法院统筹推动,积极联动当地党委政府,及时办结。柳州法院 37 件共用时 75 天,且申请金额已全部执行到位,主要通过审执紧密衔接,判后及时提醒、执前加强督促,掌握执行主动权,达到早提醒、早推动、早到位的效果。

二、涉行政机关执行案件反映的问题及难点

(一)行政机关在诉讼案件中败诉反映的问题

1. 城建拆违、修路征拆过程中基层执法不规范现象仍存在。行政违法赔偿执行案件中,县(市、区)级行政机关作为被执行主体占该类案件总数在 2022 年、2023 年均达 90% 以上。主要涉及在铁路、公路等基础设施建设的征拆、旧区改造、拆违行动等专项活动中存在未作出强制执行决定、未依法公告[1]而直接采取强制措施,未申请人民法院执行,超越职权径行实施强制拆除等,部分清表行为缺乏证据保存意识,实施强制拆除时对建筑物内物品不清点、不登记保管或不拍照、录像,导致承担举证不能的不利后果等现象。这从一定程度上说明基层执法以“效率”换“程序公正”的观念未消除。

2. 部分行政机关在民事活动中契约精神、诚信意识有待加强,在因履行发展经济、服务社会等职责而与市场主体产生的协议行为中,系统思维仍有欠缺。2021 年、2022 年因解除合同后行政机关需承担相应义务的执行案件在 10 件至 15 件,从其所涉及的合同纠纷案件来看,部分涉及建设用地使用权出让合同纠纷中因所涉土地存在限制开发利用情形导致合同目的无法实现而解除,[2]个别招商引资项目审批未综合考虑多方条件及因素,与其他政策要求相冲突而遭强制拆除,进而引发矛盾

[1] (2018)桂 1002 行初 191 号行政判决,百色市华通驾驶员培训有限公司与百色市右江区国土资源局行政赔偿纠纷案。

[2] (2021)桂民终 446 号民事调解书,桂林万城旅游文化置业投资有限公司与阳朔县自然资源局、阳朔县人民政府国有建设用地使用权出让合同纠纷案。

纠纷。[1]

3. 部分行政机关作为用人单位落实聘用人员的基础性待遇保障的意识仍有待强化。从近年来涉行政机关执行案件来看，劳动争议纠纷案件一直占有3%~4%的比例，主要涉及部分行政机关欠缴养老保险金，与员工解除劳动关系后就补偿金额未达成一致或未及时足额补偿等。从一定程度上反映，部分行政机关对于员工待遇的基础保障未完全落实，或者对于养老、补偿金等政策理解不够到位，未能精准执行。

4. 行政不作为争议反映人民法院、行政机关、当事人对职责范畴的理解存在不一致。对于被判决责令作出相应行政行为的行政诉讼案件，主要存在两种情形：一是行政机关怠于履行职责；二是当事人诉求与行政机关对于职责范畴的理解存在偏差。因为法律对于有的行政机关行政职能规定得较为笼统，而当事人起诉要求行政机关履行的内容较为具体，在缺乏明确规定的情况下，被告行政机关较难作出回应，但审理法院没有机械理解法律规定，主要从根本解决当事人诉求、与行政机关职能的相符程度等方面综合考量，对应当支持当事人的尽可能予以支持，由此与行政机关的处理也产生不一致。

但在实际情况中，少数当事人的非理性诉讼，以多种理由要求行政机关作出完全偏离其职责范围的处理，反映出当事人对诉讼程序的滥用，如部分当事人要求政府公开的事项并非相关行政机关依法应当保存以及需要公开的信息，行政机关难以依照《政府信息公开条例》满足其请求。[2] 而无论行政机关作出何种回应，都会产生具体行政行为或被诉不作为。当事人就此取得行政诉讼原告资格进行诉讼，该情形的诉讼一般有两种结果：一是被驳回、陷入程序空转；二是被支持后执行环节仍较难达到预期，继而引发执行异议、复议、监督案件的无谓衍生。

（二）执行过程反映的问题

经调查统计，2021—2022年的涉行政机关执行案件中，判决生效且当事人申请启动强制执行程序后，行政机关自动履行完毕义务的仍未形成大多数，需要当地党委政

[1] (2018)桂10行初18号行政判决书，广西乐业县乐源有机肥料有限责任公司因要求确认乐业县人民政府强制拆除该公司有机肥料场及仓诸基地等全部厂房建筑物行政行为违法、行政赔偿案。

[2] 樊某龙、肖某道与百色市人民政府信息公开纠纷案，该案缘起于另案行政赔偿诉讼，百色市人民政府已按照生效判决向樊某龙、肖某道作出赔偿，但两人均认为还有个别项未列入赔偿范围而拒绝领款，并由此向政府申请公开百色市火车站站前广场项目相关信息。百色市人民政府作出相应答复后，执行法院据此对执行案件作出结案，两位当事人不予认可政府答复内容，反复向执行法院及上级法院提出异议、复议及监督。

法委牵头推动解决或由法院采取强制措施等方式处理的案件数占总数比在50%左右，反映出在执行过程中仍有不畅因素。经调研分析，主要体现在以下三个方面：

1. 从行政机关自身来看，一是主观上部分行政机关守法、尊法意识仍不够强，对生效裁判仍不够尊重和敬畏。对生效裁判内容未能主动按期履行，需执行法院反复提醒、沟通以及推动解决。同时，在调研中也注意到，少数以终结执行方式结案的案件系因行政机关不服生效判决，经申请进入再审程序进而中止执行，该情况在一定程度上反映行政机关与司法机关在法律法规理解运用、事实认定及判断上存在较大分歧。[1] 二是客观上部分行政机关债务履行能力不足。关于金钱给付类的执行案件，因社会经济环境受疫情影响，各地财政收入不容乐观，尤其是大多数行政机关属于县区级甚至乡镇级单位。比如，支付工程款的执行案件中近90%系县级机关，本身缺乏相应的清偿能力，而通过上级财政统筹拨付资金以清偿具有不确定性，通常需要依靠各级党委政法委推动协调解决。三是从机制建设方面来看，目前将所有行政机关涉诉债务全部纳入预算管理体系存在困难，存在如何与地方政府存量债务管理体系对接的问题，目前部分地市能够运用机制常态化解决的是涉及国家赔偿的部分。

2. 从当事人方面来看，涉行政机关案件中的行政相对人在很大程度上依赖法院达到其向行政机关主张的诉求，矛盾较容易汇集到执行环节。具体反映在以下几个方面：一是执行案件泛化。如该类执行案中存有部分不符合执行条件的行为类案件，[2] 但在实践中大多数法院迫于维护社会稳定压力已经常态化立案办理，而进入强制执行程序后因无相应的执行规范要求，各法院在实践中采用不同的结案标准，如有的法院向行政机关发送通知后即作结案处理，有的法院通过通知、电话沟通、座谈等多种方式提醒到位后作结案，有的法院需要行政机关作出相应处理后才作结案。有的当事人对执行法院处理结果不服，亦由此衍生执行异议、复议、监督案件。二是

---

[1] (2014)钦南民初字第12号民事判决书，南宁市筑骏建筑设计咨询有限公司与钦州市钦南区大番坡镇人民政府金融借款合同纠纷案；(2021)桂01行终227号行政判决书，南宁市兴宁区城市管理综合行政执法局因与被上诉人黄某建确认行政强制拆除行为违法并赔偿案。

[2] 最高人民法院《关于适用〈中华人民共和国行政诉讼法〉的解释》第152条第1款规定，对发生法律效力的行政判决书、行政裁定书、行政赔偿判决书和行政调解书，负有义务的一方当事人拒绝履行的，对方当事人可以依法申请人民法院强制执行。第2款规定，人民法院判决行政机关履行行政赔偿、行政补偿或者其他行政给付义务，行政机关拒不履行的，对方当事人可以依法向法院申请强制执行。《人民法院办理执行案件规范（第二版）》第34项"关于申请执行的实质要件"第（四）明确："申请执行的法律文书具有给付内容且给付内容具体明确。"

反复主张。当事人对行政机关重新作出的行政行为不满,依法应通过审判程序解决新的问题,但部分当事人仍在原案执行程序中反复提出异议,执行法院需要进一步释法说理,研究样本中有46件裁定驳回申请的案件属于此种情形。三是否认结果。部分案件当事人对判决确定的拆迁、征地补偿款数额或相关债务的利息损失赔偿不满,拒绝或不予认可行政机关的履行行为,通常执行法院需要进一步沟通协调。

3. 从法院自身来看,第一,行政机关作为特殊主体,人民法院较难采取直接强制措施。《行政诉讼法》第96条[1]赋予执行法院强制划扣、对怠于履行的行政机关负责人采取罚款、拘留等执行权力。但实践证明,即使在近年积案清理中,执行法院也没有完全运用《行政诉讼法》第96条进行执行,简单地增加强制执行措施的力度无法解决执行难的问题。基于多方因素考虑,执行法院倾向于采用柔性措施督促行政机关履行,主要通过发送通知、电话沟通、开展座谈等方式推动,较为谨慎适用冻结、查封、扣押等强制措施,只有少数法院创新性采取间接强制措施如预告处罚机制,但总体而言较难对消极履行义务的党行政机关形成威慑,执行效果受到影响。第二,对于行为请求权类执行案件,执行法院还面临难以控制行政机关行为、无法通过第三方代为履行进行解决的困境。受约束主体对行为义务的服从和履行表现为行动上的作为或不作为,高度依赖其自觉程度,[2]行政行为本质上是一种集体或组织意志,是履行职责行为,如何通过影响集体决策、主要负责人意识进而达到对行为义务的强制执行效果,成为解决该类执行案件的关键。第三,部分执行案件所依据的生效裁判文书主文有关给付的内容不够清晰明确,判项内容不够直接具体,[3]尤其体现在行为请求权类裁判中,如撤销重新作出处理或采取进一步补救措施等内容,执行部门或以不符

---

〔1〕《行政诉讼法》第96条规定:"行政机关拒绝履行判决、裁定、调解书的,第一审人民法院可以采取下列措施:(一)对应当归还的罚款或者应当给付的款额,通知银行从该行政机关的账户内划拨;(二)在规定期限内不履行的,从期满之日起,对该行政机关负责人按日处五十元至一百元的罚款;(三)将行政机关拒绝履行的情况予以公告;(四)向监察机关或者该行政机关的上一级行政机关提出司法建议。接受司法建议的机关,根据有关规定进行处理,并将处理情况告知人民法院;(五)拒不履行判决、裁定、调解书,社会影响恶劣的,可以对该行政机关直接负责的主管人员和其他直接责任人员予以拘留;情节严重,构成犯罪的,依法追究刑事责任。"

〔2〕参见胡思博:《论对行为请求权的强制执行》,载《法学杂志》2020年第11期。

〔3〕如"在某区政府公布新安家园安置房源的地址、户型、面积之日起十五日内,被征收人向征收人提出选择补偿方式。被征收人逾期不选择补偿方式的,征收人视为被征收人选择货币补偿的方式进行补偿"。对于该类选择性判项,当事人的选择具有不确定性,实际中会衍生多种可能,执行法院对于当事人的权利无法作肯定性或否定性决策。

合执行条件为由作出不予执行裁定,或与审判部门沟通明确后予以执行,由此较难及时回应或满足当事人的执行请求。该情形部分系因司法机关对行政权评判秉持谦抑态度,主要对合法性问题进行评价,对于具体行政行为不提倡替代行政机关作决策,但近年来随着司法政策的调整,实质解决行政争议,减少当事人诉累成为司法审判的重要目标之一。在行政审判方面,进一步增强裁判内容的确定性、彻底性和可执行性,使自动履行和强制执行的依据更加明确成为提高审判质量解决行政争议的重要措施。

三、宏观构架:妥善处理涉行政机关执行案件应遵循的几点规律

广义的中国正义体系由三大传统组成:一是来自古代的"中华法系"传统,包括其非正式正义体系,特别是社区的调解体系。二是清末民国以来从西方,尤其是大陆法系国家移植过来的成文法律,包括其权利理论和话语,以及经过法律逻辑整合的众多法则和条文。三是 20 世纪中国革命的传统,包括其政治体制和社会主义话语。[1]司法制度的形成根植于中国正义体系,科学应对其运行过程中出现的困难挑战,应从根本上遵循其规律、发挥其优势,探索符合中国国情的解决道路。同时,司法审判执行工作具有其自身的特征和规律,审判工作主要通过法律适用定分止争,执行工作是对经过审判后所确定的权利义务的履行,是对生效裁判权利义务的实际兑现。执行工作不仅需要严格遵循法律、遵照生效裁判内容,其所内含的实质化解矛盾纠纷、兑现权益的终极目标亦需要人民法院在党委领导的社会治理结构中寻求支持。因此,我国司法执行制度兼具法律运作与行政管理、法律性与政策性双重特点,现代司法执行制度的构建既要对两者作出清晰界分,也要同步推进。

(一)执行对象"公权"与"私权"相区分原则

民事执行是对平等主体纠纷生效判决的执行,行政执行是对公民与国家行政机关诉讼纠纷生效判决的执行,行政审判的基本目的是监督行政机关依法行使职权,行政执行是实现司法监督行政权的重要环节,是及时纠正错误行政行为的关键节点,行政机关是否履行生效判决义务内容是检验司法监督行政权效果的直观反映。由此,行政执行相较于民事执行被赋予特殊的功能,行政审判执行也成为法治政府建设中不可缺少的部分。对于涉行政机关执行不畅的问题,主要在于解决行政机关的主动性,而在当前司法执行公权力未能实现较强的震慑、督促效果的情况下,基于我国的

〔1〕 参见黄宗智:《中国的新型正义体系:实践与理论》,广西师范大学出版社 2020 年版,第 274 页。

制度优势，应当考虑依托党政系统自上而下的监督、督查机制，具体纳入党委、政府的相应工作、考评体系以及对干部任用考察评价体系当中予以推动解决。

（二）执行力量的复合性

从实践经验来看，该类案件执行效果较好的法院具有共同特点，即法院自身高度重视，加强审执衔接，判决生效后及时提醒行政机关督促履行，更为重要的是依靠党委政法委协调当地政府集中攻克疑难复杂案件。从理论上来说，基于执行程序具有“非属裁判活动”[1]属性并具有行政权特性，党委、政府作为实际参与者加入执行具有正当性。根据前述分析，执行强制措施在一定程度上出现空置，说明在当前制度体系下，单靠法院无法推动实质化解该类纠纷，需要在党委全面领导统筹、上级监督指导下级、政府绩效考评牵制的治理逻辑体系中构建执行力量，增强权威，强化效果。

（三）纠纷化解的实质性

执行处于司法程序末端，是解决纠纷、实现权益的最后一公里，胜诉方能否得到兑现取决于败诉方的履行意愿和履行能力。坚持实质化解纠纷原则，遵循“治本”与“治末”相结合的思路，既要督促被执行人尽快履行，也要看到被执行人在履行中存在的难题，要做好申请人与被执行人之间的相互理解、协调沟通工作，也要推动被执行人完善制度，夯实履行保障基础，提高履行效率，切实保障胜诉方的合法权益，实现案结事了的效果。

（四）矛盾缓解的必要性

涉行政机关执行案件的诉讼类型即传统的“民告官”诉讼，该类案件中的行政相对人通常在诉前因向行政机关反映的问题未得到回应或妥善解决而诉至法院，矛盾积累较深。由此，纠纷解决过程尤其在执行的终端，应当注重发挥行政调解机制作用，充分运用执行和解制度，通过和解重新调整权利义务之分配或履行方式，调和当事人之间的紧张关系，对裁判的偏颇之处进行软处理，弥合形式逻辑应然性与实质正义的差距；运用传统文化中的“情”“理”说服教育方式，在经过实体判决是非已明的基础上，把握双方的情感利益、社会利益考量，积极探寻双方的利益平衡点，争取双方各退一步的和解效果，追求人际关系修复与和谐氛围的构建，缓解诉讼对抗辩争过程的碰撞与冲突，促使案件处理达到政治、法律、社会效果的三统一。

---

[1] 参见王学辉：《行政诉讼被告拒不执行生效裁判的“协作执行”模式刍议》，载《苏州大学学报》2021年第4期。

四、微观探讨:针对各参与主体的具体建议

(一)事前预防:源头治理,推动法治政府、诚信政府建设

针对行政机关行政行为违法导致赔偿、建设工程合同欠付工程款以及合作合同违约赔偿等问题,建议注重对行政机关执法类专项整治行动效果的合法率考评,对照法律的相关程序规定制定考核标准,自上而下强化行权履职合法性、规范性意识。建议进一步规范招商引资、工程建设等重大项目启动以及订约行为,加强项目投资可行性论证,充分考虑资金、土地、规划、生态保护等方面因素,严守申报审批、严把过程落实,提高行政行为的稳定性和可预期性,维护市场主体合理信赖利益。建立和落实一般性、日常性采购即时结清价款的财务机制,着力解决小额欠款久拖不结问题。推动落实《最高人民法院平安建设(解决执行难)考评办法》有关将涉诉债务纳入预算管理的要求,为行政机关及时履行义务提供基础保障。

(二)事中化解:多元解纷,实质解决行政争议

借鉴浙江等省市的做法,各级政府设立包括行政争议在内的矛盾调解处理中心,政府各主要行政执法部门和政法部门一起派员进驻中心协调化解各类纠纷,合力将行政矛盾纠纷吸附在地方、化解在诉前。深化行政复议体制改革,发挥行政复议化解行政争议的主渠道作用。增强行政机关的实质解纷主体责任,抓好"主要矛盾",主动配合法院的调解、协调工作,加大"三大纠纷"、土地房屋征收、"两违"整治等涉众、涉群体、敏感性案件实质性化解力度。人民法院要不断巩固"一站式"多元纠纷解决和诉讼服务体系建设成果,深化"分调裁审"机制,要强化诉前辅导分流作用,鼓励行政案件当事人选择调解、和解方式解决纠纷,促进涉行政纠纷案件实质性化解。加强执行环节和解机制与行政调解平台资源的深度融合,针对存在履行困难的执行案件,积极促成分期、分阶段履行和解协议或其他替代性解决方案,既努力实现申请人预期,又同时兼顾考虑行政机关实际情况。

(三)事后监管:建立严密的督促履行体系,推动实现"零强制执行"的自动履行效果

坚持党政联督,全程实督,以推动完善债务清偿机制为保障,以绩效考评为牵引,强化正向激励,充分发挥行政机关"零强制执行"的示范、辐射、带动作用。推动自治区出台相关方案,明确由党委政法委与人民法院采取联合通报、督办约谈等方式,提升行政机关带头履行生效裁判文书的自觉性。同时推动自治区党委政法委、绩效办、发改委等单位将"是否被强制执行立案"内容纳入平安综治、绩效、营商环境指数等

考核指标以及审计监察考评项目，通过正向激励和反向约束强化行政机关依法行政意识。推动出台行政机关失信、妨碍人民法院执行、行政机关负责人怠于履行法院生效裁判问责制度，以责任倒逼落实。加强审执衔接，建立执行中遇到的判项不明情况反馈、协调研讨机制，建立判后提醒履行的执前督促机制，切实提高案件的办结效率。

（四）裁判文书的优化

行政判决的方式应当在行政权与司法权保持相对分立的基础上，少用撤销重作判决，多用变更判决，固化执行依据，以便实质性化解行政争议。[1] 对于重作判决的内容，可以借鉴法国、德国、日本等大陆法系国家的间接约束规则模式，认可撤销判决拘束力并强调在判决主文的说理中对重作的行政行为予以明确，由此解决循环诉讼以及执行依据不明的难题。对于履行法定职责案件的实体性裁判问题，由于该类案件的判决形式因案而异，对于案件涉及法律关系较为复杂、不宜在判决主文中直接判令被告履行法定职责的，法院可以在本院认为部分通过说理、厘清或者确认法律关系，提示被告应当按照法院的法律见解履行法定职责。

---

〔1〕 参见王学辉、程怡：《构建中国特色行政判决强制执行制度》，载《学习论坛》2020 年第 1 期。

2019—2021年柳州市涉金融债权案件执行情况的调研报告

广西壮族自治区柳州市中级人民法院执行局课题组*

摘要：因多年来法院执行案件中，针对涉金融债权案件的范围与定义没有统一标准尺度，针对申请执行人为金融机构、案由为金融民商事纠纷案件的分类统计工作较为滞后，因此本报告在立题范围和考量尺度方面斟酌良久，最终参考最高人民法院对金融类纠纷审判执行的指导思想，确定了本报告的范围。近年来，涉金融债权执行案件具有申请标的额大、案件类型多、执行到位率偏低、保全到位率高但诉前保全占比低、案外人异议权滥用、抵押物权属不清、抵押物贷前评估价值过高、抵押物处置变现周期偏长等特点。涉金融债权案件的执行工作存在容易受整体经济环境影响、金融机构自身原因的影响、案件所涉利益主体不良干扰、财产查询信息不共享、案涉资产权利负担设立随意、被执行人恶意发起责任财产执行豁免等执行障碍。对此，本报告根据最高人民法院对金融类纠纷审判执行的指导思想，提出执行工作为推进金融稳步发展建设的对策建议：一是构建金融债权案件立、审、执、破无缝对接机制；二是搭建法院、金融机构及金融监管部门的信息共享和沟通协调平台；三是妥善处理被执行人经营困难、生存权及多方利益主体关系；四是建议金融机构健全和完善内部风险防控机制。

---

* 课题组成员：柳州市中级人民法院党组成员、执行局局长覃舸，执行局干警林海军、宋成洲、招幸龙、罗燕、余海洋。

2019—2021 年，全市法院共受理涉金融债权执行案件 10703 件，结案 10591 件，申请执行标的金额 205.33 亿元，执行到位金额 20.62 亿元，执行标的到位率 10.04%。

近年来，涉金融债权执行案件具有申请标的额大、案件类型多、执行到位率偏低、保全到位率高但诉前保全占比低、案外人异议权滥用、抵押物权属不清、抵押物贷前评估价值过高、抵押物处置变现周期偏长等特点。涉金融债权案件的执行工作存在容易受整体经济环境影响、金融机构自身原因的影响、案件所涉利益主体不良干扰、财产查询信息不共享、案涉资产权利负担设立随意、被执行人恶意发起责任财产执行豁免等执行障碍。法院通过耐心细致的工作，努力构建金融案件立、审、执、破无缝对接机制，搭建法院、金融机构及金融监管部门的信息共享和沟通协调平台，并妥善处理被执行人经营困难、生存权及多方利益主体关系，为防范金融风险，保障金融安全，维护地方社会经济高质量发展奉献法院智慧和力量。

一、2019—2021 年涉金融债权案件执行基本情况及特点

（一）涉金融债权执行案件收结案数、执行到位率、执行周期、案由类型、被执行人类型情况

1. 涉金融债权执行案件收结案数、执行到位率、执行周期情况

柳州法院涉金融债权执行案件总体呈现收结案数高、执行到位率低、执行周期偏长的特点（见图 1 至图 4）。

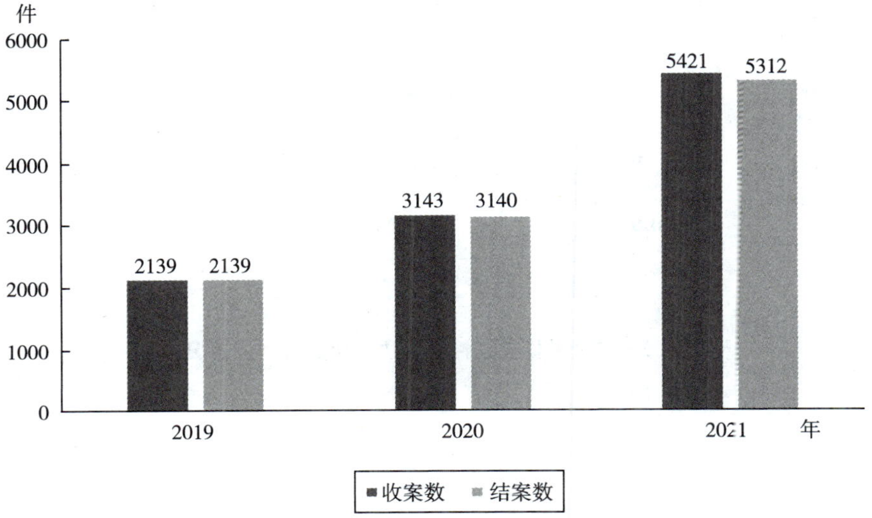

图 1　涉金融债权案件收结案情况

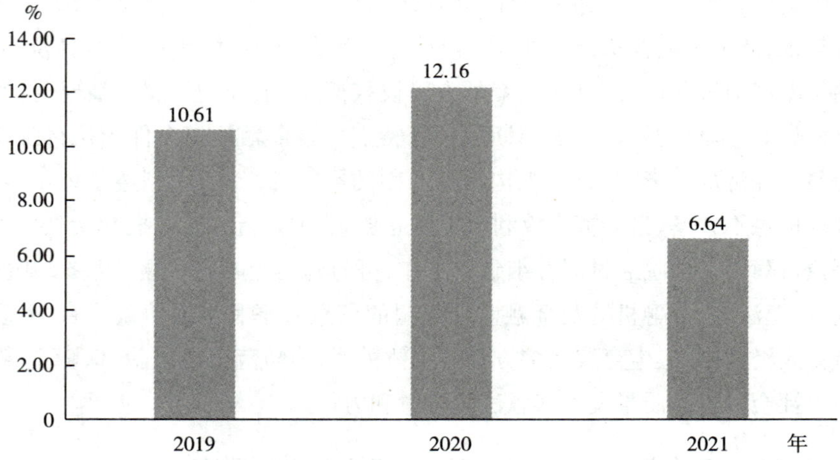

图2 涉金融债权案件执行到位率

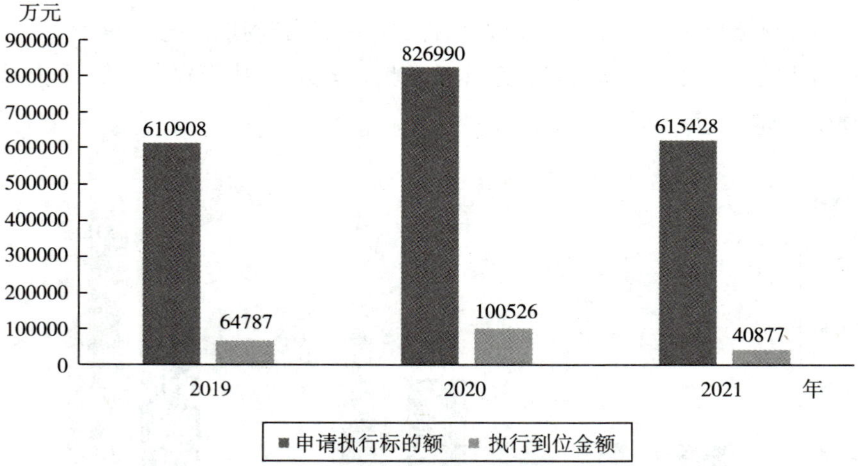

图3 涉金融债权案件申请执行和执行到位情况

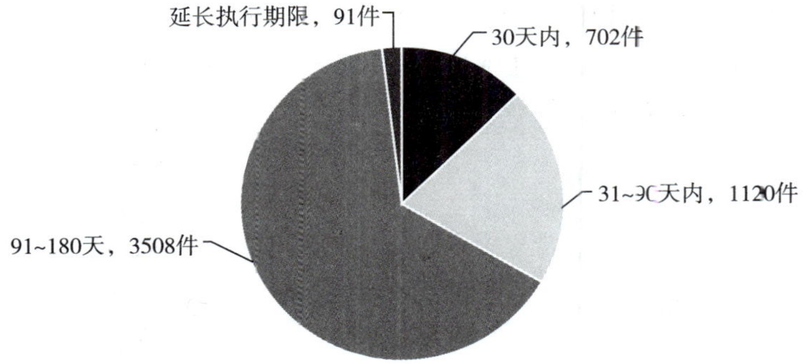

图 4　2021 年 5421 件涉金融债权案件执行周期情况

同时,涉金融债权案件执行法定期限是 6 个月,因各种因素导致实际执行周期偏长,2021 年收案的 5421 件案件中有 3508 件在 3 个月以上 6 个月以下结案,有 91 件延长执行期限。

2. 案由类型情况

2019—2021 年,柳州法院办理的涉金融债权执行案件主要有三大案由:一是金融借款合同纠纷;二是融资租赁合同纠纷;三是与证券、保险、票据、破产等有关的合同纠纷。

(1)3 年来柳州法院金融借款合同纠纷案件执行情况(见图 5)

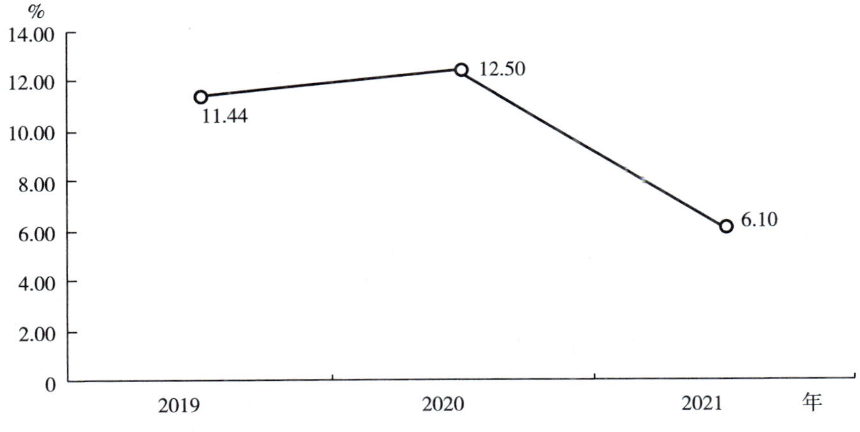

图 5　金融借款合同纠纷案件执行到位率

2019—2021 年,柳州法院执行金融借款合同纠纷案件的收案数、结案数呈上升态势,但是申请执行标的金额和已执行到位金额均呈“峰”状下行趋势,申请执行主体主要是银行、农信社、融资担保公司、投资公司、金融资产管理公司等(见图 6、图 7)。

(2)2019—2021 年柳州法院融资租赁合同纠纷案件执行情况

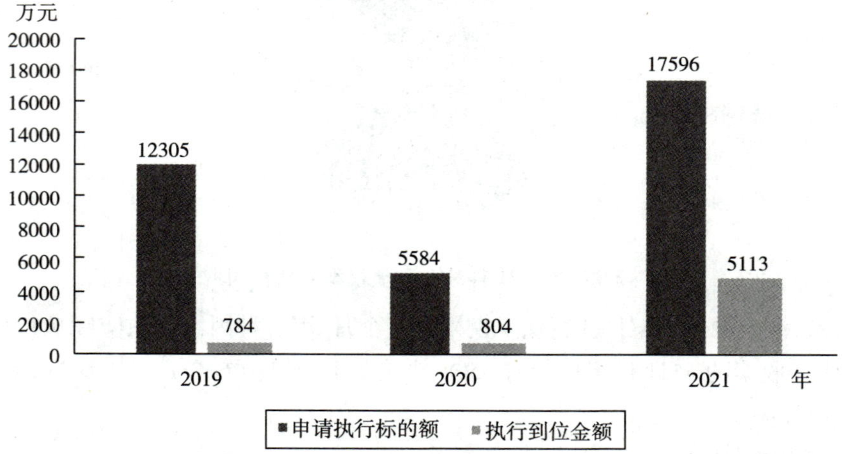

图 6 融资租赁合同纠纷案件申请执行和执行到位情况

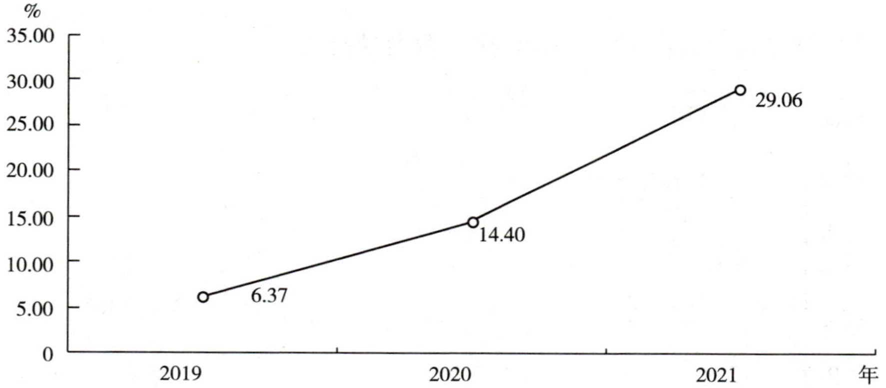

图 7 融资租赁合同纠纷案件执行到位率

2019—2021 年柳州法院执行涉金融机构融资租赁合同纠纷的收案数、结案数呈上升态势,申请执行标的金额呈"谷"状上升趋势,已执行到位金额呈逐年上升趋势(见图 8、图 9)。

(3)2019—2021 年柳州法院与证券、保险、票据、破产等有关的合同纠纷案件执行情况

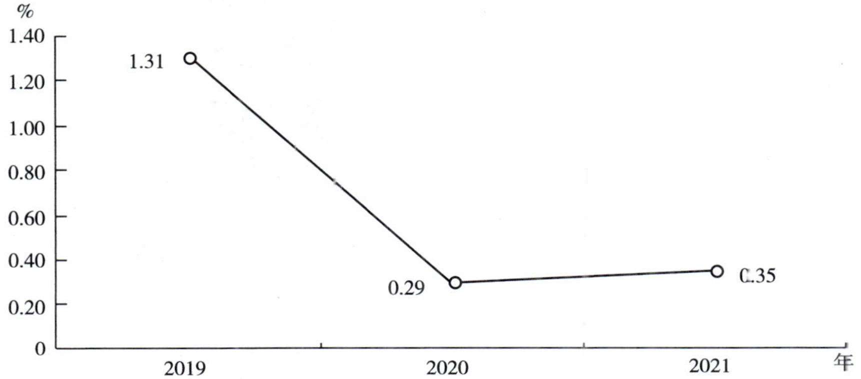

图 8　与证券、保险、票据、破产等有关的合同纠纷案件执行到位率

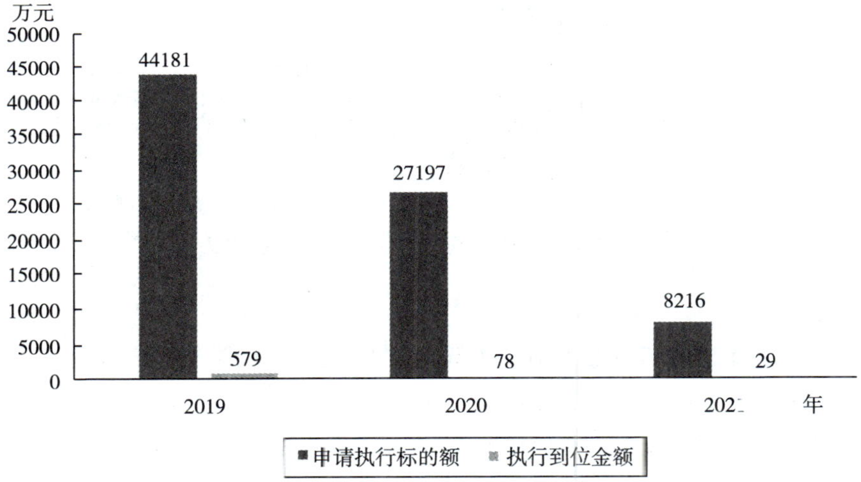

图 9　与证券、保险、票据、破产等有关的合同纠纷案件申请执行和执行到位情况

2019—2021 年柳州法院执行与证券、保险、票据、破产有关的金融案件的收案数、结案数呈先升后降态势，申请执行标的金额及执行到位金额呈下降趋势。全市执行的与证券、保险、票据、破产有关案件，主要是保险合同纠纷案件和银行作为申请执行人的票据纠纷案件及少量的破产纠纷案件。其中一部分票据纠纷案件转为追偿权纠纷案件，导致 2021 年此类案件有所减少（见图 10、图 11）。

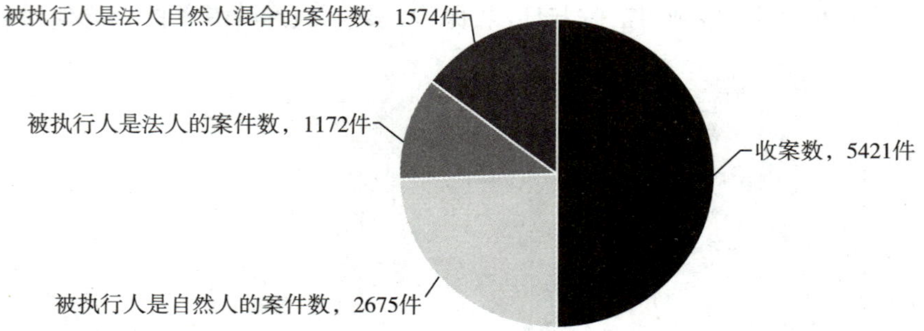

图 10 2021 年金融债权执行案件被执行人的主要分类情况

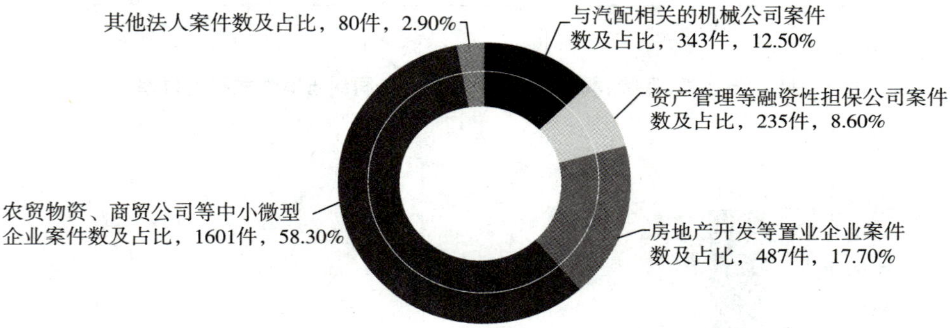

图 11 2021 年法人作为被执行人的主要类型占比情况

3. 被执行人类型情况

2021 年全市 5421 件涉金融债权执行案件中，近半数的被执行人是自然人，即金融机构向自然人主张债权，申请法院查询、查封、处置自然人被执行人财产。而在实践中，存在自然人多数向多个金融机构申请借款，以物设立多个抵押等执行障碍。

2021 年全市法院受理的与法人相关的被执行人案件数为 2746 件，即超半数的被执行人是以公司及个人担保与金融机构发生经济往来。法院执行法人被执行人财产更加困难，执行中普遍存在公司人格混同、公司高管财产与多个关联公司人格混同，公司高管出资不实、抽逃出资、虚假出资，公司停止运营、地址下落不明、未经清算注销等空壳状态的现象，给法院执行工作的推进造成阻碍。

（二）金融机构风险审查机制对执行的影响

1. 2021 年金融机构申请执行金融借款合同纠纷案件情况

表 1　2021 年金融机构申请执行金融借款合同纠纷案件情况

金融机构	申请执行案件数（件）	申请标的（万元）	已执行到位金额（万元）	到位率（%）
银行（含村镇银行、地方商业银行）	4309	288023	18807	6.5
信用社	314	178759	16447	9.2
融资性担保公司等	393	98794	232	0.24
金融投资等地方政府金融平台	53	24040	249	1.03

2021 年金融借款合同纠纷执行案件 5069 件，其中各类银行作为申请人的案件数占比 85%，申请标的金额超过 28.8 亿元，已执行到位 1.8 亿余元。以广西某融资担保有限公司、广西柳州某融资担保有限公司为代表的融资担保公司向法院申请执行的金融借款纠纷、追偿权纠纷 393 件，因被执行人多数是涉矿业、木业、旅游投资、家电等濒临破产公司，执行到位金额偏少。

2. 金融债权执行案件有无担保及执行情况

表 2　2021 年金融债权执行案件有无担保及执行情况

收案数（件）	结案数（件）	申请标的（万元）	到位标的（万元）	设置过抵押与担保的案件（件）	无财产可供执行或财产不具备处置条件案件（件）
5421	5312	615428	40877	3542	3270

以 2021 年涉金融债权执行案件 5421 件为例，设置过抵押与担保的案件数 3542 件，无财产抵押、担保的案件数 1879 件，经法院执行查控后发现被执行人无财产可供执行或财产不具备处置条件的案件数（含轮候查封无法实际执行到位案件数）3270 件，表明部分金融债权纠纷案件，合同双方对是否有抵押物、抵押物是否适值、抵押物是否毁损灭失、抵押物权属是否有争议等问题都没有约定或约定不明。此外，从执行实践来看，金融机构发放贷款时对抵押物价值的评估与法院查封、评估、拍卖、变卖的价值差异较大，其中既有经济环境变化、市场价值跌宕等因素，还有抵押物本身折价、折旧等因素。

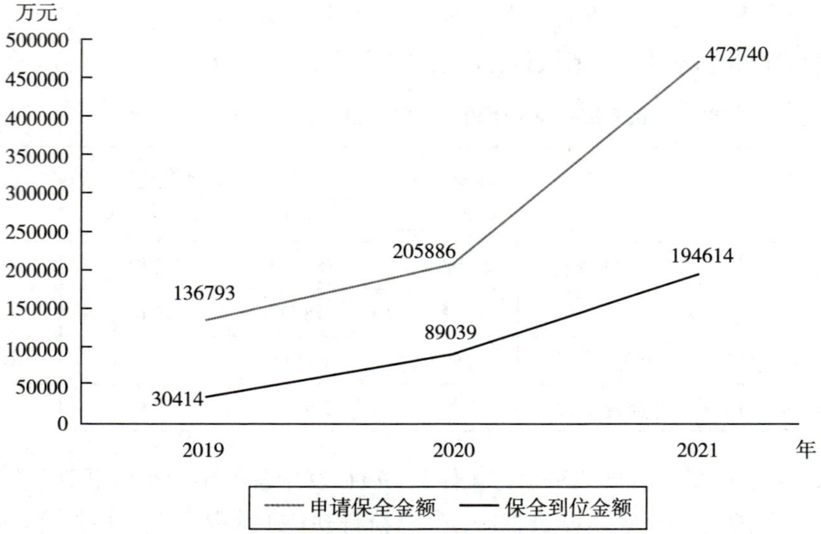

图12 涉金融机构民商事纠纷财产保全申请和到位情况

(三)2019—2021年涉金融机构民商事纠纷财产保全案件情况

财产保全为债权实现奠定了基础,也有利于执行工作的顺利推进。涉金融民商事纠纷诉前财产保全呈现申请保全案件数、申请保全金额及保全到位金额逐年上升趋势,保全到位率先升后降。另外,财产保全案件办理周期短,2021年柳州市中级人民法院受理的132件保全案件中,30天内办结的为120件,其中2件为当天办结,5件为1天办结,24件是在5天内办结。132件保全案中有11件部分保全、121件全部保全。

财产保全对执行工作意义重大,尽管2019—2021年保全案件数、申请保全金额、保全到位金额均呈上升态势,但保全案件数占比却呈下行趋势。以2021年为例,柳州市共有涉金融债权案件5421件,而进行了财产保全的案件仅有2482件,保全率为46%,保全率相较于2019年(62%)下降明显。

(四)全市法院执行异议案件审查情况

2019—2021年柳州市法院受理的执行异议申请总数呈上升趋势,但从执行异议案件与首执案件的数量占比可见,执行案件办理中,异议权的使用占比在较为合理的区间,但异议被驳回的占比很高(见表3)。

表3　2019—2021年柳州法院办理执行异议案件比及被驳回占比

年份	异议案件数(件)	首执案件数(件)	异议案件数占比(%)	异议被驳回案件数(件)	异议被驳回案件数占比(%)
2019	314	18478	1.7	248	79
2020	746	23957	3.1	549	74
2021	784	33075	2.3	483	62

从异议内容来看,针对执行行为违法或不当提起执行异议案件占比远小于案外人针对标的物权属争议提起异议案件数,针对执行行为违法或不当多数表现在当事人认为执行中存在超标的查封(见表4)。

表4　2021年执行异议的各种情况及说明

序号	异议主张	案件数(件)	占比(%)	异议主张的救济	异议被驳回案件数(件)	异议被驳回案件数占比(%)
1	当事人认为执行行为违法或不当	194	24	复议	140	72
2	案外人对执行标的权属有争议	590	76	诉讼	358	61

值得注意的是,案外人对标的物权属争议占执行异议总数的比例较高,异议审查后案外人主张被法院驳回的比例与总的执行异议案件被驳回的占比持平。但在异议申请被驳回的358件案件中,有187件案外人对法院驳回其主张的异议裁定不服,通过案外人异议诉讼主张权利。2021年,柳州全市法院受理案外人执行异议之诉后,经一审、二审程序审理后案外人诉请被驳回的占57%、66%。因当事人提起执行异议与复议,或者案外人提起执行异议与诉讼,强制执行实施程序一般会中止,而当事人提起执行异议与复议,均不收取执行审查费,属于无成本暂停执行程序;而案外人执行异议之诉民事一审、二审进行实体审查,周期长,实体判决结果与异议审查程序结果占比相当,因此滥用执行异议权、拖延执行或者虚假诉讼成为困扰执行的一大难题。

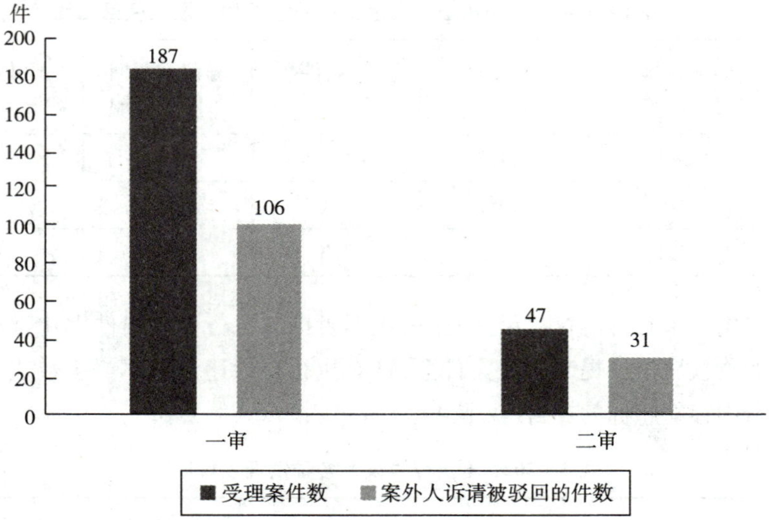

图13 2021年案外人执行异议之诉诉请被驳回情况

二、全市涉金融债权案件存在的执行障碍

（一）整体经济环境的影响

2021年中央经济工作会议指出，目前我国经济发展长期向好的基本面不会改变，但面临着需求收缩、供给冲击、预期转弱的三重压力。当前，国际金融市场不稳定，国内金融环境复杂、社会矛盾不断增多，金融机构间的经营竞争日趋激烈，部分市场主体特别是中小微企业面临较大的融资困难。

（二）金融机构自身原因的影响

1. 贷前审查机制不够完善。其一，贷前审查期间对信贷人及担保人征信及资质审查不够完善。金融机构在贷前风险审查上所设置的流程和要求较为宽松，借款人能更容易的获得额度更高、时间更长、成本更低的贷款。对借款人的审查不够全面，“人情贷”的倾向性问题没有完全杜绝。其二，贷前审查中对抵押物权属、现状、评估价值、追踪等机制不健全。特别是部分地方性金融机构的抵押物类型多，除了传统的不动产、车辆等资产外，还涉及专利权、商标权的质押，铁矿石等动产的留置以及林权、采矿权等许可性权利的抵押。这些非传统的资产在查清权属、权利负担等方面具有一定的难度，部分地方性金融机构对于这方面的工作做得还不够细致，有的案件在执行阶段才发现案涉标的抵押范围不清，权属存在争议，甚至已经毁损灭失，这些均导致担保物处置不能或不能及时处置。其三,金融机构对贷款资金用途、去向、追踪等管控不严。如在执行某县矿业公司一案中,当事人在签订借款合同时,将其名下的三处采矿权作为抵押财产并到自然资源部门办理了抵押登记。但该三处采矿权均有时效不等的许可期限,在本案债务逾期后,其中两处采矿权的许可期限已经届满,按照相关行政许可规定需依法收归国有,通过法定程序另行确定权利,相应的抵押权也相应灭失,债权无法实现。其四,金融机构要求互保、联保,易产生系统性风险。如某农业金融机构的某项涉农贷款业务,借款人仅需要 2 人进行保证担保就能获得贷款,而无须提供额外的担保财产。部分借款人与担保人利用金融机构审查漏洞,相互循环作为借款人和担保人,重复向金融机构借款。借款人同时是担保人,任何一笔借款逾期,都会导致其他借款也无法偿还。

2. 重诉讼实体、轻执行程序的思想仍然存在,对风险管控措施的介入较晚。在贷款发生逾期后,金融机构均能较快将不良贷款推进诉讼程序,但部分金融机构较为依赖担保财产,在诉前、诉中均未对案涉资产进行保全查封,增加了案涉资产流失和执行法院丧失处置权的风险。另外,金融机构即便在诉讼中申请了财产保全,但主动向法院申请使用“总对总”司法查控系统对被执行人的财产进行调查、保全的案件却相对较少,一些案件虽根据银行提供的有限线索查封了部分财产,但普遍存在资产价值不高的情况,对被执行人银行账户的控制较少。

3. 金融机构过分依赖抵押物,怠于有效保全自然人财产,风险控制能力弱。从抽样案件及前述分析来看,2021 年,柳州市共有涉金融债权案件 5421 件,而进行了财产保全的案件仅有 2482 件,保全率为 46%,即仍有将近一半的涉金融债权案件未进行财产保全,大量的被执行人资产均被另案债权人在先查封或处于被执行人的控制之下,随时有流失的风险。同时,涉金融债权案件往往在抵押担保人之外还存在较多的连带保证人,金融机构关注的重点多在于抵押财产,采取保全措施时也普遍是仅申请对抵押物进行保全,忽视对其他连带保证人的财产采取保全措施,为其他连带保证人在诉讼过程中转移财产或者给财产设定权利负担提供了机会。因为没有采取保全控制措施而可能导致财产流失的风险,增加了执行障碍,造成在执行程序中普遍面临除抵押财产外无其他财产可供处置的困境,或因财产上设定的权利负担导致的执行程序中案外人利用执行异议、异议诉讼等程序延缓处置进展、增加处置难度等问题,其结果一方面降低执行到位率和金融债权收回率,无形中加大了金融债权转化为不良资产的风险;另一方面导致案件办理周期长,结案压力大。

(三)案件所涉利益主体对案件的影响

从抽样案件情况来看,柳州市涉金融债权案件呈现出案涉利益主体债权债务关系复杂和执行周期增长的特点。

1. 被执行人复杂债权债务关系对案件执行产生负面影响。部分案件被执行人在多个金融机构办理多次借贷。如被执行人谢某某，全市共有 15 家银行机构向其及其担保人发放贷款，涉及首次执行案件 88 件，申请执行标的达到 6.9 亿余元，执行案件涉及全市 6 家法院。在这样的情况下，多个金融机构通过不同的法院对同一被执行人的相同财产进行查封和多次的轮候查封。在案件进入执行程序后，执行法官需要花费大量的时间和精力梳理被执行人的借贷关系和案涉资产的情况。

2. 案外人滥用异议权对执行程序的推进带来阻力。部分案件涉及案外人（如出资人、施工人、承租人等）实体利益，案外人异议及案外人异议之诉的案件逐年增加，部分案件出现案外人与被执行人恶意串通，利用异议程序阻碍执行的情况。例如，案外人广西某贸易公司在本院执行的某银行与广西某投资公司等借款合同纠纷一案中提出执行异议（2020 年 7 月 14 日提出异议），案外人认为其与被执行人签订租赁合同且已支付租金，并要求继续履行租赁合同并带租拍卖案涉房屋。经审查后，异议人提交的电子银行交易转入凭证不足以证明其支付了租金等费用，且异议人还伪造交付租金的《收据》，故本院依法驳回了其异议请求。异议人随后提起执行异议之诉，在本院于 2021 年 1 月 13 日立案后该异议人又于 2021 年 2 月 23 日撤诉。在该案执行异议和执行异议之诉的审理程序中，为了查明案涉房产实际的租赁情况总共花费了 7 个月的时间，在此期间，案涉标的房屋无法进行拍卖，极大地影响了执行的效率。

3. 被执行人消极对抗执行。如前文所述，部分案件的被执行人已经陷入了较为复杂、繁重的借贷关系中，作为借款主体的自然人和法人，即便将案涉抵押的财产或其他财产变现也难以清偿全部债务，在这样的情况下，部分被执行人出现了消极对抗的情绪甚至是恶意逃避执行的情况。从抽样案件的情况来看，造成被执行人消极对抗执行的原因主要有被执行人法律意识淡薄、经营不善导致履行能力弱、经济环境及疫情的影响以及企业濒临破产四种情况。

4. 被执行人违规操作造成执行标的权属不清。执行过程中发现涉及金融机构与大型房地产公司的金融债权执行案件，在处置抵押房产受偿时，部分房地产公司为了筹集资金，在与购房户签订意向认购书并收取定金，或者签订购房合同并收取首付款或全款的情况下，隐瞒事实将房产抵押给金融机构。部分房地产公司存在已将房产抵押给金融机构的情况下，隐瞒事实将房子出售给购房户等违规操作行为。多数购房户以对案涉房产主张实体权利为由，针对法院执行房产的行为提起执行异议、异议诉讼。另外,因一些被执行人为了阻止执行,改变标的物的结构和编号,使标的物现状与产权证书登记的无法对应,极大增加了执行时查明的难度和成本;还有部分被执行人以签订虚假的长期租赁合同的形式,利用买卖不破租赁的规则规避执行等,导致标的物权属、现状、权利负担的查明困难。

(四)案涉财产变现程序中存在的障碍

1. 财产查询信息不共享,客观上影响执行效率。查人找物是案件执行的第一阶段,当案件进入执行程序后均能通过"总对总"对被执行人的财产进行查控,但是对部分未接入系统的财产,如某外资银行、金融理财产品、公积金、社区调查等情况仍需进行线下临柜查询,但这些查询的结果仅能个案使用,其他案件如有相同被执行人的则需重复查询,客观上影响了执行效率。另外,部分先进入执行程序的案件,已经完成了对案涉资产产权情况的调查工作,但因案涉资产为金融债权的担保财产,如拍卖处置可能出现金融机构获偿后执行案件债权无法获得受偿的情况。在这样的情况下,申请执行人往往会申请停止后续的财产处置程序,等待金融债权进入执行程序后再进行参与分配。而金融债权在执行程序中可能无法直接从前述执行案件中取得财产查询的情况,需重新另行查询,在一定程度上影响了执行的效率。

2. 案涉资产权利负担设立随意的情况有所增加,直接影响变现效果。在抽样案件中,部分案件被执行人在长期的经营中利用同一资产向不同金融机构或自然人融资,在相应的资产上设立了多次抵押权,以至于处置了抵押资产后不足以清偿全部债务,甚至部分案件无法满足第一抵押权人的本金。此外,部分案件借款人在案涉标的上设立较长期限的租赁权以获得收益,同时也有非金融债权在出现还款违约后首先介入通过签订长期租赁合同等形式,实质上占有案涉标的物并用相应的收益权直接抵偿债务。虽然在签订借款合同时,合同双方对抵押物的租赁权及收益均有约定,但金融机构在贷后的管理中难以进行实质性的监管。案外人、被执行人利用买卖不破租赁等规则给案涉财产的执行造成阻力。如无法破除租赁进行拍卖,案涉资产的变价将难以实现,直接影响了财产变现的效率和效果。同时,案涉资产处置受到外部经济环境的客观影响,成交价格波动较大。对比 2019 年至 2021 年全市拍卖成交的情况,2019—2021 年全市法院推送拍卖资产总数与成交率持续上涨,与疫情影响线下实体店购物有关;成交金额先升后降幅度明显,与大宗土地房产交易暂缓等经济环境有关。

表5 2019—2020年全市法院网络司法拍卖成交情况

年份	全市法院拍卖成交资产数(项)	成交金额(亿元)	成交率(%)
2019	1493	16.8	59.84
2020	2973	33.88	70.04
2021	3279	14.56	74.79

3.被执行人恶意发起执行责任财产豁免,给有序推进执行程序带来一定阻碍。我国现行《民事诉讼法》明确规定,人民法院可以扣留、提取被执行人的收入,但是应当保留被执行人及其抚养家属的生活必需费用。近年来,被执行人以责任财产为生活必需为由向人民法院提出执行异议的情况屡见不鲜,特别是以执行被执行人唯一住房和扣留退休收入所引发的异议为甚。从实践中看,以被执行人提出案涉房屋为唯一住房,不应执行案涉房屋的情况为例。对于这一问题的处理,现阶段执行法院仍然适用执行异议复议规定中的相关条款,给被执行人保留一定比例的租金,作为保障其居住权的方式。但不同法院对于执行豁免中的主体、责任财产的范围等问题的认定没有形成一致,相关的法律也仅是作出了原则性的规定,而没有明确的、具体的、可操作性强的细则,还缺少较为明确的程序性规范指引和统一的适用尺度,这也就使部分执行案件在开展执行工作中容易陷入被动的局面。

三、执行工作为推进金融稳步发展建设的对策建议

(一)对策建议的依据、方向

2021年中央经济工作会议强调:"明年将召开党的二十大,这是党和国家政治生活中的一件大事,要保持平稳健康的经济环境、国泰民安的社会环境、风清气正的政治环境。做好明年经济工作,要以习近平新时代中国特色社会主义思想为指导,全面贯彻落实党的十九大和十九届历次全会精神,弘扬伟大建党精神,坚持稳中求进工作总基调,完整、准确、全面贯彻新发展理念,加快构建新发展格局,全面深化改革开放,坚持创新驱动发展,推动高质量发展,坚持以供给侧结构性改革为主线,统筹疫情防控和经济社会发展,统筹发展和安全,继续做好'六稳''六保'工作,持续改善民生,着力稳定宏观经济大盘,保持经济运行在合理区间,保持社会大局稳定,迎接党的二十大胜利召开。"坚持稳字当头、稳中求进,充分认识法院在应对金融危机、服务经济发展中的重要地位和作用。法院要主动担负起稳定宏观经济的责任,积极推出有利于经济稳定的政策,做好涉金融债权案件执行工作。

（二）对策建议的提出

1. 构建金融案件立、审、执、破无缝对接机制

（1）构建财产保全快速协作机制

引导金融机构在对抵押物申请保全的同时，对连带保证人申请诉前和诉讼财产保全，并建立快速保全协作机制。对金融机构的保全申请，审判部门及时出具保全裁定并移送立案部门，立案部门及时审查立案并移送执行机构实施保全，执行机构根据申请及时启动财产查控。依托办案信息系统实现金融债权保全案件的全流程记录、跟踪、监管，打造金融债权保全绿色通道，以最快速度、最大限度控制财产，为执行阶段的顺利推进奠定坚实的基础。

（2）将涉案财产权属认定、标的物现状查明等前置到审判程序

建议将金融债权案件涉及的标的物权属、现状、权利负担的认定程序前置到审判程序中，经由审判程序确定。执行处置标的物以权属明确为基本前提，以禁止处置案外人财产为基本原则，而涉案财产权属认定，查明标的物现状需要当事人举证主张，法院以事实为依据做出判断，如果将金融债权案件涉及的标的物权属、现状、权利负担的认定前置到审判程序中，经由审判程序确定，将会为执行清除很多障碍，极大提高执行效率。

（3）结合繁简分流工作机制，实行涉金融繁案集约化执行

建立快速执行机制，通过繁简分流，实现案件办理“快”“慢”分道。为有效避免金融债权案件与其他类型案件交织导致的“先易后难”观念下的选择性执行、拖延性执行等问题，对于无财产案件、小标的额案件、有财产易处置案件由简案团队处理、快速执行。

柳州市法院结合正在推动的繁简分流工作机制，充分认识金融债权执行案件标的金额巨大、需处置财产多、涉及利益主体广泛、执行处置程序复杂、规避执行、逃避债务行为时有发生、对办案人员能力要求高等特点，优化执行工作机制，坚持执行工作“三统一”原则，实行集中统一执行，成立涉金融债权案件执行工作领导小组和由业务骨干组成的金融债权案件执行团队，制定金融债权案件执行规程，专职办理涉金融债权案件。统一协调案件执行过程中涉及的标的物处置权商请与移送、财产分配等工作，对符合条件的被执行人集中实施罚款、拘留强制措施，集中开展强制腾空房屋、清退土地等活动，进一步加大金融债权案件的执行力度，切实提高金融债权案件执行到位率，助力金融风险化解工作，实现良好的法律效果与社会效果。

(4)充分运用“互联网+”成果,最大限度提高财产变现率

其一,坚持以网络公开拍卖为原则,提高网拍率。由金融债权案件执行团队严格按照网络司法拍卖的规范要求集中开展网络司法拍卖工作,实现网络司法拍卖的专业化、规范化、集约化,对按规定不实行网络公开拍卖的要履行严格的审批手续,避免传统拍卖串标、围标情况及导致的执行廉政风险。其二,加大财产处置宣传力度,优化配套服务,提升变现率。对拍品除了在网络拍卖平台上宣传展示,还要充分利用法院官方网站、各类微信公众号、电视栏目、报纸、杂志等对拍品进行持续、集中宣传,向社会公众推送拍卖信息。同时要及时给予指导、讲解,引领意向竞买人看样、回答相关咨询等,提升拍品的受众面和潜在竞买人的购买意愿,促进财产变现率提升。其三,强化评估、拍卖辅助环节的监督,提高溢价率。要求评估机构认真对标的物的价值开展评估,把评估价值多次明显偏离成交价的评估机构列入评估警示名单,加大对司法拍卖辅助机构制作的拍品信息的审查力度,进一步完善拍品信息,详细披露拍品的权属、占有及权利负担等情况,打消意向竞买人的疑虑,促进溢价率的提升。

(5)畅通“执转破”渠道,将符合条件的被执行人及时移送破产

“执转破”工作是人民法院贯彻中央供给侧结构性改革部署,健全市场主体救治和退出机制,完善司法工作机制,化解执行积案,破解执行难题的重要举措,是一项系统性工作、难度很大,涉及国有资产保护、金融秩序稳定、职工安置和就业保障、企业重整、资产保值增值等一系列重要问题,需要政府、法院、企业、金融监管部门等多方协调配合,共同推进。为此,柳州市中级人民法院制定了《关于执行不能案件移送破产程序若干问题的意见》,明确了执行转破产程序的启动、释明、移交材料、审查、执行中止、抵押物优先处置等程序。“执转破”工作涉及执行程序与破产程序之间的转换衔接,需要法院内部的立案、破产审判和执行部门之间的有序衔接,密切配合。畅通立、审、执、破机制,对符合条件的被执行人及时移送破产,通过司法途径完善“僵尸企业”有序退出市场机制,化解涉企案件执行难题。同时建立“府院联动”协调工作机制,争取政府支持,为顺利实施“执转破”提供强有力的组织保障和经费保障,解决破产财产变现难问题及信访维稳工作。

2. 搭建法院、金融机构及金融监管部门的信息共享和沟通协调平台

执行指挥中心联席会议工作领导小组在市委政法委的领导下由市中级人民法院牵头,定期召开联席会议,通报情况,研究解决执行联动机制运行中出现的问题,确保执行联动机制顺利运行。

(1)利用大数据平台,实现信息资源互通和共享

积极探索建立信息化共享平台,法院将执行案件的有关信息及时、全面、准确地录入执行案件信息管理系统,并与有关部门的信息系统实现链接,为执行联动机制的顺利运行提供基础数据信息。法院积极推动各联动单位加强联合惩戒信息反馈,定期向联动单位通报最新司法解释、司法政策及其他规范性文件,加强研判、交流。利用全国信用信息共享平台,推进失信被执行人名单信息与金融监管部门实现信息资源共享。实现对失信被执行人名单信息自动比对、自动监督、自动采取拦截、惩戒措施,推动完善一处失信、处处受限的信用监督、警示和惩戒体系。

(2)建立常态化的联动机制,变单打独斗为合力执行

通过执行指挥中心联席会议等方式,加强沟通协调。充分依托执行指挥中心联席会议机制,积极争取党委、政府和各联席成员单位的支持,将具有法定协助义务和工作配合责任的单位和个人的积极因素调动起来,形成化解涉金融债权案件的合力。比如,人民银行协助人民法院查询人民币银行结算账户管理系统中被执行人的账户信息等;银行业监管部门监督银行业金融机构积极协助人民法院查询被执行人的开户、存款情况,依法及时办理存款的冻结、轮候冻结和扣划等事宜;证券监管部门监督证券登记结算机构、证券、期货经营机构依法协助人民法院查询、冻结、扣划证券和证券交易结算资金等。

3. 妥善处理被执行人经营困难、生存权及多方利益主体关系

(1)强化善意文明执行理念,审慎采取强制执行措施。尤其是对资金周转困难,生产经营陷入困境,又尚存一丝生机的中小型企业、民营企业等被执行主体,在不影响债权实现或者不构成财产价值严重贬损前提下,可以通过"放水养鱼"的方式,尽量采取"活封"措施,让企业继续施工建设或生产经营,充分发挥其效用或保值增值功能。在全市推广信用激励修复机制,提高债务人生存下去及履行债务能力,避免社会资源浪费。

(2)合理平衡金融债权实现与被执行人生存权保护。在金融案件执行过程中,应当首先执行被执行人的投资性权益、经营性资金等生产经营性财产,只有当被执行人没有经营性财产,或者被执行人的经营性财产已经执行完毕后,才能执行被执行人的住房、生活用品等消费性财产,把对被执行人的生产和生活影响降到最低。同时,要采取有效措施防止被执行人利用生存权作为"护身符",比如常见的以"保护居住权,唯一住房不能拍卖""拍卖成交后拒不搬离"等为由,恶意逃避金融债务。这样,不仅可以及时保护金融债权,还可以有效避免金融债权保护与被执行人生存权之间的

冲突。

（3）合理平衡债权人、债务人、出资人、职工等多方利益主体的关系。对于执行财产为尚未建设完毕的工程项目，或者对于现有财产不能偿还其全部债务的企业法人案件，加大对破产保护理念的理解和宣传，充分发挥破产重整制度在强制执行程序中的造血、输血和救治功能，通过有效发挥"执转破"工作效能，用好执行和解、破产重整和清算等制度，引导、鼓励各方利益主体尽早运用破产程序处理债务，有效维护债务人资产的完整性，助力有运营价值企业继续经营。通过"执转破"制度和民事执行程序中对优先受偿权的合法保护等措施，合理平衡债权人、债务人、出资人、企业职工等利害关系人的利益，实现资源优化配置和社会价值最大化。

4. 对金融机构健全和完善内部风险防控机制的建议

（1）加强对信贷人征信和资质审查。最高人民法院于2018年6月7日上线运行"中国执行信息公开网"，面向社会公开2018年6月1日后全国法院新收的各类执行案件以及被执行人信息、限制消费人员信息和失信被执行人信息等，成为查询个人、企业及其他社会主体信用状况的一把利器，建议金融机构在审查信贷人的征信时，除个人征信系统查询外，还可登录上述网站或者大数据平台，查询信贷人在法院的执行信息，了解信贷人在法院是否有执行案件及履行情况，提高征信审查标准。同时，加强对信贷人信贷资质的审查，尤其是针对消费信贷领域乱象，例如对在校大学生或应届毕业生发放信用卡、手机贷、车贷等，央行提出了"不宜依赖消费金融扩大消费"的观点，对明显没有资质，无还款能力的，不应成为金融贷款发放的对象。通过严格借款审查标准，从源头降低信贷风险和避免法院执行不能案件的发生。

（2）加强对担保人和担保财产审查。在主债务人违约，无力偿还借款的情况下，担保人是否具有还款能力、担保财产的价值大小、变现难易程度，直接关系到金融机构债权的实现。在金融案件执行过程中，出现的普遍性问题就是担保人还款能力差、担保的财产评估或最后成交价值远远低于申请执行的债权标的额，直接导致执行标的到位率较低。因此，加强对担保人和担保财产的审查，应成为金融机构风险防控非常重要的环节，以此降低债权风险。建议金融机构从严把握审批关口，审慎选择担保方式和担保人，降低因联保、互保等引发的系统性风险，尽可能要求由信用度高、履行能力强或有固定收入、固定资产的案外人作为担保人。对担保财产的审查，除常规的到不动产登记机构进行权属、查封、抵押状况查询，委托评估机构进行价值评估外，还可通过实地走访、调查，审核不动产所有权人、运营监管方等的经营、管理水平和资质情况，以及不动产的占有、经营、租赁和使用现状等影响后期财产处置的因素，确保抵押的资产优质、易变现。

(3)加强对贷款资金去向用途的审查。执行实践中发现,部分金融机构在放贷过程中,存在一些审核把关不严的现象,疏于对贷款资金流向的审查,导致信贷资金有时候会在运行过程中出现变道、转道和流失,特别是流入高风险的房地产市场、淘汰落后产业或投资期货、炒股、炒房等,成为资金转道的重点。因此,建议金融机构加强对贷款资金需求进行穿透式、实质性审核,消除审查的漏洞,防止借款人套取资金拆借从事高风险的资本炒作活动。更不能因为有抵押物而放松对贷款需求的审查,尤其是要重点审查资金流水与信贷人、信贷企业生产经营状况是否匹配。

(4)加强对金融借款动态监测和管理。金融机构尤其是银行业金融机构在发放贷款的同时,一般会设立借款人还款账户(资金回笼账户)等。贷款发放后,借款人的还款情况存在复杂性和不确定性,易受国内外经济形势、国家政策、重大公共事件(如疫情防控等)和市场行情等众多因素影响。因此,建议加强对借款资金流动和回笼账户的动态监测和管理,严把贷前、贷中、贷后三道关,通过建立科学信贷风险管理体系,加强贷后动态监测管理,强化对借款人贷后借款用途以及借款人还款能力、失信情况的动态追踪,一旦发现问题或风险增高及时采取补救和化解措施,减少风险和隐患。

(5)建立关联案外人承诺保障机制。主要针对的是法院在财产处置过程中,不动产腾退交付难度大,易引发抗拒执行和群体性事件等这一执行工作难点问题,建议金融机构建立关联案外人承诺保障机制,对具有合法租赁关系的承租人、尚未拿到工程款的施工单位、未拿到工资的职工等一些特殊的案外人,在签订自愿协助配合财产处置承诺书后,由金融机构启动保障机制,先行垫付相关费用和资金,在财产处置变现后再从执行回款中予以扣除。这样,既可以保障案外人的合法权益不受侵害,又可以减少执行工作阻力,降低执行难度,缩短财产处置周期,保障执行工作顺利进行。

涉船舶处置执行案件调查研究

——以改进船舶处置方式为视角

广西壮族自治区北海海事法院执行局调研组*

摘要：本文以近年来北海海事法院处置涉案船舶的基本现状与发展趋势为切入点，从维护当事人的合法为权益、提升案件执行效率、高效利用司法资源三个方面深入分析改进船舶处置方式对提升海事司法执行质效的重要意义，进而按照涉案船舶处置程序的顺序，首先，对涉案船舶寻迹与扣押阶段所使用的技术手段、联动机制以及民间力量三种方式进行分析，探讨存在的问题及进一步改进方向；其次，就扣押后涉案船舶看管阶段存在的船舶看管人的选任、看管费用的确定以及船舶看管期间的安全管理规范与风险救助等方面问题进行探讨；再次，对涉案船舶拍卖阶段船舶的检测、评估、起拍、流拍等几个重要节点以及相关法律竞合问题进行深入研究；最后，就涉案船舶解除扣押与司法拍卖船舶交付阶段船舶及船上物品损毁灭失的责任归咎与救济、风险的预防与控制以及拒绝接收解除扣押船舶等焦点问题进行建设性研究。

引　言

习近平总书记在中央全面依法治国委员会第二次会议上提出"法治是最好的营商环境"，这一重要论断深刻阐明了法治和营商环境的关系，

---

* 调研组成员：苏维琳，北海海事法院执行局局长；劳建明，北海海事法院执行局副局长；谢媛媛，北海海事法院执行局法官；蒋福文，北海海事法院执行局法官助理；黄浩洋，北海海事法院执行局法官助理。

强调要依法平等保护各类市场主体的产权和合法权益，并贯彻立法、执法、司法、守法等各个环节中。法治是推进高质量发展与优化营商环境的重要手段，也是最根本和最稳定的保障。将优化营商环境全面纳入法治化轨道，对于当前深刻转变政府职能，持续优化营商环境具有重要意义。2023年1月6日举行的第二十二次全国法院工作会议提出，深化执行体制机制改革，努力实现到2035年"切实解决执行难"目标。海事执行工作一直致力于公正、高效、经济、充分地兑现债权人的合法权益，坚持善意文明执行，充分尊重和保护航运交易惯例，进而激发航运市场主体动能活力，妥善解决航运纠纷，营造诚实信用的航运经济发展环境。但在海事执行过程中，尤其在涉及船舶处置问题上，"执行难"问题集中体现为"找船难""看船难""拍卖难""交船难"四大难题。本课题将从保障和促进航运要素效用价值最大化，完善解除船舶扣押预担保机制，加大对船舶优先权和以船舶为担保的金融债权受偿保护等角度，深挖船舶寻迹与扣押看管、拍卖、解除扣押与交付等执行船舶过程中存在的问题，研究相应的具体改进措施以优化广西航运法治营商环境。

一、海事司法处置涉案船舶的基本现状

北部湾海域司法处置的船舶种类多为渔船、散货船，而游艇、油轮等特种船舶相对较少，从涉案船舶的吨位上看，主要在3000总吨以下。从涉案船舶的船籍港上看，其中散货船主要是以贵港、柳州、梧州为船籍港；而渔船多以北海、防城港、钦州为船籍港，近年来以北海籍渔船最多，比重最大。从涉案船舶的航线范围上看，主要为北部湾海域、部分渔船有南海海域，其中散货船的主要航线在广西区内的西江流域至广东珠江口区域。

（一）2019—2023年船舶执行基本情况

2019—2023年，我院执行的主要船舶类型为渔船和散货船，截至2023年7月31日，[1]挂网拍卖共131艘，其中渔船共68艘，散货船57艘，其他船舶8艘，无外籍船舶。船舶执行增长的主要原因是受疫情影响，渔业方面，渔民出海生产受到影响，导致收入减少；而货运方面，因疫情货物贸易、运输受到影响，造成渔民和船东出现经营困难，进而资金链断裂、贷款逾期，银行和其他债主起诉执行。

---

〔1〕 以下涉及2023年数据，均截至2023年7月31日。

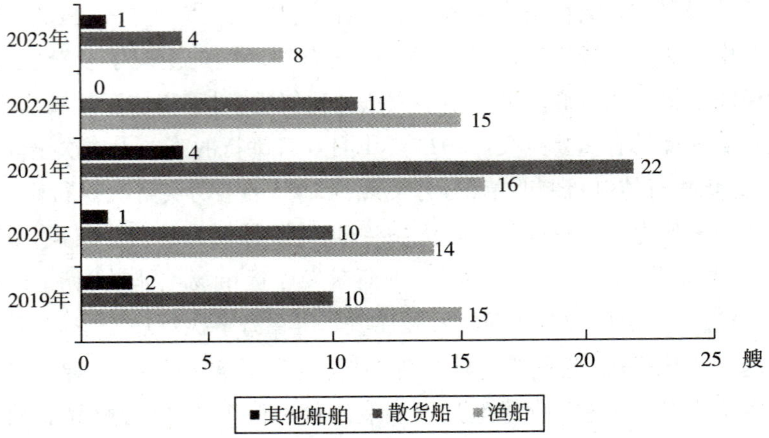

图 1 船舶执行基本情况

(二)2019—2023 年涉金融机构案件船舶执行情况

船舶本身价值大,经营成本较高,因此无论是渔船还是货船,船东在经营过程中往往需要以船舶作抵押向金融机构贷款,当船东无法按期偿还贷款时金融机构就会依法提起诉讼,也就是金融借款合同纠纷。此类案件事实相对明确、争议不大,因此诉讼周期相对较短,而进入执行阶段后,金融机构由于自身规程要求,扣押拍卖抵押船舶的意愿较强且实力雄厚,有相应的人力、物力来查找船舶、垫付拍卖支出的必要费用,因此涉金融机构案件逐渐成为船舶进入拍卖程序的主要案件类型。

2019 年,渔业和航运业都受疫情影响,出现不同程度的经营困难,因此在 2020 年至 2021 年,涉金融机构案件增多,挂网拍卖船舶数量增加。船舶本身虽然价值高,但是受各方面因素影响,即使船舶能够顺利拍卖成交,但是金融机构最终能够受偿的款项往往难以全部覆盖其债权,甚至不到一半,而失去船舶这一生产工具,船东的偿还能力大为减弱,对于金融机构收回全部债权也非常不利。因此自 2022 年以来,许多金融机构也调整策略,不再坚持起诉、执行抵押船舶,而是根据具体情况采取相应措施,对于受疫情影响暂时经营困难但是积极配合的贷款船东,通过展期或者其他方式延长其还款期限,帮助其渡过眼下难关,因此 2022 年来涉金融机构案件数和拍卖船舶数量有所下降(见图 2)。

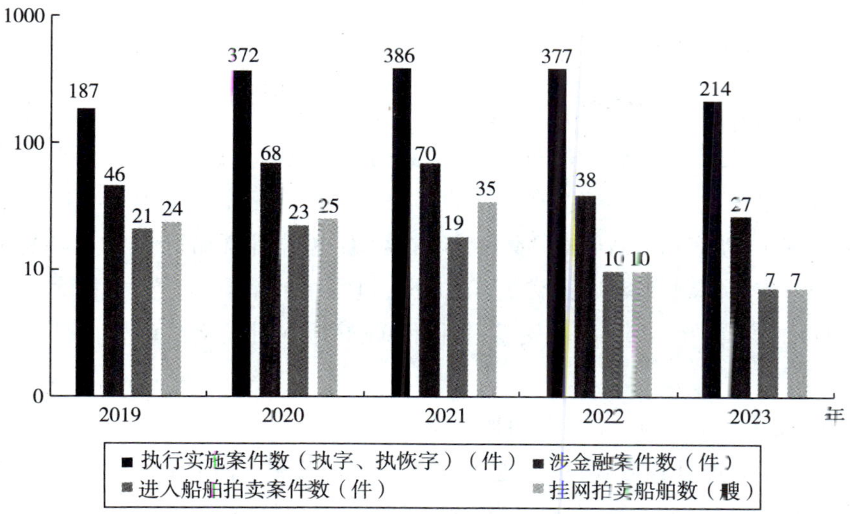

图 2　涉金融机构案件船舶执行情况

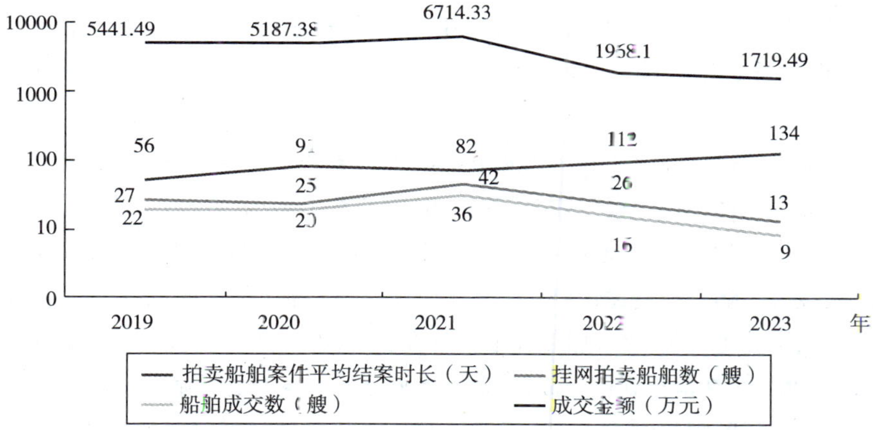

图 3　船舶拍卖情况

2019—2023 年，拍卖船舶案件平均结案时长整体呈上升趋势，主要原因：一是受疫情影响外出查找、扣押、交接船舶受到限制；二是受疫情影响扣押船舶诉求增多法院人力有限难以兼顾；三是疫情以来，渔业和航运市场出现波动，船舶成交的周期延长，甚至最终流拍。

二、改进船舶处置方式对"切实解决执行难"的重要性和必要性

合理合法处置司法扣押船舶是海事司法执行过程中的一个重要环节。船舶作为一项价值较高、处置难度较大的重资产,对其高效、合理、合法的处置,对于维护当事人的合法权益意义重大。同时,在日常的执行过程中,船舶的处置常常面临涉案船舶寻迹与扣押难、涉案船舶看管难、涉案船舶拍卖难、涉案船舶解除扣押难以及司法拍卖船舶交付难等问题,顺利疏通涉案船舶处置过程中的堵点、难点,将极大提升海事执行案件的执行效率、提升司法资源利用率,较好地促进航运法治营商环境的优化提升。

(一)更大限度保护当事人的胜诉合法权益

通过改进船舶处置方式,更好地优化案件执行效率,在面对当前"执行难"的大环境中,一艘涉案船舶的顺利处置,将极大地增加案件执行到位金额,为当事人兑现纸上权利提供直接的保障。同时,船舶处置方式改进将一定程度地降低执行成本,在当前对涉案船舶的处置过程中需要经过船舶找寻、船舶扣押、船舶看管,时常还需进行船舶拍卖以及解除船舶扣押,各个程序的运作及程序间的衔接时常产生大量的执行人力、物力等方面成本。此外,船舶处置方式改进将一定程度上减少执行过程的时间成本。

1. 增加案件执行到位金额。在海事司法执行案件中,扣押与拍卖船舶作为一项特殊财产保全制度,对船舶实施扣押和拍卖,能使海事请求人的权利得到及时、有效保护,同时由于船舶一般价值巨大,船舶处置方式的质量与效率对当事人权利义务的实现造成重大影响。通过优化船舶处置的流程方式,缩短处置时间,减少船舶检测、评估、在途、拍辅等费用,提升船舶评估价值准确度,进而提高船舶司法拍卖成交率与成交价格,增加案件执行到位金额,保障当事人合法权益的及时兑现。

2. 减少涉船舶案件申请执行人的执行成本。由于船舶较强的流动性特征,涉案船舶的扣押地点存在一定的随机性。目前对涉案船舶的扣押,尚未建立固定的停泊锚地及船舶看管设备、设施与人员的制度。在具体实践中,对司法扣押船舶原则上采取就地扣押、就地看管的处置方式,该方式存在一定的风险和隐患,也给申请执行人带来执行成本,如增加船舶锚泊费用、看船费用等成本的不确定性,同时也增加船舶及船上物品损毁灭失的风险等。改进船舶处置方式,将聚焦该问题,探讨可行性方案,进而减少涉船舶案件申请执行人的执行成本。

3. 减少涉船舶案件时间成本。目前,涉案船舶的扣押工作需要执行干警实地找

寻船舶并登船进行船舶扣押相关手续。由于涉案船舶的停泊地点存在一定的随机性,加上海事司法跨域管辖的特点,因此执行干警时常异地、跨省开展船舶扣押工作,这是造成涉船舶案件执行时间长的重要原因之一。改进船舶处置方式,将充分考量这一问题,探讨减少涉船舶案件时间成本的可行性方案。

(二)提升案件执行效率

对涉案船舶的处置作为执行案件办理过程中的一个重要关节,其改进与优化对执行案件整体的程序优化有着重要的促进作用:一是能减少程序流转时间;二是提升船舶司法拍卖成交率;三是提升海事执行工作的公信力。

1. 减少程序流转时间。从司法扣押船舶的程序启动开始,经历涉案船舶寻迹、实地扣押涉案船舶、涉案船舶看管、涉案船舶拍卖再到船舶交付,这一系列过程中仍存在一定的磨合空间,需要在法律允许的范围内,根据辖区实际情况对程序进行适应性调整。同时,随着社会的不断变化,新时期对海事司法提出新要求,法律制定的滞后性问题,需要根据具体的司法实践不断反馈的社会新需求,进行及时地制度调整。因此,改进船舶处置方式,有利于提升案件执行效率,减少程序流转时间,同时能为相关法律的制定、修改与完善提供一定的实践依据。

2. 提升船舶司法拍卖成交率。司法扣押船舶工作在完成扣押程序后,首先需对涉案船舶进行检验,以固定船舶扣押时的状况;接着,需要确定船舶处置的参考价格,目前法定的方式为当事人议价、定向询价、网络询价以及委托评估四种方式,若当事双方无法就船舶价值达成一致意见,又由于船舶的特殊性目前尚未建立较为公认的定向询价与网络询价机制,大多数情况下船舶处置的参考价格来自委托评估的方式。通常情况下,船舶的检测报告、评估报告以及起拍价格是影响船舶司法拍卖成交率的重要因素。因此,改进船舶处置方式,重点把握好船舶的检测、评估以及起拍三个重要的节点,有利于提升案件执行效率,提升船舶司法拍卖成交率。

3. 提升海事执行工作的公信力。公平正义需要及时兑现,高效司法是人民的期盼,迟到的公正必然让公正大打折扣。改进船舶处置方式,有利于提升案件执行效率,将优化改进对涉案船舶的处置时间,提升对涉案船舶处置的准确度,增加执行到位金额,进而增加人民群众对司法维护社会公平正义的信心,提升海事执行工作的公信力。

(三)高效利用司法资源

对涉案船舶进行实地扣押,是一项较为特殊的执行工作。鉴于船舶价值高、流动性强、安全风险大等种种特点,法律特别授权由海事法院专门管辖,反映出船舶扣押工作具备一定的专业性与复杂性，并且所耗费的人力、物力、财力成本较高。改进船舶处置方式，将进一步提升司法资源的利用效率，主要体现在：一是减少干警在途时间；二是减少海事司法与涉海部门间因沟通不畅产生的信息成本。

1. 减少干警在途时间。由于涉船舶案件的扣押地点具有随机性与跨区域性的特点，执行干警的时间消耗主要在于路途之中，这不仅指两地之间的路上距离的耗时长，还指从涉案船舶的近岸点到停泊海域及登上船舶的耗时长。因此，改进船舶处置方式，改善在途耗时，有利于提升司法资源的利用效率，提升执行质效。

2. 减少海事司法与涉海部门间信息沟通产生的成本。基于船舶的特殊性质，海事司法对涉案船舶的处置，时常需要政府相关部门进行协作，由于不同部门间的信息与程序差异，时常带来不必要的沟通成本。因此，通过改进船舶处置方式，探讨与涉及船舶管理的相关部门建立常态化的联动机制，打通跨部门间的信息传输壁垒，降低信息沟通成本，进而提升司法资源的利用效率，提升执行质效。

三、船舶处置过程中出现的四大难题

（一）"找船难"：船舶追踪阶段存在的问题

对涉案船舶的寻迹与追踪，是处置涉案船舶的前置程序。只有准确找到涉案船舶的位置，才能开展船舶扣押工作。但由于船舶位置具有较强的动态性，确定船舶具体位置具有一定的时效性与复杂性。

1. 信息技术手段不足

目前，在涉案船舶的查找方面，当事人及法官较多通过船讯网定位船舶具体位置。同时，为了实现船舶信息采集和精准定位，海事法院与海事部门尝试建立跨部门的执行联动与信息共享机制，开通海事数据信息共享平台。但是上述两种船舶寻迹方式都是基于 AIS 系统（船舶自动识别系统），该系统应用于船和岸、船和船之间的海事安全与通信的新型助航系统，能自动交换船位、航速、航向、船名、呼号等重要信息。该系统在普通船舶日常运营中被要求强制安装与开启，违者将受到海事监管部门的行政处罚，因此，许多船舶定位手段都基于此项技术的运用。但如果被执行人故意关闭 AIS 定位系统，基于此项技术的定位手段也将无法查找船舶航迹及实时位置。

此外，采用船艇结合无人机技术进行船舶寻迹，此类手段正逐渐兴起，但由于无人机航程有限，难以进行长距离、大范围搜索；海上对无人机的信号接收功效、电机状况带来较大的考验，其在运行过程中常有坠机入水的风险。使用 CCTV（Closed Circuit Television）技术与大数据及图像识别技术相结合的方式，在重点航路、码头、渡口等水域对过往船舶实施动态监管，追踪船舶航迹，从而能有效获取准确、立体的过往船舶信息，但此项技术建设成本过高，并且需要较长的时间进行数据收集与校准。

2. 涉海部门联动不足

与涉海部门建立执行联动机制，旨在解决海事司法部门在人力、物力、信息等方面的不足，利用其他部门在人员、设备等方面优势，解决船舶"执行难"问题。但目前该项机制的推进过程中仍存在一定的阻碍：

第一，从海事司法部门内部上看，各海事法院之间虽已建立相关合作协议机制，但在实践工作的开展频率上仍较低。其主要原因：一是扣押船舶无法作为一项单独的委托事项进行委托，在委托程序、手续上存在堵点；二是各院在执行工作中，都有不同程度人手紧张的问题，在委托涉案船舶锚泊地附近的海事法院协助开展扣押工作时，往往存在人手紧缺难以协助的问题。

第二，与海事局、海警局等海上行政执法部门尚未建立较为完善涉案船舶司法执行扣押的联动机制。主要原因：一是海事行政部门，如海事局无相关司法职权，不能越权进行相关扣押工作，同时由于目前船舶出港进港登记审批制已变更为备案制，船舶进出港只需在手机上通过软件报备即可，无须再经审批，因此海事局已无法协助限制船舶离港。二是海上执法部门，如海警局，缺乏法律依据和执行机制，虽有较为完备的人力、设备条件，但与其尚未建立完善的合作机制，在法律依据、合作机制尚未有实质性进展。

3. 民间手段有限

通过民间力量和社会力量进行涉案船舶的寻迹，可以在一定程度上补充海事司法在信息方面的弱势，同时也是对违法者的震慑，亦是对普通大众的普法宣传教育。但是，在引入民间力量、社会力量过程中也存在以下三个方面的问题：

第一，民间手段寻迹船舶的权力界限问题。涉案船舶扣押是法律赋予海事法院的专属权利，不能让渡、委托给其他组织或个人代为行使。因此，民间力量的介入，仅限于参与涉案船舶寻迹、提供船舶位置线索，而无权强行登船，更不能私自扣押，亦不能假借海事司法之名提前控制涉案船舶。但在实践中，民间手段的使用，常常难以控制其所造成的结果。

第二，船务公司追踪船舶存在的问题。在实践中，船务公司协作找寻涉案船舶，常常面临找船所花费的必要费用难以清偿的问题。常见的做法：一是由申请执行人与船务公司签署找船协议，根据协议解决费用问题。但是这一方式仅适用于申请执行人财力充足且自愿的情况，对于一些申请执行人为自然人或经济较为困难的情况下则难以适用。二是将找船的费用计入之后的船舶看管费用中，即表示船务公司找到涉案船舶后，就必须指定该公司进行船舶看管，这一方式虽然不用在找船阶段支付费用，但在看船阶段需要根据船舶看管合同按期垫付费用，若后期船舶流拍，则给申请执行人带来较大的损失。

第三，悬赏公告存在的问题。通过悬赏公告获得涉案船舶位置线索，可有效地调动民间力量的积极性，可在一定程度上解决找寻船舶的费用问题。但在实践中存在一定问题：一是存在提供虚假信息混淆视听的问题，虽然在一般情况下悬赏公告会明确告知，获得悬赏金的条件为线索提供者要提供涉案船舶的确切位置信息，附上实时图片和视频，并协助法院实际扣押该船并成功拍卖，但仍能收到数量不少的模糊信息、虚假信息；二是由于悬赏金的来源一般是从涉案船舶的拍卖款中拨付，需要经申请执行人的同意，因此，根据申请执行人自身情况不同，对这一方式的选择适用上也有不同，因而在悬赏公告的内容上与赏金拨付上容易产生分歧；三是悬赏公告公开的执行信息容易“打草惊蛇”，实践中，存在被执行人间私下建立攻守同盟，通过悬赏公告透露的信息提前通知涉案船舶进行躲藏，以逃避执行。

（二）“看船难”：船舶扣押阶段存在的问题

目前司法实务中，司法扣押船舶的看管人有申请执行人、被执行人和法院委托的第三人。船舶看管在具体的实践过程中存在一定的复杂性，各法院做法不一，看管船舶存在的问题主要涉及船舶看管人的选任、看管费用的确定以及船舶看管期间的安全管理规范与风险救助等多方面。

1. 缺少船舶看管人名录及准入标准

一般情况下，对于司法扣押船舶，海事法院在被执行人与申请执行人都无力看管的情况下会选择有资质的看船人进行船舶看管，但对于看船人的资质标准，并未有明确的规定。

其一，缺少看船人选用标准。船舶看管人在签署船舶看管协议并完成船舶交接之时起，便需要承担起看管船舶的安全责任与日常维护责任，船舶与船上物品损坏灭失的风险也随之转移。同时，船舶看管人要遵守《中华人民共和国船舶最低安全配员规则》等船舶管理相关规定，可见适格的看船人有着较高的要求。但在司法实践中，没有明确的看船人选用标准及相应的管理制度，由此产生申请执行人选用的看船人难以满足船舶看管需要的问题，不利于法院实时掌握涉案船舶扣押状况，容易出现船舶及船上物品损坏、灭失的责任纠纷等问题。

其二,未建立船舶看管人名录。在司法实践中,由于各地区经济条件不同,部分地区适格的看船人数量时常难以满足执行工作的需要,而部分地区则情况相反。船舶看管人名录的缺失,既不利于法院对适格看船人的管理,也不方便申请执行人维护自身权益,同时,由于缺乏公开的名单信息,申请执行人缺乏选择自主的机会,对法院推荐的适格看船人存在一定的不信任,进而影响对涉案船舶的处置。

其三,未建立看船人评价及准入、退出机制。科学的评价及准入、退出机制能较好地激发组织内部活力、优胜劣汰,保障当事人的合法权益。评价机制应根据历次看船业务的反馈,对符合资质的员工人数、对涉案船舶的维护保养情况、费用水平等重点方面进行考核,对不符合要求或投诉较多的看船人及时清退。缺少相应的机制,导致对名录内的看船缺乏有效的管理,服务水平与质量难以得到持续的保障,同时难以及时适应社会变化的需要。长此以往,使行业垄断有可乘之机,不利于船舶看管市场营商环境。

2. 缺少船舶看管费用及其行业标准

看船费用,是指涉案船舶在司法扣押期间,为保持其正常状态进行必要保养、维护等工作所产生的费用,由申请执行人在前垫付,后从拍卖款中拨付。由于个案中船舶的状态、种类以及停靠锚地的差异,造成费用的浮动区间较大,也给一些不合理的收费提供了空间,减少被执行人的履行金额和其他债权人的受偿金额。

其一,缺少船舶看管费行业标准及管理规范。司法实践中,由于各地区经济社会发展差异,一些地区缺乏符合资质的船舶看管行业或组织,申请执行人一般选择有一定船舶看管经验的自然人或有涉及船舶看管业务的船务公司,在缺乏船舶看管费行业标准指导的情况下,不同地区船舶看管费用的产生依据不同,价格差异较大,不同时间的价格浮动也难以固定,造成申请执行人一定程度的不方便,容易引起一定的费用争议。同时,因缺乏关于船舶看管费用的的管理标准,导致船舶看管费用报销名目五花八门,且因未明确维护船舶安全与适航的合理费用范围,导致出现一些不合理的费用。

其二,缺少船舶看管费争议解决机制。在司法实践中,海事法院将司法扣押船舶交给申请执行人进行有效看管,申请执行人自行寻找适格的看船人,并先行垫付船舶看管期间为维护船舶安全与适航所产生的必要费用,涉案船舶顺利完成司法拍卖后,申请执行人凭借看船合同及船舶看管与维护费用的发票单据向海事法院申请从船舶拍卖款中优先划付,并且此类费用将不计入被执行人偿还义务扣减的范围内。在这个过程中,申请执行人所提交的船舶看管费用与维护费月可能出现明显不合理,这将影响被执行人的合法权利，而被执行人对此提出异议，没有明确的争议解决救济机制。

3. 船舶看管期间各类风险分担及相关制度建设落后

司法扣押船舶在看管期间，由于人为或是不可抗力的影响，存在船舶本身及船上物品的毁损、灭失风险，虽然将被扣押的涉案船舶指定给申请执行人看管，在一定程度上规避了法院对司法扣押船舶在扣押期间的看管风险，但在具体案件中，因申请执行人委托的看船人不履行好看船职责，出现船舶及船上物品灭失和人员伤亡的，作为指定看管的指定主体法院是否需要对此承担责任，造成实际损失后的责任分担以及救济途径等尚未有明确规定。

其一，未建立相关司法扣押船舶安全管理规范。一是没有明确船舶看管期间，看船人在日常司法扣押船舶管理中应尽到的具体行为义务；二是未明确在紧急情况下，看船人的应急处理方案与报备程序；三是未明确司法船舶看管期间紧急情况下，保障船舶安全的应急处理费用的来源与范围；四是没有明确不可抗力造成损失的免责情况，以及后续的救济途径。

其二，未明确船舶看管期间各类风险的责任分摊。司法扣押船舶在看管期间出现船舶及船上物品损毁、灭失，甚至安全事故等各类风险，未明确责任分摊，将不利于具体的船舶管理工作的开展，也一定程度上影响风险出现后的处理。

其三，未明确船舶看管期间出现各类风险的救济途径。目前，尚未建立司法扣押船舶在看管期间出现船舶及船上物品损毁、灭失以及安全事故的统一救济途径，而多是以另案起诉的方式处理，使一个案件延伸出多个案件，增加当事人的“诉累”，影响案件的执行效率。

（三）“拍卖难”：船舶拍卖阶段存在的问题

船舶与其他动产相比有其特殊性，无法通过询价方式来快速确定船舶处置参考价，导致船舶通过评估方式确定船舶处置参考价的时间大约1个月；而进入最高人民法院和地方高级人民法院评估名录的机构极少具备评估船舶专业能力，导致评估费用过高；起拍价的确定存在法律冲突等，从启动评估至一拍开始耗时约70天，在一定程度上降低了执行效率。

1. 起拍价的确认问题

船舶起拍价，一般通过当事人议价、定向询价、网络询价以及委托评估四种方式确定参考价格，若当事双方无法就船舶价值达成一致意见，由于船舶的特殊性目前尚未建立较为权威的定向询价与网络询价机制，在大多数情况下船舶处置的参考价格来自于委托评估的方式。在这一过程中较为重要的问题集中在以下三点：一是船舶检测与船舶价值评估混同开展；二是缺少专门评估船舶的公司；三是委托评估制度存在一定的缺失。

其一，船舶检测与船舶价值评估混同开展。在司法实践中，由于各地经济社会发展存在差异，有些地方缺少专业的船舶检测机构，海事法院直接将司法扣押船舶交由评估公司一并进行检测与评估，两者结果统一反映在评估报告中。由于大部分评估公司不涉及船舶检测业务，需要自行聘请专门机构进行检测。由此可能出现评估机构聘请的船检机构缺少相应的资质甚至为了节约成本自行比照其他资产的评估方式进行检测，导致之后得出的评估价格大幅偏离市场实际情况，溢价过高，难以成交。

其二，缺少专门评估船舶的公司。船舶评估区别于其他的资产评估，属于专业性较强的工作。不仅要求评估人员熟知船舶结构，还需要掌握航运知识、知晓船舶折旧等相关知识。在司法实践中，由于船舶拍卖占司法拍卖总体比重较小，进入法院委托鉴定系统的专业机构中，从事船舶评估专业公司为少数，大多数法拍船舶的评估由资产评估公司进行，该类资产评估公司是兜底性质的评估公司，虽然也能出具具有合法性的评估报告。但是由于其并非专业从事船舶评估，其出具的评估报告，由于估值方式存在较大差异以及其他原因，经常造成船舶评估价格大幅度偏离市场平均水平，导致当事人对此提出异议，进一步延长船舶处置时间，或者最终造成船舶起拍价过高，影响船舶拍卖进程，甚至造成流拍。

其三，委托评估制度存在一定的缺失。目前，关于司法扣押船舶进行委托评估参照其他财产处置相关法律规定进行，存在以下问题。

首先，关于评估价值出现异议的救济，最高人民法院《关于人民法院确定财产处置参考价若干问题的规定》第22～23条规定了当事人、利害关系人收到评估报告不服的救济方式，仍有异议的，最终法院交由相关行业协会在指定期限内组织专业技术评审。但在实践过程中，由于评估公司本身专业水准与行为目标对船舶评估的标准存在自身的适应性解释，对当事人提出的异议尤其是针对船舶评估价值过高的问题，多数情况下难以进行有效的回复。

其次，最高人民法院《关于执行工作中进一步强化善意文明执行理念的意见》第9条第1款第3项规定，被执行人认为网络询价或评估价过低，申请以不低于网络询价或评估价自行变卖查封财产清偿债务的，人民法院经审查认为不存在被执行人与他人恶意串通低价处置财产情形的，可以监督其在一定期限内进行变卖，但该条款未对被执行人认为评估价过高的情况进行相关规定，使法院只能按照过高的评估价进行船舶拍卖，而价格过高时常折价变卖都无人问津，造成流拍。

2. 相关司法解释竞合及适用问题

司法扣押船舶的拍卖，主要依据最高人民法院《关于人民法院网络司法拍卖若干问题的规定》（以下简称《网拍规定》）与最高人民法院《关于扣押与拍卖船舶适用法律若干问题的规定》（以下简称《扣押拍卖船舶规定》），但两规定在具体程序的规定上存在冲突。自《网拍规定》实施以来，大量船舶司法拍卖由下线拍卖转为网络拍卖，使原本关于船舶司法拍卖的规定与网络司法拍卖的规定出现了竞合问题。

其一，《网拍规定》中关于船舶拍卖的要求及问题。第10条规定，网络司法拍卖应当确定保留价，拍卖保留价即为起拍价。起拍价由人民法院参照评估价确定；未作评估的，参照市价确定，并征询当事人意见。起拍价不得低于评估价或者市价的70%。第26条规定，网络司法拍卖竞价期间无人出价的，本次拍卖流拍。流拍后应当在30日内在同一网络司法拍卖平台再次拍卖，拍卖动产的应当在拍卖7日前公告；拍卖不动产或者其他财产权的应当在拍卖15日前公告。再次拍卖的起拍价降价幅度不得超过前次起拍价的20%。再次拍卖流拍的，可以依法在同一网络司法拍卖平台变卖。《网拍规定》适应于网络市场情况的快速变化，重视程序效率，但由于其是对所有网络司法拍卖的规定，难以兼顾到船舶拍卖的特殊性。对于流拍船舶规定可以依法在同一网络司法拍卖平台变卖，却未限制变卖次数，可能造成涉案船舶“久卖不决”的问题。

其二，最高人民法院拍船规定关于船舶拍卖的要求及问题。《扣押拍卖船舶规定》第12条规定海事法院拍卖船舶应当依据评估价确定保留价。保留价不得公开。第一次拍卖时，保留价不得低于评估价的80%；因流拍需要再行拍卖的，可以酌情降低保留价，但降低的数额不得超过前次保留价的20%。第13条规定，对经过两次拍卖仍然流拍的船舶，可以进行变卖。变卖价格不得低于评估价的50%。第14条规定，依照本规定第13条变卖仍未成交的，经已受理登记债权2/3以上份额的债权人同意，可以低于评估价的50%进行变卖处理。仍未成交的，海事法院可以解除船舶扣押。《扣押拍卖船舶规定》从利于船舶处置的角度出发，限定了船舶拍卖程序的流程期限，保障了相关案件的审理时长，但也可能引起解除船舶扣押后船舶的返还与管理问题。

（四）“交船难”：船舶解除扣押阶段存在的问题

在船舶的交接过程中，较多地出现被扣押船舶船上物品损毁灭失与拒绝接收解除扣押船舶问题。

1. 被扣押船舶及船上物品损毁灭失的责任归咎与救济问题

关于被扣押船舶及船上物品损毁灭失的救济问题，在司法实践中，会出现以下三个问题：

其一，看船人的责任及追责方式问题。自船舶交接完成之时，看船人需完全负担起看管船舶安全责任和日常维护责任，需要按照国家法律、法规规定配置有资质的船员 24 小时持续进行看管和船舶日常维护，避免船舶可能遭遇的安全问题和风险，同时船员配置方案需经委托方及海事法院的认可。船舶出现人为或非人为的事故或机械故障，看船人应当立即通知委托方或海事法院。看管期间如由看管人员造成的设备损坏、遗失、盗抢等需要承担相应法律责任。司法实践中，在由申请执行人自行委托他人或者组织进行船舶看管的情况下，时常出现因看船人未充分履行看船义务使船舶及船上物品出现损毁灭失，主张损失方对船舶看管人主张赔偿，但看船人可能并无相关资质，同时也缺乏赔偿能力，造成损失难以赔偿，另行起诉又难以执行的问题。

其二，船舶看管必要支出的界定问题。船舶看管费用需要在司法拍卖船舶完成交付后完成费用的确定，并在被执行人清偿数额中进行扣减，时常引起申请执行人与被执行人的争议，因而船舶看管费用的计算必须基于船舶看管所花费的必要支出。司法实践中，问题主要出现在移泊和维修费用上。

其三，不可抗力造成船舶及船上物品损毁灭失的救济问题。如遇台风或者发生其他不可抗力造成船舶及船上物品损毁灭失时，看船人尽到了合理的救济义务仍不能避免损失的发生，则该损失只能归咎于意外事件，但对于船舶买受人而言，船舶并未交付，风险并未转移，意外事件使船舶现状与购买时的状态不一致，未有合理的救济渠道。

2. 被扣押船舶及船上物品损毁灭失的预防与风险防控问题

其一，缺少对看船人的监管。在由申请执行人自行看管或委托他人或组织进行船舶看管的情况下，海事法院难以对看船人进行有效地监管，对看船人是否尽到看船义务或是否具备资质都难以核查，因而也难以对船舶看管期间的相关风险的发生进行有效的预防。

其二，缺少相关保险制度的支持。保险制度的引入能较大程度对司法扣押船舶及船上物品损毁灭失的风险进行分担，有效保障风险发生后的救济。但在实践中，由于没有强制性规定，看船人出于对成本的考量，大多数情况都不会主动购买相关保险，因而相关保险制度在船舶看管方面的引入仍较为滞后。

其三，缺少紧急安全事件的应急处理方案。这一问题不仅针对看船人，海事法院同样需要对这一问题进行充分考量。尤其是应对台风、暴雨等引发的次生灾害，对船舶产生看管带来较大的考验，可能出现船舶及船上物品损毁、灭失，甚至出现船舶走锚碰撞堤岸、码头、桥梁以及其他船只的严重事故，对此海事法院需要提前建立风险前提醒、风险后救济的应急处理方案。

3. 拒绝接收解除扣押船舶问题

拒绝接收解除扣押船舶，主要表现为被执行人或申请执行人在涉案船舶无法通过司法拍卖进行处置时，明确表示拒绝接收或是长期无法取得联系，使船舶既无人接管又无法继续保持扣押状态的问题。

其一，被执行人拒绝接收解除扣押船舶问题。根据《扣押拍卖船舶规定》第 14 条的规定经过两次拍卖仍然流拍的船舶，可以进行变卖，变卖仍未成交的，海事法院可以解除船舶扣押。根据最高人民法院《关于人民法院民事执行中拍卖、变卖财产的规定》第 32 条第 3 款的规定，变卖的财产无人应买的，适用本规定第 16 条的规定将该财产交申请执行人或者其他执行债权人抵债；申请执行人或者其他执行债权人拒绝接受或者依法不能交付其抵债的，人民法院应当解除查封、扣押，并将该财产退还被执行人。在司法实践中，出现解除船舶扣押时，被执行人长期无法取得联系，申请执行人拒绝继续垫付船舶看管费用，船舶在扣押地点处于无人看管状态，存在一定隐患。

其二，申请执行人拒绝“以物抵债”接收解除扣押船舶问题。船舶经过两次流拍并经变卖无法成交，申请执行人或者其他执行债权人不愿意承受或者依法不能接受拍卖财产以物抵债，致使被执行人财产无法变现。同时，由于船舶拍卖阶段的结束，申请执行人拒绝继续垫付船舶看管费用，进而使船舶在扣押地点处于无人看管状态。

其三，缺少相关管理拒收船舶的处置规定。由于船舶不同于一般动产，其在停泊期间需要支付一定的船舶看管费用、锚地费用或港口费用，同时为保持设备的正常运作还需要一定的维护费用。一旦扣押状态解除，被执行人与申请执行人都无法接收涉案船舶，同时海事法院缺少相关管理拒收船舶的处置规定，使船舶长期无人看管，船舶价值进一步贬损，不利于维护当事人的合法权益。

四、切实解决船舶处置执行难的机制和路径

（一）就船舶处置“四难”问题的对策研究

1. 建立船舶寻迹联动机制

其一，整合升级各类技术手段。需要整合各类型涉案船舶寻迹的技术手段，设立

专门部门负责管理与运维,及时为执行工作提供技术支持。如普遍采用的是船讯网的定位系统上查找货船,无人机查找船舶等。经调研,大连海事法院整合升级了无人机侦查技术,“空中之眼”助力执行工作智能化、科学化,该做法值得借鉴,因为海事执行案件处置的财产通常是各类船舶,在当事人关闭 GIS 系统或其他定位系统的情况下,使用无人机侦查技术成效凸显。确定在某港口但无法明确停泊位置和锚地的,发挥无人机的优势,实时对港口进行巡航和侦查,发现被执行船舶,能够快速确定船体、船舱内外整体情况,通过拍照、摄像将画面传输给操纵台,提供可执行的基础数据给执行人员,为提高办案效率提供有力技术保障。

其二,建立高层次的涉海部门执行联动机制。由于船舶的特殊性质,其位置可能出现在不同的省市,需要建立全国性的联动机制,及时共享涉案船舶的位置,协作海事法院开展扣押工作,目前,全国 11 家海事法院执行条线已初步建立执行联动合作关系,组建一个共通的执行联动交流群,线上委托当地海事法院对其展开执行工作。在查找船舶方面,广州海事法院与广东海事局签订了《关于加强司法扣押船舶安全管理的实施意见》,我院可借鉴该措施,继续与海事部门构建全方位开放发展新格局战略协作,海事部门为海事法院开通海事数据信息共享平台 建立协助查控船舶机制,加强海事司法执法配合。

其三,建立社会、民间力量的执行联动机制。经调研,大部分法院将提供船舶线索的义务指引给申请人,让申请人实时关注船舶位置提供给法院执行。部分申请人会聘请相关的看船公司去找船,在找到船舶后私下约定委托其看船。虽然该约定是申请人与第三方私下合意,但不可避免会使法院和被执行人以及其他债权人产生其共谋串通提高看船费的合理怀疑。所以,依靠社会民间力量找船,主要依照《民事诉讼法》、最高人民法院《关于民事执行中财产调查若干问题的规定》规定,通过新媒体平台发布执行悬赏公告,加大对被执行人及其名下船舶的曝光力度,借助群众的力量提供被执行船舶的停泊位置和变更船号等线索,将船舶扣押到位。

其四,加大执行威慑和追究拒执罪力度。船舶作为特殊动产,其价值大,流动性强,往往是被执行人的主要财产和履行债务的基础,对于被执行人恶意关闭 AIS 系统(船舶自动识别系统),导致海事行政部门无法查找到船舶本身就具有一定违法性,因此在此种情况下,海事法院可以责令其交出船舶,被执行人拒不交出的,或者故意逃避执行的,应加大追究拒执罪力度。

2. 建立扣押船舶看管制度

建立统一的司法船舶看管制度,应包含看船人选用标准、船舶看管费争议解决机制、司法扣押船舶安全管理规范、司法扣押船舶看管期间各类风险的责任分摊、司法扣押船舶看管期间风险救济途径等各个方面。

其一，确定船舶看管人。首先，船东要主动承担起船舶管理职责，优先自行看管，避免海事法院直接指定第三人看管船舶造成不必要的财产浪费。其次，如船东不具备看管能力或不履行看管义务，法院可委托或指定申请执行人及时提供看管或选定船舶看管机构，并将船舶看管人符合海事部门的看船资质向执行法院报备。抵押权人提出看船的，应积极配合和监督抵押权人等利害关系人落实船舶看管职责。[1] 在船东或者债权人无法承担船舶管理职责，法院应委托或指定看管机构对船舶进行看管。法院确定的看管机构的方式与选定评估机构的方式相似，如广州海事法院出台了《广州海事法院扣押船舶代管实施办法（试行）》，通过摇珠方式选定 3 家看船公司，让其背对背报价，由合议庭选定，原则上价低者得，从而减少因指定第三人看管产生的高额船舶管理费用影响债权人债权的实现。

其二，明确船舶看管职责。看船人负有维护看管扣押船舶及船上物品安全的职责，如做好船舶的防风、防盗、防火、防漏等。在出现突发事件时，负有尽力维护财产安全，及时向法院以及被执行人、执行申请人通告的职责；负有不得擅自中止看管工作，如确有原因需要终止，需向法院及被执行人、执行申请人提出申请中止看管船舶工作的责任。

其三，规范核定看管费用的流程。对于实务中看管费用标准不一的现状，还暂时无法确定一个固定标准，难度很大而且不符合实际。每艘船舶的实际情况不同，不能一概而论，只能在实务中规范流程以体现执法公平。申请执行人对看管费用先行垫付，最终的费用金额和承担可由双方当事人协商，并经法院审查确定；协商不成的，召开听证会听取各方当事人意见，听证后，由合议庭核定看管合理费用并层报分管院长审批。利害关系人对有关费用认定有异议的，可以向海事法院申请要求看管人说明有关情况，不应引导或允许履行看管职责的当事人通过诉讼方式寻求解决看管费用争议。

其四，确定核定看管费用的原则。船舶扣押期间的看管费用，包含看管人员的工资、交通费、伙食费、木船淋水费用等；补给淡水、燃油等；实施移泊、抢险、救助三类费用。海事法院在审查看管人提交的费用清单时，可参照三个原则核定看管费用。对第一类费用的核定原则是坚持看管与船舶安全的对应性。船上配员在职务、人数上

---

〔1〕 参见罗孝炳：《对破解海事法院扣押船舶看管难的若干思考》，载《超星》期刊在船说法栏目第 66 页。

仅需要满足海事部门的最低要求即可，人员工资参照当地同等船员正常履职的一定比例，如50%~70%计算，木船淋水费用也根据当地行业习惯的支出核定。对第二类费用的核定原则是坚持看管的微营利性。海事法院在指定专业看管公司看管时，看管公司要作出承诺并提交收费标准，海事法院在指定申请执行人、抵押权人等组织看管时，则需要结合其他补给合同和加油凭证予以核定。对第三类费月的核定原则是坚持看管应急处置的必要性。对应急性质费用，结合实际情况从严审查核定。

其五，明确因看管产生损失的追责方式。首先要明确安全管理与司法扣押的不同要求，海事法院对船舶的扣押不等于要承担海事行政部门要求的船舶安全职责，船东在法律上对自己所有的船舶仍然负有安全管理义务。如果海事法院将具体看管职责委托或指定给申请执行人、抵押权人承担，后者应当协助法院落实财产看管职责，督促船东履行行政监督部门要求的安全管理职责，船东应当积极配合。所以，船舶因看管产生的损失所引发的诉讼主体应是受损方与船东、第三人或看管人。因第三人故意或重大过失导致船舶及船上物品损毁灭失的，船东应先向该第三人追究赔偿责任，负有看管职责的船舶看船人如果有过错的，应当承担连带责任；如果因负有看管职责的船舶看船人故意或者过失导致船舶及船上物品损毁灭失的，船舶看船人应当承担赔偿责任。

其六，引入相关保险制度机制。强化对司法扣押船舶及船上物品损毁灭失的风险进行分担，在进行司法扣押时，执行人员应积极做好船上物品保管工作，并对船上物品进行拍照录像备份。船舶看船人应当对扣押船舶及船上物品损毁灭失承担责任，并探索引入扣押船舶保险机制，由申请执行人购买船舶险，对船舶及船上物品损毁灭失风险进行评估，申请执行人债务人出于对自身财产安全考虑，在保险公司进行评估后先行垫付保费，保费可以船舶拍卖、变卖产生的其他费用在船舶拍卖款中拨付。

3. 优化船舶拍卖流程

根据《网拍规定》，目前船舶拍卖采取的是网络司法拍卖方式，不宜采用的除外。拍卖流程按照以上规定实施，本文着重突出的是拍卖船舶过程中容易出现的难点所提供相应的解决对策。

其一，船舶处置参考价的确定。首先，使用船舶拍卖成交价格实时数据库提高议价成功率。据调研，广州海事法院在中国海事审判网运行的基础上，正在建立船舶拍卖成交价格实时数据库，根据地区、船舶类型、船舶状况等重点要素进行收集、整理、分析，形成较为准确的船舶成交价格浮动数据模型，经过大数据分析计算，较好地为预拍卖船舶提供准确的参考价格。我们应多运用该数据库,在组织双方当事人议价前,根据根据船舶的规模、大小、船舶条件在船舶价格数据库收集同类船舶拍卖成交价格,建立一个船舶价格预估对照表,让当事人对拍卖船舶价格有个合理预估,尽可能促成双方当事人议价,尽快挂网拍卖。

其次,加快当事人对评估报告异议的处理。根据最高人民法院《关于人民法院确定财产处置参考价若干问题的规定》第 22 ~ 23 条的规定,当事人、利害关系人收到评估报告后 5 日内对评估报告的参照标准、计算方法或者评估结果等提出书面异议的,人民法院应当在 3 日内交评估机构予以书面说明。评估机构在 5 日内未作说明或者当事人、利害关系人对作出的说明仍有异议的,人民法院应当交由相关行业协会在指定期限内组织专业技术评审,并根据专业技术评审出具的结论认定评估结果或者责令原评估机构予以补正。但在实践过程中,由于评估公司本身专业水准与行为目标对船舶评估的标准存在自身的适应性解释,对当事人提出的异议尤其是针对船舶评估价值过高的问题,多数情况下难以进行有效的回复。为了提高网拍效率,当事人、利害关系人未在上述法定期限内对评估机构、行业协会所做的补正说明、专业技术评审结论提出异议,或者不预交专业评审费用的,视为认可评估意见。

最后,探索无底价拍卖机制。无底价拍卖就是拍卖标的无保留价,该说法并不是空穴来风,从《拍卖法》第 50 条第 1 款中可见,拍卖标的无保留价的,拍卖师应当在拍卖前予以说明。从该条文可看出无底价拍卖是存在的,但是否适用于全部标的物拍卖值得考究。笔者认为,根据最高人民法院《关于人民法院民事执行中拍卖、变卖财产的规定》第 8 条第 1 款的规定,拍卖还是应当确定保留价。除非鉴定评估报告作出的结论为拍卖标的物已无变卖的价值或者评估拍卖费用已高于拍卖标的物的价值,该情况可以使用无底价拍卖或 1 元起拍卖。对于财产价值较低或者价格依照通常方法容易确定的,可以不进行评估,经过 2/3 债权人同意,法院可以自主确定拍卖保留价。

其二,对拍卖船舶有冲突的法律规定柔和适用。首先,设定起拍价的法律适用。2015 年 3 月 1 日起试行的《扣押拍卖船舶规定》第 12 条规定与 2017 年 1 月 1 日起施行的《网拍规定》第 10 条规定有冲突,船舶起拍价究竟以不低于评估价的 80% 还是不低于评估价的 70% 的问题,在实务操作中,为了吸引更多竞买者,便于船舶高效处置,减少流拍概率,设定船舶起拍价为不低于评估价的 70% 。其次,设定变卖价的法律适用。船舶经一拍、二拍流拍后,按照《网拍规定》规定以二拍流拍价变卖,按照《扣押拍卖船舶规定》可低于评估价的 50% 变卖。笔者认为,经过 2/3 债权人同意,法院可确定低于评估价的50%变卖。同时,已有部分海事法院成功实行经过2/3债权人同意无底价变卖的变卖机制。

其三,加速司法网拍流程。按照《网拍规定》第12条、第26条规定,拍卖动产、不动产或者其他财产权的,以及一拍、二拍流拍后再次拍卖或变卖的,都有相应拍卖前公告的时间。为了节省反复公告的时间,可以探索一次性公告的模式。司法网拍程序启动后,动产拍卖7日,不动产或者其他财产权拍卖15日前,对第一次、第二次和第三次拍卖进行一次性公告,自上一次拍卖流拍之日起5日内启动第二次、第三次拍卖。[1] 还可以探索缩短三拍流拍后重新启动拍卖程序的模式,如经过司法网拍三拍流拍的不动产、其他财产权,申请执行人或者其他执行债权人不愿以物抵债且变卖不成的,执行法院可以在60日内启动第二轮司法网拍。第二轮司法网拍的一拍保留价为前一轮司法网拍的流拍价,二拍、三拍保留价在前一次拍卖保留价的基础上降低20%。[2] 以此模式促成拍卖标的物快速成交。

其四,规范网拍辅助工作流程。目前在实务操作上,我院船舶拍卖均采取委托专门的辅助拍卖机构提供网拍辅助工作服务的模式,即由辅拍机构提供展示、推广拍卖标的物、接受咨询、引领查看样品、协助执行法官草拟拍卖公告、拍卖须知等法律文书、协助执行法官录入上传资料、在拍卖标的物现场张贴拍卖公告等相关辅助工作服务。因船舶拍卖公告需符合法定期间,船舶拍卖的进程无法跳脱固有的周期,若要在网拍流程中提高效率、加快进程,只能在缩短各个节点之间的流转时间上下工夫,确保每个步骤每个环节时间节点一到期,就立刻进入下一个环节。对此,可在辅拍工作中引入流程管控机制,将司法拍卖中各法定环节及时间要求通过诸如线性表格的方式加以明确和提示,在网拍流程中每完成一项节点工作即录入表格,设定好到期提示节点,避免节点之间的时间浪费,提高工作效率。

其五,规范以物抵债的情形。对于标的物流拍之后如何处置,最高人民法院《关于适用〈中华人民共和国民事诉讼法〉的解释》第490条规定了以物抵债的情形。以物抵债的适用有其前提条件,我们在实践中必须规范处理。我院目前的实践是:船舶经两次公开拍卖和变卖均流拍的情况下,通过核实不会存在损害其他债权人合法权益和社会公共利益的可能后,即向申请执行人送达书面通知,征询其是否同意按变卖确定的保留价以物抵债,若在规定期间内未提交书面答复,则视为其拒绝接受以物抵

[1] 江苏省高级人民法院《关于完善司法评估、网拍工作的规定》第6条。

[2] 江苏省高级人民法院《关于完善司法评估、网拍工作的规定》第8条。

债,视案件实际情况解除对船舶的扣押。但对以物抵债的处理要谨慎,原则上不适用以物抵债。因为船舶价款应在所有登记债权中按照法定顺序分配,不能简单交给某一个债权人抵债。但在某一个债权人接受抵债的方案可以覆盖所有已经登记债权并进行分配的情形下,可以适用。

4. 完善拍卖船舶交付制度

其一,悔拍船舶的应对。目前,《网拍规定》只对未交完全款的情形认定为悔拍,对逾期付款但付完全款的不认定悔拍。[1] 但是,对竞卖成功支付完全款后,竞买人明确提出不想要船舶了或拒收船舶,在该情形下,是否构成悔拍。对实践中出现的该问题,法律没有明确的规定。有部分观点认为,竞买人已支付完全款,视为买受船舶成功,即使其明确提出拒收船舶,也不构成悔拍。也有观点认为,竞买人虽然支付完毕全款,但在交付船舶之前其提出反悔,应认定悔拍,及时重新提起拍卖,理由是船舶虽是特殊动产,但具备动产性质,在没有办理船舶权属转移登记手续前亦未占有船舶前,其可以解除买卖合同,法院应尊重买受人的真实自由意愿。我们在实务中也采取后者观点,除法理上的理由外,更考虑了执行实施的风险和竞买人拒收船舶的造成财产灭失和折旧的风险。

其二,船舶经变卖流拍后被执行拒收船舶的应对。申请执行人不同意以物抵债,正如以上第三点所述实务中会“视案件实际情况解除对船舶的扣押”,即有可能面临被执行人无法找到的情形,在该情形下,可以再进行第二轮司法网拍,如果第二轮司法网拍依然流拍,申请执行人或者其他执行债权人不愿以物抵债且变卖不成的,法院可以解除对该动产的扣押,并向被执行人公告送达交还船舶的通知书。如果是被执行人明确拒收船舶的,留置送达交还船舶通知书。

其三,建立紧急事件的应急处理方案。在扣押、评估拍卖船舶过程中可能会突然发生、造成或可能危及执行人员及其他人员人身财产安全,严重干扰执行工作秩序,需要采取应急处理措施予以应对的群体上访、当事人自残、群众围堵执行现场、以暴力或暴力相威胁抗拒执行等事件。尤其海事法院异地执行扣押船舶是日常工作,如何做好应对突发事件和异地执行的自我保护、现场应急处理工作,我们将根据最高人民法院《关于人民法院预防和处理执行突发事件的若干规定(试行)》,结合船舶执行实际,评估海事执行的突发事件等级,制定相应的规范指引,以预防和减少执行突发事件的发生,控制、减轻和消除执行突发事件引起的社会危害。

---

〔1〕 最高人民法院《关于竞买人逾期支付价款是否应当重新拍卖的复函》。

（二）促进航运要素效用价值最大化

船舶作为航运活动的关键要素，充分发挥船舶在航运活动中的效用，对航运要素效用的提质升级，将进一步优化涉案船舶处置，探索推动航运产权综合信息互联互通体制机制建设，保障和促进航运要素效用价值最大化。

主要的措施是常态化开展执行联动机制工作。召集海洋资源、海事部门、农业农村、市场监管、金融监管等部门共同参与的执行工作联系会议。其一，合力进一步疏通因3年疫情影响所造成的航运市场堵点纠纷，盘活现有船舶资源。对因债权债务纠纷而陷入运营停滞的船舶进行高效合理处置，及时让涉案船舶作为航运市场重要要素重新进入经济活动中。其二，促进航运金融流通，有效处置涉金融案件船舶的处置，缩短涉案船舶处置时长，提高涉案船舶拍卖成交率，促进金融主体资金回笼，保障辖区金融市场健康有序运行。其三，推动航运产权综合信息互联互通。探索建立有利于涉案船舶交易、涉案港航资产交易、涉案航运保险交易、涉案船舶融资租赁资产（产权）交易、涉案航运资金结算、涉案航运信贷处置等的体制机制。推动涉案的航运产权、船舶、航运保险、经纪、支付结算等综合信息互联互通，实现信息资源对航运市场的优势效用。

（三）完善解除船舶扣押的预担保机制

完善"解除船舶扣押预担保"机制，允许担保人预先就特定船舶、特定海事请求、特定时间段、特定金额幅度内的扣押申请预先提供解除扣押担保函。对符合条件的船舶实施"即扣即放"，使其免于实际滞留。对具有较强时效性、流动性且维护成本较高的航运业发展有着积极作用，同时高效保障申请人的合法正当权益，降低被申请人因船舶扣押后产生的船舶看管、维护成本，并节约司法成本，提高海事司法审判执行效率。完善"解除船舶扣押预担保"机制，起到以下三个方面的作用：

其一，高效保障申请人的正当权益。"解除船舶扣押预担保"机制为申请执行人的合法债权提供及时的第三方保证，减少因船舶扣押程序带来的船舶锚泊费用、船舶看管维护费用等执行成本以及船舶及船上物品损毁灭失的风险。其二，保障船舶航运业的平稳运行。"解除船舶扣押预担保"机制对涉案船舶实施"即扣即放"，保证了船舶运输活动的连贯性，避免因司法扣押行为造成船舶运输合同违约、船舶航运金融停滞、船舶运营中断等不利于航运业持续发展的结果，为积极营造辖区良好的营商法治环境作出了有益的尝试。其三，节约司法成本，提高海事司法审判执行效率。"解除船舶扣押预担保"机制，将极大减少执行干警实地找寻、扣押涉案船舶的在途时间，节约涉案船舶处置耗费人力、物力、财力成本，促进涉案船舶处置程序流转效率进一步提升，提高海事司法审判执行效率。

（四）加强对船舶优先权和以船舶为担保的金融债权依法保护

船舶优先权是海商法赋予某些特定的海事债权人所享有的一种优先受偿的特权性主张。以船舶为担保的金融债权在船舶被拍卖或清偿债务时，享有受偿优先权，债权人可以优先与其他一般债权人获得债权的偿付。以此，保障金融行业为航运业提供稳定的资金支持、风险分摊，进而促进全球贸易和航运市场的发展。通过对涉案船舶处置方式优化，加强对船舶优先权和以船舶为担保的金融债权受偿保护，有针对性地就司法拍卖、扣押船舶、资产处置等问题进行桌面会议交流，促进航运金融业的资金周转流通与资源配置，提振航运金融市场信心，防范化解重大金融风险，提升涉金融案件执行质效，共同努力构建良好的社会诚信体系和健康的金融秩序。

五、结语

“每个案件就是一个营商环境”，执行难不仅损害人民群众合法权益，还成为影响司法公信力的顽瘴痼疾。在保障胜诉方合法权益的同时，通过研究出优化执行工作方式方法的机制，进一步提高执行效率，平衡申请执行人和被执行人之间的利益，赢得双方当事人对海事执行工作的理解和信任，共筑航运法治营商环境建设的司法进路，为新时代北部湾向海经济发展提供有力司法服务。